KB금융그룹

국민의 평생
금융파트너

포기없는 혁신기업의 꿈,

수많은 젊은 도전이 불가능에 그치지 않도록
열정 가득한 대한민국 혁신기업이 날아오르는 그날까지
KB가 늘 함께하겠습니다

!기업의 꿈, KB와 함께 이루다] Dreaming Idea

Dream's Coming Project

국의 리딩금융그룹으로서 모든 국민의 꿈과 희망이
질 수 있도록 최선을 다해 노력하겠습니다.

01 사회적 책임 02 일자리 창출 03 혁신창업 생태계 조성

"혁신기업을 위한 금융지원과 창업컨설팅"을 통해 새로운 성장동력을 함께 만들어 가겠습니다.

향후 5년간 혁신기업 지원 전용펀드를 1,500억원 조성하고 예비 창업자 지원을 위한
SOHO창업지원센터를 확대 운영하여 혁신기업과 소상공인이 미래의 꿈을 펼칠 수 있도록 지원하겠습니다.

SolutionPartner

내일을 만드는 화학

지구에게도 인류에게도
깨끗한 에너지는 없을까
오늘에서 내일로 다시 미래로
끝없이 이어질 수는 없을까
무한한 생각으로
무한한 에너지를 만들자
멈추지 않는
내일의 힘을 만들자

인류에게 필요한 차세대 에너지를 만드는 **에너지 솔루션**

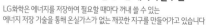
LG화학은 에너지를 저장하여 필요할 때마다 꺼내 쓸 수 있는
에너지 저장 기술을 통해 온실가스가 없는 깨끗한 지구를 만들어가고 있습니다

LG화

도시를 깨우는 움직임.

GENESIS G70 2019 출시

GENESIS

GENESIS.COM

자이

당신을 떠올리면,
자이가 생각납니다

늘 가족의 행복이 우선인 사람,
남보다 앞선 내일을 사는 사람,
당신을 생각하면
자이가 제일 먼저 떠오릅니다

앞선 행복은 자이로 기억됩니다

탄탄하게 살아나는
피부의 경험

| 슈퍼바이탈 크림 |

재구매율 1위 크림*, 누적 판매량 200만 개
많은 이들이 써보고 찾아낸 답, 슈퍼바이탈 크림은
척박한 환경, 몇 방울의 빗물로도 되살아나는
만년송의 강인한 에너지를 피부에 전합니다
탄탄하게 살아나는 피부, 이제 당신도 경험해보세요

SUPER VITAL
CREAM RICH
SUPER FLAVONOID™

IOPE

차보다
사람이 먼저입니다

세상이 변하고, 이름이 바뀌어도
차 보다 사람이 먼저라는
DB손해보험의 생각은 변하지 않습니다

우리는 믿습니다

당신의 삶을 더 가치롭게 만들고

아직 발견하지 못한 새로움이

우리에게는 있다고

당신의 삶을 더 풍요롭게 하는 행복

그것이 롯데백화점이 생각하는 '롯데다움'입니다

당신을
사랑합니다
Lovely Life

친환경 플랫폼

자동차와 세상을 연결하는 **커넥티비티 시스템**

360도 서라운드 센서 **자율주행 기술**

여기, 미래의 중심이 있습니다

친환경 플랫폼으로
푸른 지구를 만들고

커넥티비티 시스템으로
자동차와 세상을 연결하고

자율주행 기술로
스스로 생각하며 움직이는

미래의 자동차 기술을 이끌어 갑니다

미래에 F○CUS

HYUNDAI MOBIS

사진 찍을 땐 환하게

"김치~"해야 하니까

김치만 떠올려도 행복해야 하니까

김치는 제대로, 만들어야 합니다

대한민국
김치
종가집

종가집
JONGGA

펀드투자
비용이 다르면
수익이 달라집니다.

대신 로보어드바이저
자산배분 성과보수
증권자투자신탁 제1호
[혼합-재간접형]

총보수 온라인전용 연0.087%
(운용보수: 0, 판매보수: 0.050%, 기타: 0.037%)
대신 로보어드바이저 자산배분 성과보수 펀드는 로보엔진의
효율적인 분산투자를 통해 시중금리 이상의 성과를 추구하는
펀드입니다.

대신그룹의 검증된 알고리즘 및 국내 상장 ETF 포트폴리오로
변동성은 낮추고, 업계 낮은 수준 비용으로 수익률은
극대화한 대신 로보어드바이저 자산배분 성과보수 펀드가
장기 지속적인 자산관리 서비스를 도와드립니다.

대신증권
Daishin Securities

도시가스와 도시건축의
앙상블 스토리

늘 새로운 미래를 준비하는 생활에너지기업 예스코가
준비된 미래의 건축 **한성PC건설**과 함께
도시에 쾌적하고 행복한 삶의 이야기를 만들어가고 있습니다.

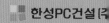

롯데캐슬이 새롭게 진화하면

당신의 생활엔 어떤 변화가 일어날까요?

삶의 품격과 자부심을 높여주고

라이프스타일의 행복한 변화를 가져다 줄

롯데캐슬의 전혀 새로운 진화

이제, 당신이 직접 누리실 차례입니다

NEXT CASTLE

내 암보험,
딱 하나만
남겨야 한다면

이미, 여러 암보험이 있으시다면
아직, 암보험 하나 없으시다면
The착한 암보험을 추천합니다

한화생명 The착한 암보험 ^{무배당}

> **The착한 보험료** / 가입 한번으로 재발암 계속 보장 (*특약 가입 시)
> **The착한 보장** / 위암, 간암, 폐암 등 합리적 비용으로 보장 (*특약 가입 시)
> **The착한 기간** / 늘어나는 평균수명을 생각한 100세 보장
> **(*갱신형, 비갱신형 선택 가능하며 갱신 시 보험료가 인상될 수 있습니다)**

LG U⁺

가족이든 개인이든, 데이터 무제한은 역시
U⁺ 걱정 없는 데이터 요금제

가족끼리 데이터를 나눠 쓰는
속도·용량 걱정 없는 데이터88

- **가족 중 한 명만 가입해도**
  요금제 변경 없이 데이터 주고받기
  [별도 제공량 40GB 내 가능]

- **2nd 디바이스 두 대까지 무료**
  [태블릿, 워치 등 스마트 기기 월정액 무료 이용]

- **프리미엄 콘텐츠 무료**
  [U⁺비디오포털 / U⁺영화월정액 / 지니뮤직 앱 / 002 알뜰 5000 중 택2]

혼자서도 마음껏 즐겨 쓰는
속도·용량 걱정 없는 데이터78

- **월 5만 원대 요금으로 무제한 데이터 이용 가능**
  [선택약정 적용 시]

- **프리미엄 콘텐츠 무료**
  [U⁺비디오포털 / U⁺영화월정액 / 지니뮤직 앱 / 002 알뜰 5000 중 택2]

- **나눠 쓰기 데이터 별도 제공**
  [별도 제공량 15GB, 일반 2회 / 가족 간 4회 이용 가능]

※ 추가 요금 걱정 없는 데이터 요금제(데이터 44/49/59/69)는 고객님의 사용패턴에 맞게 합리적으로 선택하실 수 있도록 구성되었습니다

우리나라 첫 은행

위비홈즈에서 우리집 찾았다!

아파트 단지정보에서 특화 금융 서비스까지 **위비홈즈** 하나로 OK!
우리은행이 만든 종합 부동산 플랫폼 위비홈즈

◎ 우리은행 *WOORI BANK*

매경 아웃룩

2019 대예측

매경이코노미 엮음

MAEKYUNG
OUTLOOK

2019년 경영계획 수립의 필독서
한국 경제의 나침반! 재테크 전략 지침서!

매일경제신문사

서문

2019년 세계와 한국은 새로운 국면을 맞는다. 번영을 지속하느냐 아니면 다시 퍼펙트스톰(복합 위기)에 빠지느냐의 갈림길이 눈앞에 전개된다. '블랙스완'처럼 예상치 못한 수많은 난관이 도처에서 출몰한다. 뻔히 알면서도 큰 화근이 되는 '회색 코뿔소' 같은 위험도 다가온다. 동시에 인공지능, 사물인터넷, 클라우드 컴퓨팅, 블록체인 등이 세상을 바꾸는 핵심 동인으로 등장한 제4차 산업혁명은 상상할 수 없을 만큼 빠른 속도로 정치·경제·사회 등 모든 측면에서 구조적인 변화를 초래한다. 개방형 혁신과 집단지성에 의한 해법 찾기가 활발해진다.

세계 정치 질서를 관통하는 리더십은 실종되고 국제정치는 첨예한 갈등구조를 표출한다. 미래 패권을 놓고 전개되는 미국과 중국, G2 간 다툼은 전방위적으로 전개된다. 트럼프 미 행정부와 중국 시진핑 체제는 경제·군사 분야에서 사사건건 충돌한다. 영국과 유럽연합 간 브렉시트 협상은 돌파구를 찾기 힘들다. 지역마다 포퓰리즘 정권이 득세한다. 중동에서는 지정학적 불안이 여전하다. 국제유가는 상승세를 타면서 배럴당 80달러를 넘어섰다. 한반도에서는 비핵화 협상이 초미의 관심사다. 핵실험과 미사일 발사로 세계를 위협하던 북한 김정은 정권은 미북·남북정상회담을 통해 국제사회의 경제제재 완화를 이끌어내려 안간힘을 쓴다.

세계 경제는 동반 성장 기조에서 이탈하고 있다. 모든 나라가 성장을 구가하던 시기는 끝나간다. 세계의 성장 엔진인 미국이 고성장과 저물가를 뽐낸 뒤 속도 조절에 나선 가운데 세계의 생산 공장, 중국은 디플레 함정에 빠졌다. 국제무역은 미중 무역전쟁 여파로 다시 위축되고 그 충격이 세계 곳곳에 확산한다. 미국발 금리 인상에 신흥국 경제는 자금 이탈과 경기 부진이라는 이중고에 시달린다. 글로벌 불균형 현상은 심화할 가능성이 높다. 안전자산을 찾아 자금이 이동하는 국제 금융시장은 혼돈에 빠지고 환율은 요동친다. 풍부한 유동성을 바탕으로 한껏 부풀었던 주식·부동산 등 자산 거품이 해소되는 과정도 예상된다. 세계 각국은 다시 위기가 엄습해도 대응 수단이 별로 없어 고민이다. 글로벌 금융위기를 거치면서 사용한 재정지출 확대와 금리 인하·양적완화 정책을 다시 동원할 수 있는 여력이 부족하기 때문이다. 2%대 성장의 함정에 빠진 한국 경제는 이미 경기 하강 국면에 접어들었다. 가계부채, 자영업 대란, 청년실업, 건설경기 급랭 등 잠재적 위기 요인이 시한폭탄처럼 잠복한다. 고령화·저출산에 따른 인구구조 변화는 잠재성장률을 끌어내리는 최대 난제다. 정부가 추진하는 소득주도성장 정책은 수정·보완이 불가피하다.

〈2019 대예측-매경아웃룩〉은 미래를 내다보는 나침반이다. 1992년 처음 발간된 이후 10만 매경이코노미 독자와 기업인, 학자, 취업준비생 등 각계각층의 사랑을 받아온 국내 최고 권위의 미래 전략 지침서다. 매경이코노미 기자와 정상급 전문가들이 심혈을 기울여 집필한 경제전망서 〈매경 대예측〉은 탄탄한 신뢰를 바탕으로 독자의 호평을 받아왔다. 정부, 기업, 그리고 개인의 의사결정에 없어서는 안 될 소중한 지식 참고서다. 2019년 핵심 트렌드를 제시하고 전망하는 것을 비롯해 국내외 경제와 산업 분야 전체를 아우르는 깊이 있는 이슈 분석을 통해 전략적 통찰과 혜안을 제시한다. 또한 상투적이고 흥미 위주의 사회 현상 진단을 넘어 독자에게 대안과 정책적 함의를 담은 유익한 정보를 제공한다.

미래 예측은 새로운 기회를 찾아 과감히 도전하는 과정이다. 국내외 불확실성이 최고조에 이른 지금, 〈매경 대예측〉에서 지혜와 통찰력을 얻고 난제를 풀 해법을 찾아보자. 책을 꼼꼼히 읽다 보면 우리가 당면할 미래 모습에 대한 전개 방향이 그려진다. 잠재적 위기에 자신감 있게 맞설 수 있는 경영 구상과 재테크 전략을 수립하는 데 큰 도움을 얻을 수 있을 것이다. 특히 기업에는 새해 경영 전략을 짜는 데 길잡이가 될 것이다. 취업, 국가고시를 준비하는 대학생도 좁은 문을 뚫는 데 유용한 지침서로 활용할 수 있다. 많은 오피니언 리더와 지성인의 성원을 바라며 일독을 권한다.

홍기영 매일경제 주간국장

CONTENTS

· 서문 2

Ⅰ. 경제 확대경

· **2019년 12대 트렌드** 12
BREAKTHROUGH 위기 딛고 돌파구 찾아라

· **한국 경제** 18
세계경제 호황 들러리 선 2018 중국 직격탄에 뒤숭숭할 2019

· **세계 경제** 24
성장률 2018년 이어 3% 중반 예상 탄탄한 美경제 하반기부터 하락 우려

Ⅱ. 2019 10大 이슈

① **소득주도성장 계속 이어갈까** 32
비판 목소리에도 흔들림 없다 최저시급 차등화는 본격 논의

② **남북경협 시나리오** 38
황금돼지해 남북경협 분수령 순조로운 경협 관건은 비핵화

③ **9 · 13 대책 이후 분기점 접어든 부동산** 44
서울 집값 수억원씩 올라 거품 우려 금리 인상 · 공급 확대에 상승세 주춤

④ **美中 갈등 언제까지** 50
단순한 무역전쟁 아닌 패권전쟁 양상 '내수 총동원령' 중국 얼마나 버틸까

⑤ **신흥국 금융위기론** 56
'세계 경제 확장 모형' 작동 안 해 신흥국 위기, 뿌리 깊고 구조적

⑥ **5G가 이끌 4차 산업혁명의 미래** 62
'통신혁명' 5G 서비스 스타트 자율주행차 · 스마트홈 '눈앞'

⑦ **반도체 고점 논란 68**
모바일 · 서버용 D램 수요 여전히 '탄탄' 공급은 제한적…꺾였다는 판단 일러

⑧ **핀테크 어떻게 진화할까 74**
대형 핀테크 회사 속속 등장 블록체인산업 '조정기' 돌입

⑨ **신한류 부활 가능할까 80**
BTS 이후 한류 3.0 시대 열렸다 한국어 공부 · 한국제품 소비 확산

⑩ **소비 패러다임이 바뀐다 84**
온라인 온리 · 새벽배송 · 무인경제 가속화되는 '오프라인 매장 패싱'

Ⅲ. 지표로 보는 한국 경제

· **소비 90**
정부 돈, 소득 진작 효과 제한적 가처분소득 감소 등 불안요인 多

· **물가 94**
여름철 이상 기후…농산물값 '껑충' 高유가 · 强달러에 물가 상승 불가피

· **투자 98**
드라마틱한 설비투자 기대난 지식재산생산물투자 '군계일학'

· **국내 금리 102**
갈수록 벌어질 한미 금리 격차 리스크 많지만 추가 인상 불가피

· **원달러 환율 106**
남북경협 · 韓대외신인도 변수 원달러 환율 1150원 넘어설 듯

· **국제수지 110**
외국인 직 · 간접 투자 모두 위축 선진국 불황에 경상수지도 감소

· **고용 · 실업 114**
최저임금發 고용 악화 지속 年실업률 3.8% 수준 유지

· **노사관계 118**
노사관계 재편 의지 강한 文정부 '노동 존중 사회' 본궤도에 오를까

· **가계부채 · 재정적자 122**
여전한 확장적 재정정책 분위기 GDP 대비 국가채무는 약간 줄어

· **지방경제** 126
  IT · BT 많은 경기 · 충청 '맑음' 조선 · 자동차 쇼크에 남부 '흐림'

· **글로벌 교역** 130
  성장 모멘텀 약한데 무역분쟁까지 신흥국 교역 규모 최대 14% 감소

Ⅳ. 세계 경제 어디로

· **국제환율** 136
  달러강세 제동 걸릴까 촉각 유로화 가치는 반등 가능성

· **국제금리** 140
  상반기 美 금리 인상 종료 긴축기조 전 세계로 확산

· **미국** 144
  2009년 이후 112개월째 활황 무역전쟁 · 재정절벽은 '옥에 티'

· **중국** 150
  사그라들지 않는 '중국 위기론' 가계부채 급증에 금융위기說

· **일본** 156
  80년대 버블기 넘어선 '완전고용' 소비세율 인상 역효과 버텨낼까

· **유럽연합** 162
  美 이어 유럽도 긴축대열 동참 브렉시트 협상 막판 진통 변수

· **인도** 168
  중국 제치고 7%대 고성장 전망 4월 총선 모디 총리 재집권 관건

· **브라질** 174
  대선 혼란 수습과 재정 개혁으로 신흥국 투자자 신뢰 회복 급선무

· **러시아 · 동유럽** 178
  러, 불안한 대외 변수로 성장 둔화 동유럽은 물가 상승 · 경상수지 악화

· **동남아시아** 182
  아세안 5개국 5.2% 성장 말레이 · 싱가포르 '브레이크'

· **중동 · 중앙아시아** 186
  유가 상승에 중동 경기 회복 중앙亞 원자재 가격 상승 호재

· **중남미** 190
  아르헨티나 · 베네수엘라 쇼크에 개도국 평균보다 낮은 성장률

· **오세아니아** 194

수출 의존도 높은 호주 '아슬아슬' 이민자 감소 뉴질랜드 '불안불안'

· **아프리카** 196

나이지리아 · 남아공 '쌍두마차' 부진 아프리카 단일 시장 FTA 가시화

Ⅴ. 원자재 가격

· **원유** 200

수급 상관없이 유가 오름세 쭉~ 두바이유 75~80달러 넘어설 듯

· **농산물** 204

미중무역분쟁 영향 가격 상승 겨울 엘니뇨 발생이 변수

· **금** 208

상반기 온스당 1200달러 '미저리지수' 상승세 눈여겨봐야

· **철강** 212

세계 철강 수요 안정적인 증가세 보호무역주의가 가격 유지 원동력

· **비철금속** 216

강달러에 발목 잡힌 이머징 수요 구리 · 니켈 견조한 수급은 기회

· **희유금속** 220

전기차 배터리용 리튬 수요 증가 코발트는 콩고 사태로 공급 부족

Ⅵ. 자산 시장 어떻게 되나

1. 주식 시장

· **코스피** 226

꽉 막힌 '박스피' 탈출 첩첩산중 南北경협 · 주주친화정책 기대

· **반도체 이을 대장주** 230

'믿을맨' 반도체 부활 기지개 바이오 · 2차 전지 성장주 부상

· **바이오 부활의 날갯짓 234**
회계 불확실성 해소 국면 신약 개발 · 기술수출 기대

· **주목할 만한 펀드 238**
주식형 펀드 부진 · 채권형 선방 배당주 · 타깃데이트펀드 주목

· **글로벌 자산배분 242**
잘나갔던 美 · 日 증시 신중모드로 '3중고' 신흥국은 위험관리 필수

· **대세 탄 대체투자 244**
부동산 · 특별자산펀드 뭉칫돈 유입 유럽 부동산 · 미국 인프라펀드 주목

2. 부동산 시장

· **강남 재건축 248**
세금 인상 · 규제 악재 많지만 '강남불패' 수요 몰려 강보합세

· **뉴타운 재개발 시장 252**
규제 덜해 투자자 관심 집중 한남 · 흑석 · 거여마천 눈길

· **전셋값 256**
주택 공급 확대에 전셋값 안정 임대수요 많은 서울 3% 상승

· **수익형 부동산 시장 260**
공급과잉에 수익률 하락세 꼬마빌딩 · 물류창고 '다크호스'

· **지방 부동산 264**
기업 떠나고 인구 줄어 침체 대규모 공급에 눈물만 '뚝뚝'

Ⅶ. 어디에 투자할까

1. 주식

· **IT · 전자통신 · 스마트폰 272**
5G · 폴더블폰으로 재도약 고점 논란? 반도체 이상없다

· **금융 278**
가계부채 · 저성장 부담 핀테크 혁신 창출 시급

· **정유 · 화학 · 에너지** 284
대규모 설비투자 공급과잉 우려 중장기 다운턴 '불안의 그림자'

· **자동차 · 운송** 290
미래차 투자 · 가격경쟁…車산업 암울 늘어나는 LCC 빈좌석…항공업 과잉

· **건설 · 중공업** 296
건설, 중동 플랜트 수주 증가에 '미소' 조선은 주력 선종 회복 기대감 '솔솔'

· **교육 · 엔터테인먼트** 302
2022년 대입 정시 확대 교육株 대호재 '한류 열풍' CJ ENM · JYP 모두 '활짝'

· **소비재** 308
자산가격 하락에 소비심리 '싸늘' 백화점 · 면세점 둔화, 편의점 회복

· **제약 · 바이오** 314
美FDA 승인 여부가 주가 방향 결정 셀트리온 · 대웅 · 녹십자 성과 눈앞

· **중소형주** 320
新정부 2년 차 징크스에 '지지부진' 낮은 밸류에이션으로 반등 '파란불'

2. **부동산**

· **아파트** 328
무주택자 청약 '0순위' 위례판교 갈아타기는 성남 · 과천 · 하남

· **상가** 334
작지만 강한 대학가 '골목상권' 주목 단지 내 상가 입찰가는 150% 이내로

· **업무용 부동산** 340
개발 호재 풍부한 강남 삼성 · 양재 '전매제한 해제' 매물 나오는 판교

· **토지** 344
주택 규제로 땅값 오른 세종 · 부산 새만금에서 뜨는 '부안' 지는 '군산'

· **경매** 348
'묻지마 경매' 광풍 사라져도 서울 중소형 아파트 인기 지속

일러두기

I

2019
매경 아웃룩

경제 확대경

1. 2019년 12대 트렌드
2. 한국 경제
3. 세계 경제

BREAKTHROUGH
위기 딛고 돌파구 찾아라

▶ 한국 경제가 위태롭다. 문재인정부의 소득주도 · 혁신성장은 딱히 성과를 내지 못하고 지지부진하다. 그나마 한국 경제를 이끌었던 반도체 기업은 '고점' 논란 속에 미래를 장담하기 어렵게 됐다. 미중 무역갈등과 신흥국 금융위기설도 한국 경제를 불안하게 만든다. 어느 면으로 보나 한국 경제가 도약하기 위한 '돌파구'가 필요한 때다. 이런 의미로 매경이코노미는 '2019 대예측 아웃룩'에서 한국을 관통하는 키워드로 'BREAKTHROUGH'를 선정했다.

Block-Chain | 변곡점 맞은 블록체인

암호화폐 가격 폭락 이후 정체기에 빠졌던 블록체인 시장이 옥석 가리기를 진행하며 한 단계 성숙해지는 모양새다. 제주도 외 서울시 · 부산시 등 주요 지방자치단체가 블록체인 산업 선점을 위한 프로젝트를 진행 중이다. 블록체인 기술 수준이 한층 높아져 코인 생태계 간 '패권 경쟁'이 벌어지는 분위기다. 기술 체감도도 높아졌다. 금융 · 유통 · 물류 등 눈에 보이지 않는 서비스 중심으로 활용돼왔던 블록체인이 의료, 숙박, 패션 등 일상을 파고들면서다.

Reunification | 새 시대 여는 통일 · 남북경협

2018년은 남북관계에 있어 역사적인 한 해로 기록될 만하다. 북한의 평창동계올림픽 참가로 무르익기 시작한 남북 화해무드는 4월 27일 판문점 선언을 비롯한 세 차례 남북정상회담으로 이어졌다.

2019년은 남북경협이 본격화하는 원년이 될 가능성이 높다. 문재인 대통령이 후보 시절부터 공약으로 내세웠던 남북경협 구상 '한반도 신(新)경제지도'도 구체화됐다. 환동해와 환황해, 접경지역 개발을 통한 한반도 균형 발전과 3대 경제 · 평화벨트다. 개성공단 재건과 금강산 관광 재개를 필두로 건설 · 물류 · 천연가스 등 여러 산업군이 남북경협 과정에서 수혜를 볼 것으로 예상된다.

Employment | 사상 최악의 고용절벽 · 실업

경제 상황이 악화될 때 서민들이 가장 먼저 체감하는 것은 일자리 문제다. 탈출구 없는 '고용절벽'이 계속되고 있다. 글로벌 금융위기 때와 비견할 만큼 장기간 하락세가 이어지는 것도 문제지만 한참 일할 나이인 40~50대는 물론 30대까지 일자리를 찾지 못하는 비중이 늘고 있어 우려가 크다. 취업자 수 증가 폭이 10만명을 밑도는 심각한 고용절벽 상태가 이어지고 있고, 실업자 수는 100만명을 훌쩍 넘어섰다. 악화일로를 걷고 있는 청년실업 문제에 경제의 허리 역할을 하는 30~50대 일자리까지 감소하면서 경제가 밑바닥부터 흔들린다.

Aging | 고령화 사회 접어든 한국

2017년 65세 이상의 고령인구는 14세 이하 유소년 인구를 처음으로 넘어섰다. 통계청이 발표한 '2017 한국의 사회지표'에 따르면 2017년 65세 이상 고령인구는 707만6000명(13.8%)으로 0~14세 유소년 인구(675만1000명, 13.1%)를 처음으로 앞질렀다. 저출산 영향으로 출생아 수가 감소했지만 의료기술 발달로 고령인구가 지속적으로 증가해온 탓이다. 갈수록 아기 울음소리는 줄고 노인들만 늘어나고 있는 것이다.

통계청은 2032년부터 한국 인구가 감소세에 접어들 것이란 비관적인 전망을 내놨다. 통계청에 따르면 2017년 총인구는 5144만6000명, 인구성장률은 0.39%를 기록했지만 2032년에는 성장률이 0%로 하락하며 인구 성장이 멈출 것으로 봤다. 2060년이 되면 성장률은 마이너스로 추락한다.

K-pop | 세계로 뜨는 K팝과 한류 경제

2018년은 사드(고고도미사일방어체계) 갈등으로 해외 최대 시장 중 하나인 중국 관련 실적이 우울했던 한 해였다. 한류에 기댄 패션, 화장품 등 연관 산업도 힘든 한 해를 보낼 수밖에 없었다. 이런 상황에서도 한류가 가능성을 확인할 수 있었던 것은 중국 외 지역으로의 확장성과 K팝이 한류의 주력으로 떠올랐다는 점이다.

한국콘텐츠진흥원은 2018년 국내 콘텐츠 산업과 방송 산업의 수출액이 각각 8.7%, 11.3% 성장할 것으로 내다봤다. 2013년 콘텐츠 산업 수출액이 49억2000만달러에서 매년 성장을 거듭해 2017년 68억9000만달러로 커졌다. 2018년에도 우리나라 경제성장률(2.7%)보다 더 빠르게 성장했음을 알 수 있다. 참고로 2018년 화제의 드라마 '미스터 선샤인'은 제작사 스튜디오드래곤이 넷플릭스와 300억원의 판권 계약을 한 바 있다.

Trade war | 물러설 수 없는 무역전쟁

미국과 중국 사이 발발한 'G2 무역전쟁'이 식을 기미가 안 보인다. 미국은 무역수지 적자를 근거로 2500억달러 규모에 달하는 중국산 수입품에 10~25% 관세를 부과하기로 결정했다. 2017년 중국 대미 수출액(5170억달러) 절반에 육박하는 규모다. 보복으로 중국은 미국산 1100억달러 상품에 대해 최고 25% 관세를 매겼다. 갈등은 갈수록 격화되는 중이다. 트럼프 미국 대통령은 중국의 모든 대미 수출품에 고관세를 부과하는 방안을 통상당국에 마련하라고 지시했으며 중국은 원유 등 에너지 자원 수입 중단으로 맞불을 놓는 태세다. 글로벌 경제 주도권을 둘러싼 양국 패권 싸움이 치열해지는 가운데 2019년은 무역전쟁에 따른 여파가 가시화되는 한 해가 될 전망이다.

Hyperpolarization | 갈수록 악화하는 초양극화

한국 경제 양극화가 점점 심해지는 모양새다. 통계청에 따르면 2018년 2분기 기준 가구당 월평균 소득은 2017년 같은 기간에 비해 4.2% 늘었다. 그러나 소득 수준별로 나눠보면 불균형이 심각함을 알 수 있다. 소득 하위 20% 가구의 월평균 소득은 2017년 같은 기간에 비해 7.6% 줄었다. 취업자 수가 줄면서 근로소득이 감소한 것이 결정적인 원인으로 분석된다. 소득 하위 20~40% 가구 역시 소득이 2.1% 줄었다. 반면 소득 최상위 20% 가구의 소득은 10.3% 늘었다. 통계 집계를 시작한 2003년 이후 가장 큰 증가 폭이다. 소득 상위 20~40% 가구 소득도 전년 동기 대비 4.9% 늘었다.

빈부 격차를 보여주는 지표인 '소득 5분위 배율(상위 20%의 소득을 하위 20%의 소득으로 나눈 것)'은 5.23이다. 상위 20% 소득이 하위 20% 소득보다 5.23배 많다는 뜻이다. 2008년 2분기 5.24를 기록한 이후 최고치다.

interest Rate | 금리 인상 랠리

2019년에는 미국 금리 인상 여파로 신흥국 금융위기 불안감이 더 커질 것으로 보인다. 미국 중앙은행인 연방준비제도(Fed)는 2018년 9월 26일(현지 시간) 기준금리를 0.25%포인트 인상해 미국 기준금리는 2~2.25%로 올랐다. 연준은 12월 추가로 금리를 올리겠다는 입장이다.

미국 금리 인상 여파로 신흥국 금융위기 우려가 커졌다. 달러 대비 신흥국 통화 가치가 곤두박질치면서 달러 부채 상환 부담이 늘고 주식시장에서 대규모 자금이 빠져나갈 가능성이 높다.

한국도 안심할 때는 아니다. 아직까지는 경상수지 흑자가 지속된다지만 수출 위주 경제구조라 대외 충격에 취약하기 때문이다. 한은은 기준금리가 1%포인트 오르면 국내총생산(GDP) 성장률이 0.2% 떨어진다고 분석했다. 그나마 한국 경제를 지탱해오던 반도체 산업이 꺾이고 신흥국 수출마저 둔화되면 한국 경제가 위기에 빠질 가능성이 높다.

Oil Price | 저유가 시대의 종언

전문가들은 2019년에도 유가 상승세가 이어질 확률이 높다고 분석한다. 중국, 인도 등에서 수요 증가가 예상되는 가운데 석유수출국기구(OPEC)의 여유 생산능력(3개월 이내 생산을 시작해 상당 기간 지속할 수 있는 설비 능력)이 다소 하락한 상태기 때문이다. 베네수엘라는 운영자금 부족, 석유 인프라 노후 등으로 생산량이 줄어들고 있고 이란은 미국 제재로 수출량이 감소하는 중이다. 리비아와 나이지리아의 정정 불안, 시리아와 예멘 내전, 사우디와 이란 간의 이슬람 종파 갈등 등 지정학적 리스크도 존재한다.

Unmanned | 심화되는 무인경제

로봇이 인간의 노동을 대신하는 '무인경제'가 빠르게 확산되고 있다. 최저임금 인상에 따른 '인건비 폭탄'을 맞은 유통·외식업계는 물론, 금융·세탁 등 최저임금과 관련이 적은 분야에서도 무인 시스템이 속속 도입되는 중이다.

패스트푸드 업계는 이미 전체 주문의 40% 이상을 키오스크(무인 주문대)를 통해 받고 있다. 음식 배달 시장에서는 사람이 응대해야 하는 전화 주문 대신 '클릭 주문'이 대세가 됐다. 배달의민족에 따르면 앱 내 클릭 주문 서비스인 '바로결제' 이용 비중이 2014년 18.9%에서 매년 30% 이상씩 급증, 2018년 8월 74%로 치솟았다. 최저임금 인상 직격탄을 맞은 편의점은 5사 모두 무인 매장 출점에 발 벗고 나서는 분위기다. CU와 세븐일레븐은 무인편의점, 이마트 24와 미니스톱은 자동판매기(자판기), GS25는 챗봇 서비스와 셀프 계산대 전략으로 대응하고 있다.

5G | 통신혁명 5세대 이동통신

5G(5세대 이동통신) 서비스는 LTE(Long Term Evolution) 대비 전송 속도가 20배 이상 빠른 통신혁명이다. 2019년 5G 도입이 본격적으로 상용화되면서 일상생활에 큰 변화를 가져올 것으로 예상된다. 한국 등 일부 국가에서 처음으로 5G 서비스를 시작하면서 본격적인 '5G 시대'가 도래할 전망이다.

5G는 스마트시티, 스마트홈, 스마트 헬스케어, 자율주행, 증강현실이나 가상현실, 로봇 등이 활성화되는 데 기반이 되는 기술이다. 자율주행차나 원격의료 등 새로운 서비스의 탄생도 기대할 수 있는 대목이다. 무엇보다 5G 시대가 열리면 무선통신이 보다 확실하게 유선을 대체할 가능성이 높다.

Housing | 오리무중 부동산 시장

2018년 서울 아파트값 상승세에는 불이 붙었다. 한두 달 새 수억원씩 오른 단지가 속출했다. 부동산114에 따르면 2018년 8월 말 기준 서울 평균 아파트값(8억2079만원)은 8억원을 돌파했다. 2016년 8월 6억원대에 진입한 이후 7억원(2017년 12월)까지는 1년 4개월이 걸렸는데 7억원에서 8억원까지 오르는 데 걸린 기간은 8개월에 불과했다.

치솟는 집값, 옥죄인 대출 규제, 늘어난 종합부동산세 등으로 부동산 시장은 2019년에도 화두가 될 것으로 보인다. 투기를 잡고 집값을 안정시키겠다는 정부 의지가 강한 만큼 다양한 부동산 규제에 어떻게 대응할지 셈법이 복잡해졌다. 한편으로는 문턱이 좁아진 청약 시장에서 내집마련에 도전하는 실수요 관심이 집중될 전망이다.

세계경제 호황 들러리 선 2018
중국 직격탄에 뒤숭숭할 2019

김소연 매경이코노미 부장

▶ 2018년 세계 경제는 신났다. 미국을 중심으로 주요 선진국 성장세가 잠재수준을 넘어섰고 신흥국 경기도 개선됐다. 오랜만에 활황세를 유지한 세계 경제 스토리가 '어느 나라 애기냐'는 듯 한국 경제는 내내 돌파구를 찾지 못하는 모양새였다. 미중 무역분쟁 심화와 신흥국 금융불안 확산 가능성이라는 리스크가 상존하지만 그럼에도 2019년 세계 경제 역시 2018년과 비슷한 수준으로 성장할 것이라는 전망이다. 그러나 2019년에도 한국 경제는 이 같은 세계 경제의 흐름을 타지 못할 가능성이 높다.

미국, EU, 일본, 아시아 신흥국이 다 웃은 시점에 한국 경제 홀로 힘든 시절을 보낸 데는 여러 가지 이유가 있다. 무엇보다 급격한 최저임금 인상 등의 영향으로 바닥 경기가 냉골을 이어간 것이 발목을 잡았다. 미중 무역분쟁의 타깃인 중국 경제와 한국 경제가 너무나 밀접하게 얽혀 있는 것도 악영향을 미쳤다. 중국 경제성장률이 1%포인트 하락할 때 한국 경제성장률은 0.5%포인트 떨어진다는 계산이다. 2018년 3분기 중국 경제성장률은 6.5%까지 낮아지며 '중국발 금융위기설'마저 불러왔고 이는 고스란히 한국 경제에 직격탄이 됐다.

경제성장률 2017년 말 각 연구기관이 쏟아냈던 경제 전망치를 결산하면 다소 비관적으로 본 민간 경제연구소보다는 한국은행과 국회예산정책처 전망이 정확했다. 가장 근접하게 점친 곳은 국회예산정책처였다. 2018년 한국 경제성장률은 2.7~2.8%가 될 것으로 보인다. 2017년 말 당시 LG경제연구원과 현대경제연구원은 2018년 한국 경제성장률이 2.5%에 불과할 것이라 내다봤다. 한국은행과 국회예산정책처는 각각 2.9%와 2.8%를 제시했다.

국회예산정책처의 2019년 한국 경제성장률 전망치는 2.7%다. 내내 답답했던 2018년과 거의 유사한 수치다. 민간 연구소는 이번에도 예년과 다름없이 가장 낮은 수치를 내놨다. LG경제연구원이 2.5%, 현대경제연구원은 2.6%를 예측한다.

해외 투자은행(IB)도 비슷하게 바라본다. 2018년 9월 기준 해외 주요 IB가 전망하는 2019년 한국 경제성장률 평균치는 2.7%다. 소시에테제네랄(SG)은 2.4%를 예측한다.

2019년 내수(민간소비+투자)가 특히 좋지 않을 듯싶다. 2018년 민간소비는 정부가 워낙 돈을 푼 결과 꽤 선방했다. 그러나 언제까지 그 힘으로만 버틸 수는 없다. 2019년 민간소비 증가율은 2018년보다 다소 낮아질 전망이다. 여기에

주요 기관의 2019년 경제 전망 단위:%, 억달러, 원

구분	LG경제연구원		현대경제연구원		한국은행		국회예산정책처	
	2018년	2019년	2018년	2019년	2018년	2019년	2018년	2019년
경제성장률	2.8	2.5	2.8	2.6	2.7	2.7	2.7	2.7
민간소비	3	2.6	2.7	2.5	2.7	2.7	2.8	2.7
설비투자	−1.2	−2	1.4	0.4	−0.3	2.5	0.8	2.3
건설투자	−0.8	−1.4	−0.6	−2.7	−2.3	−2.5	−1.5	−2.4
소비자물가	1.5	1.4	1.5	1.7	1.6	1.7	1.6	1.8
경상수지	677	650	677	630	700	620	660	640
실업률	3.8	3.9	3.8	3.8	3.8	3.8	3.8	3.8
원달러 환율	1098	1080	−	−	−	−	1091	1082
회사채 수익률 (3년)	2.7	2.8	−	−	−	−	2.2(국고채 3년 만기)	2.4(국고채 3년 만기)

투자까지 상황이 별반 좋지 않다. 2018년 2.5%포인트이던 내수의 성장 기여도가 2019년에는 2.4%포인트로 낮아지리라는 계산이다. 2019년에 한국 경제의 수출 의존도가 더욱 심화된다는 의미다.

투자 생산활동의 선행지표인 투자도 어두컴컴한 상황이기는 그다지 다를 바 없다. 2018년 2분기 건설·설비·지식재산생산물 3대 투자가 모두 마이너스로 돌아섰다. 세 지표가 동시에 역성장한 것은 2012년 2분기 이후 처음이다. 그중에서도 기업의 연구개발(R&D) 투자와 소프트웨어나 콘텐츠 지식재산권을 포함하는 지식재산생산물투자는 1분기보다 0.7% 줄었다. 22분기 만에 가장 낮은 증가율을 기록했다. 설비투자도 같은 기간 5.7% 떨어져 2016년 1분기 이래 최고로 부진하다.

2017년 3.1%라는 깜짝 경제성장률을 달성할 수 있었던 배경에는 설비투자 호조가 자리했다. 2017년 설비투자는 드라마틱하게 두 자릿수로 뛰어오르면서 한국 경제를 이끌었다. 그러나 2017년 무려 15%에 육박했던 설비투자가 2018년 다시 드라마틱하게 1%대도 안 되는 수준으로 급감하면서 한국 경제에 그림자를 드리우는 요인으로 자리 잡았다.

인프라를 위한 토목 부문이 계속 부진한 상황에서 아파트 공급까지 줄어 2018년 가시밭길을 걸은 건설투자는 2019년에 상황이 더 안 좋아질 것으로 보인다. 2018년에 이어 2019년에도 마이너스 성장이지만, 그 수치가 더욱 커질 것이라는 예상이다. 모든 기관이 똑같이 건설투자 마이너스 폭이 더 커질 것이라 전망했다.

설비투자 전망은 기관마다 방향이 가장 엇갈리는 지표다. 경제성장률을 제일 낮게 잡은 LG경제연구원과 현대경제연구원이 2019년 설비투자 전망치도 가장 비관적으로 제시했다. 반면 한국은행과 국회예산정책처는 2018년보다 2019년 설비투자 상황이 좋아질 것이라 예측한다. 좋아진다 해도 눈에 띌 만한 반전은 아니다. 가장 낙관적으로 본 한국은행이 내놓은 수치가 2.5%다.

당장 2019년만 문제가 아니다. 5년 중기 설비투자 전망이 썩 좋지 않다. 국회예산정책처는 2018년부터 2022년 중 설비투자가 이전 5년(2013~2017년)의 연평균 4.7%에 비해 증가세가 큰 폭으로 줄어들어 2.5%에 그칠 것으로 진단했다.

그나마 긍정적으로 바라볼 수 있는 부분은 지식재산생산물투자가 상대적으로 괜찮다는 점이다. 세계적인 IT 산업 호조와 수요 증가, 4차 산업혁명 관련 산업 투자 확대 등에 힘입어 2018년 상반기 중 지식재산생산물투자는 전년 동기 대비 2.9% 증가했다. 2019년에는 훨씬 활발한 R&D 투자가 이뤄져 3.3% 증가할 전망이다.

민간소비　2018년 소비는 그리 나쁘지 않았다. 무엇보다 글로벌 경기 호황과 수출 증가 등에 기대 소비심리가 좋아졌다. 기업 수익 호조와 최저임금 인상의 결과 가계의 명목소득과 실질소득 또한 증가했다. 부동산 가격 상승으로 자산 효과도 발생했다. 이 같은 요인들이 결합하면서 소비에 긍정적인 분위기가 마련됐다. 특히 2018년 상반기에 좋았다. 2018년 1분기와 2분기에 각각 3.5%, 2.8%의 증가세를 기록했다.

2018년 하반기도 상황은 비슷하게 전개됐다.

소비심리가 다소 위축되고 고용 관련 비관적인 통계 수치가 연이어 나오면서 고용시장에 대한 불안감이 커지기는 했다. 소비자심리지수는 민간소비에 1분기 선행하는 것으로 분석된다. 2018년 8월 소비자심리지수는 99.2로 17개월 만에 최저치를 기록했다. 또 2018년 상반기 중 취업자 증가가 월평균 14만2000명에 그쳐 2009년 이후 상반기 기준 최저 수준을 찍었다.

그러나 이를 상쇄할 만한 다른 요인들이 존재한 덕분에 소비가 크게 나빠지지는 않았다. 2018년 9월부터 65세 이상 소득 하위 70% 이하 노인에게 지급되는 기초연금이 월 20만원에서 월 25만원 수준으로 인상됐다. 이로 인해 약 500만명의 노인이 혜택을 받게 됐다. 역시 9월부터 소득 하위 90% 이하 가구의 만 6세 미만 아동에게 월 10만원씩 아동수당이 지급되기 시작했다. 정부가 소비심리를 살린 다는 취지에서 2018년 7월 19일부터 자동차에 부과되는 개별소비세를 연말까지 한시적으로 5%에서 3.5%로 1.5%포인트 인하한 것도 영향을 미쳤다.

문제는 2019년이다.

금리가 계속 오를 것으로 예상되는 만큼 2019년에는 원리금 상환 부담이 확대 돼 처분가능소득이 줄어들 것이다. 2018년 같은 부동산 광풍도 불기 어려운 만 큼 자산효과도 덜할 터다. 계속되는 정부의 소득 지원 정책(2019년 4월부터 소 득 하위 20% 노인 150만명 기초연금 25만원에서 30만원으로 인상 등)과 유가 상승세 둔화, 원화 강세 등에 따라 가계의 실질 구매력이 높아지는 것은 민간소 비에 긍정적인 요인이 될 수 있겠지만 그것만으로는 역부족이다.

결론적으로 2019년 민간소비는 2018년에 비해 살짝 낮아지는 수준이 될 것 으로 예측된다. 가장 긍정적으로 본 한국은행과 국회예산정책처가 2018년과 똑 같은 2.7%를 제시했다.

소비자물가 2019년 소비자물가 전망에서 가장 눈여겨봐야 할 지표는 국 제유가다. 국제유가가 계속 상승하면 소비자물가 역시 그에 비례해 오를 수밖에 없기 때문이다. 농산물 가격 역시 소비자물가를 올리는 주요 요인이다.

2018년 9월 작황 부진으로 농산물 가격이 크게 오르고 국제유가도 강세를 보 이면서 생산자물가지수가 5년 1개월 만에 최고치를 나타냈다. 2018년 9월 생 산자물가지수는 105.78로 1개월 전보다 0.3% 올랐다. 2013년 8월(105.81) 이후 최고치, 23개월 연속 오름세다.

2019년 소비자물가는 수요 측면보다는, 국제유가와 농산물 가격 같은 공급 측 면에 의해 2018년보다 다소 높아질 것으로 예상된다. LG경제연구원만 2019 년 소비자물가가 2018년에 비해 낮아질 거라고 봤는데, 그래봐야 0.1%포인트 차이다(2018년 1.5%, 2019년 1.4%).

경상수지　　2018년 8월 경상수지는 84억4000만달러 흑자를 기록했다. 이로써 경상수지는 2012년 3월부터 계속된 사상 최장 흑자 기록을 78개월로 늘렸다.

이 같은 흑자행진은 2019년에도 유효할까.

한국 경제 수출의 관건은 역시 반도체다. 아무리 '반도체 쏠림 현상이 심하네 어쩌네' 해도 반도체 경기가 좋으면 한국 경제에 훈풍이 불고 반도체에 암운이 드리우면 한국 경제도 심한 몸살감기를 앓는다.

2019년 반도체 수출을 바라보는 시선은 두 가지다.

한국 반도체 수출의 두 축인 메모리 반도체와 낸드플래시 단가가 계속 낮아지고 있다. 2018년 5월에 8.8달러였던 D램(DDR48Gb) 가격이 9월에는 7.4달러까지 떨어졌다. 역시 2018년 5월 3.7달러였던 낸드플래시(MLC 64Gb) 가격은 9월 3.1달러로 하락했다. 이 같은 가격 하락세를 근거로 반도체가 고점을 찍었다는 분석이 나온다. 반면 반도체 가격은 낮아지고 있으나 4차 산업혁명과 5G 시대 도래로 인해 이전에 없던 반도체 수요가 창출되면서 반도체 경기는 계속 호황일 것이라는 인식도 팽팽하다. 반도체가 짱짱하게 버텨주면 2019년 경상수지 또한 사정이 그리 나쁘지 않을 수 있다.

실제 2019년 경상수지 전망치는 2018년에 비해 약간 낮아지는 수준이 될 것으로 보인다. 가장 낮게 본 한국은행이 620억달러 흑자를, 가장 높게 본 LG경제연구원은 650억달러를 예측한다.

2019년 경상수지 최고 리스크는 미중 무역분쟁과 보호무역주의다. 2019년에도 대중국 수출 비중이 가장 높을 것으로 예측되는 것은 물론이다. 미중 무역분쟁이 장기화되고 이로 인해 중국 경제성장 둔화가 예상보다 빠르게 진행될 경우 중간재를 중심으로 한 대중 수출이 타격을 받을 수 있다. '아메리칸 퍼스트'를 시작으로 촉발된 보호무역주의가 더욱 심화돼 교역 물량이 줄어드는 사태 또한 우려스러운 부분이다.

성장률 2018년 이어 3% 중반 예상
탄탄한 美경제 하반기부터 하락 우려

명순영 매경이코노미 기자

▶ '2019년은 글로벌 호황세를 누린 2018년만큼 성장할 가능성이 있다. 그러나 위험 요인이 확실히 많아졌다.'

세계 주요 경제기관의 2019년 경제 예측을 요약하면 이렇다. 2017년에 이어 2018년까지 '역대급' 성장세를 이뤘던 미국이 호황세를 이어갈 가능성이 높다는 게 긍정 포인트다. 법인세 감면으로 기업 실적이 좋아져서다. 상승 폭이 컸던 만큼 하반기 하락 우려가 없지 않으나 기초체력이 여전히 탄탄하다. 나름대로 견고하게 성장해온 유럽과 일본은 비슷한 수준으로 2019년 경제를 이끌어갈 듯 보인다.

신흥국 사정은 복잡하다. 대표 국가 격인 중국이 가장 불안한 행보를 보인다. 중국은 2018년 6.6% 성장률을 기록할 것으로 전망됐으나 2019년 전망치는 6.2%로 낮아졌다. 한 치 앞을 바라보기 힘든 2019년을 예고하는 듯, 2018년 말 위안화가 폭락하고 중국 증시가 무너졌다. 헤알화 폭락으로 금융위기설까지 유발한 브라질 전망은 밝지는 않다. 그러나 2018년을 바닥으로 경제성장률은 높아질 수 있다는 전망이 나온다.

세계 경제성장률　국내외 주요 기관은 2019년 세계 경제성장률로 3% 중후반을 예상한다. 2018년과 비슷한 수치지만 '뉘앙스'를 잘 읽어야 한다. 2018년 중반에 내놨던 전망치를 점점 낮추는 분위기다.

국제통화기금(IMF)은 2018년 10월 발표한 세계경제전망(WEO)에서 2018년과 2019년 세계 경제성장률을 3.7%로 예상했다. 애초 3.9%에서 0.2%포인트씩 떨어뜨렸다. 이는 2017년 예상 때와 다른 흐름이다. 2017년에 2018년을 전망할 때는 3.5%에서 3.6%로 상향 조정하며 경기 향상에 대한 기대감을 보였다. 2017년 경제가 크게 살아나 2018년 경제 역시 기대 이상으로 좋게 보였다는

주요 국가 경제성장률 전망

단위:%

경제성장률	2017년	2018년			2019년		
		7월(A)	10월 발표(B)	조정 폭(B-A)	7월(C)	10월 발표(D)	조정 폭(D-C)
세계	3.7	3.9	3.7	−0.2	3.9	3.7	−0.2
선진국 (소비자물가)	2.3 (1.7)	2.4 (2.2)	2.4 (2)	0 (−0.2)	2.2 (2.2)	2.1 (1.9)	−0.1 (−0.3)
미국	2.2	2.9	2.9	0	2.7	2.5	0
유로존	2.4	2.2	2	−0.2	1.9	1.9	0
독일	2.5	2.2	1.9	−0.3	2.1	1.9	−0.2
프랑스	2.3	1.8	1.6	−0.2	1.7	1.6	−0.1
이탈리아	1.5	1.2	1.2	0	1	1	0
스페인	3	2.8	2.7	−0.1	2.2	2.2	0
일본	1.7	1	1.1	0.1	0.9	0.9	0
영국	1.7	1.4	1.4	0	1.5	1.5	0
캐나다	3	2.1	2.1	0	2	2	0
기타 선진국	2.6	2.8	2.4	−0.4	2.7	2.2	−0.5
한국	3.1	3	2.8	−0.2	2.9	2.6	−0.3
신흥개도국 (소비자물가)	4.7 (4.3)	4.9 (4.4)	4.7 (5)	−0.2 (0.6)	5.1 (4.4)	4.7 (5.2)	−0.4 (0.8)
중국	6.9	6.6	6.6	0	6.4	6.2	−0.2
인도	6.7	7.3	7.3	0	7.5	7.4	−0.1
브라질	1	1.8	1.4	−0.4	2.5	2.4	−0.1
러시아	1.5	1.7	1.7	0	1.5	1.8	0.3
남아공	1.3	1.5	0.8	−0.7	1.7	1.4	−0.3

주:우리나라는 WEO.7월 업데이트에는 미포함, 7월 IMF의 G20 Surveillance Note 수치

자료:기획재정부

뜻이다. 그러나 2018년 시점에서 바라보는 2019년은 점차 비관적으로 돌아서는 분위기다.

IMF는 2018년 7월 1차 예상치를 발표하고 10월 수정치를 내놨다. 2018년 경제성장률 예상치 변화는 다음과 같다. 미국은 2.9%→2.9%, 유로존 2.2% →2%, 일본 1%→1.1%, 중국 6.6%→6.6%, 인도 7.3%→7.3%, 브라질 1.8%→1.4%, 러시아 1.7%→1.7%다. 선진국 중 미국과 일본이 선전했고 유로존이 기대에 못 미쳤다. 신흥국 중에서는 금융위기설까지 나오고 있는 브라질만 불안한 모습을 보였다.

2019년 전망치는 2018년과 비슷한 듯 다르다. 2019년 예상치 변화를 국가별로 살펴보면, 미국은 2.7%→2.5%, 유로존 1.9%→1.9%, 일본 0.9%→ 0.9%, 중국 6.4%→6.2%, 인도 7.5%→7.4%, 브라질 2.5%→2.4%, 러시아 1.5%→1.8%다. 숫자만 놓고 보면 2018년 뚜렷한 경기 확장세를 누렸던 선진국 경기가 2019년 들어 소폭 하락할 듯 보인다. 신흥국 중에서는 중국 불안감이 커졌다. 반면, 브라질은 2018년 바닥을 찍고 올라설 듯 보인다. 그러나 워낙 바닥이 깊어 상승한 것처럼 보이는 '기저효과'일 뿐 기초체력이 좋아질 것이라 예단하기는 힘들다. 인도의 성장세는 변함없이 탄탄해 보인다. 2019년 은 IMF의 세계 경제성장률 수정 전망치인 3.7%만 달성해도 만족할 만하다. 2010년 이후 가장 높은 수치로 2017~2018년 호황세를 이어간다는 점에서 의미가 크다.

그러나 세계 경제를 확 끌어내릴 위험 요인이 적지 않다는 게 문제다. IMF는 무역갈등 고조, 신흥국 금융시장 불안 등을 세계 경제 위험 요인으로 지목했다. 또한 세계 경기 확장세가 지역별로 매우 다르고 중기 경제성장률은 점점 낮아질 것으로 예상했다. 라가르드 IMF 총재는 "무역장벽이 무역 자체를 둔화시킬 뿐 아니라 투자와 제조업에도 타격을 주며 세계 경제에 악영향을 끼치기 시작했다" 고 평가했다.

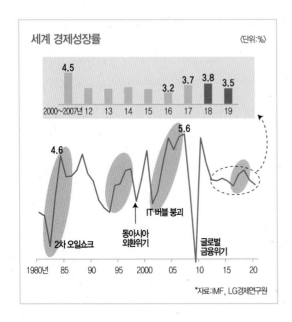

세계 경제성장률 〈단위:%〉

4.5 3.2 3.7 3.8 3.5
2000~2007년 12 13 14 15 16 17 18 19

5.6
4.6

IT 버블 붕괴
2차 오일쇼크
동아시아
외환위기
글로벌
금융위기

1980년 85 90 95 2000 05 10 15 20

*자료:IMF, LG경제연구원

OECD 시각도 IMF와 크게 다르지 않다. OECD는 2018년 5월에 내놓은 자료에서 2019년 세계 경제성장률을 3.7%로 봤다. 그러나 4개월 뒤인 2018년 10월 전망에서 이 수치를 3.5%로 끌어내렸다. 하향 조정 근거는 글로벌 통상갈등, 신흥국 금융불안 등 IMF 판단과 유사하다.

이 같은 불안한 흐름은 2018년 후반부터 진행됐다고 봐야 한다. 국제금융센터에 따르면, JP모건 글로벌 제조업 구매관리자지수(PMI)는 9월 기준 52.5를 기록해 2017년 12월(54.5) 이후 하락세를 이어가는 중이다. 이 중 수출수주지수는 49.7로 2016년 6월 이후 경기 수축을 의미하는 50 이하에 들어왔다. 무역 부문을 중심으로 주요 선행·동행지표들이 완만하게 둔화하고 있다는 해석이 가능하다. 한국 경제는 세계 경제 호황에도 경기 침체를 겪으며 연 2%대 성장이 전망됐다. 정부와 한국은행이 올해 성장률 전망치를 3%대에서 2.9%로 내려 잡았다. IMF도 3%에서 2.8%로 하향 조정했다.

국내 연구기관인 LG경제연구원은 IMF보다도 비관적이다. 2019년 세계 경제성장률 전망치를 낮추는 추세다. 글로벌 경기 재반등을 가져올 모멘텀이 마땅치 않아 경기 하향 흐름은 2~3년간 지속할 가능성이 높다는 판단이다. 아울러 2012년 이후 이어진 3%대 성장 터널에서 벗어나기 어려울 것이라는 분석이다. LG경제연구원이 예상하는 성장률은 2018년 3.8%, 2019년 3.5%다. 한국은행은 세계 교역 신장률을 4%로 전제해 2019년 전망치를 3.6%로 정했다.

선진국 　2019년 선진국 경기가 주춤할 가능성이 점쳐진다. 2017년과 2018년 호황세를 주도한 만큼 하락 가능성도 그만큼 높아졌다는 분석에서다. 미국, 유럽, 일본 모두 잠재성장률을 1%포인트가량 뛰어넘는 호조세를 보였으나 점차 잠재성장률 수준으로 성장세가 회귀할 것이라는 게 LG경제연구원 판단이다.

국가별로 차이가 있다. 미국은 다른 선진국과 달리 성장세를 이어갈 가능성이 크다. 미국 법인세 인하 효과로 기업에 활력이 넘친다. 또한 '메가 트렌드'인 4차 산업혁명 흐름을 이끄는 기업이 대부분 미국 회사라는 점이 긍정 포인트다. 개인 소득세 최고세율 인하가 소비를 늘리고 2019년 인프라 투자가 본격화하며 잠재성장률(1.8~2%)을 넘어서는 2% 중반 성장세를 이어갈 수 있다.

그러나 낙관론만 있는 것은 아니다. 2019년 실업률이 1960년대 이후 최저 수준인 3%대까지 낮아질 듯 보인다. 고용 여력이 줄고 물가가 오르면 경기가 더 성장하기는 어렵다. 금리 상승이 이어져 자산 가격이 하향 압력을 받으면 소비와 투자에 부정적인 영향을 끼친다. 이에 따라 2019년 하반기 이후 미국 경기가 하향 흐름을 보일 수 있다는 의견이 나온다.

유로존은 2018년부터 다소간 하향세로 접어들었다는 평가다. 세계 교역 둔화로 유럽 성장을 이끌었던 수출이 부진해지고 있어서다. 양적완화가 끝나고 2019년 하반기 정책금리가 올라가면 통화 부양 효과가 줄어든다. 영국과 EU 간 브렉시트 협상이 교착 상태에 빠지며 새로운 자유무역협상 없이 영국이 2019년 3월 EU를 탈퇴하는 이른바 '노딜 브렉시트(No deal Brexit)' 가능성마저 점쳐진다. 일본 역시 정점을 지났다는 판단이다. 기업 실적은 1990년대 버블 붕괴 이후 최고 수준으로 올라섰다. 그러나 임금 상승과 소비 확대로 이어지지 못하는 한계점을 드러냈다. 아베 일본 총리 리더십이 약화한 가운데 아베노믹스의 주된 정책인 재정 확장 기조가 약화할 것이라는 전망이 나온다. 2019년 1% 미만 성장으로 회귀하고 4분기 소비세 인상에 따른 성장 급락세도 우려된다.

신흥국 신흥국의 희망은 인도다. 인도는 2019년에도 2018년과 비슷하게 7%대 성장세를 이어갈 듯 보인다. 인도는 2019년 선거에서 모디 총리 연임이 유력하다. 인도 경제를 이끌어온 '모디노믹스' 개혁이 이어질 수 있다. LG경제연구원은 "화폐, 유통 시장 개혁에 이어 향후 해고 요건 완화, 산업용 전기요금 인하 등으로 외국인 투자 유입이 늘어날 것"이라고 내다봤다. 다만, 선거용 선심성 지출에 따른 재정적자 확대, 루피화 약세는 변수다.

중국은 긍정적인 요인보다는 부정적인 요인이 많다. 무엇보다 부채 리스크가 걱정스럽다. 중국 정부와 기업은 2015년 대규모로 채권을 발행했다. 그 채권 만기가 2019년과 2020년 집중적으로 돌아온다. 가계부채도 복병이다. 서부 지역 지방정부를 중심으로 그림자 부채는 중국 경제의 발목을 잡을 수 있다. 아울러 지난 10년간 가처분소득 대비 가계부채 비율이 40%에서 106%로 빠르게 확대돼 불안감을 더한다. 특히 미중 간 무역갈등이 풀릴 기미가 없다. 미국 관세 부과에 따른 대미 수출이 차질을 빚으며 수출과 기업 투자가 둔화할 가능성이 높다. 이미 심각한 수준인 중국 기업 부실에 기름을 부을 수 있다는 뜻이다. 일각에서는 6% 성장마저 어려운 것 아니냐는 다소 극단적인 비관론마저 나온다. 그러나 LG경제연구원은 "당장 2019년에 중국이 위기에 빠질 가능성이 높지 않다"고 판단했다. 중국 정부 구조조정 노력으로 일시 반등했던 중국 경제는 서서히 하강 흐름으로 연착륙할 것이라는 설명이다.

러시아 역시 저성장이 예상된다. 유가 상승에도 불구하고 미국 경제제재에 따른 해외 자본 이탈이 이어져서다. 오랜 서방제재와 월드컵 개최에 따른 재정수지 악화도 악재다. 브라질은 심한 정치 불안으로 대통령이 강력한 정치 리더십을 갖기 힘들다는 게 문제다. 경제구조 개혁 핵심인 연금 개혁이 난항을 겪으며 GDP 대비 8% 수준인 재정적자가 더욱 확대될 가능성이 크다. 이에 따라 브라질의 2019년 성장률은 1%까지 내려놔야 한다는 의견에 힘이 실린다. LG경제연구원 전망치는 1.4%다. IMF는 2.4%로 예상했다.

II

2019
매경 아웃룩

2019 10大 이슈

1. 소득주도성장 계속 이어갈까

2. 남북경협 시나리오

3. 9·13 대책 이후 분기점 접어든 부동산

4. 美中 갈등 언제까지

5. 신흥국 금융위기론

6. 5G가 이끄는 4차 산업혁명의 미래

7. 반도체 고점 논란

8. 핀테크 어떻게 진화할까

9. 신한류 부활 가능할까

10. 소비 패러다임이 바뀐다

비판 목소리에도 흔들림 없다
최저시급 차등화는 본격 논의

박수호 매경이코노미 기자

▶ 문재인정부는 소득주도성장을 '일자리 중심 경제' '혁신성장' '공정경제'와 함께 성장 전략의 네 가지 축 중 하나로 강조해왔다. 이런 배경에는 노동소득 분배율 하락, 그에 따른 양극화 심화가 있다. 문재인정부는 이런 기치 아래 최저임금을 2년간 29% 인상하고 공공 일자리 중 일부 비정규직의 정규직 전환을 통한 임금 인상 등 다양한 정책을 집행했다.

문제는 이를 통해 고용이나 실질적인 성장이 이뤄졌느냐다.

정작 결과물은 비판을 몰고 올 만했다. 2018년 내내 고용 증가 목표치를 밑돌았다. 8월 '고용동향' 자료를 예로 들면 20년 만의 최악의 성적표였다. 8월 실업자 수만 한 달 새 13만명 늘어난 113만명을 기록해 1998년 IMF 외환위기 이후 최대치를 기록했다. 취업자 수도 2017년 8월 대비 2018년 8월에는 고작 3000명 늘어나는 데 그쳤다. 2018년 1월 취업자 수 증가 폭이 30만명이었던 점과 비교하면 100분의 1로 대폭 줄었다.

소득 격차도 오히려 뒷걸음질쳤다. 1분위(하위 20% 계층)와 5분위(상위 20%) 간 소득 격차가 사상 최대로 벌어졌다. 정부는 상용근로자가 늘어 고용의

질(質)이 좋아졌다고 반박했지만 이는 정부가 비정규직의 정규직 일괄 전환 정책을 편 결과일 뿐이라는 평가가 지배적이었다. 민간 고용과는 관계가 없다는 말이다.

상황이 이처럼 악화되고 있음에도

최저임금 변화		단위:원
연도	시급	월급
2019년	8350 (2018년 대비 10.9% 인상)	174만5150
2018년	7530	157만3770
2017년	6470	135만2230
2016년	6030	126만270
2015년	5580	–

자료:최저임금위원회

불구하고 정부의 소득주도성장 기조는 2019년에도 변함없이 추진될 것으로 예상된다.

문재인 대통령은 "기초연금, 장애연금 인상, 아동수당 지급, 근로장려금 대폭 인상, 기초수당 강화, 자영업자 지원 확대, 생활 SOC 등 정책을 내년도 예산에 대폭 반영했다"며 "이런 정책 보완이 실현돼 근로자와 근로자 외 가구의 소득이 함께 높아질 때 비로소 소득주도성장의 기반이 마련된다"고 강조했다. 더불어 "소득주도성장·혁신성장·공정경제는 함께 추진돼야 하는 종합세트"라며 "혁신성장은 새로운 성장동력을 마련하는 것이고, 소득주도성장은 잘사는 사람만 잘사는 게 아니고 함께 성장하는 것이다. 그중 하나만을 선택할 수 없다"고 말했다.

여권도 여기에 힘을 싣는 분위기다.

민병두 더불어민주당 의원은 "임금주도성장은 국제기구에서 제안하고 각국에서 이미 실험을 추진하고 있는 것"이라며 해외 성공 사례를 열거했다. 그는 "소득주도성장을 할 수밖에 없던 이유는 과거 자영업 문제를 근본적으로 해결하지 않았기 때문이 아니냐. 정부는 (집권 후) 1년간 갑을관계, 자영업자 문제 해결을 위해 40여개 가까운 정책 패키지를 추진하고 있다"고 설명했다. 같은 당 이학영 의원도 "지난 정부는 대기업을 육성하면 투자, 고용이 늘고 소비가 살아난다는 낙수효과로 경제 활성화를 한다고 주장했다"며 "낙수효과는 없다는 것이 10년간 증명됐다. 이제는 다른 처방을 써야 할 때다. 국민 개개인의 소득을 늘리는 소득주도성장이 반드시 필요하다"고 뒷받침했다.

정부 "혁신성장 병행할 것"

다만 소득주도성장을 정권 초처럼 강하게 주장하지는 못할 것이란 의견이 지배적이다.

집권당은 물론 문재인 대통령의 경제 참모 격 인사 중에서도 소득주도성장에 대한 한계를 인정하고 개선해야 한다는 목소리가 터져 나왔기 때문이다.

문재인 대통령 후보 시절 싱크탱크였던 '국민성장'의 자문위원장을 역임한 박승 전 한국은행 총재는 "소득주도성장 정책 자체는 필요하다. 다만 그 추진 내용이나 전개 방식에 문제가 있다"고 지적했다.

그는 "2년 동안 30% 가까이 올린 최저임금, 별 실효성 없는 일자리 정책 때문에 소득주도 정책의 본질은 건드리지도 못하고 비판대에 올라선 것은 유감"이라고 밝혔다. 박 전 총재는 법인세 인상 등을 통해 마련된 세수를 바탕으로 보다 국가 인재의 생산성을 높이는 쪽으로 돈을 풀면서 전체 소득을 인상할 근거를 마련

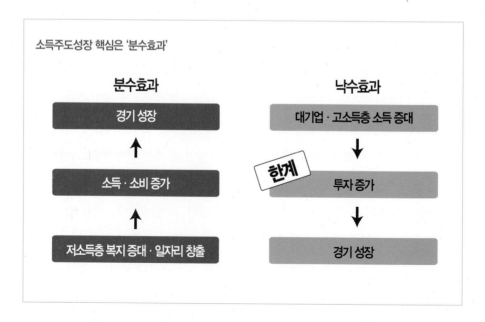

해야 하는데 섣부른 최저임금 인상을 통해 자영업자, 일용직 노동자 등 서민 간 서로 치고받는 빌미를 제공했다고 비판했다. 더불어 "일자리 정책 역시 민간 주도가 될 수 있도록 정부가 보조를 맞춰야 하는데 정부가 주도가 돼 '공무원만 늘린다'는 나쁜 인상을 줬다는 점에서 정책 실기"라고 덧붙였다.

친정부 조직으로 분류되는 국민경제자문회의의 김광두 부의장(서강대 석좌교수)도 날 선 비판을 이어갔다.

김 부의장은 "전쟁터에서 명장은 최소의 전력 손실로 승리하는 장군이다. 10만 명의 군사를 잃고 1만명의 적에게 이겼다면 그것은 패장"이라는 표현을 들며 소득주도성장 정책 입안자를 우회적으로 비판했다. "정권 출범 전 경제정책을 만들던 당시만 해도 원안은 사람의 기초생활권 보장, 생활 환경에 대한 투자, 교육, 보육, 의료 등 사람의 능력 제고를 위한 투자 등이었는데 소득주도성장이라는 용어는 사용하지 않았던 것으로 기억한다. 현재 집행되고 있는 J노믹스의 정책 구조와 우선순위는 내가 주도적으로 참여했던 당시의 원본 우선순위 의도와 동일하지 않다고 본다"는 지적이다.

비판은 대통령 직속 정책기획위원회 산하 소득주도성장특별위원회에서도 제기됐다. '소득주도성장의 평가와 향후 방향' 발제에 나선 김태일 고려대 교수(행정학)는 "(문재인정부가) 소득주도성장을 단기적인 내수 진작책으로 인식한 듯하다"고 지적했다. 김 교수는 소득주도성장의 효용성을 믿는 이들이 경기 호황이나 불황 같은 내생적으로 결정된 과거의 소득분배율 변화 자료를 분석해서 나온 추정치를 맹신해서는 안 된다고 덧붙였다. 그는 "(최저임금 인상 등을) 외생적으로 결정했을 때 유사한 결과를 얻을 것이라고 추정하는 것은 타당성이 높다고 하기 어렵다"고 설명했다.

최저시급 차등화 논의 본격화할 것

2019년에는 어떤 식으로 소득주도성장 정책이 진행될까.

전문가들은 장하성 청와대 정책실장 주장 중 일부에서 그나마 실마리를 찾을 수 있다고 분석한다. 장 실장은 "新산업 분야에 대한 과감한 규제 혁신, 혁신인재 양성, 전략적인 집중 투자, 창업 촉진·산업 생태계 구축을 내용으로 하는 '혁신성장'은 '소득주도성장'과 반드시 같이 추진돼야 다 같이 성공할 수 있는 패키지 정책"이라고 주장했다.

　　이 같은 발언을 미뤄 짐작해보면 2019년 문재인정부는 급격한 최저시급 인상은 추진하기 힘들 것으로 보인다.

　　더불어 소득주도성장의 핵심 정책 중 하나인 최저임금은 차등화 논의가 활발해질 가능성이 높다. 최저임금위원회는 2018년 7월 한 차례 이 사안으로 논란을 빚었다. 경영계는 산업별·업종별 차등화를 주장했으나 받아들여지지 않았다. 김동연 경제부총리는 2018년 하반기에 차등화 수용을 시사하는 발언을 하면서 분위기가 바뀌었다. 게다가 소상공인을 대상으로 한 여러 설문조사에서는 최저임금 대책으로 업종별·지역별 차등화를 요구하는 답변이 압도적으로 높았다.

　　최저임금 차등화는 미국, 일본 등 많은 국가에서 시행되고 있는 데다 국회 관련 법안이 여러 건 발의돼 있기도 해서 논의만 급물살을 타면 제도를 바꾸는 것은 어렵지 않을 것으로 예상된다.

　　여기에 더해 정부는 소득주도성장을 제도적으로 보완하는 다양한 실행 방안을 보여줄 것이다. 김태일 교수가 소득주도성장특별위원회에서 발제한 내용으로부터 힌트를 찾을 수 있다.

　　김 교수는 단순 소득 인상에 초점을 맞출 것이 아니라 '노동조합의 협상력 강화를 통한 임금 인상처럼 임금 계약의 공정성을 확보하는 장치'가 필요하다는 입장이다. 이는 정부가 추진하는 노동이사제 등 기업 경영 체제 개혁과 연관성이 있다. 참고로 노동이사제는 근로자 대표가 이사회에 들어가 발언권과 의결권을 행사하는 제도다. 근로자가 최저임금을 떠나서 경영 참여를 통해 목소리를 높이고 실질적인 요구를 이끌어낸다면 소득 개선을 이끌어내기가 좀 더 용이할 수 있다는 논리다.

"시장경제가 본연의 기능을 잘할 수 있게 하는 기반 구축으로서, 시장경제의 공정성을 확보하는 것에 해당하므로 꾸준히 실천해갈 필요가 있다"는 의미다.

이를 근거로 정리해보면 2018년 공기업 중심으로 권고 수준에 그쳤던 노동이사제는 산업 전반으로 정부의 정책 드라이브가 강하게 걸릴 것으로 보인다.

황금돼지해 남북경협 분수령
순조로운 경협 관건은 비핵화

남성욱 고려대 행정전문대학원장(전 국가안보전략연구원장)

▶ 황금돼지띠인 2019년은 한반도 비핵화와 남북경협 분수령이 될 전망이다. 2018년 남북 정상은 9·19 평양선언을 통해 사실상 종전을 선언했다. 2019년은 비핵화가 진행되면 남북경협의 새로운 국면이 한반도에 전개될 가능성이 높다.

평양선언은 '2018년 내 동·서해선 철도와 도로 연결을 위한 착공식'을 갖고 '조건이 마련되는 데 따라 개성공단과 금강산 관광을 우선 정상화하며 서해경제공동특구와 동해관광공동특구를 조성하는 문제를 협의한다'고 규정했다. 착공식은 유엔 제재에서 금지하는 자재가 남측에서 북측으로 반출되지 않는다면 상징적인 차원에서 가능하다.

재계 총수 대거 참여한 평양 방문

문재인 대통령 평양 방문에는 이재용 삼성전자 부회장을 비롯한 재계 총수들이 동행했다. 함께한 재계 인사들은 남북경협에 대해 "아직 이르지만 북한 경제 상황을 파악하기 위해 노력했다"고 밝혔다. 대체로 경협 사업 구상에 대해 말을 아끼는 분위기지만 그룹별로 온도차도 감지됐다. 재계와 정부의 소통 창구 역할을 맡고 있는 박용만 대한상공회의소 회장은 "실제 북한에 한번 가서 우리 눈으로 본다는 데 의미가 있다"며 "현재 상황이 서로 간에 경협 이야기를 할 수 있는 게 아니지 않느냐"고 말했다.

기업별 입장에 따라 남북경협을 바라보는 시각은 다르다. 하지만 한반도를 둘러싼 국제적인 현실은 녹록지 않다. 미국과의 사업 비중이 절반이 넘는 상황에서 재벌 총수 입장에서는 신중 모드를 유지하지 않을 수 없다. 특히 이란에 대한 미국의 국제 제재로 관련 기업이 세컨더리 보이콧(제3자 제재)을 받는 상황에서 주요 대기업은 대북 투자 운신의 폭이 제한적일 수밖에 없다.

2019년 한반도의 비핵화 진도와 맞물려 경제협력은 먼저 논의될 가능성이 높은 이슈다. 문 대통령의 대통령 선거 공약 사항인 한반도 신(新)경제지도 구상이 본격적으로 가동될 것이란 분석이다.

한반도 신경제지도 구상은 4대 핵심 정책을 기반으로 하고 있다. 환동해, 환황해·접경지역 개발을 통한 한반도 균형 발전과 북방 경제와의 연계 강화로 성장 잠재력 확충을 도모하기 위한 3대 경제·평화벨트 구상을 담고 있다. 또한 남북한 상품·생산 요소의 자유로운 이동을 제약하는 요인을 점진적으로 제거함으로써 시장 확대를 도모한다는 계획이다. 이를 통해 남북한 주민 전체의 후생을 증진하면서 궁극적으로 하나의 시장을 형성하는 내용으로 구성됐다.

단기적으로 북한 내부 시장화를 촉진하고 남북경협을 통해 북한 전역과 연계성을 강화하며 중장기적으로 소비재·생산 요소의 시장 통합을 지향한다는 목표다.

개성공단 복원과 금강산 관광 재개가 우선

전반적인 기본 구상은 중단된 경협을 복원하는 작업이다. 2015년 폐쇄된 개성공단 가동과 금강산 관광 재개가 우선 경협 대상이다. 개성공단은 남북 군사 긴장 완화와 경제협력 강화라는 두 마리 토끼를 잡을 수 있다. 2004년부터 2015

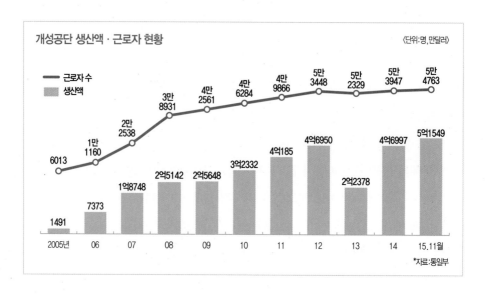

개성공단 생산액 · 근로자 현황 ⟨단위:명,만달러⟩

- ━ 근로자 수
- ▨ 생산액

근로자 수										
6013	1만1160	2만2538	3만8931	4만2561	4만6284	4만9866	5만3448	5만2329	5만3947	5만4763

생산액: 1491, 7373, 1억8748, 2억5142, 2억5648, 3억2332, 4억185, 4억6950, 2억2378, 4억6997, 5억1549

| 2005년 | 06 | 07 | 08 | 09 | 10 | 11 | 12 | 13 | 14 | 15.11월 |

*자료:통일부

년까지 개성공단 진출을 위한 승인 · 신고 건수는 390건이었다. 2008년 중단된 금강산 관광 인원은 총 193만4662명이다. 정부는 대북제재가 진행되는 기간에도 개성공단이나 금강산 관광 재개를 대북제재 예외 사업으로 추진할 것으로 예상된다.

도로와 철도 · 가스 연결 등도 주요 경협 대상이다. 한국도로공사는 경협 사업 중 하나로 북한 고속도로 건설을 내부적으로 검토하고 있다. 남북 철도 왕래는 2007년 28회, 2008년 420회가 전부다. 2018년 동해와 서해 남북철도 · 도로 연결 착공식을 개최했고 2019년에는 단절된 철도를 복구하는 작업이 본격화될 것으로 보인다. 특히 2019년 3 · 1절 100주년 기념식에 서울-개성-평양-선양-베이징 구간까지 중국횡단철도(TCR)를 통한 시범 운행이 예상된다. 남북 철도를 연결하면 러시아 블라디보스토크를 통해 유럽까지 갈 수 있고 천연가스 같은 에너지를 들여오는 일도 가능하다. 대한민국의 물류와 수출 루트가 지금과는 180도 달라질 수 있는 사안이다. 청와대 관계자가 "경협이 되면 경제정책의 판이 바뀔 수 있다"고 언급한 것도 이 때문이다.

김정은 북한 국무위원장이 장려하는 수산업도 협력 대상에 오를 수 있다. 북한은 '국가경제개발 10개년 전략계획(2010~2020년)'에서 서남 방면(신의주-남포-평양)과 동북 방면(나선-청진-김책)의 양대 축을 개발하겠다고 밝혔다. 신경제지도의 'H경제벨트'와 일맥상통한다.

물론 지금까지 제시했던 장밋빛 전망은 모두 미래완료형이다. 경협의 시동은 2019년 비핵화 시나리오에 좌우될 수밖에 없다. 모든 것은 여전히 미완의 상태다. 2019년 비핵화가 작동하지 않는다면 경협 또한 사실상 물거품이 될 수 있다. 북한 비핵화가 완전히 담보되지 않은 상황에서 지나친 속도전은 한국이 국제사회의 대북제재를 선제적으로 위반하는 문제를 낳을 수 있다.

국내 곳곳에서 제기되는 '경협 과속에 대한 경계론'도 귀담아들어야 한다. 경협 과속은 '남남갈등'을 불러올 가능성이 있는 데다 지금까지 북한은 비핵화 약속을 수차례 일방적으로 깼다. 남북경협이 북한에 (핵 완료를 위한) 시간을 벌어주는 수단으로 전락할 가능성도 배제할 수 없다. 점진적·단계적으로 남북관계 정상화를 모색하면서 경협 역시 속도 조절이 필요하다.

국제사회 대북제재가 완전히 해제되지 않는 한 남북경협은 도상 설계 수준일 수밖에 없다. 결국 대북경협은 국제사회와 발을 맞출 수밖에 없는 구조다. 현재로서 남북 경제협력은 비핵화에 종속변수다. 금강산 관광이나 개성공단 등은 남북관계에 따라 좌우돼왔다. 따라서 2018년 초유의 2차례 미북정상회담 이후에도 비핵화 과정은 여전히 시간이 필요한 과제다.

남북경협을 둘러싼 4가지 비핵화 시나리오

2019년 경협 또한 집권 6년 차 세계 유일 3대 세습 지도자와 미국 우선주의를 강조하는 좌충우돌 리더 간의 비핵화 협상에 좌우될 수밖에 없다.

비핵화 시나리오는 크게 4가지 방향으로 전개될 것으로 예상된다.

첫째, '최상의 시나리오(The best scenario)'다. 김 위원장의 진정성 있는 비핵화로 국제사회 제재가 완화되며 종전선언이 순차적으로 이뤄진다. 평화협정

체결 이후 워싱턴-평양 간 연락사무소와 대사급 관계 등 정상적인 미북 외교관계가 단계적으로 수립된다. 2020년 11월 미국 대통령 선거 전까지 비핵화 완료가 가시화됨에 따라 2019년 노벨평화상은 트럼프 미국 대통령, 김정은 위원장, 문 대통령 등 3명이 지난 25년간 북핵 종지부 공로로 수여받게 된다. 선제적 타격이 심각하게 검토되던 상황에서 전격적인 외교협상으로 비핵화 성과를 내면서 경협도 급물살을 타는 시나리오다. 장밋빛 경협의 시나리오가 현실화되며 한반도에 평화와 경제의 훈풍이 부는 시나리오다. 합의는 총론적이었으나 착한 이행으로 해피엔딩 결말이다.

둘째, '그럭저럭 버티기 시나리오(The muddle through scenario)'다. 양측이 합의문을 발표했으나 비핵화의 ABC 조치인 신고·사찰·검증의 구체성이 결여돼 있어 비핵화 과정마다 사사건건 이견이 노출되는 경우다. '악마는 이행에 있다'는 격언에 따라 미군 유해 발굴 등 주변 문제만 진전되고 비핵화가 속도를 내지 못하면서 경협도 동반 정체되는 시나리오다. 과거와 현재 핵무기가 여전히 존재하면서 미완의 회담으로 경협도 미생 상태다. 총론적 합의로 이행이 실질적인 진전을 보지 못하는 애매모호한 시나리오다. 경협을 둘러싸고 속도를 내려고 하는 한국과 이를 억제하려는 미국 간의 갈등이 주기적으로 표출되는 어중간한 시나리오다.

셋째, '지지부진 시나리오(The slow scenario)'다. 미북 양측 정상이 2차례 회담장에서 조우했으나 총론적인 합의문 발표로 좀처럼 이행이 부진한 경우다.

시간은 누구 편일까. 4년 혹은 8년의 계약직 지도자와 종신 지도자 간의 비핵화를 둘러싼 샅바 싸움이 지루하게 진행되면서 북한은 파키스탄 형태로 핵보유 공인을 시도하며 '핵 있는 평화론'을 주장할 수도 있다. 모호한 합의와 부진한 비핵화로 경협은 변죽만 울리고 본격적인 시동을 걸기 어려운 상태다. 경협은 한 발자국도 진도를 나가지 못하고 한미 간의 갈등만 심화되는 함정에 빠진 부진 시나리오다.

마지막으로 '최악의 시나리오(The worst scenario)'다. 트럼프 대통령은 대북제재를 연장하며 비핵화를 압박했으나 북·중 간 새로운 경협으로 점차 제재는 무용지물이 돼가는 상황이다. 전쟁 위기는 사라졌으나 '불완전한 비핵화'로 인한 '불안한 평화(unstable peace)'로 경협은 도저히 추진이 불가능한 시나리오다.

평화 뒷받침돼야 경제협력도 가능해

힘들게 조성된 남북한 화해 무드가 한반도 경제 번영으로 이어지기를 바라는 것은 누구나 한결같다. 일종의 당위이자 소망이다. 하지만 남북경협이 자선사업은 아니다. 경제는 애국심만으로 굴릴 수 없다. 민족사적 당위성이 비즈니스의 절대가치가 되지는 않는다. 사업성 판단은 온전히 기업의 몫이다. 결국 최상의 시나리오가 가동될 때 경협도 동반 성장할 수 있을 것이다. 나머지 3가지 시나리오는 경협의 안정적인 진행이 어려운 환경이다.

경제가 평화를 전제로 한다는 원칙은 동서고금의 진리다. 최상의 시나리오가 전개된다면 대북 경제협력은 개성공단 재개로부터 시작될 것으로 보인다. 개성공단은 남한의 자본과 기술, 북한의 토지와 인력이 결합되는 이상적인 지역으로서 이미 검증된 사업이다. 우선 개성공단을 1단계에서 2, 3단계로 단계적으로 확장하는 계획이 보다 현실적인 대안이 될 수 있다. 금강산이나 백두산 관광 등도 언제든지 가능한 사업이다. 최상의 시나리오로 경협이 활성화되는 그날이 하루속히 도래하기를 기대한다.

서울 집값 수억원씩 올라 거품 우려
금리 인상·공급 확대에 상승세 주춤

김경민 매경이코노미 기자

▶ 2018년 내내 서울과 수도권 집값은 고공행진했다. 부동산114에 따르면 2018년 초부터 8월까지 서울 아파트값은 12.4% 올라 2017년 연간 상승률인 11.44%를 앞질렀다. 한강변 대장주로 꼽히는 서울 서초구 반포동 아크로리버파크 전용 84㎡(33평)는 30억원에 실거래되며 '평당 1억원'에 육박할 정도로 뛰었다. 강남, 송파, 서초구 등 강남 3구뿐 아니라 이른바 '마용성(마포·용산·성동구)'과 동작, 성북, 은평구 등 서울 전역 집값이 급등했다. '강남불패'를 넘어 '서울불패'라는 신조어가 나올 정도였다. 서울뿐 아니라 과천, 분당, 광명 등 수도권 전역으로 집값 상승세가 확산됐다.

박원순 서울시장 발언에 서울 집값 이상 급등

서울, 수도권 집값이 이상 급등한 배경은 뭘까. 박원순 서울시장이 용산, 여의도 통합 개발과 강북권 개발 계획을 연달아 발표한 것이 엄청난 영향을 미쳤다. 박 시장은 2018년 7월 "여의도를 통으로 재개발하고 서울역과 용산역 사이에 있는 철도를 덮어 그 위에 쇼핑센터, 공원 등을 조성할 계획"이라고 밝혔다.

개발 기대감에 여의도, 용산 일대 집값이 수억원씩 급등하고 가격 상승세가 서울 전역으로 번졌다. 게다가 박 시장은 강북 옥탑방에서 한 달간 거주한 뒤 "강북권에 목동선, 면목선, 난곡선, 우이신설연장선 등 경전철 4개를 건설하겠다"고 했다. 그렇지 않아도 여의도, 용산 집값이 불안한 상황에서 경전철 호재까지 등장해 집값 상승 폭이 더 커졌다. 심리적 효과도 무시할 수 없다. 문재인 대통령이 취임 초기부터 "집값을 반드시 잡겠다"고 공언했지만 오히려 집값이 급등하면서 실수요자도 마음이 급해졌다. 참여정부 시절처럼 잇따른 부동산 대책에도 집값 급등 사태가 재연될 것이라는 불안심리가 컸다. 상황을 지켜보던 지방 부유층이 대거 서울 아파트 구입에 나선 것도 이 때문이다.

2019년에도 집값 상승세가 이어질까. 일단 상승 쪽에 무게를 두는 이들은 풍부한 유동성, 넉넉한 대기 수요 등을 이유로 꼽는다.

무엇보다 저금리 기조에 시중 유동성이 풍부하다는 점이 변수다. 한국은행에 따르면 현금, 요구불예금, 6개월 미만 정기예금 등 시중 부동자금은 2018년 6월 말 기준 1116조7000억원으로 1년 새 무려 75조원가량 늘었다. 주식시장이 부진한 상황에서 갈 곳 없는 자금이 부동산 시장으로 쏠릴 가능성이 높다.

부동산 투자 수요가 몰리는 서울에 여전히 노후주택이 많다는 점도 변수다. 통계청에 따르면 서울 아파트 164만가구 중 준공 10년 이내 신축 아파트 비율은 21.7%에 불과하다. 10가구 중 8가구는 노후주택이라는 의미다. 20년 이상 된 아파트도 60만가구가 넘어 전체의 40%에 달한다. 건설사들이 서울에서 새 아파트를 분양할 때마다 수십 대 1 청약경쟁률을 기록하는 것도 이 때문이다. 주택산업연구원에 따르면 서울 아파트 수요는 연평균 4만가구인 데 비해 공급량은 3만1000가구에 그쳐 최근 6년간(2012~2017년) 약 5만4000가구가 부족했다.

아직까지 자가 보유율도 낮아 주택 구매 수요가 탄탄하다는 분석도 나온다. 자가 보유율이란 자기 집을 소유한 비율을 의미한다. 국토교통부의 '2017년 주거실태조사'에 따르면 지난해 전국 자가 보유율은 61.1%였다. 특히 인구가 몰려 있는 수도권 자가 보유율은 54.2%에 불과하다. 그만큼 전월세로 거주하는 대기 수요가 탄탄해 '로또'로 불리는 새 아파트 청약시장이 인기를 끌고 덩달아 인근 지역 집값까지 끌어올릴 가능성이 높다.

시중유동성 넘쳐나고 노후주택 많아 수요 꾸준

글로벌 주요 도시와 비교할 때 서울 집값 상승 여력이 충분하다는 관측도 있다. 서울과 다른 도시의 소득 대비 주택가격비율(PIR · Price to Income Ratio)을 비교해보면 그렇다. PIR은 주택 가격을 가구당 연소득으로 나눈 값이다. 연소득을 모두 모을 경우 주택을 사는 데 얼마나 걸리는지를 측정하는 지표다. 일례로 PIR이 10이면 번 돈을 한 푼도 쓰지 않고 10년을 모아야 집을 살 수 있다는 의미다.

세계 도시, 국가 비교 통계 사이트인 넘베오에 따르면 2017년 서울 PIR 은 17.82로 257개 도시 중 33위다. 런던(27.8), 싱가포르(21.63), 도쿄 (19.88) 등 주요 도시보다 낮았다. 이를 두고 '서울 집값이 해외 주요 도시에 비해 높지 않은 만큼 추가 상승 여력이 있다'는 분석도 나온다.

물론 잇따른 정부 규제로 2019년 집값이 안정세를 보일 것이란 의견도 만만찮다. 한동안 들끓었던 집값이 9 · 13 대책 발표 이후 잠잠해져 대책 효과가 나타나고 있기 때문이다. 서울 강남권에는 매매호가가 1억~2억원씩 떨어진 아파트가 속출해 머지않아 거품이 빠질 것이라는 전망도 나온다.

9 · 13 대책의 핵심은 세금과 대출 규제 강화다. 서울, 세종 등 집값이 많이 뛴 지역 종합부동산세 최고 세율이 3.2%로 급등했다. 정부는 이번 대책으로 21만 8000명의 집주인이 종부세로 연간 4200억원을 더 낼 것으로 추산했다. 종부세뿐 아니라 보유세 부담도 대폭 늘어난다. 정부가 실거래가의 60~70% 수준인 공시지가를 실거래가 수준으로 끌어올리기로 했기 때문이다. 공시지가가 오르면 과표가 인상돼 종부세를 내지 않는 가구도 보유세 부담이 대폭 커진다. 공시가격 6억4400만원인 마포구 아현동 마포래미안푸르지오 전용 84㎡ 보유세는 2018

년 174만원에서 2022년 561만원으로 오른다.

대출받기도 쉽지 않다. 이미 집을 보유한 사람은 투기지역 등 규제지역에서 집을 살 때 사실상 주택담보대출을 받을 수 없게 된다. 규제지역 내 고가 주택(공시가격 9억원 초과)에 대해서는 무주택자라도 실거주 목

주택 종합부동산세율 개편안　　　　단위:%

과세표준	현행	개편안	
		일반	다주택
3억원 이하	0.5	현행 유지	0.6
3억~6억원		0.7	0.9
6억~12억원	0.75	1	1.3
12억~50억원	1	1.4	1.8
50억~94억원	1.5	2	2.5
94억원 초과	2	2.7	3.2

주: 1주택 공시가격 9억원 이하, 다주택 공시가격 6억원 이하는 과세 제외
다주택은 3주택 이상·조정대상지역 2주택 이상

적이 아니면 주택대출을 금지한다. 현금 여유가 없으면 추가로 집을 사지 말라는 의미다. 전세대출도 어렵기는 마찬가지다. 집을 2채 이상 소유한 다주택자는 앞으로 은행에서 전세자금대출을 받지 못한다. 집을 한 채 가진 가구도 부부 연소득이 1억원을 넘으면 전세대출을 못 받는다. 서울 강북이나 수도권에 집을 보유한 가구가 자녀 교육을 위해 대치동 전셋집을 마련하는 게 만만치 않은 일이 됐다.

향후 주택 공급도 대폭 늘어날 전망이다. 국토교통부는 2018년 9월 '수도권 주택 공급 확대방안'을 통해 서울과 인접한 지역에 총 330만㎡(약 100만평) 규모의 미니 신도시 4~5곳을 조성, 총 20만가구를 공급하기로 했다. 정부는 또 서울 송파구 가락동 옛 성동구치소와 개포동 재건마을 등 11곳, 경기도 광

지역별 LTV·DTI 비교　　　　단위:%

주택 가격	구분		투기과열지구·투기지역		조정대상지역		비조정대상지역·수도권	
			LTV	DTI	LTV	DTI	LTV	DTI
고가 주택 기준 이하 주택	서민 실수요자		50	50	70	60	70	60
	무주택 가구		40	40	60	50	70	60
	1주택 보유 가구	원칙	0	–	0	–	60	50
		예외	40	40	60	50	60	50
	2주택 이상 보유 가구		0	–	0	–	60	50
고가 주택	원칙		0	–	0	–	고가 주택 기준 이하 주택 구입 시 기준과 동일	
	예외		40	40	60	50		

주: ▨▨▨는 이번 대책으로 변경된 사항, 고가 주택은 공시가격 9억원 초과 주택　　자료:국토교통부

명 하안 · 의왕 청계 · 성남 신촌 · 시흥 하중 · 의정부 우정 · 인천 검암역세권 등을 신규 공공택지로 지정하고 3만5000가구를 공급하기로 했다. 이를 감안하지 않더라도 당분간 주택 공급 물량은 늘어날 전망이다. 부동산114에 따르면 2018~2019년 주택 멸실 물량을 반영한 서울 아파트 순입주 물량은 연평균 1만6708가구로 추정된다. 이는 2010~2019년 연평균 순입주 물량(7163가구)의 2배를 넘는 수치다.

미분양 넘쳐나는 지방 부동산 침체 이어질 듯

물론 정부 공급 대책이 집값 과열을 잡는 데는 역부족일 것이라는 분석도 적잖다. 인허가 절차 등을 감안하면 실제 아파트를 완공하기까지 길게는 10년 이상 소요되기 때문이다. 기대를 모았던 서울 내 신규 택지 공급 물량도 얼마 안 된다. 그럼에도 집값을 잡기 위해 수요 억제 위주 대책을 펴온 정부가 대규모 공급으로 방향을 선회한 만큼 부동산 시장 안정 효과를 낼 것이라는 분석이 지배적이다.

금리 흐름도 눈여겨봐야 한다. 미국 기준금리 최저 수준이 2%를 넘어서면서 한

서울시 아파트 · 비아파트 공급 물량 〈단위:가구〉

국과 미국의 기준금리 차이가 갈수록 확대되는 모습이다. 미국 연방준비제도가 2019년에도 여러 차례 기준금리를 인상할 것으로 보이는 만큼 한국은행도 연내 금리를 올릴 가능성이 높아졌다. 금리 격차가 더 벌어지면 외국 자본이 높은 금리를 쫓아 한국을 빠져나갈 수 있기 때문이다. 한국경제연구원은 금리차가 추가로 0.25%

포인트 확대되면 외국인 자금이 15조원가량 감소할 것으로 분석했다.

한국은행이 기준금리를 올릴 경우 부동산 시장에도 악영향을 미칠 수밖에 없다. 가뜩이나 9 · 13 대책에 부동산 시장이 잔뜩 가라앉은 분위기라 대출금리까지 오르면 거액의 대출을 끼고 부동산을 구매한 투자자 부담이 커질 수밖에 없다. 금융권에 따르면 미국 연방준비제도가 금리를 계속 올릴 경우 4%대 후반까지 오른 은행권 주택담보대출 금리가 5%대를 훌쩍 넘어설 것이란 전망이 나온다. 한은이 당장 기준금리를 올리지 않더라도 미국 기준금리가 오르면 채권시장 등을 통해 국내 시장금리가 올라가기 때문이다. 주택산업연구원은 미국 기준금리가 1%포인트 인상되면 국내 주택담보대출 금리는 0.96%포인트 오르고 아파트값은 1.8% 하락한다고 분석했다. 이 때문에 실수요자 입장에서 '서둘러 집을 살 필요가 없다'는 인식이 확산될 가능성이 높다. 주택뿐 아니라 오피스텔, 상가 등 수익형 부동산도 직격탄을 맞는다. 저금리 기조에 매달 꼬박꼬박 월세를 받는 상품으로 인기를 끌었지만 금리가 오르면 임대수익률이 떨어져 투자 메리트가 낮아질 수밖에 없다.

서울 집값만 활활 타오를 뿐 지방 집값은 침체일로인 점도 악재다. 국토교통부에 따르면 주택이 다 지어졌는데도 빈집으로 남아 있는 '준공 후 미분양 주택'이 2018년 8월 기준 1만5201가구에 달한다. 6개월 연속 증가세다. 준공 후 미분양 주택 80% 이상이 지방에 몰려 있다. 광역시도별로 보면 충남이 3065가구로 가장 많고 경남(2561가구), 경북(1957가구), 충북(1223가구) 순이다. 경기도도 1917가구로 꽤 많다. 건설사 입장에서 '악성재고'로 불리는 준공 후 미분양 주택이 계속 늘어날 경우 부동산 시장 뇌관으로 작용할 가능성도 크다.

정리하면 2019년 부동산 시장 전망이 엇갈리는 가운데 상승보다 안정에 무게가 쏠린다. 정부가 수요 억제, 공급 확대를 망라한 종합선물세트 격 대책을 쏟아낸 데다 기준금리 인상에 대출 부담이 커졌다. 악재가 넘쳐나는 상황에서 정부가 "집값이 계속 불안할 경우 추가 대책을 내놓겠다"고 공언한 만큼 2018년처럼 집값 급등 사태가 재연되기는 어려워 보인다.

단순한 무역전쟁 아닌 패권전쟁 양상
'내수 총동원령' 중국 얼마나 버틸까

정인교 인하대 경제학과 교수

▶ 2018년 10월 기준 미국은 중국산 2500억달러 수출품에 대해 10~25% 관세를 부과했다. 이에 대한 보복으로 중국은 미국산 1100억달러 상품에 대해 최고 25% 관세를 매겼다. 2500억달러는 2017년 중국의 대미 수출액 5170억달러의 약 절반에 해당한다. 경우에 따라 나머지 2170억달러도 관세 폭탄 대상이 될 수 있다. 중국의 모든 대미 수출품에 대해 고관세 부과 방안 마련을 트럼프 미국 대통령이 통상당국에 지시했기 때문이다.

2010년 중국은 일본을 제치고 미국 다음으로 세계 2위의 경제대국이 됐다. 구매력 기준으로 보면 2014년 중국 경제 규모가 미국을 능가했다. 2024년이면 중국의 명목 국내총생산(GDP)도 미국을 추월할 것으로 전망된다. 미국 군사 전력은 세계 최강이지만, 중국의 군사력도 만만치 않다. 현재 패권국은 부상하는 신흥국가 패권 도전에 대한 두려움으로 결국 전쟁을 벌이게 된다. 트럼프 대통령은 중국에 대한 무역 불균형 개선과 지식재산권 보호 위반을 대중국 무역제재의 이유로 내세운다. 보다 근본적인 배경은 중국과의 패권경쟁이다. 중국이 미국 요구를 수용함으로써 무역전쟁이 봉합될 수 있으나 미국은 중국이 패권을 넘보지 않을 때까지 중국과의 갈등을 지속하게 될 것이다. 그렇다고 중국이 사회주의 정치체제와 현재의 대외정책을 바꾸기는 어렵다.

미국과 경쟁 피하던 중국, 대립으로 대외노선 변화

비슷한 상황이 1980년대 중반에도 있었다. 당시 미국 경제는 오일쇼크로 최악의 쌍둥이 적자(재정적자와 무역적자)를 겪고 있었다. 로널드 레이건 전 미국 대통령(1981~1989년)은 '위대한 미국(Great America)' 재건을 내걸고 대미국 무역수지 흑자 규모가 컸던 일본과 독일을 손보기로 했다. 일명 플라자합의로 일본은 '30년간 불황'을 겪게 됐고, 더 이상 미국은 일본을 패권경쟁국으로 삼지 않았다. 트럼프 대통령의 슬로건 '위대한 미국 재건(Make great America again!)'은 레이건 전 대통령의 '위대한 미국'을 모방한 것이다. 또한 '미국 우선주의(America First)' 공약을 통해 '힘을 통한(power-based)' 미국의 재건을 약속했다. 오늘날 미국의 패권에 도전할 수 있는 중국이 타깃이 될 수밖에 없었다.

2013년 집권한 시진핑 중국 국가주석은 '중국몽(中國夢)' 실현을 국정지표로 공표했다. 5세대 지도자로서 중국이 세계의 중심이라는 중화사상을 고취시켜 중국 국민에게 자부심을 심어주고자 했을 것이다. 하지만 세계 1위 국가로 발전하겠다는 야망이 미국 지도층에 위기감을 줬다. 더구나 남중국해 등에서 미국과 군사적 긴장관계가 지속하고 있고 '중국제조 2025'를 통해 2045년까지 미래 첨단산업 분야에서 미국을 능가하겠다는 야심 찬 계획을 추진하자 미국의 두려움은 증폭됐다.

트럼프 대통령의 거친 대중국 정책에 대해 논란이 있지만 대중국 무역전쟁에 대해 미 의회가 문제를 제기하지 않는다는 점이 시사하는 바가 적지 않다. 2017년 9월 트럼프 대통령의 한미 FTA 폐기 언급에 미 의회 지도자들이 항의서한을 백악관에 보내자 트럼프 대통령이 폐기 언급을 취소한 적이 있다.

1949년 중화인민공화국 수립 이후 중국은 미국과의 경쟁을 피하는 대외정책 구도를 유지했다. 특히 덩샤오핑 주석이 강조했던 '도광양회(韜光養晦)'는 대외적인 목표보다는 대내적인 발전을 주문한 것이었다. 하지만 후진타오 주석 시절 화평굴기(和平崛起)에 이어 시진핑 주석의 분발유위(奮發有爲)로 바뀌며 미국은 중국을 협력 대상에서 경쟁 대상으로 보게 됐다.

오바마 행정부 때부터 TPP로 중국 견제 시작

2017년 초 취임한 트럼프 대통령은 무역수지 적자 축소를 위해 대미 무역수지 흑자 규모가 큰 국가를 대상으로 무역 불균형 시정을 추진했다. 그러나 2018년 들어 대중국 패권경쟁으로 목표가 수정됨에 따라 향후 상당 기간 동안 미중 무역전쟁이 지속될 것으로 전망된다. 이제 미중 무역전쟁은 변수가 아니라 상수가 됐다는 의미다.

미중 무역전쟁 환경은 이미 오바마 대통령(2008~2016년) 시절 조성됐다고 봐야 한다. 1990년대 미국이 신자유주의를 본격적으로 추진하며 중국의 세계무역기구(WTO) 가입을 승인했다. 중국은 '세계의 공장'으로 생산력을 확대했고 무역대국으로 발전했다. 미국뿐 아니라 세계는 중국의 값싼 공산품으로 물가 안정의 혜택을 누릴 수 있었고, 중국은 농촌 지역의 풍부한 노동력을 임금노동자로 전환시켜 빈곤 문제를 해결했다.

하지만 2007년 글로벌 금융위기 이후 중국의 영향력이 커지면서 미국은 중국에 대한 견제를 시작했다. 오바마 전 대통령은 중국을 견제할 새로운 무역 규범을 만들기 위해 환태평양경제동반자협정(TPP)을 추진했다. 국영기업, 정부조달, 경쟁정책 등에서 비(非)시장경제국가가 수용하기 어려운 규범을 채택했다. TPP 추진 과정에서 제기된 '중국 포위정책(China containment policy)' 논란에 대해 미국은 태평양 국가들과 경제협력 강화를 위해 TPP를 추진한다는 것이 공식 입장이었다. 하지만 TPP 협상이 타결된 직후 오바마 전 대통령은 중국의 무역을 견제할 수 있는 장치를 마련했다는 취지의 대국민 연설을 했다.

TPP가 중국 견제 목적의 무역블록이란 점을 간파한 중국은 과거 실크로드 시절 중국이 세계 교역의 중심지였다는 점을 상기하며 현대판 실크로드인 '일대일로(一帶一路)' 추진으로 대응했다. 미국이 태평양을 무대로 중국을 포위한다면 중국은 중앙아시아와 유럽을 연결하는 범유라시아 무역 인프라를 구축하기로 한 것이다. 미국 견제에도 불구하고 중국은 세계 50여개 국가가 참여하는 아시아인프라투자은행(AIIB)을 설립하고 일대일로 프로젝트에 필요한 재원을 마련했다. 미국이 한 방 먹은 셈이다. 이후 미 정책당국은 보다 정밀한 대중국 견제 방안을 고심하게 됐다.

우방국 동참시키는 트럼프의 대중국 무역전쟁

무역수지 적자는 국민저축과 투자 차이로 발생한다. 그럼에도 불구하고 트럼프 대통령과 미 통상당국은 수출국의 불공정 무역관행으로 미국이 무역수지 적자를 기록하고 있는 것으로 주장한다. 이를 바로잡는다는 명분 아래 미국은 자국 통상법을 수출국에 무리하게 적용한다. 중국은 물론이고 일본, EU, 우리나라 등 우방국에 무역안보규정인 232조를 적용해 강력한 무역제재를 추진했다. 철강과 알루미늄에 대한 관세는 양자 간 협상을 통해 수출 쿼터 등으로 대미 수출을 규제하는 선에서 마무리되고 있다. 자동차 관세는 아직 윤곽이 드러나지 않았으나, 반중국 국제연대에 우방국들을 끌어들이기 위한 방안으로 활용할 듯 보인다.

오바마 행정부와 달리 트럼프 행정부는 중국 무역제재에 우방국을 동참시키는 전략을 추진하고 있다. 2017년 로버트 라이트하이저 미 무역대표부(USTR) 대표가 EU에 반중국 국제연대 참여를 제기한 바 있다. 또한 미 무역대표가 EU에 제시한 철강·알루미늄 관세 면제 5가지 전제 조건은 1) 철강과 알루미늄 대미 수출 관리(2017년도 수준) 2) 중국의 무역 왜곡 정책 국제적 제기 3) 세계 주요국(G20) 글로벌 철강포럼에서 미국 입장 지지 4) 미국의 중국 WTO 제소 시 국제공조 5) 미국과의 안보협력 강화로 구성돼 있는데 핵심 내용은 2항과 3항이다. 중국 무역제재에 방점을 뒀다는 뜻이다.

2018년 미국이 EU와 무역전쟁 휴전을 합의하면서 이 부분에 대한 모종의 합의가 있었을 수 있다. 일본도 비슷한 상황이며 조만간 한국에도 동참을 요구할 것이다. 기존 무역협정에 부정적인 인식을 보였던 트럼프 대통령은 TPP를 공식 탈퇴하고 북미자유무역협정(NAFTA)과 한미 FTA(KORUS) 개정협상을 추진하기로 했다. 미국의 자동차 분야 관심 사항을 주로 반영하고 개정협상이 타결된 한미 FTA는 2018년 9월 공식 서명됐다. 그 직후 미국은 NAFTA 개정협상을 완료하고 협정 명칭을 '미국-멕시코-캐나다 협정(USMCA)'으로 고쳤다. USMCA에는 대중국 견제 장치를 심어놓았다. 캐나다와 멕시코가 비시장경제국과 무역협정 체결을 하지 못하도록 규정했는데, 중국이라고 명시하지는 않았지만 명백히 중국을 가리킨다.

미중 패권전쟁 속 불안한 한국 경제

승부욕이 강한 트럼프 대통령은 중국을 압박해 단기간 내 항복을 받아내고자 했다. 그러나 강한 중국 건설을 국정지표로 홍보해온 시진핑 주석은 미국 공격에 정면으로 대응하지 않을 수 없는 상황이다. 이번에 미국에 밀리면 1980년대 일본 꼴이 될 수 있다는 중국 내부의 시각도 작용한다. 더구나 일본은 군사안보적으로 미국에 종속된 반면 중국은 대등한 관계며 사회주의 정치체제로 정책 목표 달성을 위해 국론을 집결시킬 수 있어 차제에 '신형 국제관계'를 형성해야 한다는 중국 내 여론도 있다. 미국과의 통상마찰을 계기로 미국에 대한 기술 의존에서 탈피하고 중국의 기술 굴기를 앞당길 수 있다는 점도 고려된다.

미국 관세 조치에 이은 중국의 관세보복에 이어 비관세장벽, 투자, 환율 등으로 미중 간 마찰이 확대돼 전면적인 무역전쟁이 전개될 것으로 보는 시각이 우세하다. 일정 기간 후 양국이 갈등을 조정하고 정상관계로 복귀할 것이란 낙관론은 쉽게 찾아보기 어렵다. 무역전쟁으로 미중 양국 모두가 손실을 보고 세계 경제성장을 둔화시킬 것이 거의 확실하다. 2018년 10월 인도네시아 발리에서 개최된

IMF-세계은행 연차총회 보고서에 따르면, 미중 통상마찰로 내년 세계 경제성 장률이 3.9%에서 3.7%로 낮아질 것으로 전망됐다.

이처럼 미국은 중국과의 무역전쟁을 지속할 것으로 보인다. 그럼 언제까지 지속 될 것인가. 현재의 미중 무역갈등은 패권전쟁 양상이 뚜렷하다. 미국은 중국이 잠 재적인 패권경쟁국이 아니라고 확신할 때까지 현재의 대중 정책을 지속할 것이다.

최근 중국은 미국과의 무역전쟁에 대응해 내수 총동원을 내리고 자력갱생 방침 을 세웠다. 첨단기술 확보에는 차질을 빚게 될 것이다. 하지만 이미 세계 2위 경 제국인 중국 내수 규모는 엄청나다. 여기에 중국 특색 사회주의 체제를 전략적으 로 활용할 경우 미국과의 무역전쟁을 감내할 수 있을 것이라는 판단이다.

미중 무역전쟁 상황이 긴박하게 돌아가고 있음에도 우리나라는 아직 제대로 된 대응 방안을 찾지 못했다. 미중 무역전쟁 틈새시장을 활용할 수 있겠지만, 우리 나라는 중국 다음으로 피해가 클 수 있다. 미중이 우리나라 1·2위 무역 대상국 이고 한중 연결공정 생산이 많고 복잡한 가치사슬로 엮여 있기 때문이다.

2018년 9월 아시아개발은행(ADB)이 발표한 미중 통상마찰의 파급 영향 전 망에 따르면 중국 전기전자 산업이 가장 큰 타격을 받을 것으로 추정된다. 중국 GDP는 시나리오에 따라 0.48~1.03% 줄어들 것으로 나타났다. 중국이 감내 할 수 있는 수준이라는 시각도 있다. 그러나 만약 관세전쟁을 넘어 무역전쟁으로 확산돼 중국이 중심이 된 오늘날의 글로벌가치사슬(GVC)이 흔들린다면 파급 영 향은 ADB 추정치보다 훨씬 더 클 수 있다.

앞으로 미국은 USMCA 협정 내용을 주요 교역국에 전파해 중국식 경제 모델 를 견제하고자 할 것이다. 특히 비시장경제국과의 무역협정 체결을 제지할 수 있 고, 한미 FTA 추가 개정을 요구할 수 있다. 또한 환율 투명성 협정 체결로 정부 의 환율 개입을 차단하고자 할 것이다. 미중 간 무역전쟁이 당사국을 넘어 세계 통상 패러다임에 영향을 주게 될 것이다. 한국은 중장기적 통상 환경 변화 양상 을 전망하고 대응책을 세워야 한다.

'세계 경제 확장 모형' 작동 안 해
신흥국 위기, 뿌리 깊고 구조적

김한진 KTB투자증권 수석연구위원

▶ 신흥국 금융위험이 갈수록 고조되고 있다. 얼마나 위험한지는 신흥국 환율로 간접 측정할 수 있다. 2018년 신흥국 통화가치는 연초 대비 약 12% 떨어졌고(JP모건지수 기준) 무역 가중 달러 인덱스 기준으로는 10% 정도 하락했다.

국가별로는 아르헨티나 리라화 가치가 연초 대비 반 토막 났다. 남아공, 브라질, 러시아, 인도 등도 통화가치가 10~20%가량 떨어져 신흥국 금융, 외환위험이 심상치 않았음을 확인할 수 있다. 중국 위안화 가치도 환율 변동 폭 제한성에도 불구하고 연초 대비 6%가량 하락했다. 국가신인도 면에서 웬만한 선진국보다 높고 실제 외환 사정이 탄탄한 한국마저 이런 신흥국 환율 하락 분위기를 완전히 피해 가지는 못했다. 국제 금융시장에서 가장 보편적으로 보는 달러 인덱스나 유로화 가치가 연초 대비 고작 2%가량 변동한 데 그친 점을 감안하면 2018년 내

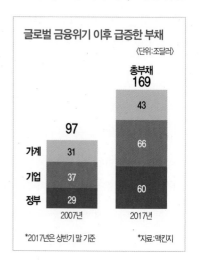

글로벌 금융위기 이후 급증한 부채
(단위:조달러)

	2007년	2017년
	97	**총부채 169**
가계	31	43
기업	37	66
정부	29	60

*2017년은 상반기말 기준   *자료:맥킨지

내 신흥국 금융위험이 얼마나 심각했는지 알 수 있다.

2018년 불거졌던 신흥국 리스크의 주된 원인은 외환보유액이 취약한 일부 신흥국의 고유 위험 요인과 미국 금리 인상에서 찾을 수 있다. 외환보유액이 필요 외환액보다 적은 국가들은 대부분 장기간 누적된 경상수지 적자와 외화부채 증대라는 구조적인 취약성을 지녔다. 따라서 신흥국 금융위기를 단지 관리를 잘못한 일부 신흥국의 지엽적인 이슈로 보는 견해가 일견 타당성을 얻기도 한다. 또한 미국이 금리를 올리는 과정에서 신흥국 외환위험이 발생한 만큼 2019년이나 늦어도 2020년쯤이면 미국 금리 인상이 멈출 것이므로 그때쯤 신흥국 위험이 사라질 것이라고 보는 의견 또한 많다.

중국의 성장 기여도 점차 둔화할 듯

하지만 깊이 들여다보면 실상은 다르다. 최근 신흥국 금융위험을 가져온 요인은 매우 뿌리 깊고 구조적인 데 있다. 몇 가지 관점에서 2019년 신흥국 위험이 좀 더 이어질 공산이 크다.

첫째, 경기 관점에서 신흥국은 선진국에 비해 계속 불리한 경제구도에 놓일 우려가 크다. 전 세계 경제에서 중국의 성장 기여도는 2017년 1.25%에서 2023년 1.15%로 점진적인 둔화가 예상된다(실질 구매력 기준, IMF 전망). 이는 당분간 세계 교역 둔화가 자원 수출형 신흥국과 공업제품 수출 중심의 신흥국 모두에 부담이 되는 환경임을 뜻한다. 실제 중국 국민총생산 대비 수출입 비중은 2007년 62% 고점 이후 2018년 37% 수준으로 계속 낮아졌다. 국제통화기금에 따르면 중국의 세계 경제에 대한 성장 기여도도 2017년 1.25%에서 2023년에는 1.15%로 낮아질 전망이다. 동시에 미국을 비롯한 선진국의 세계 성장 기여도는 같은 기간 0.97%에서 0.56%로 더 크게 줄어들 전망이다.

이는 과거 지구촌 교역을 이끌었던 선진국의 소비 기여도가 낮아진 때문이다. 2019년 미국이 대규모 사회간접자본(SOC) 투자를 시작한다고 해도 대부분 비교역재 중심이다. 이처럼 선진국이 대규모 경상수지 적자를 감내하면서 신흥국 수출품을 사주고 신흥국은 벌어들인 수출대금으로 설비 투자를 늘리는 '세계 경제의 확장 모형'이 더 이상 통하지 않는다면 신흥국 경제성장은 위축될 가능성이 높다. 물론 이런 실물 측면에서의 어려움이 신흥국 금융위기와 직결되는 것은 아니다. 하지만 신흥국 경제와 금융 환경을 억누르는 구조적인 부담 요인임에는 틀림없다. 세계 경제가 점진적으로 위축되면 선진국은 화폐를 더 찍어내면 되지만 대부분 신흥국, 특히 산업 경쟁력이 약한 신흥국은 달러를 계속 비싼 값에 빌려와야만 한다.

둘째, 2019년에도 미국 금리 인상이 이어진다면 단기금리는 계속 오르고 외화부채가 많은 신흥국 금융 환경을 위협할 것이다. 미국 연방준비제도이사회(FRB)가 얼마나 금리를 올릴지는 경기, 물가에 따라 달라지겠으나 2019년 3회, 2020년에도 한 번 정도의 금리 인상이 예고돼 있다. 미국의 만기 2년 국채금리가 본격적으로 오른 것은 미 통화당국이 통화의 고삐를 조이기 시작한 2014년부터였다. 사실은 이때부터 신흥국 통화가치가 본격 떨어지기 시작했다. 2018년 문제를 일으킨 터키, 아르헨티나 등의 환율이 이때부터 떨어진 점을 간과해서는 안 될 것이다. 미국의 통화긴축 기조가 이어지는 2019년 중에도 아마도 많은 신흥국이 환율 하락 압력과 달러 조달금리 상승이라는 2중고에 시달릴 전망이다. 이는 신흥국 외화부채 조정(빚 청산)을 가로막고 달러 경색은 또다시 신흥국 환율을 떨어뜨리는 동시에 안전통화인 달러 수요를 키우는 악순환 고리로 작용할 가능성이 높다.

미국이 금리 인상을 멈출 정도로 경기가 좋지 않다면 이 또한 앞서 지적한 세계 교역이 둔화되고 국제유가도 본격 하락하면서 신흥국이 달러를 구하는 데 더욱 어려움을 겪을 것이다. 이래저래 신흥국 금융 환경이 녹록지만은 않다.

셋째, 달러 부족 현상이 구조적으로 지속될 가능성이 높다. 글로벌 대표 5대 권역의 경상수지 흑자 규모/세계 국민총생산 비중은 2005년 2.6%에서 최근 1.6%까지 하락했고 2023년에는 1.3%로 더 낮아질 전망이다. 이에 반해 달러의 공급 주체인 미국 경상수지 적자/세계 국민총생산 비율은 -0.5% 내외에서 2023년까지 큰 변화가 없을 전망이다. 미국 재정수지 적자는 2020년까지 미국 국민총생산의 5%를 넘어서는 데 반해 경상수지 적자는 2016년 -3.1%를 고점으로 소폭 개선돼 역외 달러 공급은 계속 축소될 전망이다. 이 점이 미 달

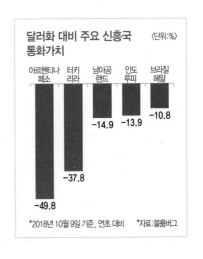

달러화 대비 주요 신흥국 통화가치 (단위:%)

아르헨티나 페소 : -49.8
터키 리라 : -37.8
남아공 랜드 : -14.9
인도 루피 : -13.9
브라질 헤알 : -10.8

*2018년 10월 9일 기준, 연초 대비   *자료:블룸버그

러화가 대미 교역 비중이 높은 신흥국 통화에 대해 특히 강한 이유다. 이런 경상적 달러 수급 요인에 더해 2008년 이후 풀려온 비경상적인 달러 유동성도 본격 축소되고 있어 달러 유동성 감소 현상은 2019년에도 지속될 전망이다.

특히 금융위기 이후 급속히 팽창한 달러 유동성이 미국 연방준비제도이사회의 긴축과 여타 세계 중앙은행의 통화 공급 축소로 2018년에 이어 2019년에도 1조달러 남짓 축소된다면 달러 기근 현상은 당분간 크게 개선되기 어려울 것이다.

넷째, 전 세계에 쌓인 부채가 신흥국 금융 환경을 계속 위협할 가능성이 높다. 전 세계 부채는 2008년 177조달러에서 2018년 250조달러로 40%나 증가했다. 이 중 민간 비금융 기업부채가 크게 늘어난 것이 눈길을 끈다.

신흥국 기업부채는 최근 7년간 국내총생산(GDP) 대비 가파르게 증가해(2017년 3분기 말 104.3%) 과다부채 임계치(80%)를 크게 웃돌고 있다. 2009년 99%였던 신흥국의 민간신용/국민총생산 비율은 2017년 143%로 44%포인트나 증가했다. 같은 기간 선진국 비율은 154%에서 160%로 증가해 증가 속도 면에서는 선진국이 양호한 편이다. 국제결제은행(BIS)이 위기·위험 국가로 분류한 전 세계 16개국 가운데 신흥국이 12개국을 차지하는 것은 신흥국 빚이 심상치 않음을 반영한다. 최근 10년간 선진국 부채가 빠른 속도로 증가한 것도 결제

통화국 지위와 무관하지 않다.

선진국 정부부채 비율이 금융위기 이후 국제통화기금의 경고선인 80%선을 넘어서 120%에 달했지만 선진국 금융위험은 매우 낮은 편이다. 오히려 선진국의 국가부채 증가는 신흥국 정부나 기업들이 달러를 확보하는 데 어려움을 주고 있다. 필요 외화 수요(경상수지, 단기외채) 규모에 비해 보유 외환액이 적은 국가 가운데 국가신용등급이 투기 등급 또는 그 이하여서 외화 조달이 어려운 국가는 두말할 나위도 없다. 즉 고위험국은 일단 위험이 잦아들기 쉽지 않아 보인다. 이미 구제금융을 받고 있는 아르헨티나는 2019년 외환위험에 계속 노출될 전망이다. 터키, 파키스탄, 이집트, 남아공 등도 국가 신용 리스크에 노출될 우려가 크다.

전 세계 쌓인 부채 신흥국 금융 환경 위협

다섯 번째로 앞선 부채 문제의 연장선에서 신흥국 민간 부문 외화유동성이 급증하고 있음에 주목해야 한다.

달러 조달이 비교적 용이했던 지난 2010년부터 아시아 국가 역외부채는 빠르게 증가하기 시작했다. 최근 경제 규모 대비 과도한 아시아 신흥국의 역외신용은 국제금리 상승이나 달러 경색 시 향후 이 지역 부채 조정에 중대한 위험 요인이 될 수 있음을 시사한다. 18개 주요 신흥국의 국민총생산 대비 부채는 2011년 37%에서 꾸준히 증가해 2018년 50%에 달한다. 과거 신흥국 외화유동성은 직접투자(FDI)를 제외하면 주로 은행 차입이 중심이었다. 하지만 최근 10년간 증권투자(포트폴리오) 자금을 중심으로 자본 유입이 빠르게 늘어났다. 즉 은행 차입은 2009년 38%에서 2017년 28%로 줄어든 반면 포트폴리오 자금은 같은 기간 19%에서 26%로 증가했다. 신흥국 부채와 신흥국으로 향하는 포트폴리오 자본의 동반 증가세는 향후 달러가 강세로 가거나 국제금리가 조금만 올라도 환율, 증시 변동성을 높이는 위험 요인이다. 특히 글로벌 금융위기 이후 중국, 인도, 말레이시아 등 아시아 신흥국의 역외신용 증가율이 18.6%로 다른 지역 신흥국의 증가율을 크게 앞선 점은 부담스럽다.

끝으로 중국 부채 문제를 주목하지 않을 수 없다.

중국은 사실 금융과 외환시장이 완전 개방되지 않아 중국 부채가 세계 금융위기 뇌관이 될 가능성은 현실적으로 낮다. 다만 중국의 과도한 부채는 전 세계 경기를 위축시키고 신흥국 전반의 금융시장과 환율을 교란시킬 만한 충분한 위력이 있다. 그동안 중국 부채는 기업부채 중심으로 증가해왔다. 지난 10년간 중국 전체 부채는 21조달러 증가해 2017년 중국 국민총생산 대비 총부채 비율은 266%에 이른다. 지난 10년간 중국 부채가 세계 전체 부채 증가액의 43%를 차지할 정도로 팽창한 것이다. 중국 부채 비율은 신흥국 전체는 물론 준비통화국인 선진국보다 높다.

보다 심각한 문제는 2010년 이후 최근까지 GDP 성장 속도보다 2배 빠르게 민간 부채가 증가했다는 점이다. 중국 기업부채 증가 이면에는 제조업 패러다임 변화가 있다. 즉 에너지, 석탄, 철강 등 제조업 구조조정과 부채 조정이 그 배경이다. 중국 내 고정 투자 비중은 업종 간 뚜렷한 변화 추이를 보인다. 과거 제조업의 고정 투자 감소는 부채 조정 성과이자 흔적을 뜻하며 이런 부채 조정 과정은 여전히 경기 둔화 압력을 높이는 요인이다.

하지만 중국 기업의 현금 흐름은 2018년 다시 잉여에서 부족으로 바뀌어 불안한 모습이다. 제조 업황 부진과 금융비용 증가가 주원인으로 추정된다. 중국 기업 부문의 부채 조정 지연과 현금 흐름 악화는 지방정부나 은행이 과감한 구조조정을 단행하는 데 관행적으로 한계가 있기 때문이다. 금융위기 이후 중국 기업들의 영업이익 대비 순부채 비율이 2015년 이후 하락 추세기는 하나 여전히 높은 수준이어서 부채 조정의 물리적 기간이 좀 더 필요함을 시사한다. 같은 비율로 추정한 중국의 부채 조정 진도율은 50% 정도인 것으로 계산된다. 즉 최근 3년간 나름 중국의 부채 조정 성과는 있으나 여전히 구조조정을 이어가야 하는 상태라는 뜻이다. 2019년에도 여전히 일부 중국 기업이 부채 관련 소음을 낼 수 있음을 예고하는 대목이다.

'통신혁명' 5G 서비스 스타트
자율주행차 · 스마트홈 '눈앞'

노근창 현대차증권 리서치센터장

▶ 2019년 한국 등 일부 국가에서 처음으로 5G(5세대 이동통신) 서비스를 시작한다. 5G 서비스는 4G 서비스인 LTE(Long Term Evolution) 대비 전송 속도가 20배 이상 빠르다. 그야말로 통신혁명이다. 5G 도입은 우리 일상생활에 큰 변화를 가져올 것이다.

일각에서는 현재 LTE 속도로도 충분한데 과연 5G가 필요한가 의문을 갖기도 한다. 5G가 불필요하거나 과도한 기술이라고 생각하는 사람도 많다. 요즘 가장 많이 거론되는 4차 산업혁명도 비슷하다. 과연 누구를 위한 혁명인지 모를 정도로 소비자와 사용자에게 당장 보이는 효용성이 크지 않아 보인다.

하지만 달리 생각해보자. 인공지능(AI), 스마트시티, 스마트홈, 스마트 헬스케어, 자율주행, 증강현실(AR)이나 가상현실(VR), 개인 서비스 로봇 등 4차 산업혁명의 주요 서비스가 기술만 있고 확산되지 않는 이유가 무엇일까. 가장 큰 원인은 해당 서비스가 사용자 경험을 높일 정도로 만족도가 크지 않다는 점이다. 만족도가 높지 않은 이유는 부족한 인프라 때문이다. 이를 해결하기 위해 데이터 센터와 5G 통신망이 반드시 필요하다.

2019년부터 막 오르는 5G 서비스

4차 산업혁명은 단순한 기술 발전이 아니라 실질적으로 경제적 부가가치를 창출할 때 성공적인 변화가 가능하다. 이를 위해 가장 중요한 기술 중 하나가 AI다. 사물인터넷처럼 단순히 이종기기나 이종산업이 통신으로 연결된다고 부가가치가 창출되지는 않는다. AI를 통해 시장 참여자 만족도와 생산성이 높아지면서 새로운 알파가 나올 때 해당 산업은 혁명적인 변화를 경험할 수 있다.

AI 기술이 제대로 구현되기 위해서는 여러 가지 조건이 필요하다. 방대한 규모의 데이터센터와 딥러닝 기술, 5G라는 연결 인프라 등이다. AI의 효율적인 작동 또한 반도체와 센서 기술, 통신 속도에 의해 좌우된다.

이용자에게 실질적인 가치를 창출하기 위해서는 두뇌에 해당하는 반도체부터 촉수에 해당하는 센서까지 모두 기술적으로 한 단계 도약해야 한다. 이와 함께 모든 것을 연결하는 중추신경인 통신 네트워크가 5G로 고도화될 때 가능하다.

인공지능의 핵심 두뇌 역할은 대규모 데이터센터가 수행한다. 데이터센터는 4차 산업혁명의 중앙 관제탑 역할을 한다. 다양한 소비자 단말기와 무인기계(로봇, 자율주행차, 드론)는 데이터센터 명령에 연동돼 작동한다.

두뇌 역할을 하는 데이터센터에는 어떤 제품이 들어가 있을까. 일반적으로 데이터센터에는 대규모 AI 서버가 있다. AI 서버에는 인공지능을 수행하는 CPU, 데이터를 처리하는 GPU, 빅데이터 원천이 되는 메모리 반도체 등이 탑재됐다. 관제탑인 데이터센터에 사람이 직접 명령을 내리기에는 한계가 있다. 사람이 기계만큼 인지 능력이 좋

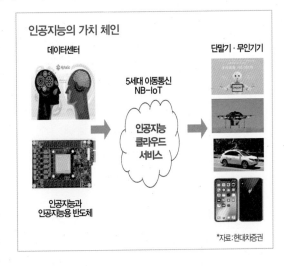

지 않기 때문이다. 이때 스스로 작동하는 무인기기가 인간을 대신해 명령을 내린다. AI 기반 서비스인 로봇이나 자율주행기기가 본격적으로 활용될 때 비로소 본격적인 4차 산업혁명 시대에 접어들 수 있다.

5G로 자율주행차 사고 미연에 방지

2018년 테슬라 등 미국 자율주행차 기업이 여러 번 교통사고를 내면서 해당 기술에 대한 우려의 목소리가 높아졌다. 자율주행은 여전히 기술적으로 보완이 필요하며 기계에 인간 목숨을 맡기는 것 자체가 위험하다는 지적이 많다. 하지만 5G 서비스가 구축되면 자동차와 통신망, 도로 교통망 간의 실시간 모니터링과 네트워킹이 강화되면서 사고 가능성이 크게 줄어들 것이다.

V2X(Vehicle to Everything) 등 차량과 사물통신용 기술이 본격적으로 탑재되면서 자율주행 상용화를 앞당길 수 있을 것으로 보인다. 실제 자율주행 기술 단계인 레벨2는 5G 서비스가 시작되는 2020년에 본격화되리라 예상한다. 5G 보다 한 단계 개선된 5G 2단계가 실시되는 2023년이 되면 자율주행 레벨3도 시작할 수 있을 것이다.

5세대 이동통신이 데이터센터와 주요 솔루션 간 연동을 실시간으로 지원하면서 인공지능 기술이 더욱 위력을 발휘할 전망이다.

예를 들면 한국 병원을 방문하는 외국인 환자가 의사와 면담을 하면 지금까지는 반드시 통역이 필요했다. 하지만 5세대 이동통신 내에서는 AI와 음성인식 기술을 통해 간단한 단말기만으로 실시간 통역 서비스를 받을 수 있다. 통역사 고용에 어려움이 있는 영세 병원도 외국인

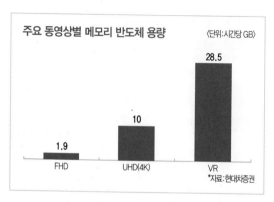

주요 동영상별 메모리 반도체 용량 〈단위:시간당 GB〉

28.5 VR
10 UHD(4K)
1.9 FHD

*자료:현대차증권

환자를 쉽게 유치할 수 있다. 또한 구급차에서 실시간으로 환자 상태를 인공지능을 통해 점검하면서 병원에 도착하자마자 필요한 수술을 바로 진행할 수 있다. 원격진료 등 다양한 헬스케어 산업도 5G 인프라 아래서 상업적으로 성장할 수 있다.

로봇 산업 새로운 전기 마련

서비스 로봇 산업도 새로운 전기를 마련할 수 있다. AI에 기반해 만든 로봇은 무인으로 움직이면서 다양한 돌발 상황에 대응한다. 자율주행에 적용되는 유사한 기술이 활용된다. 차이점은 자율주행이 도로에서 펼쳐지는 일에 대응한다면 로봇은 특정 공간과 장소에서 사용할 수 있는 기술이란 점이다.

데이터센터에서 AI가 로봇을 제어하면서 식당, 호텔, 병원, 금융기관 등에서 다양한 서비스 업무를 수행할 수 있다. 가정에서는 가사도우미, 애완 로봇, 치매 방지 역할까지 담당하면서 핵심 가전제품으로 자리매김할 것이다. 가장 대표적인 서비스 로봇은 일본 소프트뱅크사 페퍼(Pepper)다. 소프트뱅크는 일반적으로 통신사로 알려져 있지만 최근 행보를 보면 AI를 미래 먹거리로 삼은 듯하다. AI 기술에 대한 확신을 갖고 영국 ARM 같은 기업을 무려 36조원에 인수했다. ARM은 스마트폰 AP용 IP 시장에서 독점적인 경쟁력을 확보하고 있지만 최근 가장 크게 연구개발을 집중하는 분야는 인공지능, 서버, 로봇, 생체인식 등이다. 소프트뱅크는 ARM 기술에 더해 '알데바랑로보틱스'에서 개발한 로봇을 선보이면서 1가구 1로봇 시대를 주도한다. 소프트뱅크가 선보인 페퍼는 지금까지 홍보와 엔터테인먼트 로봇으로 일본에서 큰 인기를 얻고 있다. 제품이 나오기만 하면 1분 만에 모두 완판될 정도다. 소프트뱅크 로봇 수익 모델은 가입자에게 로봇을 저렴하게 판매한 이후 월 정액료를 사용료로 받는 형태다. 페퍼는 음성인식 능력과 언어 구사 능력이 있어 말동무 역할을 하거나 노인 치매 방지에도 도움이 된다. 다양한 교육 프로그램이 탑재된다면 자녀를 지도하는 개인 교사로도 활용 가능하다.

AI, 5G 기술 발전과 함께 페퍼가 업그레이드되면 가사도우미나 간병인 역할도 충분히 수행할 수 있다. 5G 서비스는 AI 딥러닝 기술을 향상시키며 서비스로봇이 인간을 대체하는 촉매 역할을 할 것으로 예상된다.

지지부진 스마트홈 시장도 새로운 기회

최근 들어 스마트시티가 새로운 미래 성장 산업으로 떠오르면서 지금까지 고립됐던 스마트홈 시장에도 새로운 기회의 문이 열리고 있다. 스마트홈 산업은 단독으로 소비자 만족도를 높이는 데 한계가 있다. 스마트홈의 주요 가전제품이 각종 사회 인프라와 연동될 때 효율성이 높아진다.

가령 원격진료를 위해 주택 스마트홈 인프라만 개선해서는 효과가 없다. 원격진료를 위한 병원도 스마트 빌딩이 돼야 하고 환자 발생 시 신속하게 대응하기 위해 도시 인프라도 바뀌어야 한다.

4차 산업혁명 시대에는 AI가 고객 상담과 문제 해결을 하는 데 두뇌 역할을 할 것이다. 스마트시티의 기능별 컨트롤타워가 제대로 작동하기 위해서는 빠른 데이터 송수신과 AI를 통한 '최적의 해' 산출 속도가 빨라져야 한다. 첨단도시 인프라 구축이나 특정 주거지역 스마트홈 솔루션만으로 스마트시티가 완성되지는 않는다. 전반적인 5G 인프라가 확충됐을 때 효율성이 높아진다. 5G는 스마트시티 구축에도 큰 기회가 될 수 있다.

최근 인기가 시들해진 증강현실이나 가상현실 서비스도 5G를 통해 활성화될 수 있다. AR이나 VR 서비스가 처음에는 관심을 모았다가 열기가 식은 이유는 영상 처리 속도가 일반 소비자를 만족시킬 만큼 빠르지 않았기 때문이다. 360도 동영상을 실시간으로 연동시켜야 하는데 엄청난 데이터 용량으로 인해 LTE 망에서는 송수신하는 데 시간이 많이 걸린다. 5G 서비스가 시작되면 그와 같은 문제점을 한층 수월하게 해소할 수 있다. 1시간 분량의 VR 동영상은 일반 영상 대비 15배 이상 데이터 용량이 크다. 대용량 VR 동영상이 빠른 속도로 송수신되면 VR을 사용하는 소비자 입장에서 더욱 실감 나는 체험이 가능하다. VR이나 AR은 단순히 게임과 같은 엔터테인먼트 분야뿐 아니라 교육이나 홍보 등 다양한 분야에 활용할 수 있다.

결론적으로 4차 산업혁명이 제대로 된 경제적인 부가가치를 창출하기 위해서는 딥러닝에 기반한 AI 기술이 필요하다. AI가 제대로 작동하기 위해서는 5G 서비스가 반드시 병행돼야 한다.

일단 5G 서비스는 4G와 연동하며 사용하는 형태로 제공될 것이 예상된다. 처음 4G를 선보였을 때 3G와 함께 쓰던 것과 비슷한 구조다. 일부 통신사들은 2019년부터 5G 투자를 본격적으로 할 전망이다. 본격적인 상용화를 의미하는 5G 1단계 서비스는 2020년 하반기, 4G를 배제하고 오로지 5G만 사용하는 5G 2단계는 2023년부터 시작할 것으로 예상된다.

한·중·일 아시아 3국의 5G 선점 경쟁도 흥미롭다. 한국은 2019년부터 5G 서비스에 들어가는 반면 일본은 2020년 도쿄올림픽에 맞춰 상용화 계획을 세우고 있다. 중국은 정부 주도 아래 2020년 서비스를 준비하고 있다.

모바일·서버용 D램 수요 여전히 '탄탄' 공급은 제한적…꺾였다는 판단 일러

김경민 하나금융투자 애널리스트

▶ 2018년 4분기부터 D램(DRAM) 가격이 하락하기 시작했다. 눈앞의 현실은 갑갑해 보인다. 메모리 반도체 산업의 핵심 지표인 D램 계약 가격은 상승하기 힘든 국면이다. 낸드(NAND) 계약 가격은 2018년 초부터 이미 하락하기 시작했다. 어느 쪽을 쳐다봐도 고공비행 기세가 꺾인 것처럼 보인다. 게다가 2018년 4분기와 2019년 1분기는 전통적 비수기다. 장기 호황 기대감은 남아 있지만 단기 불황에 대한 우려가 크다.

그러나 이번 다운사이클을 불황으로 해석하는 것은 적절하지 않다. 결론부터 말하면 2019년부터 메모리 반도체 수요가 두 축으로 성장하리라 예상된다. 5G 네트워크 도입으로 모바일 수요가 성장하고, 데이터센터 시설 투자에 힘입어 서버와 SSD(Solid State Drive) 수요가 늘어난다. 메모리 반도체 수요 증가 폭 대비 공급 증가 폭이 제한적이다. 따라서 2019년 하반기부터 공급 부족으로 제품 가격이 반등하고 실적이 본격적으로 개선될 전망이다.

낸드는 D램 대비 대량생산이 쉬워 가격 하락 압력에 쉽게 노출된다. 제품 가격이 2017년에 일회성으로 반등한 후 2018년 분기별로 하락세를 보여왔다. 그러나 1위 공급사인 삼성전자 재고가 줄어들었고 전방산업 수요는 늘어나고 있다. 이에 따라 제품 가격 하락 속도는 2019년부터 급격하게 완화될 전망이다. 즉, 낸드 시장 수급은 2018년 대비 나아질 것이다.

다만 계절적으로 2019년 상반기까지 D램 비수기가 이어질 수 있다. 그러나 과거 불황기와 달리 1년 이내 마무리되리라 판단한다. 공급 증가는 제한적이고 수요 증가 가능성은 높아서다. 2019년 삼성전자와 SK하이닉스의 메모리 반도체 이익 정체는 불가피하지만, 큰 폭으로 역성장을 기록할 확률은 낮다는 얘기다.

또한 D램 공급사가 2019년 하반기부터 가격 협상권을 회복할 것으로 기대된다. 서버 D램과 모바일 D램 수요가 '비트그로스(비트 단위 생산량 증가)'를 견인할 수 있다. 모바일 D램 수요는 2018년 18% 증가한 뒤 2019년 21%로 성장할 것으로 판단한다. 5G 도입을 앞두고 D램 8GB 스마트폰 출하가 늘어나기 때문이다. 이에 힘입어 2019년 전체 D램 수요 증가율은 23% 증가할 것으로 예상된다. 제조사의 공급 증가율은 이보다 낮은 20%다. 과거 D램 불황기를 촉발했던 공급과잉 가능성은 높지 않다고 판단한다.

1위 공급사인 삼성전자가 전략적으로 황금알을 낳는 거위(D램 부문)를 다치게 할 가능성이 낮다. 2018년 D램 부문 영업이익 기여도는 55%로 가장 높다. D램 가격 반등이 늦어지면 전사 영업이익은 크게 감소한다. 삼성전자가 D램 사업 중심으로 이익을 누리는 환경에서 D램 가격 급락 가능성은 낮아 보인다.

또한 삼성전자와 SK하이닉스는 반도체 시설 투자 축소로 공급을 통제할 가능성이 있다. 시설 투자보다 주주환원을 늘릴 것으로 판단한다.

공급 병목현상으로 크게 늘기 어려워

공급 측면을 살펴보자. D램 공급사 간 증설 경쟁과 가격 인하 경쟁이 재발할 가능성이 낮아졌다. 마치 20세기 세계대전이 21세기에 발발할 가능성이 낮아진 것과 비슷하다. 이렇게 비유할 수 있을 것 같다. 유발 하라리의 말처럼 지식이 가장 중요한 경제적 자원이 되면서 전쟁의 채산성이 떨어졌다. 전쟁은 시대에 뒤떨어진 물질 기반 경제를 운영하는 지역, 예컨대 중동이나 중앙아프리카에서만 일어나게 됐다.

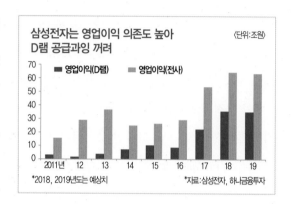

삼성전자, SK하이닉스, 마이크론도 마찬가지다. D램 부문이 가장 중요한 이익의 원천이 되는 동시에 공급과잉으로 경쟁 채산성이 떨어졌다. 기술적으로 미세공정 전환 의미가 퇴색됐다. 신규 증설은 미세공정 전환의 효과 정도만 창출한다. 삼성전자가 화성 S3 생산라인 용도를 비메모리 반도체에서 D램으로 변경하고 신규 증설을 전개했을 때인 2014년부터 2015년까지, 가중평균 D램 미세공정 기술 수준은 29㎚에서 24㎚까지 5㎚ 축소 폭을 기록했다. 이후 축소 폭은 2016년 22㎚, 2017년 20㎚, 2018년 19㎚를 기록하며 기술 발전 속도가 둔화됐다. 경쟁사인 SK하이닉스와 마이크론도 별반 다르지 않다. 연평균 1㎚ 축소하는 수준까지 한계에 도달했다. 결국 3사 모두 울며 겨자 먹기로 생산라인을 증설해야 하지만 생산량 증가는 과거만큼 빠르게 전개되지 않는다. 경쟁의 채산성이 낮고 당위성도 없어졌다.

이런 분위기에 삼성전자 D램 사업 전략은 수익성 위주로 돌아설 듯 보인다. 주요 사업 중 낸드와 IM(IT&Mobile Communications) 부문 수익성이 떨어져 더 이상 물러날 곳이 없다. 2019년 삼성전자 이익을 이끌 요인은 D램뿐이다. 낸드 부문은 공급과잉 해소가 기대되고 IM 부문은 출하량 수성 계획이 준비되고 있다. D램 비수기(2018년 4분기에서 2019년 1분기)에 삼성전자는 D램 가격 하락을 용인하겠지만 2019년 하반기부터 제품 가격 하락 방어를 통한 이익 수성을 추진할 것으로 예상된다. 주요 사업 중 D램 부문 이익 기여도가 50% 이상으로 가장 높기 때문이다. 삼성전자가 이익 방향성을 지속적으로 우상향 기조로 유지하려면 D램 시장에서의 제품 가격 수성과 원가 절감 전략이 최우선으로 요구된다. 삼성전자 입장에서는 D램 사업이 황금알을 낳는 거위나 마찬가지다. 거위의 배를 조급하게 가르는 방향으로는 삼성전자 D램 사업 전략이 바뀌지 않을 것으로 전망한다.

SK하이닉스 역시 영업이익 기여도가 90% 이상으로 매우 높은 D램 수익성을 추구할 수밖에 없다. 아울러 2018년 대규모 비용이 발생한다. 전년 대비 시설 투자 확대(2017년 8조9000억원, 2018년 16조4000억원), 법인세 증가(2017년 2조8000억원, 2018년 6조원), 도시바 메모리 지분 투자(2018년 3조9000억원) 때문이다.

게다가 대내외적으로 주주환원에 대한 목소리가 높아지고 있다. 주가 상승률이 매니지먼트의 성과평가지표에 반영되고 있어서다. 글로벌 메모리·스토리지 공급사 대비 배당성향은 낮다. 사모펀드와 헤지펀드의 액티비즘도 활발해질 것이다. 결국 SK하이닉스는 이익 방어 전략을 유지해야 자사주 매입을 추가로 전개하거나 배당을 늘릴 수 있다.

아울러 D램 산업의 진입장벽이 높아졌다는 데 주목해야 한다. '메모리 반도체는 범용재(commodities)'라는 표현은 맞지 않아 보인다. 비메모리 반도체 파운드리 산업에서 1위 기업 TSMC의 7㎚ 선단 공정과 중국 파운드리 공급사의 기술 격차가 당연시된다. 하다못해 시설 투자 확대 여력을 보유한 인텔마저도 14㎚ 수준에 머물고 있지 않은가.

비메모리 반도체 파운드리 산업에서 7㎚ 기술로 양산 가능한 글로벌 기업이 결국 4곳에서 2곳(TSMC, 삼성전자)으로 줄어들었다. 반도체 산업의 정수(精髓)는 자본과 기술의 결합이다. 둘 다 갖춘 공급사 간의 각축전이고, 왕좌의 게임이다. 돈 많은 기사가 갑자기 나타나 왕좌에 앉을 수 없다.

억울한 노릇이지만 편견이 메모리 반도체 산업을 사로잡고 있다. D램 16㎚ 기술에도 파운드리 7㎚ 공정처럼 극자외선 노광 장비가 필요하다. 2000억원 남짓한 장비를 1년에 몇 대씩 구입하며 D램 16㎚ 선단 공정을 추진할 수 있는 기업이 과연 얼마나 많겠는가. D램보다 만만하게 여겨지던 낸드도 적층 숫자가 늘어나며 과거 대비 집적화된 구조로 양산하기 어려워졌다. 중국에서 32단으로 적층하는 동안 한국 공급사는 92~96단으로 적층할 것이다.

수요 증가 기대감 커…클라우드 서비스 늘며 서버 D램 늘어날 듯

공급은 제한적인 반면 수요는 탄탄하다.

D램 수요 견인차는 1) 스마트폰 성능 향상 2) 빅데이터의 필요성 증가로 요약된다. 스마트폰 D램 탑재량은 PC D램 탑재량과 달리 매년 두 자릿수 성장한다. 스마트폰에서는 고해상도 디스플레이, 멀티코어 AP(Application Processor), 카메라 이미지 센서가 D램과 낸드 탑재량 증가를 유발하고 있다. PC에서도 높은 해상도, 빠른 CPU에 대한 교체 수요가 존재한다. 근본적인 차이점은 스마트폰 교체 주기가 PC의 절반 정도로 짧다는 것, 그리고 교체 구매 시 소비자가 제품 가격을 한꺼번에 지불하지 않아도 되므로 신제품 성능 개선에 대한 욕구를 현실화할 가능성이 높다는 것이다. 만약 PC가 스마트폰처럼 자유자재로 무선인터넷에 연결되고 휴대성이 뛰어나 사용자가 24시간 중 더 많은 시간을 할애했다면 매년 PC D램 탑재량이 두 자릿수 이상 증가했을 것이다.

빅데이터의 필요성도 메모리 반도체 위상을 끌어올렸다. 미국과 중국 플랫폼 기업의 합산 시설 투자는 2016년 이전까지 연간 400억달러를 밑돌았다. 2015년 시설 투자의 전년 대비 증가율은 10%에 불과했다. 중국의 BAT(바이두, 알리바바, 텐센트)가 시설 투자를 크게 늘렸지만 미국 6개사(페이스북, 아마존, 애플, 넷플릭스, 구글, 마이크로소프트)의 시설 투자가 3520억달러로 전년 대비 불과 7% 증가했기 때문이다. 이때까지만 해도 데이터센터에서 사용되는 서버 D램 수요에 대한 기대감은 낮았다.

데이터센터 수요처인 글로벌 대기업은 자체 데이터센터를 구축해 규모의 경제를 누렸다. 이후 소프트웨어 기술을 발전시켜 메모리 반도체 사용을 최적화했다. 데이터센터에 서버를 구축하는 한편 굳이 필요하지 않은 메모리 반도체를 많이 사놓으려 하지 않았다. 제품 가격도 낮아 재고 축적 의지를 약화시켰다.

그러나 서버 D램 출하 비중은 2016년과 2017년에 각각 24%, 28%를 기록하며 PC D램 출하 비중을 뛰어넘었다. 이와 같은 변화의 뒷배경에는 미국 클라우드 플랫폼 기업 시설 투자가 자리 잡고 있다. 구글, 페이스북, 마이크로소프트 등은 자체 데이터센터를 구축하거나 대기업·공공기관·금융기관 고객사를 위해 퍼블릭 클라우드 서비스를 구축하며 서버 D램을 본격적으로 사들였다.

클라우드 플랫폼 기업과 기존 램 수요처의 근본적인 차이는 제품 가격에 대한 태도다. 이들은 과거 D램 수요처와 달리 제품 가격에 아주 민감하지 않았다. 본업의 마진이 높기도 하거니와 주요 본업(클라우드 플랫폼 서비스)에서의 점유율 확대를 우선시하므로 D램 재고 확보를 중시했다.

이런 현실이다 보니 관심사는 클라우드 플랫폼 기업의 시설 투자 여력으로 모아진다. 2019년 시설 투자 컨센서스를 살펴보면 구글과 마이크로소프트의 시설 투자가 적어도 전년 수준을 유지하거나 웃돌 것이다. 클라우드 플랫폼 기업이 데이터센터 구축에 목숨을 거는 이유는 동 시장이 성장한 지 불과 2년 남짓한 초기 시장이기 때문이다.

또 다른 성장 견인차는 모바일 D램이다. 전방산업에서 스마트폰 수요 둔화가 시작됐지만 여전히 모바일 D램 생산량이 연평균 두 자릿수 이상 성장하는 이유가 있다. 스마트폰 교체 수요 발생 시기가 2년 내외로 PC(5년) 대비 짧고 소비자가 신제품을 선택할 때 더 높은 D램 탑재량을 필요로 하기 때문이다. 즉, 고해상도 디스플레이, 멀티코어 AP, 카메라 이미지 센서가 D램 탑재량 증가를 촉진한다. 5G 시대를 앞두고 스마트폰 신제품의 성능 향상이 기대된다. 모바일 D램 수요는 2018년 18% 증가한 뒤 2019년 21% 성장할 것으로 전망된다. 5G 도입을 앞두고 D램 8GB 스마트폰 출하가 늘어나기 때문이다.

대형 핀테크 회사 속속 등장
블록체인산업 '조정기' 돌입

김대윤 한국핀테크산업협회장

▶ 2018년은 보수적인 금융산업에 모바일 인터넷 기술이 더해지며 기존에 볼 수 없던 빠르고, 편리하고, 저렴한 서비스로 진화하고 있는 핀테크 산업이 빠르게 자리 잡는 한 해였다. 핀테크는 이제 금융의 새로운 한 축으로 자리 잡아가는 분위기다. 2018년 10월 기준으로 한국핀테크산업협회에 가입돼 있는 핀테크 기업 수는 약 300개. 3년 전 50여개의 회원사 수를 감안하면 그 성장세를 가늠할 수 있다.

국내 핀테크 산업 선도 기업은 대부분 2013년과 2015년 사이에 설립됐다. 5년 남짓한 역사를 가진 신흥산업임을 감안하면 그 성장세는 가히 파괴적이라고 할 수 있다. 금융생활의 가장 기본이 되는 송금과 결제는 핀테크가 기존 금융기관을 이긴 지 오래다. 토스와 카카오페이의 고객 기반은 이미 각각 2000만명을 넘어 국내 경제 인구의 대부분을 고객으로 보유하고 있다. 2018년 상반기 송금액이 13조원 규모로, 2017년 한 해 동안 발생한 약 12조원의 송금액을 이미 훌쩍 뛰어넘었다. 인터넷은행의 약진도 눈여겨볼 만하다. 2017년 7월 출범한 카카오뱅크는 출범 100일 만에 신규 계좌 개설 435만개를 기록했다. 인터넷은행과 비슷한 시중은행 모바일뱅킹 서비스가 2017년 한 해 동안 개설한 비대면 계좌 개설 수가 15만5000건에 불과한 것과 비교하면 핀테크의 잠재력을 알 수 있다. 또 전 세계적으로 10여개 이상 유니콘 기업(1조원 이상의 기업가치를 보유한 스타트업 기업)을 배출한 분야인 P2P 금융은 2015년 국내 도입 후 4년 만에 누적 취급액 4조원을 넘기며 새로운 재테크 플랫폼으로 부상했다. 이 외에도 최근 2~3년 사이에 해외 송금, 로보어드바이저, 크라우드펀딩, 블록체인 등 다양한 핀테크 기술과 사업 모델이 국내에 도입되며 금융산업 전반에서 기술금융을 포함한 산업 재편이 시작됐다. 특히 산업 전반의 영역에서 철옹성으로 느껴졌던 금융 규제의 단계적·선택적 완화는 기존에는 불가능에 가까웠던 다양한 금융 분야 창업 붐으로 이어졌다. 2018년은 지난 정권부터 이어져온 금융 규제 개혁, 핀테크 산업 활성화 전략이 성과를 보인 해라고 할 수 있다.

2019년 핀테크 산업의 키워드는 핀테크 기업 대형화와 시장 통합화, 핀테크 기업과 금융기관의 영토전쟁 본격화로 요약할 수 있다.

핀테크 기업 자금력이 예전 수준과는 달리 수백억원대 국내외 자금 유치에 성공하고 있다. 이로 인해 주력 사업에서의 규모의 확대는 물론이고 기존 금융권 영역으로 빠르게 침투하고 있다. 2019년에는 이런 양상이 다른 핀테크 영역 전반에도 일어날 것으로 예상된다. 2017년과 2018년이 소규모 다수 업체가 시장성을 보이며 잠재력을 보이기 시작한 해였다면 2019년은 대형 업체 기준으로 시장 통합이 빠르게 일어날 것으로 보인다. 이미 업계를 주도하는 선도 업체 윤곽이 나온 만큼, 해당 업체들이 시장을 빠르게 통합, 산업의 판도를 재편해나갈 것으로 예상된다.

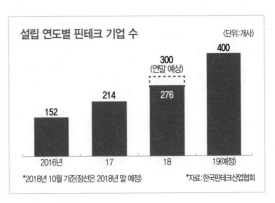

설립 연도별 핀테크 기업 수 〈단위:개사〉

2016년	17	18	19(예정)
152	214	276 (300 연말 예상)	400

*2018년 10월 기준(점선은 2018년 말 예정)   *자료:한국핀테크산업협회

두 번째로 기존 금융기관은 핀테크발 금융시장 변화가 빨라지는 데 대응하기 위해 AI, 챗봇 등 다양한 디지털 신기술을 활용한 고객 서비스를 도입, 기존보다 빠르고 편리한 서비스를 제공할 것이다. 여

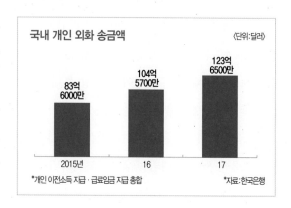

국내 개인 외화 송금액 〈단위:달러〉

83억 6000만 — 2015년
104억 5700만 — 16
123억 6500만 — 17

*개인 이전소득 지급·급료임금 지급 총합   *자료:한국은행

기에 대응해 핀테크 기업은 금융 비즈니스로의 확대 전략을 더욱 강화할 것이다. 카카오페이가 증권업에 진출한다고 밝힌 것이 대표적인 사례다. 편리한 금융 서비스를 경험한 금융 소비자를 붙잡기 위한 기존 금융권과 핀테크 업체 간의 영토 전쟁이 본격화될 전망이다.

개인재무관리(PFM · Personal Finance Management) 분야의 진화도 가시화될 것이다.

전 세계적인 핀테크 산업 트렌드 중 가장 중요한 변화는 바로 개인금융의 플랫폼화다. 기존에는 다양한 금융사 서비스를 각각 이용해야 했으나, 개인재무관리 서비스로 통칭되는 PFM 서비스가 나오면서 다양한 금융 서비스를 하나의 플랫폼에서 활용하는 현상이다. 중국의 경우 위챗(WeChat)과 알리바바(Alipay)가 결제 분야로 진출한 후 각종 금융 서비스를 덧붙이면서 금융 플랫폼으로 자리 잡았다. 미국은 페이팔(Paypal) 사가 인수한 간편송금 업체 벤모(Venmo), 가계부로 시작한 민트(Mint), 신용관리 서비스 크레디트카르마(CreditKarma) 등의 업체들이 PFM 분야로 영역을 확대했다.

개인재무관리 분야 '토스' vs '카카오페이' 2파전

국내에서는 카카오페이와 토스가 송금을 넘어 투자상품 추천, 신용관리 등의 다양한 상품을 내놓으며 대표 PFM 기업으로 성장했다. 특히 2018년 정부가

핀테크 산업을 육성한다며 개인 금융정보를 핀테크 기업이 직접 활용할 수 있게 하는 '마이데이터 정책'을 발표했는데 이는 PFM 분야 성장을 촉진할 요인이다.

2019년 PFM 분야에서 가장 눈여겨봐야 할 점은 오프라인 결제 시장에서 카카오페이와 토스의 전면전일 것이다. 최근 싱가포르투자청과 대표적인 글로벌 벤처캐피털 세콰이어의 투자를 유치한 토스, 앤트파이낸셜과 카카오 플랫폼을 업은 카카오페이는 모두 소상공인, 주요 리테일 채널의 오프라인 결제 규모를 늘려나가고 있다. 국내 스마트폰 보급률과 대한민국 특유의 혁신 서비스의 확산 속도를 감안하면 2019년은 핀테크 산업의 온오프라인 결제 시장 잠식이 가장 중요한 변화가 될 것으로 예상된다. 이 외에도 한국형 민트와 가장 유사한 뱅크샐러드는 금융상품 추천과 소비관리 영역에서 두각을 보이며 조금은 다른 형태의 PFM 시장 진입을 시도하고 있다. 국내에 아직도 대표 가계부 서비스가 없다는 점을 감안하면 2019년 뱅크샐러드의 약진도 기대된다.

P2P 금융 분야도 격변기를 겪을 것으로 보인다.

2018년 P2P 금융은 가장 말도 많고 탈도 많은 해를 겪었다. 2017년 금융당국이 P2P 가이드라인을 발표하자 외주 솔루션과 PG사의 에스크로 서비스를 활용한 1인 창업이 가능해지며 2015년 20여개 수준이던 P2P 기업 수가 200여개로 10배 이상 증가했다. 이에 따라 누적 취급액도 빠르게 늘었다. 그러나 이에 따른 부작용으로 일부 업체들의 부실, 법제도 미비를 틈탄 금융사기 등의 각종 사건 사고가 일어났다.

2018년은 이런 이슈들이 수면 위로 떠오르며 본격적인 옥석 가리기가 진행됐다. 특히 누적 취급액 기준 상위 3개 업체인 테라펀딩, 피플펀드, 어니스트펀드는 2018년 8월 기준 협회 공시 월 취급액의 45%를 견인하며 3강 체제를 굳히기 시작했다. 부동산 P2P 금융과 선 긋기에 나선 신용대출 전문 P2P 기업 렌딧과 8퍼센트는 별도의 협의체를 구성한 바 있다. 2018년이 빠른 성장에 따른 성장통이 왔던 해였다면, 2019년은 산업 체계를 갖추고 도약을 준비하는 시기가 될 것으로 보인다.

P2P 금융산업에서 가장 중요한 변화는 법제화와 세율 인하다. 현재 국회에서 발의한 P2P 금융 관련 입법안이 4개일 정도로 정부와 국회가 본분야에 대한 관심이 뜨겁다. P2P 금융이 가계부채의 양을 늘리는

국내 모바일 결제시장 규모	단위:만달러
연도	규모
2015년	8억7400
2016년	22억3700
2017년	46억2000
2018년	81억4300
2019년	126억4100
2020년	177억800
2021년	228억6400

자료:스타티스타(statista)

것이 아니라 대출 질을 개선하고 동시에 금리수익을 최종 금융 소비자들과 공유한다는 점에서 정부 정책 방향성과 궤를 같이하는 바, 업계는 입법안이 2019년 상반기에는 통과될 것을 기대한다.

정부도 2019년 P2P 금융투자로 발생하는 이자수익에 대한 세율을 27.5%에서 14.5%로 인하하며 산업 진흥에 대한 의지를 내비친 바 있다. 이런 정책적 변화를 기반으로 2019년에는 시장에서 살아남은 대형사 위주로 통합이 이뤄질 것으로 보인다. 대형사의 투자 유치도 중요한 변곡점이 될 전망이다.

블록체인 분야는 조정기를 거칠 것으로 보인다.

2018년 본격적으로 암호화폐 버블이 꺼지면서 전 세계적으로 뜨거웠던 암호화폐 열풍이 다소 사그라든 모습이다. 포스트 버블 체제로 전환됨에 따라 실체가 없던 알트코인이 대부분 정리되며, 이더리움에 도전하는 차세대 플랫폼이 빠르게 나타나고 있다. 2017년 ICO(Initial Coin Offering) 붐에 이어 2018년에도 전 세계적으로 많은 프로젝트가 공개됐으나 버블이 꺼지면서 실체 없는 프로젝트들이 정리되는 양상이다. 국내 또한 예외가 아니다. 일 거래액 2조원이 넘었던 국내 대형 거래소들도 이제 거래 규모가 10분의 1 수준으로 떨어졌으며 2017년 10월과 다르게 암호화폐 관련 행사들도 눈에 띄게 줄었다. 이런 시장의 분위기 전환은 블록체인 산업 관점에서는 필요했던 조정기

라고 보인다.

  암호화폐 시장은 고점 대비 60~70% 이상 조정됐다. 그러나 아직 약 200조원 규모 글로벌 시가총액을 보유하고 있으며 블록체인 기술력이 진화함에 따라 차세대 플랫폼의 성공 가능성은 점점 더 높아지고 있다. 2019년은 이런 프로젝트 중 소수가 상용화에 성공하며 블록체인 기술과 토큰 이코노미의 가능성을 검증하는 한 해가 될 것으로 예상된다. 암호화폐거래소들도 기술력이 강화되며 점점 더 보안성, 편의성이 개선돼 내실을 다질 것으로 보인다. 이를 위해 정부도 암호화폐에 대한 명확한 정의, 규제를 위한 논의를 본격화할 것이다.

BTS 이후 한류 3.0 시대 열렸다
한국어 공부·한국제품 소비 확산

박수호 매경이코노미 기자

▶ 2018년은 '한류 3.0'이라 할 정도로 새로운 양상을 띠었다.

2012년 가수 싸이가 '강남스타일'로 갑자기 전 세계에서 관심을 받으며 국제 스타가 됐을 때와는 양상이 다르다. 방탄소년단(BTS)은 빌보드 차트 상위권을 휩쓸며 한국 가수 최초 기록을 연일 갈아치웠다. 미국 타임스의 글로벌 표지를 장식하며 한국 대표 가수임을 인정받았다. 타임스는 '방탄소년단이 세계를 정복하는 방법'이라는 제목의 기사를 공개하고 "방탄소년단은 비틀즈와 원 디렉션처럼 듣기 좋은 음악을 들려주고 있고 뉴 키즈 온 더 블록과 엔 싱크를 연상케 하는 댄스를 보여주지만, 방탄소년단만의 길을 개척하고 있다"고 보도했다.

BTS가 단순히 빌보드 차트만 장악한 것이 아니다.

일본에서 선보인 세 번째 정규 앨범 '페이스 유어셀프(FACE YOURSELF)'는 '영국(UK) 오피셜 앨범 차트 톱 100'에서 78위를 기록했고 '페이크 러브(FAKE LOVE)'는 42위, 2018년 9월에는 리패키지 앨범 '러브 유어셀프 결 앤서' 타이틀곡 '아이돌(IDOL)'이 이 차트 21위를 기록했다.

한국 가수 노래가 세계 양대 팝 차트로 불리는 미국 빌보드, UK 오피셜 차트

40위 안에 들기는 '아이돌'이 처음이다.

BTS뿐 아니다. 2018년 엑소 백현이 빌보드 '아티스트100' K팝 솔로가수 최고 순위에 이름을 올렸다. 백현은 로꼬와 컬래버한 곡 'YOUNG'을 발매, 2018년 10월 6일자 빌보드 아티스트100 차트 84위에 당당히 올랐다.

이처럼 K팝을 필두로 한 한류는 2018년 한 해 지구촌을 뜨겁게 달궜다. 한국국제문화교류진흥원(KOFICE)이 전 세계 16개국 7800명을 대상으로 실시한 '2018 해외 한류 실태조사'에서도 K팝의 가능성과 성장세를 가늠해볼 수 있다. 한류 콘텐츠 인기 순위는 2012년만 해도 '드라마'가 1위였지만 2017년 'K팝'으로 바뀌었다. 여러 변화가 있었지만 TV보다 온라인, 모바일 발달이 큰 변수가 됐다. 특히 유튜브와 같은 동영상 콘텐츠 플랫폼의 폭발적 성장과 한류, 그중에서도 K팝의 성장은 궤를 같이한다.

'유튜브 컬처'란 책을 낸 케빈 알로카는 "싸이의 '강남스타일'이 나온 이듬해 (2013년) 전 세계에서 K팝 가수의 유튜브 조회 수는 3배로 뛰었는데 그중 91%가 한국 밖에서 기록된 것이었다"고 소개했다. 진흥원 실태조사 보고서는 "2016년에 비해 TV 이용은 감소했지만 대다수 콘텐츠 분야에서는 온라인·모바일 스트리밍이 TV를 앞질렀다"고 분석했다. 보고서에는 K팝이 동남아를 거쳐 남미, 유럽을 뚫고 이제는 문화 선진국이라는 북미 지역에서도 많은 팬들을 확보하기 시작했다고 적혀 있다.

'한류 3.0'의 특징은 복합적이다. 일단 국내와 해외 발표 시점이 크게 다르지 않다. 동시성이 생기면서 국내외 팬의 공감 폭이 커졌다는 점이다. 더불어 한국어, 한글 콘텐츠에 대한 한류 팬 호감도도 높아졌다.

'연예 직업의 발견'의 저자 장서윤 씨는 "이제는 우리의 정서가 담긴 음악, 노랫말, 드라마 대사 그대로 해외 시장에서 소화하고 해외 팬은 이를 더 신선하게 받아들이고 있다. 인터넷, 콘텐츠 플랫폼을 통해 실시간으로 접하고 영어로 번역하거나 한글을 그대로 따라 배우는 식으로 시차를 두지 않고 흡수한다는 점이 예전

미국
1위 한식 52.4
2위 K팝 49.4
3위 태권도 44

각 국가 한류 선호도
(단위:%)

브라질
1위 K팝 58.1
2위 태권도 48.8
3위 애니메이션 44.4

*자료:한국국제문화교류진흥원

과 다른 양상"이라고 소개했다.

국립국제교육원 자료를 보면 한국어능력시험(TOPIK) 응시자는 1997년 첫해 2692명에서 2000년대 한류 바람을 타고 늘어나기 시작해 2017년 29만638명으로 20년 만에 108배가량 폭증했다.

이런 영향으로 한국콘텐츠진흥원은 2018년 국내 콘텐츠 산업과 방송 산업의 수출액이 각각 8.7%, 11.3% 성장할 것으로 내다봤다. 2013년 콘텐츠 산업 수출액이 49억2000만달러에서 매년 성장을 거듭해 2017년 68억9000만달러, 2018년에는 우리나라 경제성장률(2.7%)보다 더 빠르게 성장했음을 알 수 있다. 참고로 2018년 화제 드라마 '미스터 션샤인'은 제작사 스튜디오드래곤이 넷플릭스와 300억원의 판권 계약을 한 바 있다.

더불어 관련 산업도 동반 성장했다. 한류 기반의 K뷰티, 즉 화장품 산업은 승승장구다. 코트라(KOTRA)가 발간한 '2018 글로벌 화장품 산업 백서'에 따르면 2017년 화장품 수출은 2013년 대비 4배 늘어난 49억6000만달러로 나타났다. 2018년도 9월까지 누적 수출 46억달러를 기록, 전년 동기 대비 31.4% 늘었다. 다만 중국 수출은 부진했다. 사드 갈등으로 사실상 한국 콘텐츠를 제한했던 한한령(限韓令) 등으로 중국 수출은 침체일로를 겪었다.

카카오페이지 등 글로벌 플랫폼 성장도 한류 기여

전문가들은 2019년에는 전 세계 시장에서 한류가 다시 힘을 발휘할 것으로 예측한다. 중국 시장에서도 날씨로 보면 일부 '갬' 현상을 보일 것으로 내다본다.

무엇보다 여기에는 K팝의 여전한 열기가 이어짐과 동시에 한국 콘텐츠 플랫폼의 해외 진출 때문으로 보는 시각이 있다.

당장 국내에서 1위 콘텐츠 유통사로 떠오른 카카오페이지의 해외 진출 성과가 뚜렷해지고 있다. 카카오페이지는 국내 웹툰, 드라마 등의 콘텐츠 유료화 선두주자로 일 매출액 10억원을 뛰어넘었다.

카카오페이지 관계사 픽코마는 네이버 웹툰 서비스 '라인망가'에 이어 근소한 차이로 2위에 오르며 이미 일본에서 양강 체제를 굳혔다. 여기에 더해 카카오페이지가 일본은 물론 해외 시장에서도 오리지널 IP 확보를 통해 거래액을 늘린다면 2019년 한류 확산은 좀 더 가팔라질 것으로 예상된다.

더불어 OTT(Over The Top·인터넷을 통해 볼 수 있는 TV 서비스)와 MCN(다중채널네트워크·1인 창작자를 지원관리하는 사업)의 성장이 신한류의 또 다른 축이 될 것이란 예상도 있다. 한상웅 유진투자증권 애널리스트는 '신(新) 한류, 불타오르네' 보고서에 이 같은 내용을 담았다. 한 애널리스트는 "다량의 콘텐츠를 확보해야 하는 넷플릭스 같은 OTT 입장에서 한류 콘텐츠를 담을 수밖에 없을 것이고 여기에 더해 1인 창작 역량이 뛰어난 한국 시장 특성상 MCN도 동반 성장할 가능성이 높을 것"이라고 분석했다. 그는 MCN의 성장 가능성으로 인플루언서의 영향력 확대, 창작자들의 권한 확대, 1인 콘텐츠의 다양한 활용 가능성 등을 주목했다.

"한국이라는 나라 자체에 대한 관심이 지속적으로 증가하고 있다. 특히 미북정상회담을 계기로 한국의 정치와 역사에 관심을 보이는 사람이 늘었음을 직접적으로 체감한다. 싱가포르가 미북정상회담 호스트 국가 역할을 성공적으로 하면서, 한국이라는 나라에 대한 관심을 갖게 만드는 촉매제 역할을 한 셈이다. 그리고 BTS에 대한 인기는 매우 강조할 만하다. 해외 도심에도 한국 식당과 디저트 가게가 젊은 층을 타깃으로 많이 오픈하고 있는 것만 봐도 한류의 붐은 이제 시작이다." 김창희 싱가포르 국립리퍼블릭 폴리테크닉대 경영학부 교수의 예상이다.

온라인 온리·새벽배송·무인경제
가속화되는 '오프라인 매장 패싱'

노승욱 매경이코노미 기자

▶ 2018년 국내 유통 시장은 어느 때보다 굵직한 변화가 많았다. 이마트에 이어 롯데가 온라인 쇼핑에 3조원 투자를 선언했고, 편의점 업체 BGF는 SK플래닛의 자회사였던 신선식품 배송업체 '헬로네이처'에 300억원을 투자, 지분 50%+1주를 확보하며 경영권을 인수했다. CJ제일제당은 가정간편식 전문점 'CJ올리브마켓'을, 홈플러스는 대형마트와 창고형 마트를 합친 신개념 매장 '홈플러스 스페셜'을 선보였다. 이마트는 매출이 저조한 악성 점포를 트레이더스로 전환한 데 이어 최근에는 트레이더스를 독립 쇼핑몰 대신 이마트와 함께 단일층으로 축소 입점시키는 전략을 펼치고 있다. 2018년 5월에는 일본 저가 쇼핑몰 돈키호테를 벤치마킹한 '삐에로쑈핑'을 선보였다.

이 같은 변화는 결국 온라인 쇼핑 활성화에 대응하려는 오프라인 유통업체의 몸부림으로 요약된다. 오프라인 쇼핑이 위축되며 '온라인 온리(online only)' 시대가 도래하는 데 대한 생존 모색이다. 그러나 '오프라인 쇼핑 패싱(passing)'이란 대세를 거스르기는 쉽지 않아 보인다. 4차 산업혁명에 따른 IT 기술 발달은 갈수록 온라인 쇼핑을 편리하게 만들고 최저임금 인상은 인건비 등 물가 상승 요인으로 작용, 오프라인 쇼핑의 가격 경쟁력을 떨어뜨리고 있다. 실제 롯데쇼핑과 이마트 주가는 연초 대비 각각 5%, 20%가량 하락했다(2018년 10월 19일 종가 기준). 온라인 온리, 1인 가구 증가, 최저임금 상승, 신선식품 배송 등 소비 패러다임 변화에 어떻게 대처할 것인지가 2018년에 이어 2019년에도 유통업계의 최대 화두가 될 전망이다.

배달 100%…'온라인 퍼스트'에서 '온라인 온리'로

온라인쇼핑협회는 2017년 온라인 쇼핑 시장 규모가 사상 처음으로 100조원을 돌파했다고 밝혔다. 이는 다시 말해 오프라인 쇼핑의 위기가 가속화되고 있다는 얘기다. 온라인 쇼핑이 훨씬 저렴하고 배달까지 해주니 가격과 편의성 측면에서 경쟁이 안 된다. 상황이 이렇자 일부 제조사는 아예 오프라인 매장에 대한 납품을 포기하고 온라인 전용 상품 개발에 나섰다.

로드숍은 '배달도' 하는 데서 나아가 '배달만' 하는 곳이 늘고 있다. 배달의민족의 '배민키친'이 3호점까지 오픈했고, 삼겹살 배달 전문 프랜차이즈 '배달삼겹 돼지되지'는 최근 120개 가까이 매장을 냈다. 식객촌이 지난 2월 서울 강남에 문을 연 '고메 인 딜리버리 바이 식객촌'도 배달을 전면에 내세웠다. 무명식당, 한옥집 등 기존 식객촌에 입점한 브랜드의 배달 판매를 활성화할 계획이다.

대형마트 업계에서는 머지않아 도심 내 물류센터인 '블랙스토어(Black Store)'로의 전환이 현실화될 수 있다는 전망마저 나온다. 대형마트 내방 고객이 갈수록 줄어드니 대형마트에 진열해둔 상품을 배달로 팔자는 것이다. 업계 관계자는 "이미 내방 고객이 적어 한산한 일부 지방 점포는 온라인몰에서 주문받은 상품을 직접 배송하는 물류센터 역할도 병행하고 있다. 도심 안에 위치한 대형마트는 고객과의 접근성이 높아 보다 빠른 배송이 가능하다는 게 장점이다. 물류센터를 수도권 외곽에 지은 온라인 쇼핑 업체보다 신선식품 배송 등에서 경쟁력이 있다"고 말했다.

신선식품 새벽배송─공산품보다 재구매율 높은 '블루오션'

온라인 쇼핑 업계는 '빠른 배송'에서 '새벽배송'으로 전장을 옮겨가는 분위기다. 대상은 '신선식품'이다. 신선식품은 일반 공산품보다 반복·정기 구매 빈도가 높아 업계에서 모두 눈독을 들여왔다. 공산품은 누가 팔아도 품질이 같아 가격 경쟁에 함몰될 수밖에 없는 반면 신선식품은 신선도에 따라 가격이 유동적이어서 '품질 경쟁'을 할 수 있다는 것도 장점이다. 업계 추산 국내 식품시장 규모는 약 100조원이지만 온라인 전환율은 10%가 채 안 된다.

상황이 이렇자 유통업계는 마지막 남은 블루오션인 신선식품 새벽배송 시장에 사활을 거는 모양새다. 마켓컬리는 출범 3년이 채 안 된 2018년 3월 기준 월 매출 100억원, 회원 수 60만명을 돌파했다. 최근 자체 배송 서비스인 '샛별배송'을 일요일까지 주 7일로 확대하는 등 공격적인 마케팅을 펼치고 있다. 티몬은 '슈퍼마트'에서 파는 총 1만4000여종의 생필품 중 신선·냉장·냉동식품을 1600여종으로 늘렸다. BGF는 2018년 6월 헬로네이처의 경영권을 인수했다. 이마트몰은 2018년 5월 '쓱배송 굿모닝' 시범 서비스를 시작했다. 프리미엄 신선식품 브랜드 'Just Fresh'를 새롭게 선보이기도 했다. 롯데슈퍼도 온라인 배송 전용센터인 '롯데프레시센터'를 통해 강남 등 서울 주요 지역에서 신선식품 새벽배송 서비스를 하고 있다.

최저임금 상승에 무인 매장 확산…롯데리아 매출 41% 키오스크로 거둬

최저임금 인상에 따른 '무인경제' 확산도 유통업계의 중요한 이슈 중 하나다.

패스트푸드 업계는 이미 무인주문·결제 키오스크가 대부분 매장에서 설치·운영된다. 롯데리아는 직영점 131개 중 110개(84%), 가맹점 1210개 중 688개(57%) 매장에서 무인주문대를 운영 중이다. 전체 매출에서 무인주문기로 거둔 매출은 41%에 달한다(2018년 8월 기준). 버거킹도 2018년 10월 기준 200여 개 매장에서 키오스크를 운영한다.

스타벅스커피코리아는 스마트폰 앱으로 원격 주문이 가능한 '사이렌오더' 서비스로 주문 서비스의 상당량을 자동화했다. 2018년 8월 기준 하루 평균 7만8000건의 주문이 사이렌오더로 이뤄지고 있다. 이는 일평균 스타벅스 전체 주문 건수 중 14%를 차지하는 비중이다.

新유통 패러다임

구분	사례
판매와 제조의 빅블러	밀크홀1937(서울우유), CJ올리브마켓(CJ제일제당), 데블스도어, 쓰리트윈즈, 버거플랜트(이상 신세계푸드)
온라인 온리	배민키친, 고메 인 딜리버리 바이 식객촌, 배달삼겹 돼지되지, 웅진 빅토리아, 블랙스토어
음성쇼핑 활성화	아마존(알렉사), 구글(구글홈), 11번가(누구), 롯데(지니), 네이버(클로바), 카카오(카카오미니), 애플(홈팟)
신선식품 새벽배송	마켓컬리, 티몬(슈퍼마트), BGF(헬로네이처), GS리테일(GS프레시), 한국야쿠르트(잇츠온), 배민찬, 롯데, 신세계
스크랩앤드빌드	영업시간 단축(자정→23시), 마켓D, 이마트+트레이더스, 홈플러스 스페셜

크린토피아는 기존 세탁편의점 모델에 코인빨래방을 접목한 '멀티숍' 출점에 적극 나섰다. 2018년 10월 기준 약 650여개 멀티숍을 운영 중이다. 세탁편의점 영업시간 내에 대면 접수가 어려운 고객을 위해 세탁물을 위탁하고 나중에 찾아가는 '스마트 무인 세탁함'도 200여개 매장에서 24시간 운영 중이다.

전문가들은 향후 소비 패러다임 변화가 더욱 가속화될 것으로 내다본다. 가구 형태 변화, 새로운 IT 기술 발달, 소비자 취향 다변화 등의 메가 트렌드에 대응하려면 끊임없는 변화를 시도해야 한다는 주문이다. 주윤황 장안대 유통경영과 교수는 "앞으로 온라인과 오프라인의 경계는 완전히 허물어지고 소비 패턴도 가족형 대량 구매에서 개인형 소량 구매로 바뀔 것이다. 이제 유통업계는 자기 영역만 고집해서는 안 된다. 옴니채널, O2O 등의 전략을 구사하고 상품도 어떻게 소분해서 팔 것인지 고민해야 한다. 이는 손이 많이 가는 작업일뿐더러, 재고 처리 비용도 늘어날 수밖에 없다. 이런 변화에 어떻게 대응할지가 기업의 흥망을 좌우하게 될 것이다"라고 분석했다.

III

2019
매경 아웃룩

지표로 보는 한국 경제

1. 소비

2. 물가

3. 투자

4. 국내 금리

5. 원달러 환율

6. 국제수지

7. 고용 · 실업

8. 노사관계

9. 가계부채 · 재정적자

10. 지방경제

11. 글로벌 교역

정부 돈, 소득 진작 효과 제한적
가처분소득 감소 등 불안요인 多

주원 현대경제연구원 경제연구실장

▶ 2018년 소비는 전반적인 경기 부진 상황 속에서도 상대적으로 양호했다.

민간소비 증가율은 2018년 상반기 3.2%, 연간으로는 2%대 중후반 수준을 유지했다. 그러나 여기에는 통계상 착시가 존재한다. 즉 소비 시장 전반이 좋았던 것이 아니고 내구재만 좋았기 때문이다. 일반적인 상황에서 내구재는 소비의 선행지표 역할을 한다. 내구재는 지출 규모가 상대적으로 크기 때문에 소비자들이 내구재 소비를 늘린다는 것은 그만큼 소비 여력이 뒷받침된다는 의미다. 나아가 미래의 소비 여건도 긍정적으로 평가할 수 있다.

다만 2018년 경제 상황을 보면 소비자가 그렇게 구매력이 좋았는지는 의심스럽다. 내구재 중심 소비 회복에 가려진 부분을 생각해볼 필요가 있다. 내구재 중 자동차와 가전제품 소비가 빠르게 증가했다는 점에 주목할 필요가 있다. 자동차는 상반기 중 수입차 업체의 프로모션이 큰 폭으로 이뤄졌고 하반기에는 개별소비세가 인하되면서 구매가 확대된 것으로 판단된다. 가격 하락이 대기수요를 끌어낸 것일 수도 있다. 가전제품은 대규모 신규 주택 입주 물량으로 새 가전제품의 수요가 증가했다는 점, 미세먼지 같은 환경 이슈 부각에 따른 관련 제품 수요가 증가했다는 점 등이 영향을 미쳤을 가능성이 있다.

2019년 근로·사업소득 전망 어두워

2019년 소비 구매력에 대한 전반적인 평가는 긍정적 요인보다 부정적 요인이 더 많은 것으로 생각된다. 소비의 원천은 소득과 신용이다. 즉, 손에 쥐어지는 현금과 미래 소득을 담보로 빌리는 채무다. 소득은 다시 자산소득과 근로·사업 소득으로 나눌 수 있다.

이 중 우선 자산소득 여건을 살펴보자.

자산소득은 가계가 갖고 있는 금융자산이나 부동산으로부터 나오는 소득이다. 금융자산에 대한 이자, 부동산 임대소득, 또는 넓게 본다면 금융자산과 부동산 매매 과정에서 발생하는 자본이득까지를 포함한다. 주로 자산 가격 상승이 뒷받침될 때 이러한 자산소득이 증가할 여지가 발생한다. 예를 들면 주가나 부동산 가격의 상승이다. 주식시장은 다양한 요인에 의해 영향을 받기 때문에 2019년의 주가 흐름은 예측하기가 어렵다. 다만 주식시장이 장기적으로는 실물경제 거울이라는 점을 감안하면 2019년 경기 하강 국면이 지속될 것이라는 전제 아래 주식시장에서 큰 소득이 발생하기는 쉽지 않아 보인다. 부동산은 더 비관적이다. 서울 강남 같은 특정 지역을 제외하고는 부동산 시장에 대한 전망이 어둡다. 특히 아직은 예단하기 어려우나 정부의 부동산 과세 부담을 증가시키려는 노력이 부동산 시장에 부정적인 영향을 미칠 가능성을 배제하기 어려워 보인다.

둘째, 대부분 가계에 있어 구매력에 크게 의존하는 소득은 근로소득과 사업소득이다. 이 두 소득은 철저하게 경제 상황에 의해 결정된다. 즉 경제가 활황이면 근로·사업소득이 높아지고 경제가 침체 국면에 빠지면 당연히 소득이 줄어든다. 그런데 2019년 경제 상황은 녹록지 않다. 대부분 연구기관이 2018년보다 2019년 경제성장률이 하락할 것으로 보고 있기 때문이다. 근로·사업소득이 늘어날 여지가 많지 않다. 특히 2019년 고용 여건은 긍정적으로 보기 어렵다.

2018년 소위 '고용 참사'라 할 정도 고용절벽의 근본적인 원인은 글로벌 금융위기 이후 10년 동안 경제 활력 자체가 크게 약화된 때문이다. 2019년에도 그런 고용위기가 지속될 가능성이 높아 보인다.

셋째, 정책적 여건이 그나마 가계 구매력이 고갈되는 것을 일정 부분 방어해줄 가능성이다. 정책적 여건이라는 것은 사회안전망 구축을 위한 정부의 보건, 복지, 고용 부문에 대한 예산 지출이 크게 확대되는 것을 말한다. 즉 정부 재정정책의 소득 재분배 기능을 의미하는 것이다. 소득 재분배란 조세와 재정지출을 통해 고소득층 소득을 저소득층으로 이전하는 효과다. 소득 재분배가 소비를 활성화시킬 가능성은 저소득층 소비 성향이 고소득층 소비 성향보다 높다는 점에서 나온다. 소비 성향은 소비를 소득으로 나눈 것인데 저소득층은 절대적인 소득 규모가 작기 때문에 소비 성향이 높을 수밖에 없다. 정부의 소득 재분배 기능이 저소득층의 구매력을 높인다면 소비를 진작시킬 수 있는 좋은 수단이 될 수 있다.

그러나 이는 어디까지나 이론이다. 이 때문에 그 기대효과를 단언하기 어려운 측면도 있다. 소득 재분배 정책의 소득 계층에 대한 타깃팅이 정확한 것인지 알 수 없기 때문이다. 설령 타깃팅이 유효하다 하더라도 저소득층의 처분가능소득(가구의 소득에서 세금, 의료보험료 등의 비소비지출을 차감한 금액) 증가가 소비로 이어진다는 보장도 없다.

넷째, 현실적으로 소비 진작을 방해하는 가장 큰 요인이면서 뚜렷한 대책도 없는 요인인 가계부채 문제를 들 수 있다. 2018년 상반기 기준 약 1500조원에 달하는 가계부채 규모의 심각성은 절대 과소평가할 수 없다. 한국 가계부채가 GDP에서 차지하는 비중은 90%를 훨씬 넘는다. 가계채무 규모가 경제 규모인 GDP와 비슷한 수준이다. 선진국이 70% 안팎인 점을 감안하면 상당히 높은 수준이다. 이를 국민 1인당으로 환산하면 개인당 약 3000만원의 부채를 안고 사는 셈이다. 여기에 2019년 중 금리 상승이 불가피해 가계의 원리금 상환 부담이 급증할 것이다. 이는 가계의 소비 구매력을 위축시키는 결과로 이어질 것이다.

특히나 가계부채의 상당 부분
이 부동산 시장에 묶여 있기
때문에 현금 유동성으로 전환
하기도 어려운 상황이다.

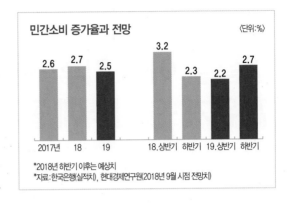

민간소비 증가율과 전망 〈단위:%〉

2.6 2.7 2.5   3.2 2.3 2.2 2.7

2017년 18 19   18.상반기 하반기 19.상반기 하반기

*2018년 하반기 이후는 예상치
*자료:한국은행(실적치), 현대경제연구원(2018년 9월 시점 전망치)

  마지막으로 소비심리 냉각이
다. 경제는 심리라는 말이 있
다. 민간 경제 주체인 기업과
가계가 어떤 관점으로 경제 상황을 바라보는지에 따라 경제 흐름이 바뀔 수 있
다. 가계가 미래를 비관적으로 볼 경우 미래 소득에 대한 불확실성이 커지고 이
는 현재의 소비를 줄이는 유인으로 작용한다. 특히 가계가 직접적으로 체감할 수
있는 현재의 고용 여건이나 사업 여건이 좀처럼 풀리기 어렵다고 생각한다면 미
래에 대한 비관론은 확산된다.

  이러한 소비 구매력 여건을 고려하면 2019년 소비는 2018년에 비해 증가세
가 둔화될 가능성이 높아 보인다.

  2019년 민간소비 증가율은 2%대 중반 정도로 예상된다. 2018년 증가율보
다 소폭 낮은 수준이다. 역시 소비 증가율을 하락시키는 가장 큰 요인은 소득 감
소다. 여기에 가계부채 여건이 소비 확대를 가로막는 결정적 요인이 될 것이다.
2019년 연중 흐름으로 본다면 그나마 상반기보다는 하반기가 다소 높은 증가율
을 기록할 가능성이 높다.

여름철 이상 기후…농산물값 '껑충'
高유가·强달러에 물가 상승 불가피

김상봉 한성대 경제학과 교수

▶ 경제 변동을 예측할 때는 각 경제지표 간 상호작용을 유심히 살펴봐야 한다. 물가도 마찬가지다. 소비자물가, 생산자물가, GDP 디플레이터, 수출입 단가, 임금 등을 고려하고 외생 변수로는 국제유가를 참고하는 경우가 많다. 결론부터 말하면 2019년 물가는 2018년에 비해 소폭 오를 것으로 보인다.

2018년 상반기만 해도 소비자물가 상승은 전년보다 안정적이었다. 소비자물가는 전년 대비 1.4% 올라 2017년(1.9%)보다 상승률이 둔화됐다. 그러나 9월 들어 소비자물가지수가 105.6으로 상승, 전년보다 1.9% 증가하며 2017년과 비슷한 상황으로 돌아오고 있다. 물가 상승을 이끈 것은 농축수산물과 석유류다. 2018년 9월 총 지수 구성을 살펴보면 상품이 2.6% 상승했다. 반면 서비스는 1.4% 오르며 안정세를 보였다.

생활물가지수와 신선식품지수는 최근 기후변화 영향으로 매우 높은 상승률을 나타내고 있다. 한국은행 물가 상승 목표치인 2%에 근접했다. 국제유가와 원달러 환율이 오르는 상황에서 2018년 4분기 물가 상승률은 2.2% 정도로 예상된다. 최종적으로 2018년 연간 물가 상승률은 상반기 1.4%보다 소폭 늘어난

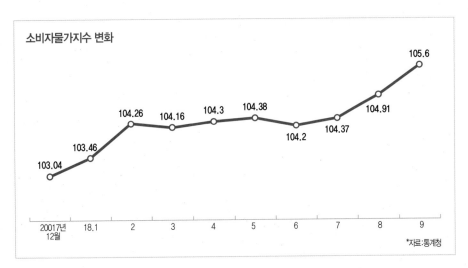

소비자물가지수 변화

105.6

104.26 104.16 104.3 104.38 104.2 104.37 104.91

103.04 103.46

2017년   18.1   2   3   4   5   6   7   8   9
12월

*자료:통계청

1.7% 수준으로 전망한다. 2019년 물가는 오를 가능성이 크다. 국제유가와 환율 상승, 여기에 임금 상승분이 더해지기 때문이다. 2019년 소비자물가지수 상승률은 2018년보다 0.3%포인트 오른 2% 안팎으로 추측된다.

소비자물가 선행하는 생산자·수출입물가 상승

소비자물가에 영향을 미치는 생산자물가지수도 살펴볼 필요가 있다. 상품과 서비스마다 어느 정도 차이는 있지만 생산자물가가 변하면 일반적으로 1~3개월 시차를 두고 소비자물가에 반영된다. 2018년 상반기 생산자물가지수는 1.8% 올랐다. 비교적 안정적으로 보이지만 통계적 착시에 가깝다. 2017년 전년 대비 3.5% 상승률 기저효과에 따른 결과다. 생산자물가 역시 소비자물가와 비슷하게 2018년 하반기에 들어서며 오름세를 보이는 양상이다. 8월에 3% 증가하며 2017년과 평균 상승률에 근접하고 있다.

농림수산품 가격 변동성은 기후 영

주요 소비자물가지수 등락률		단위:%
지수	2017년	2018년 9월
농축수산물	5.5	7.1
석유류	7.5	10.7
전기·수도·가스	−1.4	1.4
외식	2.7	2.4
생활물가지수	2.5	2.2
신선식품지수	6.2	8.6

자료:통계청

생산자물가지수 주요 등락률 단위:%

지수	2017년	2018년 8월
생산자물가지수	3.5	3
농산물	-1.5	19.6
축산물	8.5	-0.3
수산물	23.7	-2
석탄·석유제품	19.7	28.8
제1차금속제품	16	8.4
전력·가스·수도	1	-2.5
음식점·숙박	2.3	3.3
사업서비스	2.1	2.3

자료:한국은행

향을 크게 받을 수밖에 없다. 2018년은 여름철 이상 기후로 인해 농산물 가격이 빠른 속도로 상승 중이다. 2017년 1.5% 감소했던 농산물 물가는 2018년 8월 기준 19.6%까지 폭등했다. 반면 축산물과 수산물은 2017년 급등세가 최근 잦아드는 모양새다. 특히 수산물은 2017년 전년대비 23.7% 올랐지만 2018년 8월에는 마이너스로 돌아섰다. 공산품 중에서는 국제유가 상승 등으로 인해 석탄과 석유제품 생산자물가가 급격히 상승하고 있다. 서비스업 중에서는 음식점과 숙박업 물가가 올랐다. 매년 두 자릿수 이상 오르는 최저임금 상승 영향이 컸다.

각 업종별 상황을 감안할 때 2019년 상반기 생산자물가는 2018년에 비해 오를 것으로 예상되며 하반기는 전년과 비슷한 수준이 전망된다. 2019년 생산자물가 상승률은 2018년(1.8%)보다 두 배 가까이 오른 3.6% 정도로 추측된다.

소비자물가 선행지표라 볼 수 있는 수출입물가도 2019년 오름세를 보일 가능성이 높다. 국제유가 상승과 강달러 기조가 지속될 것으로 보이기 때문이다.

2017년 수출물가지수와 수입물가지수는 각각 5%씩 상승했다. 둘 모두 석탄·석유제품과 제1차 금속제품을 중심으로 올랐다. 2018년에는 조금 다른 양상이 포착된다. 2018년 8월의 수출물가지수는 1.8%로 상대적으로 낮아진 반면 수입물가지수는 8.1%로 오히려 올랐다. 최근 급격한 변화를 보이는 환율과 국제유가 탓이 크다.

2018년 6월 중순부터 급격히 오르기 시작한 원달러 환율은 7월 달러당 1138원으로 최고점을 찍은 후 1100~1130원대를 형성하고 있다. 달러화 강세는 수출 총액을 감소시키고 국내 수입물가를 올린다. 여파는 생산자물가와 소비자물가 상승 요인으로도 작용한다. 2018년 원달러 환율은 1108원으로 정도로 예상되지만 미국과 한국 경제 상황이 계속 유지된다면 2019년은 2018년 하반기 환율인 1140원보다 높을 것이다.

원엔 환율도 수출입물가 주요 변수 중 하나다. 2018년 3월 100엔당 1030원 수준이었던 원엔 환율은 하반기 들어 1000원까지 떨어졌다. 엔화가 약세에서 강세장으로 돌아서면 국내 상품 가격 경쟁력이 낮아지고 이는 국내 수출물가에 영향을 줄 수 있다. 원엔 환율의 환율 효과에 따른 가격 경쟁력은 보통 5~6분기 가량 지속한다. 따라서 2019년 상반기 정도에 환율 효과가 국내 수출과 물가에 영향을 줄 것으로 보인다.

국제유가는 2017년 12월 초 배럴당 60달러에서 2018년 10월에는 80달러를 돌파하는 급등세를 보이고 있다. 석유수출국기구(OPEC)와 러시아의 감산 기간 연장, 북해·리비아 송유관 사고 등 일시적인 공급 부족, 이란 제재와 베네수엘라 경제난 등 요인이 유가를 상승시키고 있다. 우리나라는 원유·석유제품 순수입 규모가 국내총생산(GDP)의 2.2% 규모로 적지 않다. 따라서 유가 변동이 물가에 미치는 영향도 클 수밖에 없다. 고유가 흐름이 지속될 경우 2019년 물가 역시 자연히 오를 것으로 보인다. 경상수지 감소 역시 물가 상승 원인 중 하나다. 현재 수준보다 국제유가의 변동성이 확대되면 수출과 수입 모두 리스크가 커지므로 경상수지를 줄이는 요인이 된다.

드라마틱한 설비투자 기대난
지식재산생산물투자 '군계일학'

이승석 한국경제연구원 부연구위원

▶ 2018년 상반기 설비투자 증가율은 2.1%를 기록했다. 2017년 같은 기간 15.9%를 기록했던 것을 감안하면 매우 큰 폭으로 줄었다. 2분기로 넘어오면서 마이너스(−) 성장으로 돌아서는 등 시간이 갈수록 하락세가 가팔라지는 모습이다.

상반기 전체적으로 설비투자가 저조했던 것은 2017년도 투자 규모가 워낙 컸던 탓도 있다. 하지만 전반적인 경기가 위축되고 있다는 점도 되짚어볼 필요가 있다.

2018년 하반기에는 설비투자가 더욱 둔화될 전망이다. 상반기 초 반도체 등 주요 산업 대규모 설비투자가 마무리됐기 때문이다. 하반기 경기 전망도 낙관적이지 않기 때문에 추가적인 증설 유인을 찾기 힘들다. 미국 트럼프 행정부의 보호무역주의에 따른 국제무역 분쟁이 장기화되면서 당초 예정됐던 투자 계획도 줄줄이 취소되거나 지연되고 있다.

갈수록 줄어드는 투자, 2019년도 비관적

2019년 설비투자 전망 또한 한마디로 비관적이다. 먼저, 2019년 글로벌 경기 호조가 정점에 이를 것으로 예상되면서 기업들은 글로벌 초과 공급에 대비하고 있다. 각종 조정 압력에 따라 투자 규모를 줄여나갈 가능성이 높다.

수출 의존도가 높은 한국 기업은 글로벌 경기에 더욱 민감하게 반응할 것으로 보인다. 수출을 하지 않는 내수기업 역시 국내 경기가 둔화될 것으로 예상되면서 투자 규모를 조금씩 축소하고 있다. 대내외 경기가 점차 하강곡선으로 접어드는 가운데 국제무역 갈등은 장기화 조짐이 보인다. 불확실성이 커지면서 기업들은 투자에 섣불리 나설 수가 없는 상황이다. 환율, 금리 등 주요 거시변수 변동성이 확대되고 있으며 무역규제 등도 큰 변수로 작용하고 있다.

기존 설비투자가 반도체 등 호황을 누리고 있는 일부 소수 업종에 편중돼 있다는 점도 문제다. 해당 산업이 외부 시장 충격에 노출될 경우 설비투자가 일시에 감소할 수 있다.

철강·조선·자동차 어려움으로 투자 감소 지속

미중 무역분쟁으로 인한 리스크 증대는 설비투자에 대한 하방 압력으로 강력하게 작용할 전망이다. 무엇보다 산업구조상 설비투자 상당 부분을 차지해왔던 철강, 조선, 자동차 등 전통적인 주력 제조업 추락은 설비투자 전망을 어둡게 하는 중요한 원인이다.

철강산업은 미국 보호무역주의 정책으로 일정 부분 투자 둔화가 불가피해 보인다. 조선업은 중국의 부상과 함께 유럽 수주가 급감하면서 경쟁력을 잃고 있다. 자동차 산업은 불리한 FTA 재협상 영향뿐 아니라 경쟁력 저하로 설비 확장이 둔화되는 모습이다.

전반적인 산업 환경도 좋지 않은데 급격하게 오르는 시중금리는 투자 기업 자금 조달 비용을 상승시키며 투자를 압박하고 있다.

마지막으로 투자 전망을 어둡게 만드는 요인은 정부의 투자 지원 여력 약화라고 볼 수 있다. 정부는 이미 법인세 최고세율을 높이고 투자 세액 공제 등을 축소해 기업 투자 여건을 불리한 방향으로 이끌었다. 재정지출 항목 중 사회간접자본

(SOC) 등 경제 관련 예산을 삭감한 것도 투자에 부정적 영향을 끼칠 전망이다.

2018년 상반기 2.1%의 저조한 성장을 보였던 설비투자는 하반기 0.9% 수준으로 더욱 위축될 것으로 예상된다.

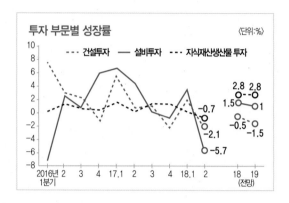

전반적인 하향 흐름이 지속되면서 2019년에도 설비투자 규모는 2018년 대비 1% 증가하는 데 그칠 전망이다.

법인세 인상과 SOC 예산 축소 직격탄

건설 투자는 2018년 상반기 0.1% 성장을 기록했다. 2017년 같은 기간 9.4% 성장을 기록했던 것에 비해 큰 폭으로 하락했다. 정부의 지속적이고도 강력한 부동산 시장 억제 정책에 따른 결과다. 물론 입주 물량 증가 등 부동산 시장 내적 요인 역시 건설 투자 감소에 일조했음은 부정할 수 없는 사실이다. 비주거용 투자의 감소는 경기 둔화에 따른 공장 등 생산시설 증설 감소 결과로 보인다.

주거용 부동산이나 토목 등 다른 부분도 전망은 어둡다. 2018년 건설 투자는 −0.5%로 예상되며 2019년에는 마이너스 성장세가 더욱 심화돼 −1.5%를 기록할 전망이다.

전반적으로 투자 여건이 악화됐지만 유일하게 지식재산생산물 투자는 상대적으로 우호적 환경이 조성됐다. 2018년 상반기 중 지식재산생산물 투자는 세계적인 ICT 산업 호조와 연구개발(R&D) 투자 확대에 힘입어 2017년 동기 대비 2.9% 증가했다. 설비투자가 급감하고 있음에도 불구하고 지식재산생산물 투자가 견조한 성장세를 지속하고 있다는 점은 매우 고무적이다. 내수 부문을 중심으로 국내 경기가 둔화하고 있지만 정부의 혁신성장에 대한 강력한 의지에 힘입어

2019년도 증가율이 2.8% 수준을 유지할 것으로 전망된다.

 지식재산생산물 투자는 설비투자와는 달리 특별한 하방 리스크 없이 당분간 유지될 것으로 보인다. 세계 ICT 산업 호조에 발맞춰 국내 소프트웨어 산업 성장세도 완만히 진행되고 있다. 정부 의지 또한 강력하다. 경제 관련 예산의 전반적인 축소에도 불구하고 지식 기반 서비스 산업 등 4차 산업혁명 관련 예산은 증액 편성되고 있다. 지식 기반 서비스업 비중이 커지면서 한국의 국내총생산 대비 연구개발비 비중은 OECD 평균의 2배에 이른다.

 지식재산생산물 투자가 지속적으로 성장세를 유지하기 위해서는 몇 가지 풀어야 할 과제가 있다. 먼저 전체 지식재산생산물 투자의 70% 이상을 차지하는 연구개발이 순수 ICT 업종이 아닌 제조업 분야 연구개발이라는 점에 주목할 필요가 있다. 대내외적 요인에 의해 제조업 상황이 악화될 경우 지식재산생산물 투자 규모 역시 동반 위축될 수 있다. 다른 업종과는 달리 서비스업 연구개발비 비중(8.1%)이 선진국(미국 29%)에 비해 현저히 낮다는 점 역시 장기적 관점에서 개선해야 할 구조적 문제다. 마지막으로 연구개발 사업이 실질적인 효과를 낼 수 있도록 효율성을 개선해야 한다. 지식재산생산물 투자는 규모 면에서 지속적으로 증가하고 있는데 경제성장 기여도는 답보 상태에 머물러 있다. 산업 경쟁력 또한 주요국 대비 크게 뒤떨어져 있다는 점은 여전히 고민거리로 남는다.

갈수록 벌어질 한미 금리 격차
리스크 많지만 추가 인상 불가피

김완중 하나금융경영연구소 자산분석팀장

▶ 한국은행은 2017년 11월 기준금리 인상을 단행했다. 이후 한국경제는 생산 갭(GDP gap · 잠재성장률과 실질성장률 간 차이)이 플러스 상황을 유지했다. 그러자 한은의 추가 금리 인상 가능성이 대두됐다. 향후 경기 둔화에 대비한 통화정책 여력 확보와 가계대출 증가 등 금융 불균형 완화를 해야 한다는 시각이 빗발친 탓이다. 2018년 하반기부터 시중금리는 이미 한은의 기준금리 2회 인상분을 선반영하며 거래되기 시작했다. 그러다가 2018년 3분기 신흥국 금융불안, 미중 무역갈등에 기반한 경기 둔화 우려 등으로 금융통화위원회의 기준금리 인상 시점은 계속 밀렸다.

이 사이에 국내 고용지표 악화, 경제 주체들의 심리 위축이 제기됐다. 더불어 재차 서울과 수도권을 중심으로 주택매매가격이 큰 폭으로 상승하며 주택 시장이 과열됐다. 돈이 시중에 너무 많이 풀렸다는 이른바 과잉 유동성이 문제라는 지적이 많았다. 이런 상황에서 주택 시장 중심의 금융 불균형 누적 우려, 통화정책 실기론이 다시 대두됐다. 한은의 금리 인상 가능성이 재부각되며 시중금리는 안정세를 찾다가 다시 소폭 상승세로 전환됐다.

이런 사이에 미국은 2018년 들어서만 기준금리를 3차례 올렸다. 향후에도 5차례의 추가 기준금리 인상을 시사했다. 미국채 금리와 주요국 금리와의 격차가 확대되는 가운데 한국 기준금리와도 역전 상황이 연출됐다.

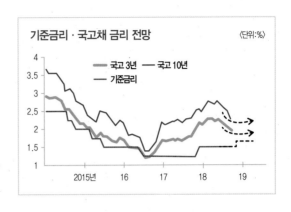

이에 따라 그간 글로벌 유동성 팽창에 의존해 부채 주도형 성장을 이어간 신흥시장을 중심으로 외자 유출에 대한 불안감이 확대되기 시작했다. 이들 국가의 공통점은 재정적자와 물가 압력이 크고 경상적자와 외채 의존성이 높은 취약한 경제구조를 갖고 있다는 사실이다. 기준금리 인상 등을 통해 외자 유출을 방어하고 금융시장 안정을 위해 총력을 기울여야 하는 상황이다. 아르헨티나만 해도 2018년 하반기에 기준금리를 60%로 정했을 정도로 다급했다.

향후 미 연준이 경기 확장세 지속에 기반해 추가 5회의 금리 인상을 단행하면 금리 인상 누적 효과가 신흥국 금융불안 확산과 글로벌 자금 흐름에 미칠 파장이 어느 정도일지 관심이 증대되고 있다.

한은의 선택지 많지 않다

국내외 상황이 이렇게 전개되면서 한국은행의 고민도 깊어졌다.

2017년 11월 금리 인상 이후 장기간 금리를 동결함에 따라 국고채 금리 전 구간이 동일 만기 미국채 금리보다 아래로 내려가 자본유출에 대한 우려가 확대됐다. 한은이 즉각적으로 금리 인상을 단행하지 못한 이유는 여러 가지다. 한미 금리 역전 현상 때문에 당장 국내 자본시장에서 외국인 자금이 유출되지는 않았다. 오히려 채권시장을 중심으로 자금이 유입되는 상황이 2018년 하반기에 지속됐다.

이는 기본적으로 글로벌 금융위기 이후 우리 정부의 거시건전성, 특히 외환건전성 개선이 외국인 투자자로부터 신뢰를 얻고 있기 때문으로 보인다. 대규모 경상흑자가 지속되고 있고 양호한 재정건전성 등 우리나라의 경제 펀더멘털이 크게 개선됐다. 금융위기 직전 50%를 넘던 단기외채 비율이 최근에는 27% 수준으로 하락하는 등 외채구조도 확연히 개선됐다. 더불어 2014년에는 우리나라가 순자산국(빚보다 자산이 많음)으로 전환되며 한국을 바라보는 외국인 투자자 인식도 크게 달라졌다. 이 때문에 외국인 입장에서는 안정적인 시장으로 한국을 인식하고 있는 것도 사실이다. 또한 국내 외국인 자금 유입의 질도 예전과는 다르다. 시스템 리스크가 큰 금융권 차입은 억제된 반면 채권 중심의 포트폴리오 투자가 급증했다.

국내 금융기관의 해외 투자가 급증하며 외국인 자금 이탈 시 안전판 역할을 할 든든한 버팀목이 생긴 것도 외국인 투자자의 신인도를 높이는 요인으로 작용하고 있다. 국내 기관의 해외 투자가 확대되면 환헤지 차원 선물환 매도가 급증한다. 이로 인해 스와프 시장 불균형이 확대된다. 이런 불균형 확대가 오히려 외국인에게는 원화채권 투자 시 차익거래 유인으로 작용한다. 한미 금리차 역전에도 불구하고 외국인이 계속 한국에 투자하는 이유기도 하다. 이런 구조는 향후에도 차익거래 유인이 지속될 수 있음을 시사한다.

기준금리 올리기 쉽지 않아

이런 이유로 한국은행은 기준금리를 2018년 하반기 1회 올린 후 추가로 올릴 수 있을 것으로 예상된다. 하지만 미국 연준의 공언과 궤를 같이해 같은 속도로 연속 인상하기는 쉽지 않을 것이다. 한은은 과거 2007년 주택 가격 급등기에 저금리 환경 장기화에 기반한 과잉 유동성과 가계부채 급증 이슈가 부각되자 두 달 연속 기준금리를 인상했다. 이때 시장 참여자들은 상당한 혼란에 휩싸였다. 이처럼 매달 연속 인상은 시장의 경계심을 높이는 요인으로 작용할 것이므로 쉽지 않을 것이다. 외국인 자금의 70% 이상이 중앙은행과 국부펀드 등 장기 투자기관으

외국인 채권투자 보유 잔고와 차익거래 유인
(단위:%포인트, 조원)

- 외국인 원화채 잔고(우)
- 차익거래 유인
- 내외금리차

*자료:연합인포맥스

로 구성돼 있고 채권 시장 내 외국인 자금의 안정성을 담보하고 있다는 점도 추가 인상을 제한하는 요인이 될 것이다.

국내 상황도 국내 금리를 올리기 쉽지 않은 분위기로 갈 것이다. 2019년 국내 경제는 글로벌 경제의 성장세 둔화로 인해 수출 성장세가 둔화되고, 민간소비는 소득주도성장 정책에도 불구하고 고용 시장 부진과 가계부채 증가가 이어질 수 있다. 이는 원리금 상환 부담 증대 등 구조적 제약으로 경제 회복의 제한 요인으로 작용한다. 이 때문에 경제성장률은 잠재성장률보다 떨어지는 수준을 이어갈 전망이다. 물가 또한 내수 부진으로 수요 측 인플레이션 압력이 크지 않고 농축산물 가격도 공급량 확대로 안정세를 보일 것으로 예상된다. 소비자물가 상승률은 중기 물가 목표인 2% 이하 수준이 지속될 전망이다. 이와 같은 대내 경제 환경으로 금리 상승 압력은 제한적인 수준에 그칠 것이라 예측해본다.

변수는

신흥국 불안 위험이다. 동유럽은 물론 남미에 이어 동남아까지 신흥국 위기가 확산되고 글로벌 차원에서 금리 상승세가 지속된다면 해외 채권 시장이 요동칠 수 있다. 글로벌 채권 입장에서는 포트폴리오 조정 차원에서 채권형 펀드 환매 수요가 증가할 수 있다. 이럴 경우 국내 외국인 채권 투자자금의 이탈 가능성이 생긴다. 이는 곧 금리 상승 요인으로 작용할 수 있다. 또 국내 정치권을 중심으로 통화정책 실기론이 대두되고 과잉 유동성 상황하에 부동산 시장 과열, 금융 불균형이 심화될 경우 한은이 인상 여지를 고려하지 않을 수 없을 것이다.

남북경협·韓대외신인도 변수
원달러 환율 1150원 넘어설 듯

서정훈 박사(KEB하나은행 외환파생상품영업부)

▶ 2017년 후반 유로존 경기가 미국 못지않은 회복세를 나타낸 가운데 ECB(유럽중앙은행)는 강력한 긴축 의지를 내비쳤다. 이에 2018년 초반 들어 유로화가 강세를 나타내며 달러화 가치 약세를 견인했다. 이 영향으로 원달러 환율도 1060원대 초반까지 하락하며 한 해가 시작됐다. 이렇게 2018년 연초부터 크게 하락한 환율은 미국의 인플레이션 확대에 따른 국채금리 급등 시점에서 강달러에 의해 잠시 반등을 보이며 1100원에 근접하는 양상을 나타냈다. 여기에 3월부터 시작된 트럼프 행정부 보호무역주의가 중국과의 무역분쟁으로 번지며 달러 약세를 제한했으나, 전반적으로는 1075원 전후에서의 흐름이 대체적인 양상이었다.

이런 달러 약세는 미국의 11월 중간선거 이전 미중 무역분쟁 마무리와 함께 연말까지 이어질 것이라는 것이 전반적인 예상이었다. 여기에는 2018년 3월 미국 연방준비제도(Fed·연준)가 금리 인상과 함께 연 3회의 금리 인상 경로를 유지할 것이란 점도 주요하게 작용한 측면이 있다.

그러나 상반기를 지나며 원달러 환율에 대반전이 나타났다. 평균가격 수준이

1100원을 훌쩍 뛰어넘은 것. 그 핵심에는 연준의 통화정책이 자리한다. 2018년 6월 FOMC는 2018년 연초 공언과 달리 두 번째 금리 인상을 단행함과 더불어 인플레이션이 점진적으로 확대되고 미국 경기의 강건함이 지속될 것이란 의견을 내비쳤다. 이와 함께 2018년 금리 인상 횟수를 기존 3회에서 4회로 상향함에 따라 한국은 물론 경제 취약 신흥국을 중심으로 자본유출이 심화됐다. 이는 동시에 강한 달러 현상을 빚었다. 따라서 원화 환율도 1100원을 뛰어넘었다.

이후 점차 심화되는 미중 무역분쟁 영향 등으로 고점을 높여가던 환율은 달러 공급 우위 영향 등으로 좀처럼 1140원까지 올라가지는 못한 채, 미국-캐나다, 미국-멕시코의 무역협상 타결 등으로 달러 강세가 제한되며 평균 1120원 선에서 왔다 갔다 하며 2018년 3분기를 마감했다. 4분기 들어서며 한국의 환율조작국 선정 이슈는 사라졌지만, 달러 수급 우위 속에 원화 강세가 이어질 것이란 예상과는 다른 방향으로 상황이 전개됐다.

제롬 파월 연준 의장이 2018년 4분기 이후로도 미국 경제는 견조함을 나타낼 것이란 전망을 내놓으면서 중립 기준금리까지 아직 여유가 있다고 언급했다. 이는 미국이 금리를 더 올릴 수 있다는 신호로 읽혔다. 미 국채금리가 3.2%에 도달하며 신흥국에 달러 강세의 후폭풍이 몰아쳤다. 이에 따라 한국 주식시장과 외환시장에서 외국인 자본의 유출이 가팔라지며 2018년 말 환율은 재차 1140원대에 근접하는 모습을 보였다.

2019년 환율은 2018년 하반기 강달러 영향이 이어지며 1150원대를 웃돌 것으로 전망된다. 주요 이슈로는 역시 연준의 통화정책이 될 것으로 보인다. 2018년 4회의 금리 인상에 이어 중립기준금리

원달러 환율 〈단위:원〉

1156.40
1138.14
1119.89
1101.63
1083.37
1065.11

2018년 2.1 3.2 4.2 5.2 6.1 7.2 8.1 9.3 10.1
1월 2일

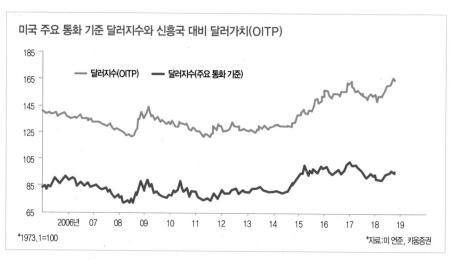

미국 주요 통화 기준 달러지수와 신흥국 대비 달러가치(OITP)

— 달러지수(OITP)　— 달러지수(주요 통화 기준)

*1973.1=100　　　　　　　　　　　　　　　　*자료:미 연준, 키움증권

까지의 차이와 미국 경제의 강건함을 고려할 때, 2019년에 금리 인상은 3회 이상 인상이 가능할 것으로 예측된다. 2018년과 같이 혹시 4회로 상향할 경우 달러 강세가 더 심화될 수 있을 것이다. 현 상황에서는 3회 인상 움직임이 현실적인데, 이 경우에도 달러화 강세 분위기는 크게 누그러지지 않을 전망이다.

　원달러 환율은 한편 위안화 동향에도 영향을 받기 때문에 위안화 전망도 함께 볼 필요가 있다. 위안화가 계속 약세를 이어가면 원달러 환율도 한·미·중 경제 구조상 동조되는 경향이 있기 때문이다. 2018년 초 달러화 약세와 함께 인민은행 기준환율 메커니즘 조정, 외국인 자금 유입 확대, 위안화 유동성 부족 등으로 달러당 위안화 환율은 6.2위안 수준으로 하락했다. 2018년 4월 이후 달러화 강세 반등 속에 연준과의 통화정책 차별화, 경상수지 부진, 자본유출, 미중 무역분쟁 영향 등이 위안화의 약세를 견인했다. 이에 따라 달러당 위안화 환율은 6.9위안을 넘어서는 양상을 나타냈다.

위안화 약세 지속, 원달러 환율에도 영향

　2019년 위안화는 미중 무역분쟁에 따른 외국인 투자 둔화, 경상수지 부진 등의 영향으로 약세가 불가피할 것으로 보인다. 내부적으로도 디레버리징에 따른 경기 둔화를 배제할 수 없는 상황으로 완화적 통화정책을 지속하는 요인이 될 것으로 보인다. 결국 중국 경제 펀더멘털 약화에 따른 달러당 위안화 환율 상승 추세가 예상된다. 또한 적정 수준 이상에서의 위안화 약세 시에는 중국 외환당국 개입에 따른 조정이 위안화 약세를 일시 제한하는 정도가 될 것으로 예상된다. 여기에 끝날 듯 끝나지 않는 미·중 간 무역마찰 불협화음도 트럼프 미국 대통령 임기 내 이어질 가능성을 열어둬야 할 요인이다.

정리하자면 국제 환율의 전반적인 흐름은 2019년 강달러 기조가 그대로 이어질 것으로 보인다. 한국 경제 체력이 약화되는 측면도 달러 강세(원화의 약세) 요인으로 작용할 것이다. 단 그나마 수출 경제가 뒷받침되는 점과 남북경협 분위기가 대외신인도에 긍정적인 점이 환율 상승 압력을 제한할 수는 있을 것이다. 결국 수출 경제에 따른 달러 수급 즉 경상수지 흑자 폭이 얼마나 커질 것인지, 또 북한 문제가 얼마나 평화적으로 잘 해결돼 지정학적 리스크에서 벗어날 수 있을 것인지가 2019년 원달러 환율 변동 폭을 좌우할 변수가 될 것이다. 전반적으로는 다양한 변수에도 불구하고 달러 강세 기세를 꺾기 어려운 2019년이 될 것으로 전망된다.

외국인 직·간접 투자 모두 위축
선진국 불황에 경상수지도 감소

홍준표 현대경제연구원 동향분석팀장

▶ 2018년 경상수지는 상품수지 흑자 규모가 확대됐지만 서비스수지 적자 규모 확대 폭이 커졌다. 이에 따라 2018년 경상수지 흑자 규모는 2017년보다 축소됐다. 2018년 금융계정은 내국인의 해외 투자가 2017년 대비 축소됐고 외국인의 국내 투자도 2017년 대비 감소하면서 전체적인 흑자 폭도 2017년 대비 줄어들었다.

2019년 국제수지는 어떻게 될까. 결론부터 말하면 2019년 국제수지 흑자 폭은 2018년보다 낮은 수준을 보일 것으로 전망된다.

우선 경상수지에서의 2019년 흐름은 흑자 폭이 줄어들 것으로 예상한다. 이유는 다음과 같다.

첫째, 경상수지에서 가장 큰 부분을 차지하는 상품수지 흑자 규모가 감소하는 것에 주된 원인이 있다. 수출 증가세는 2019년에도 이어질 것으로 보이나 그 속도는 2018년보다 둔화될 것 같다. 세계 경제성장세가 소폭 둔화되는 흐름을 보여 수입 수요도 다소 위축될 것으로 예상되기 때문이다. 대부분 선진국은 경기 확장 속도가 둔화되리라는 예상이다. 특히 2018년까지 호황을 보이던 미국 경제도 사이클상 둔화세로 돌아설 가능성이 있다. 또한 유로존은 무역분쟁·남유럽 일부 국가의 정정 불확실성 등 리스크 요인이 불거질 위험이 있다. 일본 역시 무역분쟁의 충격을 받을 가능성이 있다. 신흥국의 실물경기 확장 속도는 선진국에 비해 상대적으로 빠를 것으로 보인다. 하지만 미중 무역분쟁의 부정적 영향, 그리고 미국 기준금리 인상에 따르는 금융불안이 실물경제에도 영향을 미칠 가능성 등이 전체적인 신흥국 경기에 리스크로 작용할 수 있다. 이 같은 선진국 경기 둔화와 신흥국 금융 리스크 등이 우리나라 수출 증가에 제약 요인으로 작용할 가능성이 높다.

2019년 우리나라의 수입은 2018년에 비해 증가 폭은 줄어들겠지만, 여전히 수출 증가율보다 높은 수준의 증가율을 보일 것으로 예상된다. 대표적인 이유는 국제유가 상승이다. 한국은 원유를 수입에 의존하기 때문에 국제유가 상승은 수입액 증가로 이어진다. 2019년에 예상되는 수출 증가세 둔화, 그리고 수출보다 많은 수입은 상품수지 흑자 폭을 2018년에 비해 감소시키는 요인으로 작용할 것이다.

둘째, 서비스수지 적자 폭이 늘어날 전망이다.

우선 여행수지는 해외여행객의 국내 방문보다 우리나라 여행객의 해외 방문이 훨씬 더 많이 이뤄지면서 서비스수지 적자 폭을 확대시키는 주요 요인이 되고 있다. 우리나라 국민의 해외 소비 증가는 소득 수준이 높아지면서 나타나는 자연스러운 현상이다. 향후에도 원화가치 상승, 저가항공사의 해외 노선 확대 등 해외여행 여건 개선 영향으로 해외 소비 증가세는 지속될 가능성이 높다. 특기할 만한 점은 주 5일 근무제가 시행된 2004년부터 일본, 중국, 동남아 등지로 주말을 이용한 근거리 해외여행이 가능해지면서 여행수지 적자 폭이 커졌다는 것. 여행수지 적자는 2000~2004년 연평균 3420억달러에서 2005~2017년 연평균 9670억달러로 약 3배 정도 확대됐다. 이를 감안할 때 2018년 주 52시간 근무제 시행으로 향후 여행수지 적자 폭은 더욱 확대될 가능성이 높다. 근거리 여행의 특징은 장거리 여행에 비해 환율 변동에 민감하게 반응한다는 점이다. 향후 위안화,

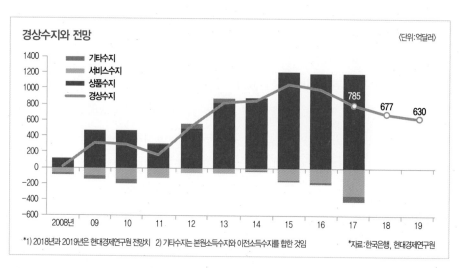

경상수지와 전망

〈단위:억달러〉

범례:
- 기타수지
- 서비스수지
- 상품수지
- 경상수지

(785, 677, 630)

*1) 2018년과 2019년은 현대경제연구원 전망치 2) 기타수지는 본원소득수지와 이전소득수지를 합한 것임

*자료:한국은행, 현대경제연구원

엔화 등의 가치 변화와 이에 따르는 원화 환율 변화가 근거리 여행에 영향을 주고 서비스수지 적자 폭 확대에도 영향을 미칠 것이다.

서비스수지 중 운송수지 쪽에서도 적자 흐름은 지속될 것으로 예상된다. 사실 운송수지는 2000년대 들어 계속 흑자를 보이다 2016년 1550억달러 적자, 2017년 5300억달러 적자를 기록했다. 국내 대형 국적 선사가 사라져 외국 선사에 화물 운송대금을 지급하는 현상이 발생했기 때문이다. 국내 국적 선사가 다시 등장하지 않는 한, 운송수지 적자 흐름은 계속될 것이다. 건설수지는 신흥국 경기회복세가 견고해진다는 가정 아래 해외 건설이 확대될 가능성이 있다. 특히 원유 가격이 확연한 상승 기조를 보인다면 산유국을 중심으로 건설 발주가 늘어나 건설수지 쪽에서 흑자를 기록할 수 있다.

다음으로 금융계정에서는 국내로 들어오는 자금이 해외로 나가는 자금보다는 더 많겠지만, 2019년의 흑자 폭은 2018년보다 줄어들 것으로 전망된다.

2019년 금융계정에서 나타날 특징적 현상은 다음과 같다.

첫째, 직접투자 부문에서 국내로 들어오는 외국인 자금은 위축되는 반면 우리나라에서 외국으로 나가는 자금은 늘어날 가능성이 있다. 그 이유는 해외 직접투자 규모와 해외 신규 법인 수가 지속적으로 늘어나는 추세를 들 수 있다. 특히 글로벌 금융위기 이후부터 2017년까지 해외 직접투자는 약 40% 이상 증가했다. 이런 가운데 시간당 임금 상승, 높은 규제장벽, 법인세율 인상 등으로 국내 경영 여건이 악화되고 있는 점도 해외 직접투자 증가를 부추길 수 있는 요소다.

둘째, 증권투자에서도 국내로 들어오는 외국인 자금은 정체되거나 위축되는 상황이 발생할 가능성이 있다. 한국은 경기 흐름이 부진해 기준금리가 오르기 힘든 상황이 계속될 것이다. 이에 비해 미국은 강력한 경기 활황에 힘입어 2018년에 4회 인상된 기준금리의 인상 속도가 2019년에도 이어질 가능성이 높다. 그 횟수가 3회로 줄어든다고 해도 여전히 역전된 한·미 금리차의 폭은 계속 커질 것이다. 미국의 금리 인상 지속과 유럽의 양적완화 종료 임박 등 선진국의 긴축적인 통화정책 기조가 강화되는 것도 국내의 외국인 투자금 유출을 확대시킬 수 있는 요인이다. 여기에 미중 무역갈등과 중국의 부채 조절 노력 등은 달러화 강세 압력으로 작용할 가능성이 있다. 이 경우 신흥국의 통화가치 하락과 금융시장 불안이 불거질 것이다. 우리나라의 외환건전성은 다른 신흥국보다는 양호해 신흥국 금융불안에서 한 걸음 비껴 나 있을 수도 있겠지만, 국내 경제 저성장 기조가 고착화되는 국면이 감지된다면 글로벌 투자자는 한국을 외면할 수도 있다.

결론적으로 2019년 경상수지와 금융계정상의 자금 흐름은 전반적으로 나가는 것보다 들어오는 것이 더 많을 것이다. 다만 들어오는 순유입 자금 규모는 2018년에 비해 많이 축소될 것으로 예상된다. 나아가 상품수지를 빼고 나면 전체적인 순유입 자금 흐름은 해외로 나가는 쪽이 많아질 가능성도 배제할 수 없다. 그 원인은 한국 경제의 펀더멘털이 취약한 가운데, 저성장 흐름에서 벗어나지 못하는 것이 가장 크다.

최저임금發 고용 악화 지속
年실업률 3.8% 수준 유지

이진영 강원대 경제 · 정보통계학부 교수

▶ 2018년 상반기 고용률과 취업자 수는 전년과 비슷하거나 조금 높은 수준을 유지했다. 2018년 1분기 고용률은 59.6%로 전년 동기와 같은 수준이다. 2018년 2분기 고용률은 전년 동기 대비 0.1%포인트 떨어진 61.2%를 기록했다. 취업자 수는 2015년 이후 이어져온 완만한 증가세가 2018년에도 지속됐다. 취업자 수가 계속 증가세를 보임에도 불구하고 고용률이 정체하고 있는 이유는 15세 이상 인구가 2015년 이후 전년 동기 대비 최소 24만명, 최대 39만명 정도씩 꾸준히 증가하고 있기 때문이다. 그러나 15세 이상 인구의 '증가 폭'은 갈수록 감소하는 추세다. 합계출산율이 2017년 수준인 1.05를 유지할 경우 우리나라의 총인구는 2028년부터 감소할 것으로 추정된다. 이런 상황에서 향후 고용률이 증가하려면 무엇보다 현 수준의 취업자 수를 유지하는 것이 관건이다.

최근 2년간 국내 고용 시장에서 주목해야 할 점은 취업자가 빠르게 고령화되고 있다는 점이다. 20~40대 취업자 수는 2017년 이후 전년 동기 대비 감소세를 보이고 있고, 50대 취업자 수는 증가 폭이 감소하고 있다. 반면 60세 이상 취업자 수는 전년 동기 대비 20만명 이상씩 꾸준히 증가하고 있다. 우리나라 노동시장 고령화는 낮은 합계출산율로 인한 필연적인 결과다. 합계출산율이 2016년 1.17, 2017년 1.05 등 2015년 이후 지속적인 감소 추이를 보이고 있어 노동시장의 고령화는 앞으로도 지속될 전망이다.

그러나 최근 2년간 나타난 노동시장 고령화 현상은 합계출산율 추이를 고려하더라도 진행 속도가 매우 빠르다.

인구의 연령 구성비 변화 외에 노동시장 고령화를 유발하는 또 다른 요인은 고용 시장의 '질적 저하'다. 건설업, 도·소매업 등 저임금 산업을 중심으로 새로운 일자리가 만들어지고 제조업, 운수업 등 고임금 산업 일자리는 줄어들었다. 은퇴를 앞두고 있거나 이미 은퇴한 50대 중반 이후 장년층이 저임금 산업 중심으로 재취업을 하거나 자영업을 시작할 수밖에 없는 구조가 된 것이다. 고용 시장의 질적 저하는 상대적으로 일자리에 대한 눈높이가 낮은 장년층 재취업 준비자의 고용은 증가시킬 수 있다. 하지만 생애 처음 노동시장에 진입해 좋은 일자리에서 시작하고 싶어 하는 청년층 혹은 높은 기술력이나 학력을 보유한 고기술 취업준비자의 고용은 증가시키기 어렵다. 따라서 양질의 일자리가 늘어나지 않는다면 당분간 우리나라의 노동시장 고령화는 예측보다 빠르게 진행될 가능성이 높다.

청년실업률과 전체 실업률 격차는 2017년 4분기에 가장 컸다. 이때 청년실업률은 9%로 전체 실업률인 3.2%보다 약 2.8배 높았다. 특히 우려되는 점은 2018년에 들어서면서 두 실업률 간 격차가 다시 벌어지기 시작했다는 것이다. 2018년 1분기 청년실업률은 10%, 2분기 청년실업률은 10.1%를 기록했고, 같은 기간 전체 실업률은 각각 4.3%와 3.9%였다. 2018년 1분기에는 그 격차가 2.3배였으나 2분기에는 2.6배로 상승했음을 의미한다. 문재인정부 출범 이후 청년고용의무제 확대, 청년추가고용장려금 신설, 청년구직촉진수당 도입 등 청년층을 위한 정책이 많이 실시됐음을 감안하면 아직까지 정부가 시행하는 청년고용정책의 긍정적 효과가 시장에 나타나지 않고 있음을 알 수 있다.

문제의 원인은 최저임금의 급격한 인상에서 찾는 것이 합리적일 듯하다. 노동시장에 현저한 영향을 미치면서 이전과 달라진 정책 중 하나가 바로 최저임금이기 때문이다. 2018년 하반기 기준, 최저임금 인상 영향에 대한 정확한 분석은 데이터 부재로 실행할 수는 없다. 그러나 최저임금제가 노동시장에 미치는 영향이 크고 특히 자영업 비율이 높은 우리나라에서 그 영향이 다른 나라에 비해 크게 추정된다는 기존 연구 결과를 감안해볼 때, 최저임금의 급격한 인상으로 인해 2018년 고용 시장 상황이 악화되고 있다는 학계 일각의 분석은 매우 설득력이 있다.

2018년 하반기에는 제조업과 서비스 분야를 중심으로 고용 여건이 개선될 전망이다. 세계 교역이 회복세를 지속하고 있고 중국과의 외교관계가 개선되면서 외국인 관광객이 증가 추이를 보이고 있기 때문이다. 다만 보호무역주의를 강화하고 있는 미국 무역정책이 자동차 산업이나 통신기기 산업 등 우리나라 주력 수출 산업의 고용 여건 개선에 악재로 작용할 가능성이 크다. 한국은행은 2018년 7월 발표한 경제 전망을 통해 2018년 하반기 취업자 수는 전년 동기 대비 약 21만명이 증가하고, 2018년 연간 취업자 수는 전년 대비 약 18만명이 증가할 것이라 내다봤다. 2018년 하반기 실업률은 3.5%, 2018년 연간 실업률은 3.8%일 것으로 전망하며 2017년 수준인 3.7%와 비슷한 수준에 머물 것으로 예측했다.

2019년 고용, 최저임금 인상 부정적 영향 지속될 듯

2019년 고용 시장은 어떻게 될 것인가.

정부의 소득주도성장 정책이 2019년에도 지속될 것으로 알려져 있다. 정부 의도대로 재정지출의 확대가 가구의 소득을 증가시켜 소비심리를 개선할 수 있다면 민간소비의 증가, 나아가 국내총생산(GDP) 증가로 이어질 수 있을 것이다. 그러나 민간소비 개선이 경제 전체를 견인하기에는 우리나라 GDP 대비 민간 최종 소비지출이 차지하는 비중이 그리 높지 않다는 점이 걸림돌이 될 수 있다. 지금까지의 추세를 살펴봐도 다른 선진국에 비해 낮은 수준의 비중을 유지해온 데다 2017년에는 통계 집계 이후 최저치인 48.1%를 기록했기 때문에 민간소비가 급

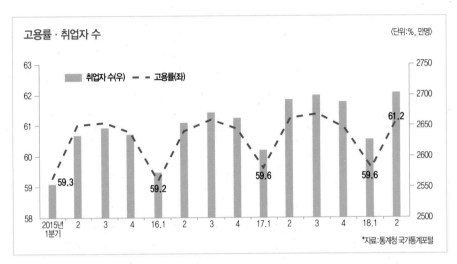

고용률 · 취업자 수 〈단위:%, 만명〉

취업자 수(우) ─ ─ 고용률(좌)

59.3 59.2 59.6 59.6 61.2

2015년 1분기 2 3 4 16.1 2 3 4 17.1 2 3 4 18.1 2

*자료:통계청 국가통계포털

격히 증가하지 않는 한 민간소비 개선 효과는 체감하기 어려울 가능성이 크다.

2019년 설비 투자와 건설 투자의 더딘 회복세도 또 다른 난관이다. 한국은행은 2019년 민간소비 증가율은 2.8%로 2018년과 동일할 것이라 내다봤다. 하지만 2019년 설비 투자와 건설 투자는 전년 대비 각각 1.7% 증가, 2.2% 감소할 것이라 예측하면서 2019년의 경제성장률이 2018년 경제성장률보다 0.1% 포인트 낮은 2.8%가 될 것이라 점쳤다. 2019년 경제성장률이 2018년에 비해 떨어진다면 2019년 고용 상황도 2018년보다 더 나아지기 힘들 가능성이 크다. 게다가 2019년 최저임금 인상률이 2018년 인상률보다는 작지만 여전히 기존 인상률보다 높기 때문에 이 역시 고용 시장 여건을 악화시킬 요인으로 작용할 가능성이 크다.

일단 2019년에는 일부 제조업의 구조조정이 마무리되고 서비스업 고용이 회복되면서 취업자 수 증가세는 확대될 것이다. 한국은행은 2019년 연간 취업자 수가 2018년 연간 취업자 증가분인 18만명보다 높은 24만명 증가할 것으로 전망했다. 그리고 2018년과 2019년 연간 실업률은 동일한 수준인 3.8%를 유지할 것이라면서 2019년 고용 시장이 2018년에 비해 크게 나아지지 않을 것이라는 예측에 무게를 실었다.

노사관계 재편 의지 강한 文정부
'노동 존중 사회' 본궤도에 오를까

장홍근 한국노동연구원 선임연구위원

▶ 2018년은 각종 경제지표, 노동시장 지표에 경고등이 켜진 해다.

일각에서 얘기하는 '퍼펙트스톰(perfect storm)'까지는 아니어도 2019년 경제 상황이 녹록지 않을 것이라는 점은 분명하다. 흔히 경제위기는 노사관계에 부정적으로 작용한다. 경제성장이 둔화되거나 경기가 침체되면 노동시장 여건이 악화되고 고용과 임금을 매개로 노사 간 긴장을 높이기 때문이다. 2019년 노사관계를 낙관적으로 전망하기 어려운 일차적인 이유다. 하지만 국내 고용·노사관계 시스템이 2017년 5월 문재인정부가 출범한 이후 체제 전환 과정에 들어섰다는 점에서 희망적이다. 중장기적 관점에서 2019년에는 고용·노동체제 전환이 본궤도에 오를 것으로 보인다. '본궤도'라고 말한 몇 가지 근거는 다음과 같다.

첫째, 최근 경제위기 징후와 악화된 일자리 시장은 기존 고용·노동체제의 한계를 나타냈다. 경제성장 잠재력은 저하됐고 자동차·조선 등 전통 주력 산업 경쟁력도 약화됐다. 미래를 위한 새로운 먹거리 산업이 없거나 취약하고 고용 없는 성장의 흐름은 짙어졌다. 심화되는 청장년 일자리난은 한계에 도달하고 있다. 이에 따라 고용·노사관계 시스템과 노사정의 낡은 행태를 비판하는 여론도 거세졌다. 대다수 국민은 일부 기업의 반(反)노동적 경영 전략과 행태에 반감을 가질 뿐 아니라 자기중심적이면서 단기 이익을 극대화하는 데만 골몰하는 일부 노동계 행태에 대해서도 비판적이다. 물론 기존 체제가 한계에 달했다 해서 저절로 새로운 체제로 바뀌지는 않는다. 체제 전환을 추진할 주체가 있어야 하고 성숙한 환경이 갖춰져야 한다.

둘째, 그런 면에서 현 정부는 역대 어느 정부보다 고용·노동체제를 재편하는 데 강한 의지를 갖고 있다. 논란의 여지가 있고 비판도 적지는 않지만 정부가 견지하는 소득주도성장과 노동정책 기조는 '노동 존중 사회'를 뼈대로 한다. 문재인정부 1기 내각에 합류했던 김영주 전 고용노동부 장관이 '적폐 청산'에 주력했다면 정통 관료 출신으로 고용노동부 새 수장을 맡은 이재갑 장관은 풍부한 행정 경험을 바탕으로 실용적인 접근을 구사할 것으로 예상된다. 고용·노동체제 전환이 순조롭게 추진될 것으로 보이는 이유다.

셋째, 문재인정부가 비교적 높은 지지도를 유지하고 있다는 점도 정부가 안정적으로 노동정책을 이끌어갈 수 있다고 보는 근거다. 일반적으로 대통령 임기 반환점인 집권 3년 차에는 '레임덕(정치 지도자의 집권 말기에 나타나는 지도력 공백 현상)'이 시작될 가능성이 높다고 하지만 현 정부는 '1987년 체제' 이후 역대 어느 정부보다 높은 지지도를 유지하고 있다. 개발국가(developmental state·국가가 경제성장을 주도적으로 이끄는 국가) 전략을 택한 한국에서 정부 성격과 정책 의지, 그리고 대중의 지지는 매우 중요한 요소다.

넷째, 노동계는 고용·노동체제 전환을 위해 정부와 함께 손잡을 가능성이 높다. 한국노동조합총연맹(한국노총)과 전국민주노동조합총연맹(민주노총)이 생각하는 고용·노동 실태와 타개 방안은 현 정부와 비슷하다. 최저임금 인상, 비정규직의 정규직 전환, 사회안전망 확충 등은 100% 만족할 정도는 아니었지만 정부에 대한 국민 신뢰가 쌓이는 데 기여했다. 나아가 단결권 보장을 핵심으로 하는 국제노동기구(ILO) 핵심협약 비준은 머지않아 이뤄질 것으로 보이며 역시 정부에 대한 신뢰를 쌓는 데 일조할 것이다. 기업의 부당노동행위에 대한 엄정 대응 원칙이 확실히 실천된다면 노동조합도 재활성화될 것이다. 물론 노정관계가 마냥 순탄하지는 않겠지만 최저임금법 개정으로 급속하게 냉각됐던 이전에 비해서는 2019년 확연히 다른 양상을 띨 것으로 보이며 전략적으로 제휴할 가능성도 어느 때보다 크다.

마지막으로 노사정대표자회의 형태로 민주노총까지 참여한 가운데 사회적 대화가 재개된 점, 또 이 대화 체제가 전면 정비된 점에도 주목해야 한다. 1998년 외환위기 극복을 위해 출범한 경제사회발전노사정위원회는 관련법이 전면 개정되며 경제사회노동위원회로 재편됐고 참여 주체의 외연도 대폭 확대됐다. 이런 상황에서 정부나 공익 전문가 그룹이 사회적 대화를 통해 수용 가능한 대안을 내놓고 국민과 노사 양측을 설득한다면 양대 노총과 사용자 단체가 반발할 가능성은 상당히 낮다.

관건은 앞으로 노사관계 프레임이 어떤 '방향'으로 재구성되느냐다. 이를 살펴보기 위해 노사관계 체계에서 '우선적으로 고려되는 이해관계(preferred interests)'(내용)와 '시스템 작동의 주된 방식(mode of operation)'(형식)이라고 하는 두 개의 축을 중심으로 생각해보자. 다음 도표는 한국 노사관계 프레임의 과거 · 현재 · 미래 이동 방향을 표시한 좌표평면이다.

1987년 체제에서 이제까지 국내 노사관계는 정부 주도 아래 자본의 이익을 우선으로 하는 틀에 고착돼 있었다(A). 김대중정부에서 노무현정부로 이어지는 10년간 다소 변화가 있기는 했지만 정부가 주도하는 노사관계, 자본 이익 우선주의 등 기본 속성이 변했다고 보기는 어렵다. 이명박정부와 박근혜정부 때 정부 주도 노사관계 체제에서는 자본이 노골적으로 우위를 차지했다.

출범 1년 반을 지나는 문재인정부에서 국내 노사관계 체계는 의미 있는 변화를 보이고 있다. 비교적 노사 이익 사이에서 균형 잡힌 이익수렴형으로 이동하고 있는 것으로 평가된다. 다만 이런 변화 역시 정부 주도 아래 진행됐다는 점은 부정하기 어렵다. 도표에서는 이를 A→B로 표현했다. 현 정부의 노동정책 기조가 노동편향적이라고 주장하는 일각에서는 A→B'로 해석할 수도 있다.

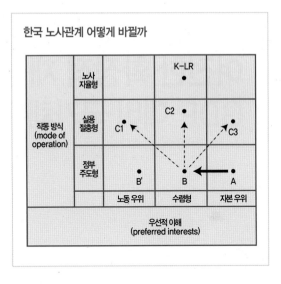

앞으로 국내 노사관계 프레임은 상당 기간 B에 머물러 있거나 정부 주도 방식에서 벗어나는 경로에 이를 수 있다. 정부 주도성이 약화되는 경우에도 시스템이 지닌 관성의 힘이 적지 않다는 점을 감안하면 곧바로 노사자율형으로 도약하기는 어려워 보인다. 즉 정부주도형과 노사자율형이 혼합된 절충형으로 이동할 여지가 있다. 이 경우에도 가장 우선시되는 이해가 무엇이느냐에 따라 노동우위형(C1), 이익수렴형(C2), 자본우위형(C3) 세 가지 이동 경로를 가정해볼 수 있다.

현 정부의 정책 기조와 노사 간의 힘의 역관계 등을 두루 고려한다면 B→C1이나 B→C3보다는 B→C2, 즉 현재와 같이 노사 이익이 수렴되는 가운데(내용) 정부주도 방식과 노사자율 방식이 실용적으로 절충되는 모형(형식)으로 이동할 가능성이 높다. 더 나아간다면 국내 역사적 경험과 조건에 부합하는 노사자율의 형식과 노사 이익 수렴의 내용을 갖는 모형, 곧 도표의 K-LR(한국형 노동체제 혹은 노동관계) 모형으로 진화한다고 가정할 수 있다.

지속 가능한 새로운 노사관계로의 변화와 발전은 피할 수 없는 시대적 과제다. 노사정 주체들이 공정성이라는 대원칙 아래 상호 신뢰와 협력, 상생을 기본 가치로 해 사회적 대화와 타협을 이뤄내야 한다. 그러면 국내 노사관계는 장애물이 아닌 경제·사회 발전을 이끄는 '시스템'으로 자리 잡을 것이다.

여전한 확장적 재정정책 분위기
GDP 대비 국가채무는 약간 줄어

김유찬 한국조세재정연구원장

▶ 정부는 2018년에 이어 2019년에도 확장적 재정정책 기조를 유지할 예정이다. 2019년 총수입 예산은 전년 본예산 대비 7.6% 증가한 481조3000억원, 총지출 예산은 9.7% 증가한 470조5000억원이다. 총지출 증가율은 금융위기를 맞이했던 2009년(10.6%)을 제외하고는 2000년 이후 가장 높다. 2018년에도 확장적 재정정책을 실시했으나 총지출 증가분이 총수입 증가분보다 크지는 않았다. 2019년에는 2018년보다 더 적극적으로 지출을 늘린다는 뜻이다. 정부는 이를 두고 일자리를 만들고 성장동력을 확보하기 위함이라 설명한다.

2019년 총지출은 큰 폭으로 늘지만 재정건전성을 나타내는 관리재정수지 적자 폭은 2018년에 비해 큰 변화가 없다. GDP 대비 관리재정수지는 2018년 -1.6%였다. 2019년에는 -1.8%가 될 전망이다. 통합재정수지는 2018년 GDP 대비 1% 흑자에서 2019년에는 GDP 대비 0.6% 흑자로 소폭 감소할 것으로 보인다. GDP 대비 국가채무 수준은 2018년 39.5%에 비해 오히려 소폭 줄어든 39.4%로 예상된다. 2015년부터 2018년까지 계속된 세수 호조세가 2019년에도 지속될 것으로 보이며 이에 따라 지출 증가에 대한 부담도 어느 정도 해소된 상태다.

일부에서는 2019년 예산을 '슈퍼 예산'으로 표현하면서 정부의 재정 확대가 지나치다고 지적한다. 그러나 2019년 분야별 재원 배분을 살펴보면 일자리 확대, 성장동력 확충을 위한 투자, 소득 분배 개선, 사회안전망 확충 등을 중

구분	2018년 예산		2019년 예산
	본예산	추경	
총지출	428조8000억	432조7000억	470조5000억
예산	296조2000억	298조	327조3000억
기금	132조6000억	134조7000억	143조2000억
총수입	447조2000억	447조7000억	481조3000억
예산	294조8000억	295조3000억	325조9000억
(국세수입)	268조1000억	268조1000억	299조3000억
기금	152조4000억	152조4000억	155조4000억

2019년 재정운용 전망 (단위:원)

자료:기획재정부

심으로 예산 규모를 확대했음을 알 수 있다. 재정 여력이 있을 때 구조적인 문제를 해결해 지속적인 성장을 위한 기반을 마련하려는 정부의 의도를 담은 것으로 해석된다. 2019년 예산안에는 불필요한 지출은 줄이고 세입 기반을 확충해 재정 건전성을 강화하려는 방안도 포함하고 있다.

정부는 2018~2022년 국가재정운용계획에서 중장기적으로도 확장적 재정정책을 이어나갈 계획임을 밝혔다. 총지출 증가율을 경상성장률과 총수입 증가율보다 높게 유지하겠다는 방침이다. 구체적으로 2018~2022년에 재정수입(총수입)은 연평균 5.2%, 재정지출(총지출)은 연평균 7.3% 증가할 예정이다. GDP 대비 관리재정수지는 -3% 이내로 유지하고 GDP 대비 국가채무는 40% 초반 수준에서 관리하겠다는 계획에는 변화가 없다. 한편 2019년 조세부담률은 20.3%, 국민부담률은 27.8%에서 점차 높아져 2022년에는 조세부담률 20.4%, 국민부담률은 28.6%가 될 전망이다.

가계부채 GDP 대비 84.8%로 높지만 연체율 점점 낮아져

한국은행에 따르면 2018년 2분기 기준 우리나라 가계부채는 1493조2000억 원으로 명목 GDP 대비 84.8% 수준이다. 주요 국가에 비해 수치가 높다. 증가 속도도 빠른 편이다. 국제결제은행에 따르면 2018년 3월 기준 조사 대상 43개

국가 중 한국의 GDP 대비 가계부채 비율은 스위스, 호주, 덴마크, 네덜란드, 노르웨이, 캐나다에 이어 7번째로 높다. 전년 동기 대비 가계부채 증가율은 중국, 홍콩에 이어 세 번째로 높다.

한국은행이 가계대출 유형과 대출 이용자 특성 등을 검토한 결과 2018년 1분기 기준 대출 유형별로는 주택담보대출이 전체의 56%, 신용대출이 17%, 주택 외 부동산담보대출이 16%다. 주택담보대출은 분할상환 대출 비중이 82%, 30년 이상 장기 대출 비중이 59%다. 대출 구조가 만기 일시상환과 변동금리가 적용되는 형태일 경우 가계의 부담은 커질 수 있다. 다행히 정부의 가계부채 구조 개선 노력에 의해 분할상환 대출 비중은 높아지고 대출 기간은 장기화되는 모습이다.

가계대출 이용자는 2018년 1분기 기준으로 20대 4%, 30대 21%, 40대 30%, 50대 28%, 60대 이상 17%다. 경제활동이 활발한 30~50대가 대출을 많이 받는다. 연체율이 2012년에는 3%를 웃돌았으나 점점 낮아지고 있다. 2018년 1분기 1.37%까지 내려갔다. 부채 상환 능력이 있는 경제활동 연령대에서 주로 대출을 받고 연체율이 하락하는 추세를 보이는 것은 가계부채가 지속적이고 빠르게 증가하고 있는 상황에서 그나마 다행스러운 일이다.

가계부채 문제는 통화정책을 제한하는 요소다. 미국 연방준비제도이사회는 2018년에 세 차례(2018년 10월 기준) 금리를 인상한 데 이어 2019년에도 금리를 올릴 것으로 보인다. 미국과 금리 격차가 벌어질수록 한국 정부는 인상 압박을 받는다. 국내 부동산 시장 안정화를 위해 금리 인상이 필요하다는 국내 여론도 존재한다. 이처럼 대내외적으로 금리 인상에 대한 압박이 커지고 있으나 금리를 올리면 가계부채 부담은 커질 것이 명백하다. 소비와 투자 위축으로 이어져 경제성장을 둔화시킬 가능성도 있어 통화당국은 금리 인상을 결정하기가 쉽지 않은 상황이다. 지난 정부부터 계속된 저금리 정책으로 부동산 시장에 자금이 지나치게 쏠려 있어 이를 바로잡기 위한 금리 인상은 필요하다. 다만 금리 인상으로 인해 가계부채 부담이 급격하게 증가하는 것을 막기 위한 정책적 고려가 필요하다.

 가계부채 문제는 저금리 정책과 부동산 가격 상승, 집값 상승 기대에 따른 주택
담보대출의 지속적 증가에 기인한다. 정부는 2018년 9월 주택 시장 안정화 대책
을 통해 가계대출 중 가장 큰 부분을 차지하는 주택담보대출 규제를 강화했다. 실
거주의 목적이 아닌 주택담보대출을 어렵거나 불가능하게 만들어 주택 가격 안정
화와 가계부채의 증가를 억제하려는 것이다. 주택 시장 안정화 정책 효과는 2019
년에 구체적으로 나타날 것으로 보인다.

IT · BT 많은 경기 · 충청 '맑음'
조선·자동차 쇼크에 남부 '흐림'

장재홍 한국산업단지공단 산업입지연구소장

▶ 2018년 지방경제는 침체 국면을 벗어나지 못하고 있다. 수도권과 충청권 경제지표는 그나마 긍정적이지만 여타 지역은 암울한 상황이다. 산업별 실적을 들여다봐도 그렇다. 2018년 3분기까지 수도권은 제조업과 서비스업 모두 호조세를, 충청권은 제조업에서 호조를 보이고 있다. 취업자 수 역시 수도권과 충청권만 늘어나고 다른 권역은 줄어들었다. 특히 영남지역 감소폭이 가장 컸다. 집값도 문제다. 부동산 가격 양극화로 수도권과 지방 간 자산 격차가 커지고 있다. 정부의 지방경제 활성화 노력이 가시화되지 않으면 지방 하락세는 2019년에도 이어질 가능성이 크다. 수도권과 충청권 이외 지역 생산과 고용 부진이 지속될 것으로 보인다.

서울 패러독스, 최악 경제에도 집값 폭등

같은 수도권이지만 서울시와 경기도의 최근 경제 상황은 하늘과 땅 차이다. 일반적인 기대와 달리 서울은 전국에서 가장 침체된 지역 중 한 곳인 반면 경기도는 꾸준히 성장하고 있다. 서울의 2018년 9월 취업자는 전년에 비해 11만6700

여명이 줄었다. 실업률
은 4.9%로 전년 동기
(4.2%)보다 0.7%포인
트 올랐다. 조선·자동
차 업계 침체로 어려움을
겪는 울산(5%)과 더불어
전국에서 가장 높은 수준
이다. 전국 평균 실업률
은 3.6%였다. 서울 인

2018년 1·2분기 권역별 경제동향

단위:%

구분	제조업 생산		서비스업 생산		수출		취업자 수 증가 (비농림어업)	
	1분기	2분기	1분기	2분기	1분기	2분기	1분기	2분기
수도권	4.3	8.2	3	3.3	15	18.1	19.3	12.7
충청권	5.5	4.7	0.9	1.4	21.3	18.5	4.4	4.7
호남권	−4.3	−2.5	1.1	1	10.1	19.3	0	−1
대경권	−1.2	1.2	0.5	1	−2.9	−5.5	−7.6	−6.4
동남권	−6.7	−5.6	0.9	1.3	−2.2	−27.7	−3	−3.4
강원권	3.3	−17.5	3.8	1	18.3	27.4	−0.3	−0.9
제주권	−4.6	0.3	5.5	2.9	29.8	32.1	0.3	−0.8

주:전년동기대비   자료:통계청

구도 2018년 1~8월 중 7만명 이상이 타 도시로 순유출됐다. 2018년 상반기 중
신규 공장 등록 건수(438건) 역시 전년 같은 기간에 비해 9%가량 감소했다.

그럼에도 불구하고 서울 집값 상승률이 전국에서 가장 높다는 점은 역설적이다.
2018년 10월 2주 차까지 아파트 가격 변동률을 보면 서울이 7.1% 상승했다. 수
도권은 3% 상승, 지방은 3% 하락이다. 수도권의 선전은 그마저 서울 덕분이다.

서울과 달리 경기도의 2018년 9월 취업자 수는 지난 한 해 동안 7만3700명 증
가했고, 실업률도 3.9%에서 3.5%로 낮아졌다. 경기도에 인접한 인천과 충남의
취업자 수가 각각 4만3500명, 4만8400명 늘어난 것으로 볼 때 서울에서 빠져나
온 인구와 경제활동이 경기도와 그 인접 지역에 머문 것으로 보인다.

서울 인구가 줄고 실물 경제지표들이 악화됨에도 불구하고 집값이 폭등하는 것
은 하나의 패러독스다. 지방은 다르다. 실물경기 침체 직격탄을 맞은 울산·경남
지역이 집값 하락 폭 역시 가장 컸다. 하지만 금융·언론·정치·교육·대중문화
가 서울에 집중돼 있다는 점을 고려하면 이해 못 할 것도 없다. 국민의 일상생활
과 밀접한 비실물 분야 전반의 일극 집중이 국민의 시각을 온통 서울에 끌어모으
고 있다. 서울에 '똘똘한 집 한 채' 없으면 불안하다는 군중심리 역시 이런 패러독
스의 원인이다.

경기·충청권, IT 선전으로 제조·수출 '好好'

2018년 상반기 제조업 생산은 지역 간 차이가 심하다. 수도권은 전년 동기 대비 8.2%, 충청권은 4.7% 증가했지만 강원권(-17.5%), 동남권(-5.6%), 호남권(-2.5%)은 부진했다. 수도권과 충청권 성장을 이끈 것은 IT 산업이다. 메모리 반도체와 OLED 패널 글로벌 수요 증가로 호조세를 유지할 수 있었다. 자동차는 옥에 티다. 완성차 수출 부진과 일부 차종 생산 중단 등으로 수도권과 충청권에서도 생산량이 감소했다. 동남권은 부품 수출에서 소폭 증가했지만 완성차 생산 감소로 보합 수준을 보였다. 극심한 침체기를 맞이한 조선은 동남권, 호남권을 중심으로 수주 실적이 개선되고 있기는 하지만 생산 시차로 성장률은 미미한 수준에 머물고 있다.

수도권과 충청권은 IT와 생명공학기술(BT) 등 신산업 비중이 높고 업종 구성이 다양해 2019년에도 비교적 견실한 실적을 보일 것으로 전망된다. 조선과 자동차 산업 비중이 높은 동남권과 호남권은 이들 두 산업의 글로벌 경기 동향에 따라 지역경제 전개 양상이 결정될 것이다. 조선은 2019년에 회복세가 본격화될 것으로 보이나 자동차는 9년 연속 증가해온 글로벌 수요가 감소세로 전환하면서 모든 지역에서 부진한 모습을 이어갈 것으로 예상한다. 반면 조선업 비중이 높은 동남권은 2018년에 비해 다소나마 호전될 것이며, 호남권은 보합 수준에 머물 것으로 예상된다. 철강·기계·휴대폰 의존도가 높은 대경권은 건설과 설비 투자, 해외 수요의 부진 등으로 어려운 상황이 이어질 것이다.

2018년 3분기 중 권역별 생산·투자 전망

구분	제조업 생산	서비스업 생산	설비 투자	건설 투자
수도권	▲	▲	▼	▼
동남권	◇	◇	◇	▼
충청권	▲	◇	▼	◇
호남권	◇	▲	◇	▼
대경권	◇	◇	▼	▼

주:▲는 증가, ▼는 감소, ◇는 보합   자료:한국은행

지역별 소비 역시 산업 성적표와 비슷한 양상을 보일 수밖에 없다. 한국은행 모니터링 결과에 따르면 향후 수도권과 충청권 소비는 양호한 수준을 유지하겠지만 다른 권역은 주력 산업의 구조조정, 소

비심리 약화 등이 제약 요인으로 작용할 것이다. 반면 수출은 지역을 가리지 않고 호조를 보일 가능성이 높다. 전 권역에서 2018년 하반기와 2019년 수출 증가 예상 업체 비중이 감소 업체 비중보다 높았다. 특히 IT 비중이 높은 수도권은 수출 증가 예상 업체 비중이 2018년 하반기(51.1%)와 2019년(60%) 모두 전 지역 중 가장 높았고 감소 예상 업체 비중은 가장 낮았다. 반면 자동차, 조선 등 주력 산업이 어려움을 겪고 있는 동남권, 호남권, 대경권 등은 수출 증가 예상 업체 비중(약 40%) 못지않게 감소 예상 업체 비중(약 30%)도 상당 부분을 차지했다.

SOC 감축, 지방균형발전 장애물

국가균형발전은 현 정부 출범 당시부터 최상위 정책 의제 중 하나다. 하지만 아직은 실질적인 정책으로 연결되지 않고 있다. 균형 발전은 궁극적으로 지방 성장률이 수도권에 비해 높아야 이뤄진다. 관건은 결국 투자다. 지방에서 기업의 설비 투자, 기업과 정부의 연구개발 투자, 정부의 사회간접자본(SOC) 투자 등이다. 2019년 예산안을 보면 이에 대한 배려가 미흡해 보인다. 생활형 SOC 확충, 복지예산 증액 등은 인구의 절반 이상이 살고 실업자가 많은 수도권에 유리한 시책이다.

정부는 우리나라의 국토면적 대비 고속도로 연장이 G20 국가 중 1위, 철도 6위라는 점 등을 근거로 SOC 신규 투자를 억제할 방침이다. 그러나 국토면적보다는 교통 수요, 즉 인구나 자동차 수 대비 SOC 규모를 보는 것이 보다 합리적이다. 우리나라 교통 인프라는 대부분 남북축으로 연결돼 있고, 동서축 인프라는 확충 여지가 많이 남아 있다. 환동해권과 환황해권을 고속교통망으로 이으면 국가 전체 성장 잠재력 확충에 기여할 것이다. 단기적 고용 창출 효과는 덤이다.

성장 모멘텀 약한데 무역분쟁까지
신흥국 교역 규모 최대 14% 감소

정희철 한국무역협회 국제무역연구원 동향분석실장

▶ 2019년은 한국 수출기업에 쉽지 않은 한 해가 될 것으로 보인다. 세계 무역은 1990년대 이후 세계 경제성장률의 2배를 넘는 높은 증가율을 유지했다. 그러나 글로벌 금융위기 이후 증가세가 크게 둔화돼 2012~2016년에는 0.9배로 하락했다. 2017년에도 세계 무역량 증가율은 세계 경제성장률을 소폭 웃도는 1.1배 수준으로 반등하는 데 그쳤다. 2019년에도 세계 교역 성장률은 세계 경제성장률과 비슷한 수준에 머물 것으로 전망된다.

세계무역기구(WTO), 국제통화기금(IMF) 등 주요 기관들은 2019년 세계 무역량이 4% 내외 증가에 머물러 2년 연속 증가 폭이 둔화될 것으로 내다본다. 무역·통상 환경 불확실성이 그 어느 해보다 크기 때문이다. 가뜩이나 성장 모멘텀이 약한 세계 경제에 미중 통상분쟁과 신흥국 금융불안 확대 가능성까지 가세했다.

브렉시트를 비롯한 정치적 리스크는 유럽의 성장세를 제약할 것으로 예상된다. 이외 중국 경제의 성장 패턴 변화, 국제유가 등도 2019년 글로벌 무역에 직접적인 영향을 미칠 리스크 요인이다.

미국 · 중국 통상무역 여파 본격 가시화

국제연합(UN)에 따르면 2018년 들어 G2(미국 · 중국) 무역분쟁이 격화되면서 중국, 미국, 유럽연합(EU) 등에서 기존 투자 계획 가운데 약 6% 정도가 2019년 이후로 연기됐다. 2009년 글로벌 경제위기 당시 교역 · 투자 감소의 절반에 해당하는 규모로 향후 막대한 영향을 미칠 것으로 우려된다. 미국이 중국에 500억달러에 해당하는 품목에 고관세를 부과할 경우 이는 중국 대미 수출의 2~3%에 불과하지만 글로벌 공급망에 미치는 부정적 영향은 10~20% 수준까지 확대된다는 분석도 나온다. 2019년부터는 미중 무역분쟁이 세계 무역에 미치는 영향이 가시화되면서 확산될 것으로 우려된다. 세계 경제의 생산구조가 분업화되고 다양한 경제 주체들이 국경을 넘어 생산에 포함되면서 가치사슬이 더욱 복잡해졌다. 글로벌 가치사슬(GVC)에 깊이 참여하는 국가일수록 피해는 더 클 것으로 우려된다.

G2 통상분쟁 영향으로 보호무역주의가 전 세계로 확산되면 신흥국 교역은 더 크게 영향을 받을 전망이다. 세계은행(WB)은 각국이 양허관세율(Applied Tariff Rate)을 최대 허용치인 한계관세율(Bound Tariff Rate) 수준까지 인상하면 선진국과 신흥국의 교역 규모가 2020년까지 각각 6%, 14% 감소할 것으로 전망한다. 신흥국 관세 수준이 선진국에 비해 훨씬 높고 신흥국 경제에서 무역이 차지하는 비중도 더 높기 때문에 보호무역 확산에 따른 경제적 피해도 신흥국이 훨씬 더 클 것으로 예상된다.

주요 선진국의 금리 인상에 따른 신흥국 · 개발도상국의 자본유출과 금융불안 확산도 2019년 세계 교역에 리스크 요인으로 작용할 전망이다. 미국 금리 인상은 2015년에 시작됐지만 미 연준이 시장에 충분한 신호를 보내며 점진적으로 금리를 올려 지금까지 세계 금융시장에 미치는 영향은 제한적이었다. 그럼에도 2018년 들어 브라질, 터키, 남아공, 아르헨티나 등의 통화가치, 주식이 하락하는 등 금융시장이 불안정하다는 것을 보여주는 징후가 나타나고 있다. 미국은 2019년에도 3차례에 걸쳐 금리를 인상할 전망이다. 미국 금리 인상으로 신흥국의 금융·실물경제가 불안해질 경우 세계 교역에 부정적 영향이 클 수밖에 없다.

중국 경제구조 변화로 가공무역 감소

중국 경제의 변화도 세계 교역 확대에 부정적인 영향을 미칠 것으로 전망된다. 그간 중국 경제는 투자와 교역을 주축으로 성장해왔다. 앞으로는 이 방식에서 벗어나 내수와 소비 중심으로 성장을 도모할 것으로 보인다. 중국은 이미 저임금 농촌 인구가 대거 도시로 유입되면서 도시근로자 임금이 크게 상승해 경제성장이 정체되는 등 과제에 직면해 있다. 이는 낮은 물가 수준의 투자 중심형 경제구조에서 높은 물가 수준의 소비 중심형 경제로 점차 바뀌어가고 있다는 것을 의미한다.

중국 경제에서 가계 소비의 GDP 기여율은 2015년 59.7%에서 2018년 상반기 중 78.5%로 크게 올랐다. 최저임금 상승과 2자녀 정책 등으로 향후 10년간 민간소비율이 10%포인트 상승할 것으로 전망된다. 동시에 '세계의 공장'으로 불리며 조립·가공 중심 제조업을 주도했던 중국은 기술 고도화를 추진하면서 높은 부가가치를 창출하는 제조업 강국으로 도약하려 한다.

이 같은 소비 중심 구조 재편과 기술 고도화 성장 전략으로 대규모 투자 확대는 제한되고 가공무역 중심 교역이 위축될 것으로 예상된다. 실제 중국 가공무역은 2014년 이후 감소하고 있고 글로벌 가치사슬지수 역시 2004년 이후로 하락세를 보임에 따라 중국의 중간재·자본재 중심의 교역 패턴은 점차 감소할 전망이다.

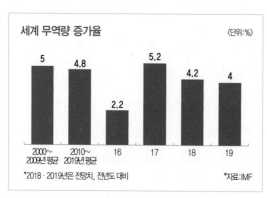

세계 무역량 증가율 〈단위:%〉

5 4.8 2.2 5.2 4.2 4

2000~2009년평균 2010~2019년평균 16 17 18 19

*2018·2019년은 전망치, 전년도 대비 *자료:IMF

중국 수출 의존도가 높은 한국 경제에도 적지 않은 타격이 예상된다. 다만 안전성과 디자인을 중시하는 라이프스타일 확산으로 수입 품목이 점차 고급화되고 고급 소비재 수입 수요는 확대될 것으로 보인다.

영국의 EU 탈퇴도 세계 교역의 불확실성을 높이는 요인이 될 전망이다. IMF는 영국이 EU와 미래 관계를 구축하지 못하고 무질서하게 탈퇴하는 노딜(no-deal) 브렉시트가 현실화할 경우 부정적 여파가 클 것이라 경고한다. 이 경우 영국은 EU와 통상협정을 맺은 무역 상대국들과의 기존 협정·통상관계가 불확실하게 되고 영국·EU의 대외 교역에 부정적 영향이 따를 수밖에 없다. 브렉시트 이후 영국은 WTO 규정에 따라 관세를 새롭게 설정해야 한다. 영국이 EU 측에 상당 부분 수입을 의존하는 분야에서는 공급에 차질을 빚을 수도 있다. 기업들은 EU 단일 경제권 내에서 제조, 물류, 소매 등을 적시(Just in Time) 공급 체제로 운영하기 때문에 브렉시트 이후 기업들이 부품 공급에 어려움을 겪게 될 경우 생산시설을 타 지역으로 이동하거나 기업 투자를 연기할 수 있다. 이는 불확실성 확대로 이어져 EU 내 교역을 위축시키는 요소로 작용할 터다.

2019년 국제유가가 배럴당 80달러 이상 수준으로 반등할 수 있는가도 세계 교역에 중요한 변수다. 2016년 초 한때 유가가 미국 셰일오일 업체의 생산 확대 등으로 20달러 선까지 하락하면서 세계 교역이 크게 줄었다.

IMF는 2018년 연평균 유가를 전년 대비 31% 상승한 69.3달러로, 2019년은 2018년과 비슷한 68.8달러로 예측했다. 국제에너지기구도 이란과 베네수엘라 원유 공급량이 300만배럴 감소해 다른 산유국들이 이를 상쇄할 정도로 공급을 늘리지 못하면 유가가 80달러를 넘어설 수 있다고 전망했다. 단 최근 국제유가는 수급 요인뿐 아니라 시리아 등 중동 정정 불안과 미중 통상분쟁 등과 같은 불규칙적 요인도 반영하고 있어 향후 국제유가가 급등락할 가능성도 상존한다. 특히 중동 정정 불안이 내전 수준까지 확대되며 원유 생산 차질, 단기 유가 상승 등으로 이어지면 글로벌 경기에 부정적인 영향을 미친다. 산유국의 지정학적 리스크 부각, 미국의 대이란 제재 복원으로 인한 국제유가 변동성 확대와 가파른 가격 상승은 기업의 생산비 부담 상승, 소비자의 실질 구매력 하락으로 세계 경제에 부정적 영향이 예상된다.

IV

2019
매경 아웃룩

세계 경제
어디로

1. 국제환율

2. 국제금리

3. 미국

4. 중국

5. 일본

6. 유럽연합

7. 인도

8. 브라질

9. 러시아 · 동유럽

10. 동남아시아

11. 중동 · 중앙아시아

12. 중남미

13. 오세아니아

14. 아프리카

달러강세 제동 걸릴까 촉각
유로화 가치는 반등 가능성

홍춘욱 키움증권 투자전략팀장('환율의 미래' 저자)

▶ 2018년 하반기부터 신흥국 위기가 확산되기 시작했다. 2018년 10월에는 파키스탄이 국제통화기금(IMF)과 구제금융 협상에 들어가기로 결정했다. 아르헨티나는 5월 페소화 가치 급락을 감당하지 못해 IMF에 구제금융을 신청했다. 앞으로 3년간 500억달러 대기성 차관을 확보한 데 이어 최근 70억달러를 추가했다. 터키 리라화 가치도 2018년 8월 기준 연초 대비 66%까지 떨어지면서 외환위기 우려가 커졌다. 인도네시아 중앙은행은 달러·루피아 환율을 안정시키기 위해 5월 이후 다섯 차례 기준금리를 올렸다.

이 때문에 2018년 하반기 신흥국 주가를 반영하는 MSCI 신흥시장지수는 17개월 만에 최저치를 기록하기도 했다. 급기야 IMF는 신흥국의 경제성장률 전망치를 수정했다(2018년 10월). 2018년 신흥국 경제성장률은 4.9%에서 4.7%로, 2019년 전망은 5.1%에서 4.7%로 내려 잡았다.

2018년 격변의 글로벌 통화 시장을 정리하자면 달러화 강세로 요약할 수 있다.

이런 배경에는 두 가지 외부 충격 영향이 있다.

첫째, 충격은 미 연방준비제도이사회(연준)의 새로운 의장, 제롬 파월이 '비둘기파'일 것이라는 예상과 달리 '매파'로서의 특성을 확연하게 드러낸 것이다. 2018년 6월 연방공개시장위원회(FOMC)에서 그는 연 4차례 금리 인상 의지를 강하게 드러낸 데 이어, 9월 FOMC 이후 가진 인터뷰에서 정책금리 수준이 '중립금리'를 밑돌고 있다고 평가했다. 이는 앞으로도 상당 기간 연준의 금리 인상이 이어질 것임을 시사해 시장금리 급등, 달러 강세를 초래했다.

연준의 태도 변화 못지않게 큰 영향을 미친 것은 신흥국 외환시장의 변동성 확대였다. 2018년 6월 중국 위안화 가치가 폭락한 데 이어 터키와 브라질 등 주요 신흥국 통화가치마저 급락한 것은 환율 상승을 촉발하는 '기폭제' 역할을 담당했다. 이 영향으로 신흥국 대비 미국 달러가치(OITP · 미국 교역에서 중요한 이머징 19개국의 통화를 수출과 수입 경쟁력 조건을 고려해 가중 평균한 달러인덱스, 이머징 국가 통화 대비 달러인덱스)는 연초 150.4에서 2018년 9월 말 165.7로 10.2% 상승했다. 달러에 대한 원화 환율 역시 한때 1138원까지 급등했다.

이상과 같은 충격은 2019년 외환시장 전망에도 지속적인 영향을 미칠 수밖에 없다. 따라서 앞으로 두 요인이 어떤 방향으로 움직일 것인지에 대해 살펴볼 필요가 있다.

먼저 미 연준의 '매파'적인 정책 스탠스는 2019년까지 이어지기 어렵다고 본다. 이렇게 판단하는 가장 큰 근거는 '인플레 압력의 약화'에 있다. 미 연준은 개인소비지출(PCE) 근원 디플레이터 상승률 2%를 목표 수준으로 하고 있다. 2018년 8월 PCE 근원 디플레이터 상승률은 전년 같은 기간에 비해 2%에 그쳤으며 특히 전월과 같은 수준을 유지하는 등 인플레 압력이 여전히 억제돼 있음을 확인할 수 있었다.

물론 2018년까지는 인플레가 억제돼 있지만, 2019년 이후부터는 인플레 압력이 강하게 높아질 가능성을 배제할 수 없다. 그러나 2018년 말 기준으로 놓고 보면 그 가능성이 낮은 것으로 보인다. 두 가지 압력이 인플레 위협을 누르고 있기 때문이다. 첫째 요인은 바로 수입 물가 안정이다. 2018년 8월 미국의 수입 물가

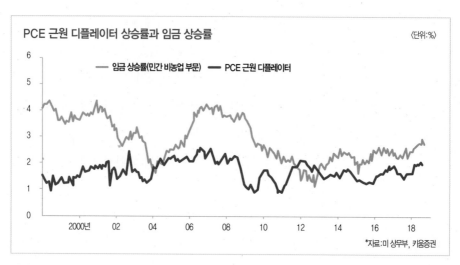

PCE 근원 디플레이터 상승률과 임금 상승률 〈단위:%〉

임금 상승률(민간 비농업 부문) ━ PCE 근원 디플레이터

*자료:미 상무부, 키움증권

상승률(석유류 제외)은 단 0.9%에 불과했다. 같은 해 2월에 2% 상승했던 것에 비해 지속적으로 상승 압력이 약화되고 있는 셈이다.

인플레를 억제한 두 번째 요인은 임금 상승 탄력의 둔화에 있다.

임금 상승 압력이 약한 이유는 두 가지 요인이 큰 영향을 미쳤다. 무엇보다 '제4차 산업혁명'이 가파르게 진행되는 동안 캐셔를 비롯한 직업에서 대대적인 해고가 발생하고 있지만 반대로 4차 산업혁명을 주도하는 업종에서 필요로 하는 인력의 공급이 제때 이뤄지지 못하고 있기 때문이다. 임금 상승을 억누르는 두 번째 요인은 '노령화'다. 1946~1964년에 태어난 약 7000만명의 베이비붐 세대가 은퇴 연령에 도달했지만, 2008년 글로벌 금융위기를 전후해 큰 재정 손실을 입으면서 계속 일하고 있기 때문이다.

물론 이상과 같은 물가 안정 흐름은 '외부 충격'에 의해 얼마든지 뒤집힐 수 있다. 무엇보다 국제유가가 배럴당 80달러 아니 90달러 선을 돌파한다면 강력한 인플레가 발생할 수 있다. 더 나아가 미중 무역분쟁이 끝없이 격화될 경우에는 수입물가가 하락하기보다 오히려 상승할 여지도 존재한다.

2018년 말 기준으로 보면 국제유가 상승은 이란에 대한 경제제재의 영향이 큰 것으로 판단되며 미국 등 주요 산유국의 증산 여력은 충분하다는 관측이 지배적인 것 같다. 더 나아가 2018년 6월 중국산 제품에 대해 관세가 부과됐음에도 불구하고 중국으로부터의 수입 물가는 7~8월 연속으로 하락했다.

이상의 요인을 감안할 때, 인플레 압력은 2019년에도 연준의 목표 수준을 크게 웃돌 가능성이 낮아 보인다. 특히 미 연준 멤버들이 생각하는 장기 정책금리가 3% 내외라는 점을 감안하면 2017~2018년처럼 연 4회 정책금리 인상이 단행되기는 쉽지 않아 보인다. 반면 달러 가치와 반대 방향으로 움직이는 유로화 가치는 반등이 나타날 가능성이 높다.

신흥국 통화위기 계속될 소지 있어

2018년에 나타난 두 번째 충격, 신흥국 통화 약세 흐름은 2019년에도 지속될 것으로 판단된다. 최근 터키나 브라질 등 주요 신흥국의 무역수지는 악화 일로를 걸었으며 더 나아가 인플레 문제가 만성화됐기 때문이다.

그러나 1997년 같은 연쇄적인 신흥국 '외환위기'로 확산될 위험은 낮은 것으로 판단된다. 터키나 브라질 등 주요 신흥국 대부분이 충분한 외환보유고를 갖고 있는 데다 원유를 비롯한 상품 가격 상승이 신흥국 무역수지를 개선시킬 가능성이 높다. 특히 이미 높아진 환율 덕에 2018년 3분기부터 터키와 브라질의 무역수지가 개선되기 시작한 것은 신흥국 통화의 약세에 제동을 걸 요인이다. 따라서 2019년 터키와 브라질 등 신흥국 통화는 약세 흐름을 지속할 가능성이 높지만 그 폭은 2018년에 비해 제한될 전망이다.

이상과 같은 해외 통화 흐름은 한국 원화가치에 직접적 영향을 미칠 수밖에 없다. 먼저 미 달러의 흐름은 달러에 대한 원화 환율을 '누르는' 힘으로 작용할 가능성이 크다. 왜냐하면 '달러 강세'라는 압도적인 힘이 완화되는 순간 막대한 경상수지 흑자와 사상 최대 규모의 외국인 채권 투자 순매수라는 '수급' 요인이 힘을 발휘할 것이기 때문이다.

상반기 美 금리 인상 종료 긴축기조 전 세계로 확산

천대중 우리금융경영연구소 경제연구실 연구위원

▶ 미국 연방준비제도(Fed · 연준)는 2018년 들어 기준금리를 3번 인상했다. 12월에도 기준금리의 추가 인상을 예고했다. 이에 따라 시장금리 또한 빠르게 올랐다. 2018년 하반기에는 2011년 이후 최고치인 3.2% 수준에 이르렀다. 이런 미국의 긴축정책은 국제금리에도 영향을 미쳤다. 주요국 시장금리가 연간 기준으로 봤을 때 완만하지만 상승하기 시작했고 경제 기초체력이 취약한 일부 신흥국에서는 환율 상승, 자금 유출 등의 부정적 영향이 나타나기 시작했다.

이처럼 미국의 긴축 정책이 자국 시장금리의 상승을 넘어 국제금리, 나아가 주요국 금융시장 전반에까지 본격적으로 영향을 미치기 시작함에 따라 2019년 미 연준의 행보에 더 큰 관심이 집중되고 있다.

기준금리 인상은 하겠지만…

일단 미 연준은 2019년에도 기준금리 인상, 자산 축소와 같은 긴축 통화정책을 지속할 것으로 판단한다. 구체적으로 연준은 기준금리를 2018년 12월에 이어 2019년 상반기에도 두 차례 인상할 것으로 보인다. 그러면 3% 수준으로 올라간다. 인상은 여기서 끝낼 것으로 보인다. 하반기에는 동결이 유력하다.

미국 경제성장세가 하반기로 갈수록 꺾일 수 있기 때문이다. 미국 경제는 2019년 상반기까지 여러 감세정책 덕에 기업 투자와 소비가 확대되고 인프라 투자도 늘어나면서 양호한 성장세가 이어질 것으로 예상된다. 하지만 하반기부터는 미중 무역갈등과 금리 인상의 누적 효과 등이 본격화되면서 뚜렷한 경기 하향 흐름을 나타낼 것이다. 글로벌 투자은행 또한 2019년 미국의 경제성장률이 2018년 3.1%에서 2019년에는 2.5% 내외로 떨어질 것으로 예측한다. 이에 따라 2015년 말부터 이어온 미국의 기준금리 인상 사이클이 2019년 상반기를 기점으로 사실상 종료될 가능성이 높다.

물론 기준금리 인상폭에 대해서는 연준 내부에서도 이견이 존재하는 것으로 관측된다. 8월의 잭슨홀 미팅에서 일부 지역 연준 총재들은 2.75~3%를 중립(늑적정)금리 수준으로 보고 이 수준을 초과해 금리를 인상할 경우에는 미국 경제가 하강 위험에 직면할 수도 있음을 우려한 반면, 10월 들어 제롬 파월 미 연준 의장이 미디어를 통해 중립금리 수준이 상향될 수 있음을 암시하면서 시장금리가 급등하는 상황이 연출되기도 했다.

여러 논란에도 불구하고 주지할 사실은 미국 연준이 보유 자산에 대한 축소 기

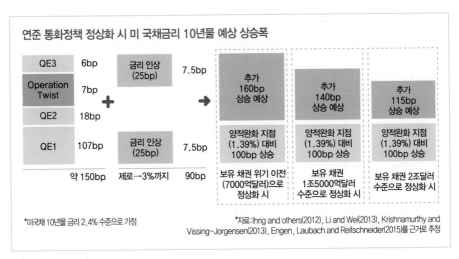

연준 통화정책 정상화 시 미 국채금리 10년물 예상 상승폭

QE3	6bp	금리 인상 (25bp)	7.5bp	추가 160bp 상승 예상	추가 140bp 상승 예상	추가 115bp 상승 예상
Operation Twist	7bp					
QE2	18bp			양적완화 지점 (1.39%) 대비 100bp 상승	양적완화 지점 (1.39%) 대비 100bp 상승	양적완화 지점 (1.39%) 대비 100bp 상승
QE1	107bp	금리 인상 (25bp)	7.5bp			
약 150bp		제로→3%까지	90bp	보유 채권 위기 이전 (7000억달러)으로 정상화 시	보유 채권 1조5000억달러 수준으로 정상화 시	보유 채권 2조달러 수준으로 정상화 시

*미국채 10년물 금리 2.4% 수준으로 가정

*자료: Ihrig and others(2012), Li and Wei(2013), Krishnamurthy and Vissing-Jorgensen(2013), Engen, Laubach and Reifschneider(2015)를 근거로 추정

조, 즉 양적완화(자산 매입) 기간 동안 매입했던 채권 보유 규모를 계속 줄이고 있다는 점이다. 이는 시중 유동성을 축소시키는 효과가 있다. 자산 축소 정책에 따라 채권 보유 규모가 감소하고 있으며 2018년 말에는 4조1000억달러, 2019년 말에는 약 3조7000억달러 수준으로 줄어들 전망이다. 연준 보유 자산의 적정 규모에 대해서는 계속 논의가 진행 중이다. 연준은 2020년까지 2조5000억~3조 달러 수준까지 줄이는 것을 1차 목표로 하고 있다.

기준금리를 계속해서 올리기 쉽지 않은 이유가 여기에 있다.

기준금리 제한적 인상에 시장금리도 안정될 듯

미국 시장금리는 기준금리 인상 추이 등을 반영해 2019년 연간 기준 상고하저 흐름을 나타낼 것으로 보인다. 과거 기준금리 인상기의 장단기 금리 스프레드(격차) 추이를 기초로 추산해보면 2019년 상반기에는 기준금리 인상 기대 등으로 국고채 10년물 금리가 3.3% 내외 수준까지 상승할 것으로 관측된다. 하반기에는 미국 경제의 활력 둔화로 상반기 대비 하락 반전할 것으로 예측된다. 단기 금리는 정책금리 인상 영향으로 상승 압력이 커지는 반면, 경기 둔화에 따라 장기 금리 상승은 상대적으로 완만하게 이뤄져 장단기 금리차가 확대될 것으로 판단한다.

연준 기준금리 추이 등 미국 통화정책에 대한 전망은 결국 향후 미국 경기를 어떻게 판단하는가에 달려 있다. 미국 경기의 고점 논쟁은 수년간 지속됐고 2019년 에도 논쟁은 이어질 것이다. 다만 판단컨대 미국 경기 둔화의 시기가 다소 지연될 수는 있겠으나 대외적으로 미·중 간 패권경쟁이 심화되는 가운데 감세 효과 소멸, 금리 인상의 누적 효과 등의 여파로 2019년의 경기 둔화는 불가피해 보인다.

유로존과 일본도 긴축, 다만 강도는 미약

2018년 유로존과 일본은 미국에 비해 속도가 더디지만 시장금리가 완만하게 상승했다.

　유럽중앙은행(ECB)은 2017년 4월부터 양적완화 규모를 축소하는 이른바 테이퍼링(tapering)을 시작했고, 2018년 말에는 양적완화 정책을 종료하겠다고 2018년 6월 통화정책회의에서 공표했다. 기준금리는 2019년 하반기 이후 인상 가능성을 시사했지만 최근 유로존 경기 둔화세, 2019년 3월로 예정된 브렉시트 관련 불확실성, 이탈리아 등의 정치 불안 요소를 감안할 때 2019년 내 인상될 가능성이 크지는 않다. 시장은 현재 0% 수준인 기준금리(재융자 금리)의 시기별 인상 확률을 2019년 9월 이전 40%, 2019년 12월 이후 60% 수준으로 평가한다. 실제 기준금리 인상 시점은 2020년 이후가 될 것으로 관측된다. 2019년 유로존 시장금리는 기준금리 인상 기대 약화로 소폭 상승하는 데 그칠 것으로 예상한다.

　일본은 금리 인상 등 본격적인 긴축정책을 고려하기에는 여건이 성숙되지 않을 것으로 보인다. 일본 경제는 기업 실적이 버블 붕괴 이후 최고 수준을 기록하고 있으나 임금 상승, 소비 확대로 이어지지 않아 체감경기가 여전히 바닥권이다. 다만 일본중앙은행은 미국 긴축정책에 보조를 맞추기 위해 2018년에 이어 양적완화 규모를 줄이는 방식으로 유동성을 축소해나갈 것이다.

긴축 기조 전 세계적으로 확산

　유로존과 일본을 제외하면 미국에서 먼저 시작된 긴축 기조가 2019년에는 전 세계적으로 확산될 것으로 예상된다. 일부 신흥국도 긴축 대열에 가세할 것으로 보인다. 한국을 비롯해 2018년까지 기준금리 인상에 나서지 않았던 일부 국가들도 금리 인상을 단행하거나 또는 미시적인 방법을 통해서 유동성을 축소해나갈 것이다. 긴축 기조가 세계적으로 확산됨에 따라 경제 기초체력이 취약한 국가들을 중심으로 긴축정책에 따른 부정적 영향이 보다 확대될 것으로 예상된다. 2019년 국제금리도 상승세를 나타낼 것이다. 다만 미국을 제외하면 긴축정책을 적극적으로 추진할 수 있는 국가가 거의 없다는 점에서 국제금리의 상승폭은 제한될 것으로 전망한다.

2009년 이후 112개월째 활황
무역전쟁·재정절벽은 '옥에 티'

정민 현대경제연구원 연구위원

▶ 최근 미국 경제는 역사상 두 번째로 긴 경기 확장 국면을 겪고 있다. 글로벌 금융위기 이후 2009년 6월 경기 저점을 지나 2018년 10월까지 총 112개월 동안 경기 활황이 지속되는 모양새다. 2017년에는 경기가 회복 양상이었다면 2018년에는 상승 국면으로 진입한 것으로 분석된다. 2018년 2분기 경제성장률이 전기 대비 연율 4%대를 기록하면서 4년 만에 최고치를 달성했을 뿐 아니라 잠재성장률을 웃도는 등 안정적인 성장세를 보이고 있다. 미 의회예산국(CBO)이 발표한 미국의 실질 잠재성장률은 전기 대비 연율 기준 2018년 1분기 1.9%, 2분기 2%인데 미국의 실질 경제성장률은 1분기 2.2%, 2분기 4.2%를 기록했다. 고용 여건이 개선되고 있을 뿐 아니라 최근 정부의 감세정책 등으로 민간소비와 민간투자가 지속적으로 개선되면서 경제성장을 이끌고 있다. 무역분쟁 심화에도 수입보다 크게 늘어난 수출 또한 성장에 기여하는 모습이다.

경제성장세는 당분간 지속될 것으로 보인다. 향후 경기 향방을 나타내는 경기 선행지수 상승세가 이어지고 있다. 2016년 1월 47.9를 기록하며 저점을 찍은 ISM제조업지수는 2018년 9월 59.8까지 올랐다. ISM비제조업지수도 2016년

8월 51.6을 저점으로 상승세가 이어지면서 2018년 9월 61.6을 기록했다. 이 두 산업지표가 50을 넘어가면 경기 확장을 의미하는 만큼 산업 경기 호조 지속이 예상된다. 경기선행종합지수 역시 2018년 9월 111.2로 2000년대 이후 가장 높다.

2019년 미국 경제는 경기 사이클상 확장 국면을 유지하면서 완만한 성장세 둔화가 예상된다. 국제통화기금(IMF)은 최근 발표한 세계경제전망에서 미국 경제가 감세법을 통과시키는 등 건전한 모멘텀을 갖고 있다고 판단하면서도 미중 무역전쟁 확산으로 2019년 경제성장률을 2018년 2.9%보다 낮은 2.5%로 예상했다.

1854년 이후 미국 경기 사이클 중 가장 긴 확장 국면은 저축대부조합 파산 이후인 1991년 3월부터 2001년 3월까지 총 120개월이다. 2019년에도 미국 경제가 양호한 흐름을 지속한다면 미국은 역사상 가장 긴 호황기를 맞이하게 될 것이다.

단 금리 인상, 통상마찰 영향으로 2019년 하반기부터 경기 활력이 떨어질 가능성도 존재한다. 한쪽에서는 2019년 긴축의 말미에 가서 경제가 침체에 빠질 것이라는 주장도 나온다. 연준이 금리를 빠르게 올리면서 소비와 기업 투자가 위축돼 미국 경제가 타격을 받을 것이라는 설명이다.

민간소비, 2010년 이후 분기 평균 2.4% 늘어

미국 경제의 약 70%를 차지하는 민간소비는 글로벌 금융위기 이후 증가세를 지속하며 미국 경제성장세 회복을 이끌어왔다. 2010년 이후 민간소비 증가율은 분기 평균 2.4%로 높다. 소비 호조를 뒷받침한 가장 큰 요소는 노동시장 개선이다. 미국 실업률은 2018년 9월 기준 3.7%로 48년 만에 최저치를 기록했다. 자연실업률보다 낮은 완전고용 수준이다. 구인 건수당 실업자 비율(The number of unemployed persons per job openings)도 2018년 7월 0.9를 기록했다. 노동시장에서 일자리를 구하는 사람 수보다 일자리 수가 더 많다는 뜻이다. 고용시장에서 노동력 공급보다 수요가 많아지면서 임금을 중심으로 가계소득 증가율

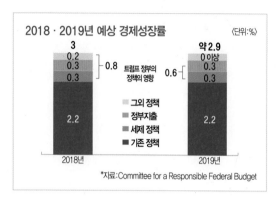

2018 · 2019년 예상 경제성장률 〈단위:%〉

2018년
3
0.2
0.3
0.3 ┐0.8 트럼프 정부의 정책의 영향
2.2

2019년
약2.9
0 이상
0.3
0.3 ┐0.6
2.2

■ 그외 정책
■ 정부지출
■ 세제 정책
■ 기존 정책

*자료:Committee for a Responsible Federal Budget

도 높아지고 있다. 시간당 평균 임금은 완만한 상승세를 지속하고 있는 가운데 가계소득과 근로소득의 증가율이 금융위기 이전 수준으로 회복되는 모습이다.

가계 재정건전성 개선도 소비 호조에 한몫하고 있다. 실질적인 부채 부담을 나타내는 가처분소득 대비 원리금상환비율(DSR)은 2018년 2분기 9.84%로 금융위기 이전보다 낮은 수준을 유지하고 있다. 원리금 상환, 임차료, 보험료 등을 포함해 산정한 가계 재무부담비율(FOR)도 과거에 비해 낮다.

민간소비 증가가 노동시장 개선 등 구조적 요인에서 비롯된 점에 비춰볼 때 민간소비 호조는 앞으로 상당 기간 지속될 전망이다. 소비자신뢰지수도 2018년 9월 138.4로 역대 최고치를 기록해 향후 실물경기 확장세가 이어질 것으로 예상된다.

트럼프 경제정책의 효과 가시화

트럼프노믹스 등의 영향으로 2019년 경제성장률을 2%대 후반으로 전망하는 기관도 있다. 비당파적 기구인 '책임 있는 연방예산위원회(CRFB · Committee for a Responsible Federal Budget)'는 2017년 감세와 일자리법, 2018년 양당 예산법, 2018 회계연도 통합세출법 등을 통해 경기 진작 효과가 나타나면서 미국 경제가 2018년, 2019년에 각각 3%, 2.9% 성장할 것으로 예상한다. 트럼프 정부 정책이 없었다면 성장률이 2.2%에 머물렀을 것이라는 분석도 덧붙였다.

도널드 트럼프 미국 대통령의 감세정책은 실제로 미국 기업 매출 증가와 임금 인상으로 이어진 것으로 파악된다. 미국 제조기업 매출 증가율은 2017년 1분기 5.7%에서 2018년 2분기 8.1%로 올랐다. 감세 발표 직후 직원들에게 보너스를 지급하고 임금 인상 계획안을 내놓은 미국 대기업도 상당수다.

이 밖에도 트럼프 정부는 소득세율을 최대 구간 39.6%에서 37%로 변경하는 등 개인소득세를 인하하고 자녀세액 공제액을 자녀당 1000달러에서 2000달러로 확대하는 등 확장적 재정정책을 펼쳤다. 이 역시 가계 가처분소득을 늘리며 소비 여력을 끌어올리는 데 공헌했다.

기업 실적이 좋아지고 산업 경기가 나아지자 민간투자 여건도 개선되는 중이다. 매출 대비 재고 비율이 하락세를 보이고 있어 향후 설비 가동률과 고정자산 투자 증가율을 늘리는 요인이 될 것이다. 최근 유가 상승으로 인해 에너지 부문 투자도 늘어나고 있다. 미국의 유류·가스 시추 광구 수는 2018년 1월 초 924개에서 2018년 10월 1063개로 늘었다. 공급 불안과 견조한 수요 유지로 인해 유가 상승세가 당분간 지속될 것으로 예상됨에 따라 에너지 부문 투자도 추가로 늘어날 것으로 보인다.

연준, 금리 정상화 지속 가능성 높아

미국 경기가 양호한 흐름을 보이는 가운데 통화정책을 결정하는 미국 연방준비제도(연준)의 이중 책무(Dual Mandate) 관련 핵심 지표가 목표치에 도달하면서 미국 연준은 금리 정상화를 지속할 것으로 판단된다. 지난 2018년 9월 연방공개시장위원회(FOMC)에서는 성장률 전망치를 2018년 3.1%, 2019년 2.5%로 각각 0.3%포인트, 0.1%포인트 올리면서 경제 회복 속도에 대한 자신감을 드러냈다. 이에 연준은 2018년 12월 추가 금리 인상과 함께 2019년 3차례 금리인상 가능성을 시사했다.

생산활동과 고용 시장이 활발해지는 가운데 원자재 가격 상승 등으로 인플레이션 압력이 가중되고 물가 선행지표도 상승세를 유지하고 있다. 물가지표는 연준 목표치 2%에 도달했다. 미국 전체 소비자물가는 2018년 1월 2.1%에서 9월 2.3%로 올랐으며 근원 소비자물가와 개인소비지출 물가, 근원 개인소비지출 물가 상승률도 2%대에 도달했다.

더불어 뉴욕 연방준비제도이사회에서 발표하는 소비자물가지수 선행지표인 잠재인플레이션 압력지수(UIG · Underlying Inflation Gauge)가 상승세를 보이면서 기대 인플레이션이 확대되고 있다. 물가 관련 지표와 금융, 실물경제 지표 등을 반영해 만든 전체 자료 기준 UIG는 2018년 9월 기준 3.1%로 최근 2년 평균치 2.8%를 웃돈다.

중국과의 무역분쟁 또한 소비자물가를 높이는 요인으로 작용할 것이다. 미국에서 주로 소비하는 공산품은 대부분 중국에서 수입하는데 이들에 관세가 부과된다면 물가 상승이 불가피하다.

현재 미국 정책금리는 실물경기와 물가 상승 압력을 고려한 적정금리 수준보다 낮은 것으로 추정된다. 테일러 준칙(Taylor Rules)으로 적정금리를 추정한 결과 현재 적정금리 수준은 2018년 8월 기준 4% 후반으로 분석된다. 경기와 물가에 동일한 가중치를 적용한 적정금리는 현재 4.8%로 기준금리 2.25%보다 약 2.8%포인트 높다. 미국 실물경기와 물가 상승 압력에 비해 기준금리는 낮은 수준으로 평가된다. 따라서 금리 인상 압력이 점차 높아질 가능성이 크다.

상하원 모두 민주당이 장악하면 하강 국면 진입 가능

단기간 내 미국 경제가 하락세에 접어들 가능성은 낮다. 그러나 무역분쟁, 중간선거 결과, 재정절벽 가능성 등은 예의 주시할 필요가 있다. 당장 2018년 11월에 있을 중간선거 결과에 따라 미국 경기 흐름 차별화가 예상된다. 상원 다수당은 공화, 하원은 민주 전망이 우세하나 최근 미국 · 멕시코 · 캐나다협정(USMCA) 체결 등으로 트럼프 대통령의 지지율이 회복되면서 불확실성이 확대되는 중이다. 이에 상하원 모두 공화당이 다수당을 유지할 가능성도 배제할 수 없다. 먼저 상원 공화당, 하원 민주당 시나리오에서는 예상대로 2019년도 미국 경제가 완만한 성장세 둔화를 보일 확률이 높다. 재정정책에 대한 기대가 약화되나 고용이 완전고용 수준에 있어 민간소비는 어느 정도 유지될 것으로 보인다. 상하원 모두 공화당이 장악할 경우 정책 기조에 큰 변화는 없을 것이며 성장세가 다소 강화될 수 있어 여타 국가와의 차별화 현상이 나타날 가능성이 높을 것으로 판단된다. 마지막으로 가능성은 낮지만 상하원 모두 민주당이 장악할 경우 정치적 불확실성으로 경기 하강 국면에 진입할 수 있다. 미국을 제외한 여타 국가의 회복세가 미약한 만큼 글로벌 경제에도 악영향을 미칠 것이다.

미중 무역전쟁의 부정적 영향이 아직까지는 미국에 큰 타격을 주지 않았으나 추가 보호무역조치를 단행할 경우 경제성장을 저해할 가능성이 크다. 무역전쟁이 장기화된다면 물가 상승, 가계지출 축소, 기업활동 위축 등을 유발할 것이라는 우려의 목소리가 높다. 보수 싱크탱크 '조세 재단(Tax Foundation)'은 트럼프 정부의 무역관세 정책으로 장기 GDP가 0.59% 줄고 일자리 46만개가 줄어들 것이라고 전망한다.

그러나 일각에서는 미중 간 무역전쟁보다 미국의 금리 인상이 더 큰 여파를 몰고 올 것으로 예측한다. 연준이 금리를 계속 올리면 기업과 소비자의 대출 부담이 커지면서 판매 둔화와 기업 수익 악화로 이어진다. 경기 침체기 시작의 신호로 해석되는 장단기 금리 역전 현상을 초래할 수도 있다.

마지막으로 법인세 감면 등 감세정책에 따른 미국 재정적자 확대가 예상된다. 미국 의회예산국에 따르면 미국의 GDP 대비 재정적자가 2018년 3.9%에서 2019년 4.6%로 늘고 2019년 GDP 대비 부채도 79%로 1968년 이래로 최고치를 기록하는 등 재정에 대한 우려가 확산될 전망이다.

최근 미국 경제지표와 전망치를 보면 미국 경제는 2019년에도 회복세가 이어질 것으로 보인다. 그러나 미국 경제가 경기 과열 또는 예상보다 빠른 경기 후퇴기에 접어들 가능성도 배제할 수 없기 때문에 미국이 가진 리스크 요인들을 면밀하게 주시해야 한다.

사그라들지 않는 '중국 위기론' 가계부채 급증에 금융위기說

박승찬 용인대 중국학과 교수(중국경영연구소장)

▶ 최근 들어 중국 경제위기론이 지속적으로 제기된다. 중국 정부의 경제 부양을 위한 과도한 투자와 대출로 인해 소위 '3대 회색 코뿔소(grey rhino)'가 중국 경제 아킬레스건으로 작용하고 있다. 3대 회색 코뿔소는 과도한 기업부채, 부동산 버블, 그림자 금융 등을 가리킨다. 중국 내부적으로 어려운 상황에서 미중 무역전쟁이 중국 경제를 무너뜨릴 수 있다는 불안심리가 커지고 있다.

금융위기 10년 주기설 또한 점차 힘을 얻고 있으며 그 근원지가 중국이 될 것이라는 주장도 나온다. 1997년 아시아 외환위기, 2008년 글로벌 금융위기 때처럼 2018년이 위기에 가장 가깝게 근접했다는 논리다.

블룸버그통신은 미국 2008년 서브프라임 금융위기처럼 이른바 '블랙스완(상상못 한 극단적 위기)'이 나타날 가능성이 있다고 경고한다. IMF(국제통화기금)는 2018년 중국 경제성장률이 6.7%를 기록할 것으로 예상하지만 여러 불확실성을 해소하지 못하면 더 하락할 가능성도 배제할 수 없다고 전망한다. 중국 사회과학원은 2018년 경제성장률을 6.6%로 전망했으며, 2019년 경제성장률은 6.3%대로 하락할 것으로 우려했다.

중국 정부는 디레버리징(부채 축소) 정책과 중앙, 각 지방 정부별로 부동산 시장 억제 정책을 강력하게 시행하고 있다. 수출과 내수 소비, 서비스 산업 확대 등 3가지 대책을 들고 성장률 6.5%대를 적극 방어하겠다는 입장이다.

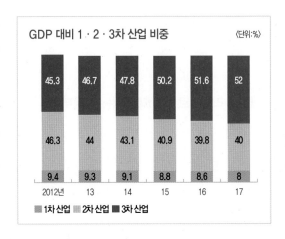

GDP 대비 1·2·3차 산업 비중 〈단위:%〉

	2012년	13	14	15	16	17
3차산업	45.3	46.7	47.8	50.2	51.6	52
2차산업	46.3	44	43.1	40.9	39.8	40
1차산업	9.4	9.3	9.1	8.8	8.6	8

2019년 성장률 6.5% 이하로 전망

2018년 중국 경제는 미중 무역전쟁으로 인한 수출 감소, 금융 유동성 개선 지연, 미국 금리 인상, 글로벌 경기 침체 등 대내외 불확실성이 증가하고 있다. 반면 공급과잉 해소와 국유기업 순이익 증가, 수요 회복 등 회복 요인도 상존하는 상황이다. 노동력, 자원, 자본, 기술 등 생산 요소 배분과 생산 효율성을 최대화하는 공급 개혁이 지속적으로 진행되는 와중이다. 경착륙 우려가 커지고 있지만 6.5~6.8% 성장률은 무난히 유지할 것으로 예상된다.

중국 정부는 미중 무역전쟁 장기화를 대비해 소비 촉진과 시장 안정을 위한 다양한 부양책을 발표하고 있다. 중국 국무원이 발표한 '소비 촉진 방안(2018~2020년)'에서 ▲주택 임대 시장 활성화 ▲저효율 소비구조 개선 ▲지역 관광사업 발전 ▲소비 촉진을 위한 세율 인하 등을 포함한 26개 사안을 제시했다. 안정적인 경제 성장을 뒷받침할 제도적 장치가 마련되고 있다는 점은 중국 입장에서 희소식이다.

중국 경제가 L자형 단계에서 2019년부터 그동안의 부양책이 어느 정도 효과가 나타나 중국 경제 전환점이 될 수 있다는 낙관론도 있다. 중국 경제는 신창타이(新常態·뉴노멀)에 진입한 뒤 경제구조 조정, 산업 고도화, 신산업 육성, 국유기업의 혼합형 소유제 개혁 등의 노력을 지속하는 중이다. 하지만 전반적으로 미중 통상마찰 등 대외적인 요소도 중국 경제성장의 발목을 잡으면서 중국 경제는 U자형 곡선으로의 전환보다는 지속적인 L자형 곡선 형태로 발전할 것으로 예상된다.

새로운 리스크로 부각되고 있는 가계부채

중국 경제위기론의 첫 번째 주범은 국영기업과 지방정부의 부채였다. 2019년에는 그동안 감춰진 가계부채가 중국 경제 발목을 잡을 가능성이 존재한다. 국제 신용평가사 스탠더드앤드푸어스(S&P)는 이미 2017년 9월 중국의 국가신용등급을 강등하면서 부채가 너무 빠르게 급증하고 전체 규모도 이미 너무 커졌다고 발표한 바 있다. 막대한 가계부채는 중국 금융 시스템을 뒤흔들고 금융위기의 단초가 될 수 있다.

사실 중국 부채 문제의 초점은 지금까지 국유기업과 지방정부에 맞춰져왔지만 상황이 변하기 시작했다. 중국 부동산 버블 문제로 인한 가계부채의 심각성이 예사롭지 않다. 가계부채는 기업부채와 달리 상대적으로 중국 채무자가 광범위하고 복잡하게 얽혀 있기 때문에 정부 대응이 쉽지 않다. 2017년 중국의 가계부채와 가처분소득 비율이 110%를 기록하는 등 증가 속도가 빠르고 가계 부문 상환 능력이 악화될 경우 중국 경제 침체의 도화선이 될 수도 있다.

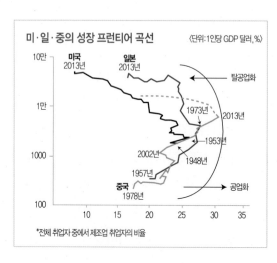

미·일·중의 성장 프런티어 곡선 〈단위:1인당 GDP 달러,%〉

*전체 취업자 중에서 제조업 취업자의 비율

과거 중국에서 은행대출을 받아 부동산을 구매하는 것은 거의 상식처럼 여겨졌고, 결국 그로 인한 하우스푸어가 더욱 확산되는 추세였다. 최근 들어 중국 정부의 부동산 통제정책이 성과를 보이면서 주요 도시 주택 가격은 하락세로 돌아섰다. 자산가치 하락과 함께 대출금 상환 압박이 지속된다면 개인 파산이 중국 전역으로 확산될 수 있다.

중국 인민은행 자료에 따르면 중국의 소비자 대출은 2016년 초 정부가 은행에 가계대출을 장려한 이후 50% 가까이 급증했다. IMF는 오는 2022년 중국 국내총생산(GDP) 대비 가계부채 비율이 2012년 대비 두 배에 달할 것이라 경고했다.

중국 정부는 베이징, 상하이 등 1·2선 대도시에 집중했던 부동산 투기 규제책을 3·4선 중소도시로 범위를 넓혔다. 이미 80여개 도시에 투기 규제책을 시행 중이다. 2017년부터 시행하고 있는 ▲선도금(계약금) 비율 확대 ▲외지 호적자 구입 제한 ▲부동산 대출 제한 ▲부동산 계약금 비율을 80%까지 상향 조정 ▲2주택 매입 금지 등과 같은 부동산 억제 정책이 2019년에는 더욱 확대될 것으로 보인다.

2019년 부동산 가격이 급격히 떨어지거나 경기 둔화가 심화되면 중국 중산층 재정에 막대한 부담을 가져올 수 있다. 2008년 미국의 서브프라임과 같은 금융위기 발생 가능성도 염려되는 상황이다. 중국 정부는 가계부채를 최대한 관리하면서도 안정적으로 소비와 대출이 늘어날 수 있는 방안을 고심할 것으로 예상된다.

미중 통상마찰로 인한 수출 감소 가능성 높아져

가계부채 못지않게 중국 경제의 위협 요소는 미중 통상마찰이다. 2018년부터 본격화된 미국과의 무역전쟁은 당장 통계적으로 드러나지는 않을 것으로 보인다. 하지만 2019년에는 미중 통상마찰이 환율전쟁으로 확대되면서 소위 '트럼프 탠트럼(Trump tantrum)'이 본격적으로 중국 경제에 영향을 줄 가능성이 높다. 트럼프 탠트럼이란 트럼프가 미국 대통령에 당선되면서 글로벌 금융시장과 교역시장에 혼란이 발생한다는 의미의 신조어다.

미국이 500억달러와 2000억달러에 이어 사실상 중국의 대미 수출액 중 마지막 남은 부분인 2760억달러에 대한 관세 부과가 현실화되고 있다. 2019년 1월부터 거의 모든 대미 수출품에 25% 고관세가 부과되면 중국 경제에 큰 타격이 될 전망이다. 트럼프 대통령이 중국을 환율조작국으로 지정하거나 반덤핑 조치 강화 등을 통해 중국에 대한 무역제재의 고삐를 더욱 당기면 중국의 대미 수출은 한층 큰 폭으로 하락할 수 있다.

벌써부터 조짐이 보인다. 지속적인 두 자릿수 성장세를 유지해오던 중국 대형 공업기업의 순이익 증가율은 2018년 8월부터 한 자릿수인 9.2%로 감소했다. 미중 통상마찰이 본격화하기 시작한 2018년 7월과 시기적으로 맞닿아 있다.

문제는 수출의 많은 부분을 차지하는 민영기업이 직격탄을 맞게 되면서 '국진민퇴(國進民退, 국유기업 진보·민영기업 퇴보)' 현상이 더욱 가속화될 것으로 전망된다는 사실이다. 중국 전체적으로 수출기업 유형별 비중을 보면 민영기업이 47.9%, 외자기업이 41.3%, 국유기업이 10.8%를 차지한다. 민영기업 수출 하락은 중국 전체 수출에 큰 영향을 끼칠 수밖에 없다.

가령 중국 수출 선봉장 역할을 하는 광둥성은 수출이 광둥성 전체 GDP의 약 45%를 차지한다. 대부분 민영기업이다. 2018년 8월 이후 광둥성 PMI(제조업 구매자관리지수)가 49%로 하락했다. 광둥성의 사례만 보더라도 2019년 중국 민영기업 수출 감소는 더욱 심화될 전망이다.

결국 중국의 대미 수출 감소는 중국 경제 전반적으로 악재가 될 것이 분명하다. 이는 고스란히 한국 기업의 대중국 수출에도 영향을 끼친다. 한국은 부품과 같은 중간재에 대한 대중국 수출 비중이 아주 높다. 한국 → 중국 → 미국으로 이어지는 구조다. 여기서 미중 통상마찰이 심화되면 한국 또한 자연스럽게 타격을 입을 것이다.

또 다른 변수로 떠오르는 위안화 환율

미중 무역전쟁은 관세전쟁에서 환율전쟁으로 점차 확대될 조짐을 보인다. 환율전쟁은 양국 간 무역뿐 아니라 글로벌 경제에도 영향을 미칠 가장 큰 변수다. 한국 입장에서도 이에 대한 철저한 모니터링과 선제적인 대응이 필요하다.

2018년 중반부터 시작된 위안화 약세는 중국 경제성장세 둔화, 달러 강세에 의한 자본유출 영향도 있다. 하지만 미중 무역전쟁에 의한 고관세 영향이 가장 크기 때문에 향후에도 일정 기간 지속될 것으로 전망된다.

위안화 평가 절하에 따른 자본유출이 지속적으로 늘면서 중국 외환보유고는 점차 감소하고 있다. 중국 정부는 외환시장 불확실성에 대비하기 위해 금융 레버리지 축소, 신용대출 조절 등을 통해 위안화 환율 안정을 위한 노력을 진행 중이다.

단기적으로는 위안화 화폐가치는 현재 수준을 유지하겠지만 중장기적으로 위안화 가치는 조금씩 상승할 것으로 예상된다. 미국 정부는 향후 1년 동안 위안화 절상(화폐가치 수준을 높임)을 위해 중국 정부가 노력하지 않으면 중국 기업의 미국 조달시장 진입 금지 등 추가적인 제재 조치를 감행하겠다고 했다. IMF도 중국에 대해 환율 압박을 가하고 있다. 중국 정부는 '선(先) 절하 후(後) 절상' 기조로 전환할 가능성이 높은 상황이다.

또 중국 정부는 지속적인 환율 개혁과 함께 3조달러 수준의 외환보유고를 유지하기 위해 각종 방어 전략을 병행할 것으로 예상된다. 여기서 변수는 미국의 지속적인 금리 인상이다. 미국이 금리를 인상하면 미국 채권금리가 상승하고 이로 인해 중국 채권시장 변동성도 확대될 가능성이 있다. 자본유출을 막기 위해 지급준비율(RRR · Reserve Requirement Ratio) 인하 카드가 장기적인 대응 조치로 활용될 수 있을 것으로 보인다. 지급준비율이란 시중은행이 고객에게서 받은 예금 중 중앙은행인 인민은행에 의무적으로 예치하는 자금의 비율을 말한다. 이 비율이 낮아지면 시중은행은 대출 규모를 늘림으로써 시중에 더 많은 자금을 풀 수 있고 금리를 낮출 여력도 갖게 된다.

2019년 중국 정부는 금융 리스크를 줄이기 위해 거시금융 정책 감독을 강화하고 실물경제에 대한 금융 서비스 향상을 위한 정책을 발표할 것으로 예상된다. 미중 무역전쟁이 금융전쟁으로 확대될 경우를 대비해 상하이 증시와 런던 증시 주식을 교차 거래하는 후룬퉁 출범 등 금융시장 개방이 가속화되는 한 해가 될 전망이다.

80년대 버블기 넘어선 '완전고용' 소비세율 인상 역효과 버텨낼까

이형근 대외경제정책연구원 선임연구원

▶ 일본 경제는 2011년 동일본대지진과 후쿠시마 원전 사고에 따라 마이너스 성장(-0.1%)을 기록했다. 이후 민간소비 회복에 따라 플러스 성장세(2012년 1.5%, 2013년 2%)로 돌아섰다. 그러나 2014년 소비세율 인상 영향으로 재차 위축(0.3%)됐으며, 이후 1%대 성장 국면(2015년 1.1%, 2016년 1%, 2017년 1.7%)으로 전환됐다. 단, 2018년 일본 경제성장률은 1.1%, 2019년은 0.9%로 다시금 둔화될 전망이다.

2018년 소비 · 투자 확대로 1.1% 성장 전망

2018년 일본 경제는 소비 증가와 투자 확대 등을 배경으로 1.1% 정도의 성장을 보일 것으로 전망된다(IMF, 2018년 10월 발표).

일본 경제성장률은 2018년 1분기 -0.2%(전기 대비 기준, 연율 환산 -0.9%)에서 2분기 0.7%(연율 환산 3%)로 반등하는 모습을 보였다. 1분기 마이너스 성장 원인은 폭설과 신선식품 가격 급등에 따른 민간소비 감소로 분석된다. 2분기에는 설비 투자와 민간소비 등이 호조세를 보이며 연율 3%의 높은 성장세를 보였다.

민간소비는 2018년 1분기 −0.2%, 2분기 0.7%로 회복 기조가 뚜렷했다. 2분기에 전분기 폭설에 따른 신선식품 가격 급등이 일단락되고 임금 인상으로 자동차, 가전 등의 내구재 소비가 확대(전기 대비 +2.6%)된 덕분이다. 특히 소비 반등에는 높은 수준의 임금 인상(보너스 지급)이 크게 기여했다. 근로자 수입 동향을 나타내는 고용자 보수가 2분기에 전기 대비로 실질 1.9% 상승(1분기 1.2%)했는데, 이는 2003년 1분기 이후 가장 높은 성장세다. 또한 2018년 6월 임금은 전년 동월 대비 3.6% 상승해 21년 만에 가장 높은 증가율을 기록했다. 업종별로는 일손 부족이 심한 도소매업이 10.7%, 제조업도 4.2% 상승했다. 취업자 수는 2018년 2분기에 평균 6666만명으로 사상 최고치를 경신했다.

수출(상품)은 2018년 상반기에 전년 동기 대비 6.2% 증가(40조1000억엔), 3기 연속 증가세를 보였다. 품목별로는 자동차(8%), 반도체 등 제조장치(13.7%), 금속가공기계(22%) 등이 상당폭 증가했다. 지역별로는 아시아 6.6%(중국 10.4% 포함), 미국 2.4%, EU 8.9% 등으로 주요 지역에 대해 모두 증가세를 기록했다. 수입(39조5000억엔)은 전년 동기 대비 7.5% 늘었다. 주로 원유, 액화천연가스(LNG) 등의 광물연료가 증가했다. 무역수지는 6000억엔으로 5기 연속 흑자로 나타났다. 2018년 상반기 평균 환율은 달러당 108.9엔으로, 전년 동기(112.8엔) 대비 3.5% 상승, '엔고'를 보였다.

2018년 하반기 일본 경제는 3분기 0.1%, 4분기 0.4% 정도의 낮은 성장이 예상된다. 2018년 7월 서일본 폭우, 9월 태풍(21호 제비, 24호 짜미), 홋카이도 지진 등의 영향이 컸다. 이 같은 자연재해로 인한 경제 피해는 해당 분기의 GDP를 0.25% 정도 낮출 것으로 추산된다.

GDP의 약 55%를 차지해 일본 경제의 성장 여부를 좌우하는 민간소비는 긍정적 요인보다 부정적 요인이 더 많다. 긍정적 요인은 하반기에 고용·소득 환경이 개선됐다는 점이다. 부정적 요인은 태풍·지진 등 자연재해, 정부의 정규직 전환 정책에도 불구하고 여전히 높은 비정규직 비율(2017년 2분기 37.1%에서 2018

년 1분기 38.2%로 상승), 노동시간 단축에 따른 잔업 감소 등이다. 3분기와 4분기에 각각 0.2%의 미약한 성장이 지속될 것으로 보인다. 연간 기준으로는 전년의 1%를 밑도는 0.6% 정도의 성장이 예상된다.

실업률은 저출산 고령화로 인한 전체 인구와 생산가능인구 감소, 기업의 고용 확대 등에 따른 인력 부족으로 2018년 5월 2.2%를 기록, 1992년 7월(2.1%) 이후 26년 만에 최저치를 기록했다. 구직자 대비 구인 수를 나타내는 '유효구인배율'은 2018년 8월 1.63배로 1974년 1월(1.74배) 이후 약 45년 만에 최고치였다. 최근 일본의 인력 부족 현상은 버블기(1980년대 후반~1990년대 초반)를 넘어선다. 실업률은 연간 기준으로 2.4% 정도의 낮은 수치를 기록할 것으로 예상된다.

2017년에 에너지 가격이 급등하면서 플러스로 전환된 소비자물가 상승률(신선제품 제외)은 2018년에도 식비, 숙박비 등의 상승에 따라 소폭 오름세를 보였다(7월 0.8%, 8월 0.9%). 2018년 하반기에는 고용·소득 환경 개선을 배경으로 한 상승 압력 요인과 에너지 가격 상승세 둔화 요인이 혼재, 연말까지 1% 전후의 추이를 보일 전망이다.

엔달러 환율은 미국이 2018년 3월에 기준금리를 인상한 이후 약세(엔저)로 전환됐다(6월과 9월에도 금리 인상). 2018년 9월 말에는 113엔대로 연초 이래 가장 높은 수치를 기록했다. 2018년 12월에 미국의 추가 금리 인상이 예상돼 연말까지 기조적으로 엔저 흐름이 지속될 전망이다.

2019년 소비세율 인상 영향으로 성장세 우려

IMF의 2018년 10월 발표에 따르면, 2019년 일본 경제는 0.9% 정도 성장해 경기회복 탄력성이 전년보다 둔화될 것으로 전망됐다. 연간으로는 2019년 10월 소비세율 인상 전까지 완만한 성장세가 이어진 다음, 4분기에는 마이너스 성장이 예상된다. 2018년 10월 15일에 아베 일본 총리는 1년 후 소비세율 10%로의 인상을 공식적으로 표명한 바 있다.

민간소비는 양호한 고용·소득 환경의 지속에도 불구하고 소비세율 인상 이후의 구매력 저하로 성장률이 0.6% 정도로 둔화될 전망이다. 단, 10월 소비세율 인상 (8% → 10%)은 2014년의 인상(5% → 8%)과 비교해 그 폭이 작고 경감세율 도입과 양육 세대 환급 등이 예정돼 있다는 점에서 대폭적인 소비 감소로 이어질 가능성은 낮다. 소비세율 인상에 따른 가계 부담은 2014년 8조엔 이상, 2019년 2조2000억엔 정도로 추산된다.

설비 투자는 2018년에 이어 2019년에도 합리화·에너지 절약, 올림픽 특수 중심의 투자가 완만하게 진행(2.4% 성장)될 것으로 판단된다. 다만 선행지표나 투자 순환 관점에서 보면 성장 둔화로 전환될 가능성이 있다. 공공투자는 자연재해 대응 차원의 추경 편성(2018년 10월)과 2019년 초 예정된 2차 편성 등에 따라 인프라 정비를 위한 공공사업이 증가하면서 전년보다 확대(1.2%)될 전망이다.

수출은 대일 무역적자에 강한 불만을 갖고 있는 미국 트럼프 정부가 일본산 자동차 관련 관세 인상을 단행할 경우 상당한 영향을 받을 것이다. 일본의 대미 수출에서 자동차·자동차 부품 등 수송용 기기 비중은 2017년 기준 40%를 차지한다. 수출 증가율은 전년 4%에서 2%대로 하락할 것으로 보인다.

실업률은 2019년 말까지 2.3%대 완만한 하락이 지속되고, 4분기 경제 감속에 따라 연말부터는 소폭 상승할 것으로 예상된다. 소비자물가 상승률(신선식품 제외)은 2019년 1~3분기에 1% 이하를 기록한 후 10월 소비세율 인상에 따라 4분기에는 1%대 후반을 기록할 것으로 전

일본 경제의 최근 동향 (단위:%)

구분	2015년	2016년	2017년	2018년 1분기	2018년 2분기
실질 GDP	1.4	1	1.7	−0.2	0.7
민간소비	0	0.1	1	−0.2	0.7
주택 투자	−1	5.7	2.7	−2.5	−2.4
설비 투자	3.4	0.6	2.9	0.7	3.1
정부지출	1.5	1.3	0.4	0	0.2
공공투자	−1.7	−0.1	1.2	−0.4	0
수출	2.9	1.7	6.7	0.6	0.2
수입	0.8	−1.6	3.4	0.2	0.9

주:전기 대비, 2015~2017년은 역년(Calendar Year) 기준
자료:일본 내각부(2018년 9월 10일)

망된다. 소비세율 인상 효과를 제외하면 1% 이하를 기록할 것으로 추산된다.

엔달러 환율은 2019년 내내 110엔 전후 엔화 약세가 지속된 후 연말에는 엔화 강세(달러 약세)로 전환될 것으로 예상된다. 이 전망에는 일본이 금융완화정책을 유지하고 미국이 2019년 3~4차례 금리 인상에 따라 높아진 금리에 대한 부담으로 연말부터는 추가 금리 인상에 소극적이 될 것임을 전제로 한다.

2019년 일본 경제와 관련한 최대 리스크는 미·일 무역마찰을 둘러싼 불확실성 증가다. 미국이 자동차 수입 관세를 25%로 인상하면 일본 GDP는 0.3% 정도 낮아질 가능성이 있다. 이렇게 되면 일본 경제는 잠재성장률 1% 하락 정도의 타격을 입을 수 있다. 2018년 4월 미·일은 양국 정상회담에서 자유롭고 공정하며 상호 호혜적인 무역 거래를 위한 협의(FFR·talks for Free, Fair and Reciprocal trade deals)를 실시하기로 합의했다. 8월에 개최된 1차 FFR 회의(장관급)에서 양국은 입장 차이를 분명하게 드러냈다. 미국은 양국 간 FTA 추진과 일본의 농산품 시장 개방(관세 인하)에 관심이 있는 반면, 일본은 환태평양경제동반자협정(TPP)에의 미국 복귀와 미국의 일본산 자동차 관세 인상에 관심이 있는 것으로 나타났다.

이어 9월 2차 FFR 회의·정상회담에서는 상품무역협정(TAG·Trade Agreement on Goods) 체결을 위한 협상을 시작하기로 합의했다. 협정 용어와 관련 일본 정부는, TAG는 투자·서비스 등의 규범을 포함하지 않아 FTA가 아니라고 주장하는 반면, 미국은 이를 FTA로 보고 있다. 일본 입장에서 미국과의 FTA는 자국 농산품이 불리해지고 이에 따라 2019년 7월 참의원 선거에 영향을 미칠 수 있어 용어 사용에 신중한 입장을 보인 것으로 해석된다. 미국 입장에서는 일본과의 무역협상은 중국, NAFTA 등 주요 무역협상보다 후순위에 있고 관세 인하와 무역장벽 완화 등을 통한 '조기의 성과'에 관심이 있으므로 일본 측을 배려한 것으로 판단된다.

일본은행 통화정책은 2019년에도 완화적인 기조가 지속될 전망이다. 2018년

4월 구로다 일본은행 총재 연임(임기 5년)과 9월 아베 총리의 자민당 총재 3선 연임으로 당분간 일본 경제 · 금융정책에 별다른 변화가 없을 것으로 예상되기 때문이다. 구로다 총재는 2018년 3월 의회 청문회에서 2% 물가 목표 달성을 최우선 정책으로 삼겠다고 밝혀 낮은 인플레이션의 회복을 최대 과제로 꼽았다. 2012년 말 아베 정부 출범 후 일본은행은 2013년 4월에 장기 디플레이션을 극복하기 위해 본원통화량 확대, 리스크 자산 매입 등의 대담한 금융완화정책을 도입한 바 있다. 이때 2년 내 2% 물가 상승률 달성이라는 목표를 설정했다.

2016년 2월에는 시중은행이 중앙은행에 예치하는 초과지준금에 대해 −0.1%의 금리를 부과하는 마이너스 금리정책을 추가로 도입했다. 같은 해 9월에는 장기금리(10년 만기 국채금리)를 0%로 유지 · 관리하는 수익률 곡선 조절을 시행함으로써 장단기 금리 격차를 넓혀 기대 인플레이션율을 높이고 금융기관의 수익성 개선을 도모했다. 2018년 7월에는 국채금리의 변동성을 키우기 위해 장기금리 변동 폭을 기존의 두 배로 확대했다(단기금리는 동결). 또 주식시장에 대한 과도한 영향을 줄이기 위해 상장지수펀드(ETF)와 부동산리츠(J−REIT)의 매입 비율을 조정하기로 했다. 2018년 9월 금융정책결정회의에서는 2% 물가 목표 달성을 위해 단기금리 −0.1%, 장기금리 0%로 유도하는 현행 금융완화정책을 유지하기로 결정했다. 그러나 금융완화만으로 물가 목표를 달성하기 어렵다는 것은 지난 5년간 검증됐다. 향후 5년째(2023년)의 물가도 1.3%로 전망(IMF 10월 발표)돼 사실상 2% 물가 목표는 달성하기 어려울 것으로 판단된다.

한편 통화정책 정상화 논란은 2019년에도 지속될 전망이다. 일본은행은 금융완화정책 지속에 따른 민간의 금융중개 기능 위축 같은 부작용에 대해서는 미세조정을 통해 대응할 것으로 보인다. 다만 일본은행 금융완화정책이 과도한 엔화약세를 유도(이에 따른 미국 무역적자 초래)하고 있다고 비판해온 미국이 향후 양국 간 무역협상에서 협정문에의 환율 조항 포함을 주장할 경우 일본은행의 금융완화정책은 많은 제약을 받을 수 있다.

美 이어 유럽도 긴축대열 동참
브렉시트 협상 막판 진통 변수

정다운 매경이코노미 기자

▶ 2018년 유럽연합(EU)에서 유로를 사용하는 19개 회원국(이하 유로존) 경제는 '성장률 둔화 속 회복 기조 유지, 실업률 하향 안정세 지속'으로 요약할 수 있다. 특히 EU 통계기구인 유로스타트(Eurostat)에 따르면 2018년 1분기(1~3월) 유로존 국내총생산(GDP) 성장률은 직전 분기 대비 0.4%에 그쳤다. 연간으로 환산하면 1.7%에 그치는 성장률이다. 2017년 3~4분기 GDP 성장률이 각각 0.7% 수준이었던 점을 감안하면 경제성장 속도가 크게 둔화됐다. 유로존 성장률이 2%대 이하로 떨어진 것은 2016년 3분기(7~9월) 이후로 1년 6개월 만이다. 2018년 2분기 성장률도 0.4%에 그쳤다. 유로존 최대 경제국인 독일마저도 2018년 1분기(0.3%), 2분기(0.5%) 직전 분기 대비 성장률이 기대에 못 미쳤다.

다만 유로존은 2013년 2분기(4~6월) 이후 2018년 2분기까지 21분기째 플러스 성장을 이어왔다는 데 의의를 두는 모습이다. 성장 속도는 둔화됐을지언정 완만한 회복 기조는 유지해왔다는 얘기다.

그럼에도 국제통화기금(IMF)은 2018년 10월 9일 '세계경제전망(World Economic Outlook)' 보고서를 통해 유로존 2018년 경제성장률 전망치를 지난 7월 전망치인 2.2%에서 2%로 하향 조정했다. IMF 성장률이 크게 둔화된 이유로 미국과의 무역갈등과 브렉시트(Brexit · 영국의 EU 탈퇴) 협상 타결 불확실성을 꼽았다.

그나마 2016년 2분기 이후 유로존 실업률 하향 안정세가 지속됐다는 점은 긍정적이었다. 유로스타트에 따르면 유로존의 2018년 8월 실업률은 8.1%를 기록, 지난 2008년 11월 이후 최저치를 기록했다. 바로 전월인 2018년 7월보다 0.1%포인트 하락했고 1년 전인 2017년 8월(9%)보다는 0.9%포인트 내려간 수치다. 유로존 실업률은 2013년 중반 12.1%로 정점을 찍은 이래 더디게나마 하락세를 보여왔다. 2018년 8월 EU 28개 회원국 전체 평균 실업률은 6.8%로 전년 동기(7.5%)보다는 0.7%포인트 하락했다. 이는 2008년 4월 이후 가장 낮은 수준이다.

EU 회원국 가운데 실업률이 가장 낮은 나라는 체코(2.5%)였고 독일과 폴란드가 각각 3.4%로 그 뒤를 이었다. 반면 그리스 실업률이 19.1%(6월 기준)로 가장 높았고 스페인(15.2%), 이탈리아(9.7%), 프랑스(9.3%)가 그 뒤를 따랐다.

유로존 물가 상승률 역시 ECB 기준에는 만족스러운 수준을 유지하고 있다. 유로존의 2018년 8월 물가 상승률(연간 환산 기준)은 2%로 잠정 평가됐다. 이는 지난 7월 2.1%보다 약간 낮아졌지만 ECB 목표치인 2%에 부합하는 수치다. 2018년 초만 해도 1.3% 수준에 그쳤던 물가 상승률은 그해 중반으로 들어서며 2%까지 높아졌다. ECB는 2018~2020년 인플레이션 전망치는 1.7%로 유지했다.

글로벌 무역전쟁 우려 속 성장 둔화

2018년 경제지표가 긍정적이었음에도 2019년 유로존 경제성장률은 다소 둔화될 것으로 보인다. IMF는 2018년 10월 발표한 세계경제전망 보고서에서 2019년 유로존 경제성장률 전망치를 2018년 7월 전망치인 2.1%에서 1.9%로 하향 조정했다. 2018년 경제성장률 전망치(2%)보다 더 낮아진 수치다. 하향 조정 이

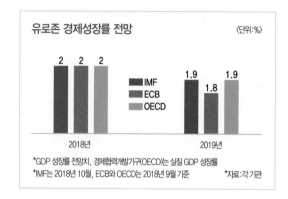

유로존 경제성장률 전망　〈단위:%〉

*GDP 성장률 전망치, 경제협력개발기구(OECD)는 실질 GDP 성장률
*IMF는 2018년 10월, ECB와 OECD는 2018년 9월 기준
*자료:각 기관

유로는 2018년과 마찬가지로 미국과의 무역갈등과 브렉시트 협상 타결 불확실성을 꼽았다.

유로존 최대 경제국 독일의 2019년 경제성장률은 2018년과 같은 1.9%로 전망하고 수출·산업생산 부진을 이유로 꼽았다. 2·3위 경제국인 프랑스와 이탈리아 사정은 더 나쁘다. IMF가 전망한 2019년 프랑스 경제성장률은 1.6%로 2018년 전망치 수준에 머물 것으로 예상했다. 또 정부 예산·지출을 늘리고 있는 이탈리아에 대해서는 2018년 경제성장률이 1.2%에 머물 것으로 내다봤고 2019년은 이보다 더 떨어진 1% 성장에 그칠 것으로 내다봤다. 2019년 경제성장률을 1.5%로 예상하는 이탈리아 정부 입장과 다소 거리가 있다. 한편 브렉시트 영향으로 인플레이션 상승, 실질임금·소득 하방 압력, 투자 지연으로 손실을 보고 있는 영국은 2019년 1.5%의 경제성장률을 기록할 것으로 내다봤다.

다만 IMF는 2019년 유로존 경제성장률 전망치를 하향 조정하면서도 유로존 성장세가 여전히 공고하며 앞으로도 견조할 것으로 내다봤다. IMF는 보고서를 통해 "(경제성장을) 뒷받침하는 통화정책과 소비자의 건전한 소비, 일자리 창출이 유럽 전역에 걸쳐 강한 수요를 창출할 것"으로 예상했다. 유로존 물가 상승률은 향후 2년간 연 1.7%를 기록할 것으로 봤다. ECB가 목표치로 삼고 있는 2%보다는 낮지만 2016~2017년 보인 디플레이션에 가까웠던 수준보다는 개선된 수치다.

ECB 역시 2018년 9월 통화정책회의에서 유로존의 2018년, 2019년 GDP 성장률 전망치를 각각 2%, 1.8%로 하향 조정했다. 2018년 7월 EU집행위원회 전망보다 0.1%포인트씩 소폭 내렸지만 그보다 전인 2017년 5월 전망(각각 2.3%, 2%)보다는 0.3%포인트, 0.2%포인트씩이나 내린 수치다. 2018년 경제성장률은 IMF와 동일하게 보면서도 2019년 전망치는 다소 낮게 잡은 것이다. 마리오 드라기 ECB 총재는 "글로벌 무역관계가 긴장되고 있고 금융시장 변동성이 커지고 있다"며 경제 전망치를 하향 조정한 이유를 설명했다.

EU의 행정부라 할 수 있는 EU집행위원회와 ECB가 유로존에 대한 경제 전망을 통해 심각한 위기 의식을 보인 점은 아이러니하다. 사실 EU의 경제전망 보고서 내용을 세부적으로 보면 유로존 경제가 그리 나쁜 상황은 아니기 때문이다. 2018년 유로존 경제는 민간소비와 투자를 기반으로 견조한 성장세를 보여왔다. 투자 증가율은 2018년 1분기 1.2% 이후 2분기 들어 0.5%로 다소 줄어들었지만 지속적인 상승세를 보이고 있고 건설신뢰지수도 지난 1990년 초반 이후 최고 수준이다. 제조업 가동률도 2008년 이후 최고치에 가까운 수치를 보이는 등 유로존 경제는 외부 경제보다는 자생적인 성장동력을 바탕으로 꾸준한 발전을 모색하는 것으로 분석했다. EU집행위원회는 "무역전쟁에 따라 수출 지향적 국가에 큰 영향을 미칠 것"으로 우려하기도 했다.

ECB, 2018년 12월 양적완화 종료…제로금리는 유지

이에 따라 ECB는 경제성장세 둔화에도 불구하고 통화정책 정상화를 계획대로 시행한다는 점을 강조했다. ECB는 2015년 유럽 재정위기로 경기가 침체됐을 당시 양적완화(QE) 프로그램을 도입했다. 그간 경기 부양을 위해 2017년까지 매달 600억유로의 채권을 매입했다가 2018년부터 축소해오고 2018년 12월 매입을 완전히 종료하기로 한 것이다. 다만 QE 종료 이후에도 만기 채권으로부터 발생한 원금 상환액을 재투자하겠다는 방침은 밝혔다.

양적완화 종료 배경에는 경제성장세가 주춤하기는 하지만 설비 가동률이 높고 고용 역시 탄탄해 인플레이션(물가 상승률)이 안정적인 오름세를 지속할 것이라는 자신감이 깔려 있다. 드라기 총재는 2018년 9월 24일 브뤼셀 유럽회의에서 "유로존 지역 가계 가처분소득이 지난 10년간 관측 사상 가장 높은 증가율을 기록하고 있다"면서 앞서 2018년 6월 발표했던 2조5000억유로 규모 채권 매입 프로그램 종료는 예정대로 진행될 것임을 시사했다. 가처분소득이 늘었다는 것은 소비자들이 재량적인 소비에 활용할 수 있는 여윳돈이 증가했다는 의미여서 소비 확대를 통한 경제성장과 인플레이션 선순환이 정상 궤도에 진입할 가능성이 높아졌음을 뜻한다.

여기에 드라기 총재는 2018년 9월 통화정책회의 결과와 마찬가지로 적어도 2019년 여름까지 현행 금리 수준을 유지할 것으로 기대한다고 내비쳤다. 다만 독일, 오스트리아 일부 회원국 반발이 거세지고 있어 금리 인상 시점이 예상보다 빨라질 가능성도 남아 있다. ECB 통화정책 위원인 에발트 노보트니 오스트리아중앙은행 총재는 비슷한 시기 오스트리아 국영방송 ORF와의 인터뷰에서 "유로존 경제가 매우 좋은 상태인데도 ECB 통화정책은 여전히 위기 대응 모드"라며 "지금의 통화정책은 하루빨리 정상화(금리 인상)돼야 한다"고 촉구한 바 있다. 2018년 10월 기준 ECB의 기준금리는 0%, 예금금리와 한계대출금리는 각각 -0.4%, 0.25%다.

물론 양적완화 종료 일정이 아예 늦춰질 가능성도 남아 있기는 하다. 이탈리아에서는 2018년 6월 반체제 정당인 '오성운동(M55)'과 극우 성향의 '동맹(La Lega)'이 결성한 연립정권이 출범한 이후 채권금리가 오름세를 보여왔는데 QE 프로그램이 종료되면 이탈리아 차입금리가 급등할 여지가 있다. 이탈리아 시장 불안이 다른 유로존 시장으로 옮겨갈 수 있다는 우려가 일각에서 제기되면서 QE 시기가 늦춰지지 않겠느냐는 전망이 나오는 것이다.

여기에 2018년 10월 기준, 2019년도 기본소득 도입·감세 예산안을 둘러싼 이탈리아 포퓰리즘 정권과 EU 간 대립이 갈수록 심화하는 분위기다. 유로존 3위 경제국인 이탈리아의 부채 규모는 GDP 대비 131%로, 최근 8년 만에 구제금융 체제에서 벗어난 그리스에 이어 두 번째로 높다. 재정적자가 급증할 수밖에 없는 예산안을 두고 커진 투자자 불안감과 포퓰리즘 정권의 반(反)EU 성향과 맞물리면서 이탈리아발 재정위기가 현실화할 수 있다는 우려가 잇따르는 이유다.

브렉시트 협상 막판 진통…'전환 기간' 연장 제안

당장은 큰 여파가 없었다 해도 협상이 진행 중인 브렉시트 역시 지켜봐야 할 변수다. 타결이 임박했던 것으로 알려진 영국과 EU 간 브렉시트 협상은 교착 상태에 빠져 있다. 2018년 10월 14일(현지 시간) 도미니크 랍 영국 브렉시트부 장관과 미셸 바르니에 EU 협상대표 등 양측 수석대표가 긴급회담을 개최했지만 이날 끝내 합의점에 도달하지 못했다. 이들 회담과 별개로 진행된 EU 27개국, 영국 측의 회의 역시 별다른 성과 없이 종료됐다.

이에 따라 당초 2018년 10월까지 마무리됐어야 할 브렉시트 협상은 다시 미뤄졌다. 여기에 브렉시트를 앞두고 EU 회원국인 아일랜드와 영국 영토인 북아일랜드 간 국경 문제 등 핵심 쟁점에 대해 접점을 좀처럼 찾기 어려운 상황이다. 만약 영국이 탈퇴 기한인 2019년 3월까지 EU와 합의안을 도출하지 못하면 결국 '노딜(No Deal)' 브렉시트가 불가피하다.

다만 테리사 메이 영국 총리는 교착 상태에 빠진 브렉시트 협상을 진전시키는 데 도움이 된다면 EU 측이 제안한 브렉시트 이행(전환) 기간 연장안을 받아들일 용의가 있다고 밝혔다. EU를 대표해 브렉시트 협상을 이끌어온 바르니에 협상대표는 2020년 말까지로 합의한 브렉시트 전환 기간을 2021년 말까지 1년 더 연장하는 방안을 영국 측에 공식 제안한 바 있다. 양측이 브렉시트 전환 기간 연장에 합의하면 영국은 최대 걸림돌인 아일랜드-북아일랜드 국경 문제를 해결할 시간을 버는 셈이다. 또 영국과 EU 양측은 당장 타결해야 하는 영국의 EU 탈퇴 조건과 관련해 남은 쟁점 해법 찾기에 협상 역량을 집중할 수 있다. 다만 영국 집권 보수당 내에서 브렉시트를 지지하는 강경파는 브렉시트 전환 기간 연장을 반대하는 입장을 보이고 있다. 브렉시트 전환이 늦어지면 이 문제가 2022년 5월 영국 차기 총선 때 가장 뜨거운 선거 쟁점이 될 수 있다.

중국 제치고 7%대 고성장 전망
4월 총선 모디 총리 재집권 관건

김용식 포스코경영연구원 글로벌연구센터 수석연구원

▶ 2017년 6.7% 성장하면서 일시적 경기 후퇴를 겪었던 인도 경제는 경제 불안 요인들이 해소되면서 2018년 7% 중반대 성장률을 회복해 주목을 받았다. 2019년 경제 전망도 긍정적이다. 4월 실시 예정인 총선과 금융시장 불안에도 불구하고 대다수 국제금융기관과 투자기관은 인도 경제가 7% 초반대 고성장을 지속할 것으로 예상한다.

경제불안 요인 해소·정부 투자 확대·민간소비 증가로 2018년 7% 중반 성장

2018년 인도 경제는 7% 중반대 성장을 달성했다. 중국을 제치고 고성장 국가로 재등극했다. 2018년 1·2분기 GDP 성장률은 7.7%와 8.2%로 2017년의 6%대 성장률에서 완전히 회복되는 모습을 보였다. 특히 제조업은 1분기 9.1%, 2분기 13.5%로 경제성장을 견인했다. 하반기는 글로벌 금융시장 불안과 고유가, 강달러 등으로 성장률이 다소 둔화되면서 연간 성장률은 7.3~7.6%를 기록할 전망이다.

2018년 인도 경제가 회복세를 보인 가장 큰 이유는 국내 경제 불안 요인이 해소

각종 국제기구들의 인도 경제성장률 전망　　　　　　　　단위:%

구분	국제통화기금 (IMF)	세계은행 (WB)	OECD	아시아개발은행 (ADB)	피치	무디스	인도중앙은행 (RBI)
2018~2019년	7.3	7.3	7.6	7.3	7.3	7.5	7.4
2019~2020년	7.4	7.5	7.4	7.6	7.5	7.5	7.5

됐기 때문이다. 2016년 11월 시중 유통화폐의 86%에 해당되는 고액권 화폐 사용금지(demonetization) 조치로 초래된 실물거래 위축이 디지털 경제 활성화와 신권 화폐 공급 확대에 힘입어 이전 수준으로 회복됐다. 2017년 7월 1일 졸속으로 시행된 통합부가가치세(GST · Goods and Service Tax) 시행 과정상 문제점이 개선된 것도 긍정적인 영향을 미쳤다. 인도 정부가 상대적으로 고율이었던 많은 품목의 GST 세율을 인하하고 시스템 개선으로 미비점을 보완하면서 기업활동이 활황을 보였다. 제조업 성장률은 2016년 11월 화폐개혁을 시작으로 소비가 크게 위축되면서 2017년 2분기 -1.8%를 기록했지만 이후 점진적 회복세를 보여 2017년 4분기 8.5%에 이어 2018년 1분기 9.1%, 2분기 13.5%로 살아났다.

둘째, 인프라 투자와 서민층 · 농가 지원 확대 등 정부 주도의 경기 활성화 정책을 들 수 있다. 인도 정부는 도로 건설, 철로 개선과 추가 설치, 각종 인프라 투자에 전년보다 21%를 증액한 5조9700만루피를 투자해 일자리 창출과 경제 활성화에 나섰다. 또 농촌 지역 삶의 질 개선을 위한 510만가구의 주택 공급과 농업 관련 산업 발전을 위해 전년 대비 12.8% 증액한 6384억루피를 집행했다. 식료품과 석유 보조금 등을 10.9% 증액(2조9300억루피)해 일자리 창출과 농촌 경제를 지원했다.

셋째, 파산법(IBC) 실시로 은행의 부실자산 회수가 용이해졌으며 국영은행에 대한 정부의 자본금 증액(recapitalization) 조치로 금융기관 건전성이 확대됐다. 과거 인도는 은행 부문 부실 증가가 신용융자 감소로 이어져 민간기업 대상

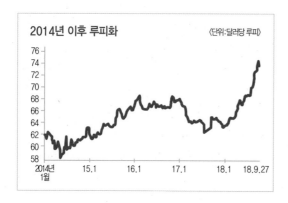

2014년 이후 루피화 〈단위:달러당 루피〉

투자와 대형 프로젝트 추진이 지연되면서 경제의 부담으로 작용했다. 부실채권 회수가 증가하고 은행의 건전성이 회복되면서 추가적으로 신용대출 여력이 증가하고 있다. 민간투자도 서서히 회복세를 보이면서 경제성장률을 끌어올리는 요인으로 작용할 전망이다.

마지막은 민간소비 증가다. 2017년 연평균 증가율이 6.6%에 그쳤던 민간소비는 올해 1분기 6.7%에 이어 2분기 8.6%로 눈에 띄는 증가세를 보였다. 공무원 급여 인상과 농촌 지역 소비 회복이 소비 증가를 이끌었다. 농가 소득 지원을 위한 농산물 최저 수매가격 인상과 농가부채 탕감 등으로 농가의 가처분소득이 증가했다. 이에 농촌 지역 소비 비중이 높은 가전 소비재와 이륜차 판매가 증가하면서 제조업 활성화로 이어져 선순환을 유도했다.

미중 통상마찰·고유가·강달러는 2019년 경제 악재로 작용

미중 통상전쟁 지속과 각국의 보호무역주의 확대, 강달러로 인한 신흥국 통화위기 재발 가능성, 이란에 대한 미국의 제재(5월 제재 이후 11월 4일부터 이란과 원유를 거래하는 모든 국가를 제재 대상에 포함) 등 지정학적 불안으로 인한 국제유가 상승은 올 하반기 인도 경제의 성장률을 떨어뜨리는 요인으로 작용했다. 인도 중앙은행은 2분기 경제성장률이 8.2%로 뚜렷한 회복세를 보였지만 글로벌 금융시장 불안과 고유가로 인한 경상수지 적자 문제 등이 불거지면서 3분기는 7.4%로 하락하고 4분기는 7.1%에 그칠 것으로 전망했다.

인도 경제가 직면한 불안 요인 가운데 가장 우려되는 것은 유가 상승이다. 이란에 대한 미 정부의 제재 조치 강화와 더불어 최근 불거진 사우디아라비아와 미국의 갈등으로 인한 지정학적 불안전성이 확대되고 있으며 겨울철 수요 증가로 가격이 상승하고 있다. 인도는 연간 소요량의 80%를 수입에 의존하고 있는데, 이는 인도 무역적자의 가장 큰 원인이다. 10월 기준 배럴당 80달러에서 국제유가가 10% 상승할 경우 인도 GDP는 0.15% 하락하고 소비자물가를 0.2% 끌어올릴 것으로 예상된다. 특히 2017년 기준 226만t을 공급해 전체 수입국 중 3위를 차지한 이란에 대한 미국 정부의 제재 조치 확대로 안정적인 수입 물량 확보를 어렵게 만들 전망이다.

둘째, 루피화 약세도 불안 요소다. 미국의 금리 인상과 강달러 정책에 따른 외국인 기관투자가의 급격한 자금 이탈, 남미와 터키통화 약세를 시작으로 신흥국 시장으로 번지고 있는 통화 불안 등이 전이되면서 루피화는 급격한 약세를 보였다. 2018년 1월 1일 달러당 63.67루피로 출발했으나 8월 이후 70루피로 환율이 상승했다. 이후 기관투자가의 자금유출과 미국 금리 인상, 고유가 지속으로 인한 무역적자 확대 등으로 루피화 절하가 지속되면서 10월 10일 달러당 74.38루피로 사상 최고를 기록했다.

루피화 절하가 지속될 경우 인도는 수입 금액 증가와 외화표시채권의 원리금 상환 부담이 증가할 수밖에 없다. 루피화의 평가 절하가 수출 경쟁력 제고로 이어져 수출이 증가할 수 있다는 분석도 있다. 하지만 인도 최대 상업은행인 SBI가 상반기 수출입 실적을 분석한 결과 루피화 절하에도 불구하고 '수출은 12.5%가 증가한 반면 수입은 오히려 16.2%가 증가해 무역적자 해소에 도움이 되지 않는다'고 발표했다. 전력, 통신과 자동차 부문의 상업용 외화대출로 인해 루피화 절하는 인도의 무역적자를 늘리고 외환 상환 부담을 증가시킨다. 인도 정부는 급격한 루피화 절하를 방어하기 위해 외환시장에 개입했으나 그동안 강점으로 지적되던 외환보유액이 감소하면서 개입 폭을 줄일 수밖에 없는 상황에 직면했다. 인도의 외환보유액은 2018년 4월 13일 기준 4260억8000만달러로 사상 최고를 기록한 이후 10월 12일 기준 3991억달러로 감소했다.

마지막은 미중 통상전쟁 지속에 따른 글로벌 무역 축소다. G2 간의 통상전쟁 지속으로 글로벌 교역량이 축소되고 각국의 보호무역이 강화되면 인도의 수출 축소와 경상수지 적자 확대로 이어진다. 전 세계 경제성장률이 0.5% 줄어들 경우 인도 경제성장률은 0.2% 감소하는 것으로 인도 중앙은행은 분석한다. 경상수지 적자 확대가 불가피한 상황에서 인도 정부는 외국인직접투자(FDI) 증가를 위한 업종 개방과 해외거주인도인(NRI)의 송금 유치를 위한 인센티브 제공 등으로 적자를 줄이고 안정적인 외화보유고 유지를 위해 노력하고 있다.

2019년 글로벌 시장 불안에도 불구하고 7%대 성장률은 무난

글로벌 금융시장의 불안정성이 상존하고 루피화 약세, 고유가 지속 등이 경제의 불안 요인으로 작용하고 있다. 하지만 2019년도 인도 경제는 7% 이상의 경제성장률로 고성장 국가의 지위를 유지할 것으로 예상된다. 국제통화기금(IMF)과 세계은행(World Bank), 아시아개발은행(ADB), 신용평가사인 무디스(Moody's) 등은 인도 경제가 2019년 7.4~7.6% 성장을 지속할 것으로 전망했다.

2019년 경제성장을 좌우할 가장 핵심 요인은 4월 실시될 인도 총선이다. 지난 2014년 총선에서는 인도국민당(BJP)이 압승해 모디 인도 총리가 강력한 리더십을 통해 변화를 이끌 수 있었다. 하지만 2017년 이후 일자리 창출 실패로 인한 청년층 이탈과 달리트(불가촉천민)에 대한 폭행 사건, 농민부채 증가 등 표심 이반 가능성이 높아지면서 2014년과 같이 인도국민당이 과반 이상의 지지를 얻어 강력한 추진력을 확보하기는 어려울 것이라는 전망이 우세하다. 독자 결정력이 강한 모디 총리가 어떻게 다른 정당과 연합해 불안 요인을 해소할 수 있을지가 핵심이다. 인도국민당의 득표 수가 많아질수록 인도 경제에 대한 낙관론이 커지고 인도에 대한 외국인 투자가 증가할 전망이다.

지속적인 개혁 조치 추진 여부도 관건이다. 올해 8월 IMF는 인도 경제를 '달리기 시작하는 코끼리'로 묘사하면서 2018년 7.3%, 2019년은 7.4% 성장할 것이라 전망했다. 소비자물가 안정과 GST 도입 이후 시장 환경을 반영한 세율 조정, 파산법 도입과 FDI 자유화 부문 확대, 사업하기 좋은 환경 개선 등 경영 인프라가 개선되면서 높은 경제성장률이 지속될 수 있다고 분석했다. 하지만 인도가 고도 성장을 지속하기 위해서는 개혁 법안의 지속적 추진이 필수적이다. 특히 고도 성장과 일자리 창출을 위해서는 복잡한 노동법 개정과 토지수용법 통과가 이뤄져야 한다. 이들 개혁 법안이 통과되면 대규모 제조업체의 투자 확대와 외국인 기관투자가의 투자 증가로 일자리 창출과 경제성장률을 제고할 수 있다.

대형 프로젝트 추진을 위해서는 특히 토지수용법 개정이 필요하다. 모디와 아베 일본 총리의 야심작인 '뭄바이와 아메다바드를 잇는 인도 최초의 고속철도 건설사업'은 최근 농민들 토지 수용 반대로 첫 삽도 뜨지 못하고 있다. 당초 계획대로라면 2018년 12월 말까지 필요한 1400헥타르 토지를 모두 수용해야 하지만 10월 중순까지 0.9헥타르에 그쳤기 때문이다. 경제 파급 영향이 큰 대형 인프라 사업 추진을 위해서는 토지수용법 통과가 꼭 필요하다. 2019년 선거에서 인도국민당이 승리하고 경제성장에 대한 국민의 열망이 반영된다면 개정이 용이해질 것이며 인도의 획기적인 전환을 앞당길 수 있을 것으로 예상된다.

마지막은 국제유가 움직임이다. 이란과 베네수엘라, 사우디아라비아에 대한 지정학적 리스크가 지속되고 OPEC의 감산 협력 유지 등으로 2019년 상반기까지는 고유가가 유지될 것이라는 것이 중론이다. 상승 폭과 유가 하락 시기가 길어질수록 추가 상승 여력은 줄어들 가능성이 높다.

여러 악재에도 불구하고 인도 경제는 2019년 7%대의 경제성장률로 고성장을 지속하면서 중국을 대체할 수 있는 시장으로 더욱 주목받을 것이다. 모디 총리의 재집권 가능성이 높은 상황에서 득표 수가 많아질수록 기존 정책의 연장과 더불어 더욱더 강력한 시장 개혁에 박차를 가할 전망이다.

대선 혼란 수습과 재정 개혁으로
신흥국 투자자 신뢰 회복 급선무

오성주 포스코경영연구원 글로벌연구센터 수석연구원

▶ 4년여(2015~2018년)간 극심한 경기 침체로 고전했던 브라질 정부와 국민에게 2018년은 아쉬운 한 해였다. 적어도 2018년 상반기까지는, 즉 미국의 추가 금리 인상과 아르헨티나의 IMF 구제금융 신청으로 중남미 전역에 외환위기 공포가 퍼지기 전까지 브라질에서는 가까스로 살아난 소비심리와 산업 생산 증가로 경기 반등을 꾀할 여력이 있었기 때문이다.

미셰우 테메르 전 브라질 대통령은 과거 부정부패를 단절하지 못한 데다 이렇다 할 성과 하나 내지도 못한 채 3%대 지지율의 식물 대통령으로 임기를 끝냈다. 일례로 2018년 5월에는 정부가 갑자기 페트로브라스에 보조금 지급을 중단했고 급등한 유가를 견디지 못한 트럭 운전기사들이 파업을 주도했다. 열흘 넘게 브라질 전역에 물류 대란이 발생했으며 브라질 경제 전반에 약 150억헤알(약 4조5400억원)의 손실이 발생했다. 2017년 못지않은 호조를 이어가던 2018년 무역흑자는 5월 이후 7억3000만달러를 기록, 전년 동기(27억5000만달러) 30% 수준에도 못 미치는 초라한 실적을 기록했다. 이것은 단순히 경제지표가 악화된 것을 넘어서 브라질 산업 인프라가 얼마나 취약한지, 무대책으로 일관한 정부가 얼마나

무능한지, 그리고 브라질 국민의 파업 방식이 얼마나 자해적이었는지 전 세계에 고스란히 노출시킨 사태가 됐다. 여느 신흥국과 비교해 브라질 경제가 튼튼한 펀더멘털(안정적인 거시지표)을 갖추고도 투자하기 어려운 국가라는 점을 해외 투자자에게 각인시켰다는 얘기다.

연금 개혁 실패와 정치 불안으로 자본유출 심화…이제 공은 새 정부로

그동안 해묵은 과제였던 브라질 연금 개혁은 2018년 4월 법안 표결도 못 하고 최종 무산됐다. 출범 때부터 인기가 없던 테메르 정부는 이미 이때 법안 재추진 동력을 완전히 상실했다. 이제 그 공은 차기 정부의 가장 중요하고도 골치 아픈 숙제로 남았다. 정부 재정의 45% 이상을 연금 지출에 쓰고 있는 브라질은 오랜 기간 누적된 재정적자로 부채 규모가 국내총생산(GDP)의 80% 수준에 다다를 정도다. 만약 이 추세가 계속된다면 브라질 경제는 2030년이 되기 전 파산할 위험이 높다. 브라질 재정 개혁의 핵심이 연금 문제인데도 정치인들은 선거를 의식해 법개정을 망설였다. 특히 지난 대선에는 무려 13명이 대통령 후보로 출마했는데도 적극적으로 연금을 개혁하겠다고 나선 인물은 눈에 띄지 않았다.

2018년 한 해 브라질 투자자를 가장 불안하게 한 위험 요소가 대선이었던 만큼 새 정부가 출범하는 2019년 상반기에는 재정적자 축소와 연금 개혁 논의가 다시 시작될 것으로 보인다. 그동안 줄곧 재정 감축을 외쳐온 보수 진영이나 룰라 전 브라질 대통령의 실용주의를 앞세우던 노동자당(PT) 모두 연금 개혁이 가장 효과적으로 국가 신용등급을 회복할 방법임을 잘 알고 있다.

통상 환경 녹록지 않지만 소비 · 투자심리 회복, 실업률 감소 기대

2018년에는 미중 통상갈등이 전면전으로 확대되면서 각국이 보호무역에 나섰고 글로벌 교역량이 크게 위축됐다. 그러나 이런 와중에 반사이익을 얻은 국가 중 하나가 브라질이었다. 미국과 중국이 서로 보복관세를 부과했고 브라질은 2018

브라질 경제지표 전망

구분	2017년	2018년	2019년
연간 GDP(%)	1	1.4	2.4
연간 소비자물가(%)	3.4	3.8	4.2
연간 산업생산(%)	2.8	2.1	2.8
연평균 실업률(%)	12.8	12.1	10.6
환율(연말 달러당 헤알화)	3.3	3.9	4

주:2018~2019년은 각각 추정치, 전망치   자료:포스코경영연구원 종합

년 작황 부진에도 불구하고 대두, 과일, 닭고기 등 중국에 수출하는 농축산물이 늘었다. 미국으로는 철강과 기계·장비를 비롯해 화물차 수출이 늘었다. 과거 미중 간 교역 추이를 감안하면 헤알화 가치가 하락한 것보다 무역 전환 효과가 더 크게 작용한 것으로 보인다. 이에 따라 브라질 무역수지는 사상 최대 실적을 기록한 2017년(6540억달러)에는 못 미치지만 2018년 연말 550억달러가량의 흑자를 기록할 것으로 기대된다.

2019년에는 브라질 무역이 전년과 같은 행운을 기대하기는 어려울 듯하다. 미중 무역전쟁이 한창때는 지났지만 '미국 우선주의'를 외치는 트럼프 행정부가 고율관세를 문제 삼았고 인도와 함께 브라질과의 불공정거래를 바로잡겠다고 나섰기 때문이다. 인도, 브라질 모두 과거 관세 특혜를 인정받은 국가들이고 막 북미자유무역협정(NAFTA) 재협상을 마친 미국은 다분히 일정표대로 움직이고 있다. 더욱이 NAFTA 재협상 결과(USMCA로 대체)를 보면 안건 대부분이 당초 미국이 원했던 대로 개정됐다. 미국이 브라질이라고 해서 특별히 배려할 이유는 현재로서 전혀 없어 보인다. 이에 따라 자동차·전자제품 등에 미국의 개방 압력이 한층 거세질 전망이다. 물론 그럼에도 불구하고 2019년 브라질 무역수지는 전체적으로 예년과 비슷한 수준을 이어갈 것으로 보인다. 2018년 가뭄으로 생산성이 크게 떨어졌던 사탕수수 등 농산물 작황이 회복되고 주요 수출국인 아르헨티나 경기 불황으로 감소했던 자동차 수출도 일정 부분 회복될 가능성이 높다.

헤알화 환율도 안정될 것으로 보인다. 증시도 경제 회복 기대감으로 높은 상승세를 보이는 만큼 대외 여건을 제외한다면 2019년 브라질 경제는 전반적으로 전년보다 훨씬 우호적인 환경에서 시작할 수 있게 됐다. 특히 브라질 정부가 중점적으로 육성하려는 산업 중에는 자동차 외에도 에너지, 인프라, 보건 분야 등이 포

함돼 있어 민간 참여가 확대될 여지가 있다. 과거 경기 침체와 정치적 불안 속에서도 세계 4위 수준을 유지해온 외국인직접투자(FDI)도 더욱 늘어날 가능성이 높다. 지난 2018년 대선을 앞두고 금융불안으로 크게 이탈했던 포트폴리오 투자도 빠르게 재유입되면서 2019년 투자는 전체적으로 전년보다 3.9% 더 성장할 것으로 예상된다. 내수 소비도 그동안 억눌렸던 구매 대기 수요와 실업률 감소 추세(2018년 12.1% → 2019년 10.6%)에 힘입어 전년보다 2.5% 성장 가능할 것으로 예상된다. 이런 요소들이 긍정적으로 작용한다면 2019년 말께 브라질 경제는 모처럼 2.4%대의 의미 있는 경제성장률을 보여줄 수 있을 전망이다. 그러나 이런 전망은 결국 브라질의 재정 개혁이 어느 정도 이뤄진 상태에서 현실화될 것이다.

국제사회의 기대와 예상을 보란 듯이 뒤로하고 EU-메르코수르(MERCOSUR·남미공동시장) 간 TA(무역협정) 협상은 2018년에도 타협점을 좁히지 못하고 또 해를 넘길 것으로 보인다. 양측은 원칙적 합의점이라도 찾기 위해 부단히 노력 중이고 프랑스 등 EU의 농축산물 시장과 브라질 공산품 시장 개방을 위해 애쓰고 있지만 큰 진전은 없는 상황이다. 더욱이 그간 브라질 대선 등을 이유로 협상이 지연된 만큼 2019년에도 협상은 계속될 것이다.

그래도 2019년은 교역 다변화 관점에서 의미 있는 해가 될 수도 있다. 과거 메르코수르는 EU와의 교역을 가장 중요시했지만 무역협상이 계속 지연되자 최근 아시아 국가와의 무역량을 빠르게 늘렸고 중국, 일본, 한국과의 교역 확대에 관심을 보이기 시작했다.

한국 정부도 2018년 9월 우루과이에서 1차 협상을 이미 시작하는 등 빠르게 논의를 진행하면서 메르코수르와의 관계 개선에 힘쓰고 있다. 메르코수르 입장에서 중국과 일본에 비해 상대적으로 경제 규모가 작은 한국이 아시아의 테스트베드로서 먼저 활용도가 높다는 장점을 높이 살 경우 메르코수르 최초의 아시아 무역 파트너가 한국이 되는 행운이 올 수도 있을 것이다.

러, 불안한 대외 변수로 성장 둔화
동유럽은 물가 상승 · 경상수지 악화

러시아

경제성장보다 재정 안정에 초점

이종문 부산외국어대 러시아언어통상학과 교수

2018년 러시아는 주요 거시경제지표에서 2017년과 비교해 상당히 개선된 실적을 거둘 것으로 예상된다. 실질 국내총생산(GDP) 증가율은 2017년 1.5%보다 높은 1.8%를 기록하며 지난 2년간(2015~2016년)의 역(-)성장 충격에서 완전히 벗어나 지속 성장 궤도에 안착할 전망이다. 소비자물가는 3.4% 상승에 그치며 정부의 물가 안정 목표치인 4% 이하로 떨어질 것이 확실시된다. 재정수지는 2017년 GDP 대비 1.5% 적자에서 2018년에는 1.6% 흑자로 전환되고, 경상수지는 350억달러 흑자에서 940억달러로 대폭 확대가 예상된다.

2019년 러시아 경제는 2018년과 비교해 다소 부진한 실적을 거둘 가능성이 높다. 경제성장률은 플러스 성장을 지속할 것으로 예상되나 상승 폭은 2018년과 비교해 크게 둔화할 전망이다. 러시아 경제발전부가 10월 발표한 경제전망보고서에 따르면 2019년 경제성장률은 1.3%에 그친다. 소비자물가는 목표치를 웃돌아 4.3%까지 상승하고, 경상수지 흑자 폭도 2018년 GDP 대비 5.8%에서 2019년에는 4%대로 축소될 것으로 보인다. 반면 재정수지 흑자는 GDP 대비 1.6%에서 1.8%로 확대될 것으로 예상된다.

2019년 러시아 경제가 성장 둔화와 물가 불안을 겪을 것으로 예상되는 것은 러시아 정부의 경제정책 방향이 성장보다는 재정 안정에 초점을 두고 있기 때문이다. 러시아 경제를 둘러싸고 있는 대외 변수의 흐름도 우호적이지 않다.

먼저 정책적인 측면에서 2019년 1월 1일부터 의료보건, 교육, 인프라 부문 개선에 필요한 자금을 조달하기 위해 부가가치세를 현행 18%에서 20%로 인상한다. 더불어 연금 개혁과 예산 감축 등 재정정책의 긴축 기조를 유지하고 엄격한 통화신용정책을 지속할 것이 확실시된다. 2019년에는 세금 인상에 따른 인플레이션이 높아지고 소비 수요가 감소하면서 경제성장이 부정적 영향을 받을 가능성이 높다. 반면 연간 6200억루블의 추가 세수 확보와 연금 개혁 추진은 재정 건전성을 강화할 전망이다.

대외적으로는 2019년 국제 원자재 시장에서 원유 가격의 의미 있는 상승을 기대하기는 어려울 것으로 보인다. 러시아 경제는 GDP의 20~25%, 수출의 50~60%, 재정수입의 약 40%를 탄화수소물(석유·천연가스)에 의존하고 있을 정도로 여전히 에너지 자원 의존도가 높다.

미국과 중국의 무역전쟁 격화에 따른 국제 교역의 감소와 세계 경제, 특히 중국과 유럽연합(EU)의 성장 둔화 전망은 러시아 수출산업에서의 불확실성을 높이는 요인이다. 미 연준의 기준금리 인상과 보유자산 축소, 미국과 러시아 간 정치·외교적 갈등 지속은 러시아 금융시장에서의 자본유출을 가속화한다.

러시아 주요 경제지표 전망 단위:%, P/$

구분		2015년	2016년	2017년	2018년	2019년	2020년
경제성장률	러시아 경제발전부	-2.8	-0.2	1.5	1.8	1.3	2
	국제통화기금(IMF)	-2.8	-0.2	1.5	1.7	1.8	1.8
	세계은행(WB)	-2.8	-0.2	1.5	1.5	1.8	1.8
물가 상승률(연말)		12.9	5.4	2.5	3.4	4.3	3.8
환율(연평균)		51.2	66.9	58.3	61.7	63.9	63.8

주:2018년은 추정치, 2019·2020년은 예상치　　　　　　　　　　　　　　　자료:IMF

브렉시트에 따른 무역 위축이 불안

조양현 한국수출입은행 남북경협실장

동유럽 경제권은 미국 기준금리 인상과 수입관세 인상, 유로존의 양적완화(QE) 종료, 신흥시장의 경기 부진 등 외부 환경의 악화로 위협받고 있다. 특히 2019년에는 영국의 EU 탈퇴가 현실화되면서 유럽 경제권의 무역이 전반적으로 위축돼 동유럽 경제에도 부정적인 요인으로 작용할 전망이다.

동유럽 최대 경제권인 폴란드는 2018년 경제성장률이 4.4%로 전년에 비해 다소 낮아지겠지만 내수 증가 등으로 지속적인 경제성장세를 이어갈 것으로 예상된다. 폴란드는 2014년 5월 EU 가입 이후 역내 회원국 중에서 EU 기금을 가장 많이 받고 있다. 이를 이용한 인프라 투자가 활기를 띠면서 산업생산이 꾸준히 증가하는 중이다. 또 저금리(2015년 3월 이후 기준금리 1.5%)가 지속되고 있는 가운데 주요 수출시장의 수입 수요가 증가하면서 경제성장이 지속되고 있다. 2019년에는 가계지출과 연금 지급 증가, 임금 상승, 소비 신뢰 지속 등으로 내수 경기가 호조세를 보일 것으로 예상된다. 소비자물가 상승률은 목표치인 2.5% 내에서 관리되고 있으나 통화(Zloty) 강세에도 불구하고 서비스 분야의 임금 상승 등으로 인플레이션 압박이 잠재돼 있다.

루마니아는 2018년 공공부문의 임금 인상(25%)과 최저임금 인상(9%), 국제 원자재 가격 상승 등으로 인한 인플레이션이 내수를 제약함에 따라 경제성장률이 4%로 둔화될 전망이다. 다만 2019년에는 부가가치세 추가 인하(19% → 18%)와 개인소득세 인하(16% → 10%)의 영향으로 경제성장이 지속될 것으로 예상된다. 특히 2014~2020년 EU 구조조정기금과 농업보조기금을 바탕으로 한 인프라 투자가 지속적인 경제성장을 견인할 것으로 분석된다. 기준금리는 2018년 8월 2.5% 수준으로 인상됐으나 확대재정정책 시행(간접세 인하·임금 상승), 에너지 가격 불안정성 등으로 물가 상승 압박을 받고 있다.

동유럽 주요국 거시경제지표 전망   단위:%

구분	경제성장률		인플레이션		실업률		경상수지/GDP	
	2018년	2019년	2018년	2019년	2018년	2019년	2018년	2019년
신흥 유럽	3.8	2	8.3	9	–	–	−2.8	−1.4
폴란드	4.4	3.5	2	2.8	4.1	4	−0.8	−1.3
루마니아	4	3.4	4.7	2.7	4.7	4.8	−3.5	−3.4
체코	3.1	3	2.3	2.3	2.5	3	−0.4	−0.9
헝가리	4	3.3	2.8	3.3	3.9	3.5	2.3	2.1

자료:IMF, World Economy Outlook

2015년과 2017년 경기 호황을 기록한 체코는 2018년 고용과 임금의 상승, 소비심리 증대에 따른 내수 증가, EU 투자기금 유입으로 인한 건설 경기회복 등으로 3.1% 경제성장률이 예상된다. 실업률은 2.5%로 유럽 지역에서 최저 수준이지만 노동시장의 초과 수요가 임금 상승으로 나타나 물가 상승 압박과 외국인 투자 유입 부진 등 부작용을 초래할 가능성이 있다. 소비자물가 상승률은 임금·유가 상승 등으로 억제 목표치인 2%를 다소 웃돌고 있으나 지속적인 기준금리(2018년 10월 1.25% 수준) 인상으로 물가를 관리하고 있다. 2017년 4월 환율변동제한 폐지에도 불구하고 통화가치는 오히려 강세를 보였으나 교역 조건이 악화되면서 경상수지가 적자로 전환된 상태다.

헝가리는 2018년 4월 총선 이전에 경기 부양을 위한 확장적 재정정책, 공공요금·조세 인하, 주택·보건·교육 분야 재정지출 증가 등이 시행됐다. 고용 증가, 실질임금 상승 등으로 내수가 증가했고 사회보장분담비율 인하(22% → 20%), EU 기금을 통한 인프라 투자 확대, 공공지출 증가 등이 이뤄지면서 2018년에도 전년 수준의 경제성장률을 기록할 전망이다. 다만 2016년 5월 이후 0.9%로 유지되고 있는 사상 최저 수준의 기준금리, 유가 급등과 통화 약세로 수입물가가 상승한 데다 경직적인 노동시장, 임금 상승 등으로 소비자물가는 상승 추세를 보일 가능성이 높다. 2018년 수출 실적이 부진한 데다 유가 상승에 따른 수입 증가로 인해 경상수지 흑자 폭도 점차 축소되고 있는 상황이다.

아세안 5개국 5.2% 성장
말레이·싱가포르 '브레이크'

조대현 포스코경영연구원 글로벌연구센터 수석연구원

▶ 국제통화기금(IMF)에 따르면 2018년 아세안-5(인도네시아, 말레이시아, 태국, 필리핀, 베트남)는 경제성장률 5.3%를 기록할 전망이다. 2019년에는 5.2% 성장하며 2018년과 비슷한 성적을 낼 것으로 기대된다.

아세안 유일의 G20 국가이자 세계 4위 인구 대국 인도네시아는 2018년 민간소비와 정부지출이 강세를 보이고 있다. 제조업 PMI도 2018년 8월 과거 수년간과 비교해 최고치를 기록했다. 그러나 유가 상승과 무역분쟁 등 외부 요인 여파로 무역수지는 7월, 8월 연속 적자를 기록했다. 10월에는 환율이 심리적 마지노선인 달러당 1만5000루피아를 웃돌며 20년 만의 최저 수준으로 내려앉았다.

2019년에는 원자재 가격 상승과 4월 대선 이전 정부지출의 증가 등이 내수 성장을 이끌 것으로 보인다. 그러나 통화정책 강화, 공공 프로젝트 지연, 중국 소비 둔화, 미중 간 무역마찰은 경제성장을 저해하는 요인으로 작용할 것이다. 2018년과 2019년 경제성장률은 2017년과 동일한 5.1%를 유지할 것으로 판단된다.

필리핀 경제 역시 호재와 악재가 혼재한다. 2018년 3분기 들어 소매판매와 해외 송금 유입이 늘어나고 있다는 점은 긍정적이다. 정부의 인프라 프로젝트 확대

에 힘입어 고정자산 투자도 증가세다. 2019년에도 정부는 대규모 부양책을 이어 나갈 것으로 보인다. 그러나 제조업 PMI는 하락세다. 소비자신뢰지수 역시 마이 너스로 돌아섰다. 물가도 오르고 있어 소비자 지출이 향후 강세를 보일 것이라 장 담하기 어렵다. 2018년 9월 태풍 망쿳으로 인해 농업 부문이 수십억페소가량 손 실을 입었다는 점도 경제에 치명타다. 미중 무역분쟁 등 외부 요인에 따라 재정 경상수지 적자 역시 확대될 전망이다. 물가 상승에 따른 통화정책 강화로 민간소 비 위축도 예상된다. 이로 인해 필리핀 경제성장률은 2017년에 비해 0.1%포인 트 낮은 6.5%를 기록할 전망이다. 2019년에는 6.6%를 예상한다.

태국은 2018년 1분기의 고성장세가 2분기 이후 주춤하지만 여전히 양호한 실 적을 이어가는 중이다. 제조업이 꾸준히 크고 있고 소비자신뢰지수도 상승세다. 민간신용 증가로 소비도 늘어나는 중이다. IMF는 2018년과 2019년 태국 경 제성장률을 4.6%와 3.9%로 예측했다. 기존 예측치 대비 각각 0.7%포인트, 0.1%포인트가 높다. 아세안 국가 중 IMF가 성장률 전망치를 높인 국가는 태국 이 유일하다. 물론 변수는 있다. 글로벌 무역분쟁 심화로 인해 수출 성장세가 한 풀 꺾였다. 2019년 5월에는 총선이 실시될 예정이다. 그간 금지됐던 정치활동이 재개되면 현집권 세력과 구집권 세력 간 충돌이 사회적 혼란을 일으킬 수 있다. 사회적 혼란이 심각하지 않다면 관광 수입, 인프라 투자, 민간소비가 호조를 보이 며 2019년 경제성장을 이끌어갈 것으로 보인다.

베트남 경제는 2018년 1분기의 호황이 지속되고 있다. 산업 생산은 제조업 부 문이 뚜렷한 성장세며 소매판매는 물가 하락에 힘입어 하반기에도 성장을 지속하 고 있다. 2018년 8월부터 수출이 주춤했지만 수입 감소로 오히려 무역적자는 줄 었다. 2018년의 외국인 투자 유입에 따른 제조업 호조와 민간신용·소득 증가에 따른 내수 증대 효과가 2019년에도 지속되며 고성장세가 이어질 전망이다. 민간 신용 증가와 부채 부담이 금융 안정성에 위험을 초래할 수 있지만 정부가 생산성 이 높지 않은 산업 분야의 대출을 제한하는 정책을 펼쳐 위험을 줄일 것으로 판단

된다. IMF는 2018년과 2019년 베트남 경제
성장률을 각각 6.6%, 6.5%로 예상한다.

IMF 경제성장률 전망		단위:%
국가	2018년	2019년
인도네시아	5.1	5.1
말레이시아	4.7	4.6
필리핀	6.5	6.6
싱가포르	2.9	2.5
태국	4.6	3.9
베트남	6.6	6.5
캄보디아	6.9	6.8
라오스	6.8	7
미얀마	6.4	6.8

자료:IMF

IMF, 말레이시아 성장률 0.4%포인트 낮춰

말레이시아는 성장세가 다소 둔화된 모습이
다. IMF는 2018년 10월 발표한 보고서를 통
해 말레이시아 경제가 2018년 4.7%, 2019
년 4.6% 성장할 것이라는 전망을 내놨다.
2018년 4월 발표한 전망치에 비해 각각 0.6%
포인트, 0.4%포인트 낮다. 역내 최대 하락폭이다. 2017년 성장률인 5.7%에
비해서도 낮다. 세계은행 역시 최근 2018년 말레이시아 경제성장률 전망치를 종
전 5.4%에서 4.9%로 낮췄다. 말레이시아와 싱가포르를 잇는 고속도로 건설사
업이 연기되고 중국 경기 둔화, 무역마찰 등으로 인해 수출 증가율이 하락할 가능
성이 높다는 점이 주요 원인으로 파악된다.

아세안 중 유일한 선진국인 싱가포르도 성장세가 한풀 꺾일 전망이다. 2018년
2분기와 3분기 제조업이 호조를 보였지만 소매판매는 자동차를 제외하고 감소했
다. 주택 거래도 정부의 부동산 억제 정책으로 급감했다. 대외 개방성이 높아 글
로벌 무역분쟁으로 인한 타격도 클 것으로 예상된다. 2017년에는 경제성장률
3.6%를 기록했으나 2018년에는 2.9%, 2019년에는 2.5% 성장하는 데 그칠
것으로 예상된다.

아세안-5 외 국가도 성장세 이어갈 듯

아세안-5 외 국가들도 견조한 성장세를 지속해나갈 것으로 판단된다.

캄보디아는 관광산업이 성장하고 의류 수출이 늘어난 덕분에 양호한 성적을 내
고 있다. 관광 부문 지속 성장과 인프라 투자는 2018년 하반기와 2019년에도 성

장을 이끌 전망이다. 단 공공부문 고임금과 자본지출 확대로 재정 지속 가능성에 대한 우려가 나오고 있다. 2018년 9월 출범한 훈센(HunSen) 정부가 총선 과정에서 반대 세력을 탄압한 탓에 미국, 유럽연합(EU)과의 관계에 긴장감이 돈다는 점도 악재다. EU는 최근 캄보디아 정부 고위층 인사에 대한 제재와 무역 특혜의 재검토 결의안을 통과시켰다. 최저임금 인상에 따른 의류 부문 경쟁력 하락과 수출 위축 가능성도 리스크 요인이다. 경제성장률은 2018년 6.9%, 2019년 6.8%가 예상된다.

라오스도 가파른 성장세를 이어갈 전망이다. 수력발전업과 제조업, 서비스업 등이 호조를 보여 2018년 6.8%의 성장률이 기대된다. 2019년에는 전력 부문 성장, 인프라 투자 확대 등이 성장 모멘텀 역할을 해 7% 성장할 전망이다. 단 취약한 국가 재정은 인프라 투자의 제약 요인이다. 더불어 인프라 투자로 인한 수입재 증가는 경상수지 적자 폭을 확대할 것이다. 외국 자본에 대한 지나친 의존과 외채 증가도 취약 요인이다.

미얀마 경제는 2018년 들어 다소 위축된 모습이다. 제조업 생산과 신규 수주가 감소세로 들어섰으며 기업들은 대출 한계, 높은 세금, 통화 약세 등으로 인해 고전하고 있다. 재정수지와 경상수지도 적자다. 그러나 정부가 점진적인 개혁 노선을 유지하고 있으며 정치 문제 해결을 넘어 경제 발전을 위한 노력을 하고 있으며 2019년부터 가시적인 성과를 낼 것으로 보인다. 이에 힘입어 2018년에는 경제가 6.4%, 2019년에는 6.8% 성장할 전망이다.

유가 상승에 중동 경기 회복
중앙亞 원자재 가격 상승 호재

중동

셰일오일 · 지정학 리스크 변수

오경일 한국수출입은행 해외경제연구소 선임조사역

2013년부터 시작된 저유가 추세는 석유 의존도가 높은 중동 산유국 경제에 타격을 줬다. 이에 2016년 11월 중동 산유국을 중심으로 하는 OPEC(석유수출국기구)과 러시아를 비롯한 OPEC 비회원 산유국으로 구성된 'OPEC+'는 일일 평균 원유 생산량을 줄였다. 감산으로 인해 2016년 1월 배럴당 27.88달러까지 하락했던 국제유가는 상승세를 지속해 2017년 말 63.64달러까지 올랐다.

유가 상승 추세는 2018년 들어 가속화됐다. 도널드 트럼프 미국 대통령이 대(對)이란 경제제재 복원을 선언하면서 부터다. 경제제재안에는 이란과 국제사회가 체결한 이란 핵협정(JCPOA)에서 탈퇴하고 이란산 원유 수출을 전면 봉쇄하는 내용이 포함됐다. 이로 인해 시장의 불안심리가 증폭됐다. 2018년 6월 'OPEC+'가 일일 평균 100만배럴의 증산에 합의했음에도 국제유가는 70달러를 웃돌았다. 9월 열린 'OPEC+' 회의에서 추가 증산 합의가 불발된 직후에는 80달러를 돌파했다.

복수의 기관이 유가 상승세가 지속될 것으로 예상하는 만큼 그동안 저유가에 따른 석유 수출 수입(收入) 감소로 인한 재정수지 적자, 경상수지 흑자 축소, 외

중앙아시아 주요 경제지표

단위:%, 달러

구분	경제성장률		물가 상승률		GDP 대비 재정수지		GDP 대비 경상수지		러시아로부터의 송금액	
	2018년	2019년	2018년	2019년	2018년	2019년	2018년	2019년	2017년 6월	2018년 6월
카자흐스탄	3.7	3.1	6.4	5.6	1.4	1.4	-0.2	0.2	3억2000만(7억1000만)	3억5000만
키르기스스탄	2.8	4.5	2.9	4.6	-4.7	-5.2	-12.3	-11.8	9억9000만(22억1000만)	11억2000만
타지키스탄	5	5	5.8	5.5	-7.7	-6.8	-4.7	-4.3	10억6000만(25억4000만)	11억6000만
투르크메니스탄	6.2	5.6	9.4	8.2	-0.9	0	-8.2	-6.4	0	0
우즈베키스탄	5	5	19.2	14.9	-1.6	-2.8	-0.5	-1.5	15억7700만(39억)	18억

주:( )는 2017년 해외 이주 노동자들의 국가별 총 송금액

자료:IMF, 러시아연방중앙은행

환보유고 감소 등 여러 가지 문제를 겪어온 중동 산유국들의 경제성장률과 대내외 경제 환경이 개선될 것으로 기대된다. 다만 이란은 예외다. 미국 경제제재 복원으로 인해 2018년과 2019년 마이너스 성장을 기록한 것으로 예상된다.

이란을 제외한 중동 국가 경제성장이 예상되는 가운데 염두에 둬야 할 점이 몇 가지 있다. 국제유가 상승은 세계 경기 회복에 따른 수요 증가에 의한 것이 아니다. 미국의 대이란 경제제재 복원 등으로 인한 시장의 불안심리에 의한 현상이다. 미국, 사우디아라비아, 이스라엘과 이란 간의 갈등 고조는 오히려 정치·사회적 안정을 저해함으로써 투자와 생산활동의 위축을 초래할 가능성이 있다.

그동안 석유 의존적 경제구조에서 벗어나기 위해 산업 다각화와 재정 개혁 등을 추진해온 중동 산유국이 다시금 석유 수출 수입에 안주하고 보조금 축소 등 재정 건전화에 필요한 개혁 조치 추진을 늦추게 만드는 요인으로 작용할 가능성이 있다는 점도 중요하다. 이는 장기적으로 해당국 경제 발전에 악영향을 미칠 것이다.

미국 셰일오일 증산도 변수로 작용할 것이다. 국제유가가 100달러 수준으로 오르면 미국 셰일오일 채산성 향상으로 인해 생산량이 증가할 가능성이 높다. 특히 미국 트럼프 행정부는 최근 러시아와 사우디아라비아 간 정치적 밀착(원유 증산 합의, 사우디아라비아의 러시아 방공 체계 도입 등)에 대한 견제 카드로 셰일오일 증산을 통한 유가 하락을 도모할 터다.

사우디아라비아와 이란 간 역내 패권 경쟁, 이슬람 극단주의 세력의 위협 등 지

정학적 리스크 또한 중동 지역의 안정적인 경제성장에 장애물로 작용할 전망이다. 사우디아라비아 주도로 2017년 단행된 수니파 중동 국가들의 대카타르 단교와 경제제재 역시 2019년에도 계속될 것으로 판단된다.

아울러 IS(이슬람국가) 잔당이 무정부 상태 리비아를 비롯한 중동-북아프리카 각지는 물론 사하라 이남 아프리카에까지 퍼져나가고 있다. 또한 그동안 IS의 그늘에 가려졌던 알카에다를 비롯한 기존의 이슬람 극단주의 테러 조직들도 최근 전열을 재정비하고 활동을 다시 본격화하는 것으로 알려진다. 이들 테러집단이 중동 지역 국가 사회 안정을 저해함으로써 경제 발전에 악영향을 미칠 것으로 우려된다.

중앙아시아

2018년과 비슷한 수준 성장

강명구 KDB산업은행 미래전략연구소 연구위원

2018년 중앙아시아 경제성장률은 전년도에 비해 소폭 감소했다. 키르기스스탄과 타지키스탄이 특히 타격이 컸다. 연간 경제성장률이 2017년에 비해 각각 1.8%포인트, 2%포인트씩 감소할 것으로 예상된다.

GDP 대비 재정수지와 경상수지는 카자흐스탄을 제외하고는 마이너스 성장률을 지속했다. 카자흐스탄의 GDP 대비 경상수지는 유가가 올라 2017년 적자에서 흑자로 전환됐다. 물가 상승률은 2018년 기준금리가 4차례 인하돼 정부가 목표로 하는 5~7% 내에 머물고 있다.

2019년에도 중앙아시아 경제는 2018년과 비슷한 수준의 성장세를 이어갈 전망이다. 미국의 대러시아 경제제재 지속에 따른 파급효과, G2(미국·중국) 무역 전쟁을 비롯한 부정적인 요소와 국제 원자재 가격 상승 등 긍정적인 요소가 혼재하기 때문이다.

중앙아시아 경제에 영향을 미치는 주요 요소는 세 가지다.

첫째, 에너지 자원을 비롯한 국제 원자재 가격이다. 카자흐스탄, 투르크메니스탄,

우즈베키스탄은 에너지 자원, 키르기스스탄과 타지키스탄은 금과 알루미늄의 수출이 국가 경제의 중요한 부분을 차지한다. 미국 에너지청(EIA)은 2019년 국제유가(WTI 기준)가 2018년 평균 유가보다 소폭 올라 배럴당 69.6달러 수준으로 오를 것으로 내다본다. 금과 알루미늄 가격도 상승세를 유지할 것이라 전망한다. 주요 수출 품목 가격이 오르는 만큼 중앙아시아 경제에도 긍정적인 여파가 예상된다.

두 번째는 러시아 경제다. 러시아는 중앙아시아 국가의 주요 수출국이다. 통상 러시아 경기가 나아지면 중앙아시아 국가 수출이 증가한다. 예를 들어 러시아 경제성장률은 2016년 -0.2%에서 2017년 1.5%로 반등했다. 같은 기간 카자흐스탄의 대러시아 수출은 35.2% 증가했다. 우즈베키스탄과 키르기스스탄도 각각 34.6%, 16.4%씩 늘었다. 2019년 러시아 경제는 유가 상승에 힘입어 2018년보다 소폭 성장할 것으로 전망된다. 중앙아시아의 대러시아 수출도 증가할 가능성이 높다.

세 번째는 해외 이주 노동자의 외화 송금이다. 중앙아시아 국가에서는 해외 이주 노동자들이 자국으로 송금하는 외화가 자국 내수 경제를 확대해 성장에 중요한 기반이 된다. 특히 키르기스스탄과 타지키스탄은 러시아로부터의 외화 송금액이 GDP 대비 각각 29.2%, 35.5%씩 차지한다. IMF에 따르면 2018년 상반기 러시아발(發) 중앙아시아 송금액은 전년도 같은 기간에 비해 국가별로 적게는 3000만달러, 많게는 2억3000만달러씩 늘었다. 2019년에도 증가세는 지속될 것으로 보인다.

이외에도 카자흐스탄 정부가 추진하는 대규모 인프라 건설 프로젝트 '누를리 졸(Nurly Zhol)'이 순항 중이고 유라시아경제연합(EAEU)의 정치·경제적 영향력이 확대되고 있다는 점 등이 긍정적이다.

다만 미국의 러시아 경제제재는 변수가 될 수 있다. 러시아가 미국으로부터 추가 경제제재를 받으면 타격이 불가피하고 이는 중앙아시아에도 악영향을 끼친다. G2 통상마찰도 부정적인 여파를 몰고 올 가능성이 있다.

아르헨티나·베네수엘라 쇼크에
개도국 평균보다 낮은 성장률

문남권 한국외대 국제지역대학원 중남미학과 교수

▶ 지난 2018년 10월 발표된 국제통화기금(IMF) 세계경제전망 보고서에 의하면 중남미 경제는 2018년과 2019년 각각 1.2%와 2.2% 성장할 것으로 예측됐다. 이 전망치는 2018년 초에 발표된 IMF 전망 1.6%와 2.6%에 비하면 각각 0.4%포인트씩 하락한 수준이다. 원자재 가격 상승에 따른 수출 증가에도 불구하고 성장률 전망치가 하향 조정된 주요인은 역내 주요 대국이 품고 있는 리스크 때문이다. 역내 3위와 5위 경제대국인 아르헨티나와 베네수엘라의 경제위기가 지속되고 있으며 1위 대국 브라질 경제 불확실성 등이 해소되지 않고 있다.

중남미 경제는 2010년 6.1% 성장률을 보이며 정점을 찍은 후 2016년까지 지속적 경기 하락세를 보여왔다. 2017년 이후 반등세를 기록하고 있지만 세계 경제 성장률과 비교하면 저성장 기조가 여전하다.

2018년 중남미 경제 성적 전망치가 세계 평균이나 다른 개도국보다 낮은 이유는 구조적 요인과 일시적 요인이 결합된 결과다.

구조적으로는 지역 전반적으로 국가와 민간의 투자 부족 그리고 생산성 향상 노력 부족이 지적된다. 일시적 요인은 베네수엘라와 아르헨티나 경제위기가 미치는

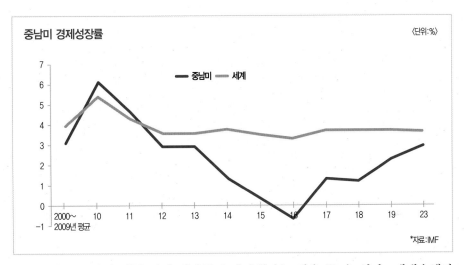

중남미 경제성장률 〈단위:%〉

— 중남미 — 세계

*자료:IMF

착시효과로 중남미 지역 전체 성장률이 하락했다는 점을 들 수 있다. 베네수엘라는 2018년 마이너스 성장 18%를 기록하는 등 심각한 경제위기를 겪고 있다. 국제유가 상승에도 불구하고 최악의 경기 하강 국면을 맞이했다. 무려 1만4000%에 달하는 인플레이션에 인도주의 논란까지 대내외 악재가 끊이지 않는다. 베네수엘라를 제외할 경우 올해 중남미 성장률은 2.3% 수준 정도로 분석된다. 역내 최대 경제대국인 브라질이 불황 회복 과정에서 1.4% 저성장을 이어가는 것도 요인이 되고 있다. 2018년 5월에 시작된 전국 트럭 운전사 파업과 그에 따른 물류 마비, 디젤유 가격 상승에 따른 시위 등으로 어려움을 겪고 있다.

아르헨티나는 화폐가치 하락으로 골머리를 썩이고 있다. 올해 들어 달러 대비 아르헨티나 페소화 가치가 50% 이상 떨어졌다. 책임을 물어 2018년에만 중앙은행 총재를 2번이나 바꿨을 정도다. 페데리코 스터제네거 전 총재가 페소화 폭락 책임을 지고 6월 사임한 데 이어 9월에는 후임인 루이스 카푸토 전 총재까지 물러났다.

화폐만 문제가 아니다. 주요 경제지표가 모두 최악을 가리키고 있다. 아르헨티나 통계청에 따르면 아르헨티나 2018년 2분기 국내총생산(GDP)은 전년 동기보다 4.2% 감소했다. 1분기만 해도 전년 동기 대비 3.9% 성장했던 터라 충격

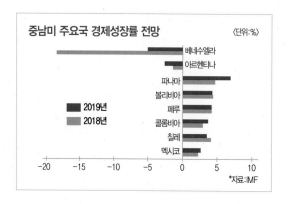

중남미 주요국 경제성장률 전망 〈단위:%〉

베네수엘라
아르헨티나
파나마
볼리비아
■ 2019년
■ 2018년
페루
콜롬비아
칠레
멕시코

-20 -15 -10 -5   0   5   10
*자료:IMF

이 더 크다. 상반기 빈곤율은 27.3%에 달했다.

베네수엘라와 아르헨티나를 제외하고는 역내 모든 국가가 플러스 성장세를 기록할 전망이다. 특히 도미니카공화국, 니카라과, 파나마와 페루를 포함한 9개 국가는 3.5% 이상의 성장률을 달성할 것으로 보인다. 칠레와 페루는 다년간 투자와 가계소비 증가로 성장률이 역내에서 가장 높은 국가가 됐다. 콜롬비아 역시 원자재 가격 상승과 산업 생산 증가로 꾸준한 경기 호조를 기록 중이다.

2019년 중남미 경제는 주요 역내외 변수에 따라 등락이 좌우될 것이다. 외부 위험 요인은 미국을 필두로 한 보호주의 움직임과 G2 무역전쟁, 국제금리 인상과 금융시장의 경직 등을 꼽을 수 있다. 이에 따라 중남미 환율이 인상되면서 외자 유출이 가속화될 것이다. 중국 구조조정에 따른 경기 침체도 중남미 경제에 부정적 여파로 작용할 수 있다.

긍정적 외부 요인은 원자재 가격 안정이다. 중남미 주요 수출품인 원유는 2019년 말까지 약 9% 상승한 배럴당 68달러 선을 유지할 것으로 보인다. 대두는 t당 349달러, 구리는 파운드당 2.9달러 선에서 움직일 것으로 전망된다. 구리의 경우 중국 성장세 둔화와 투기 세력 감소로 가격이 하락 추세를 보일 수 있지만 전반적으로 중남미 원자재 수출은 2019년 말까지 상대적으로 견조한 흐름을 이어갈 것으로 예측된다.

국가별로 살펴보면 칠레, 페루, 콜롬비아, 파라과이 등 안데스 지역 국가들은 가계와 기업 경기 신뢰도 상승하고 반면 물가 상승은 안정화되면서 회복세가 지속될 전망이다. 노동시장이 호조를 보이고 가처분소득이 증대되는 점도 긍정적이다. 칠레, 페루, 콜롬비아는 내년에 각각 3.4%, 4.1%, 3.6% 성장할 것으로 전망된다.

멕시코는 2019년 2.5% 성장할 것으로 보인다. 2018년 연초 2.3% 성장 전망보다 상향됐다. 이유는 나프타

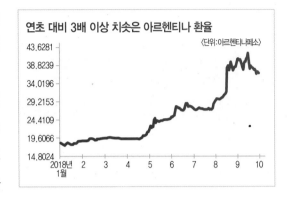

연초 대비 3배 이상 치솟은 아르헨티나 환율

〈단위:아르헨티나페소〉

(NAFTA) 재협상 타결에 따른 불확실성 제거와 7월 대선에서 안드레스 마누엘 로페스 오브라도르 신임 대통령 선출 이후 시장 전반의 안정성을 꼽을 수 있다. 그럼에도 불구하고 제조업의 경기 활성화와 수출 증가 부족은 여전히 성장률 기대치를 잠재성장률 이하로 조정하게 하는 요소로 작용 중이다. 반면 아르헨티나와 브라질은 금융 변동성, 화폐 평가 절하와 긴축정책 영향으로 여전히 어려움이 점쳐진다. 아르헨티나는 마크리 대통령이 IMF로부터 500억달러의 차관 도입을 합의한 이후 불안감이 가중되고 있다. 정부의 긴축재정은 투자 위축으로 이어져 2019년에 −1.2% 성장이 예상된다.

중남미의 전반적 잠재성장률은 2.5~3%로 추산된다. 2019~2020년 기간 중남미 많은 국가가 잠재성장률에 근접한 성장률을 기록할 전망이다. 그러나 타 개도국 지역에 비해 낮은 수준에 머물고 있어 생산성 향상을 위한 지속적 개혁 추진이 요구되는 상황이다.

수출 의존도 높은 호주 '아슬아슬'
이민자 감소 뉴질랜드 '불안불안'

김기진 매경이코노미 기자

▶ 국제통화기금(IMF)에 따르면 호주 경제는 2018년 성장률 3.2%를 기록할 전망이다. 2017년 성장률(2.2%)을 웃도는 수치다. 경제성장을 이끈 가장 결정적인 요소는 고용 시장 호황이다. 2018년 9월 호주 실업률은 5.2%를 기록했다. 6년 반 만에 가장 낮다. 실업률 감소와 가계소득 증가가 민간소비 증가로 이어졌다는 분석이 나온다. 자원 수출이 늘었다는 점도 한몫했다. 특히 액화천연가스(LNG) 수출 증가가 돋보인다. 호주 산업기술과학부에 따르면 2016~2017년 5200만t이었던 LNG 수출량은 2018~2019년 7700만t까지 늘어날 것으로 추산된다. LNG 1위 수출국인 카타르를 제칠 날이 머지않았다는 분석도 나온다. 기업 투자 증가 역시 성장에 기여했다.

2019년 호주 경제성장률은 2018년에 비해 0.4%포인트 낮은 2.8%가 예상된다. 인구가 연평균 1.6% 늘어나고 있는 데다 고용지표가 호조를 보여 당분간 소비 증가가 지속될 가능성이 높다는 점, 자원 수출이 증가한다는 점 등은 긍정적이다. 정부가 인프라 투자에 적극 나서고 있다는 것도 호재다.

그러나 위험 요소도 여럿 존재한다. 하락세를 보이는 집값이 대표적이다. 호주 부동산 가격은 2017년 9월 이후 12개월 연속 내렸다. 하락세가 지속되면 자산가치 감소, 부동산 경기 악화 등으로 이어질 수 있다. 임금

호주·뉴질랜드 국내총생산(GDP) 증감률			단위:%
구분	2017년	2018년	2019년
호주	2.2	3.2	2.8
뉴질랜드	3	3.1	3

주:전년도 대비, 2018·2019년은 전망치　　　자료:IMF

상승세가 정체됐다는 것도 약점이다. 수출 의존도가 높은 국가인 만큼 미국과 중국 간 통상마찰이 장기화되고 있다는 점 역시 위험 요소다.

뉴질랜드 순이민자 감소에 민간소비 둔화될 수도

뉴질랜드는 소비 증가, 관광업 성장 등에 힘입어 양호한 성적을 이어가고 있다. 경제성장률은 2018년 3.1%, 2019년 3%로 예상된다. 선진국 전체 성장률 예상치인 2.4%와 비교해 각각 0.7%포인트, 0.6%포인트 높다.

호주와 마찬가지로 고용지표가 좋다는 점이 긍정적인 전망치가 나오는 배경이다. 2018년 1분기 뉴질랜드 실업률은 4.4%를 기록했다. 약 9년 만에 최저치다. 2분기에는 0.1%포인트 오른 4.5%를 기록했으나 여전히 낮다.

정부가 추진 중인 '키위빌드(KiwiBuild)'도 긍정적인 여파를 몰고 올 것으로 예상된다. 키위빌드는 2018년에 시작된 프로젝트로 서민도 충분히 구매할 수 있는 가격의 주택을 10년간 10만채 공급한다는 내용이 핵심이다. IMF는 해당 프로젝트로 인해 매년 5억뉴질랜드달러(약 3724억원)가 시장에 풀릴 것으로 분석하며 2019년 중반부터 주택 투자가 본격 활성화될 것이라 내다본다.

단 순이민자 증가세가 둔화되고 있다는 점은 향후 경제성장률을 끌어내릴 수 있는 요소다. 뉴질랜드 통계청에 따르면 2017년 10월부터 2018년 9월까지 뉴질랜드 순이민자 수는 6만2700명이다. 전년도 같은 기간에 비해 8300명 줄었다. 이민자 수 감소가 민간소비 둔화로 이어질 가능성이 있다. 정부가 최근 집값을 잡기 위해 뉴질랜드에 거주하지 않는 외국인의 부동산 투자를 제한하는 규제를 도입했는데 이로 인해 부동산 시장이 침체될 수 있다는 우려도 나온다.

나이지리아·남아공 '쌍두마차' 부진 아프리카 단일 시장 FTA 가시화

나건웅 매경이코노미 기자

▶ 아프리카 경제는 꾸준히 성장 중이다. 국제통화기금(IMF)은 2017년 2.7% 였던 아프리카 지역 경제성장률이 2018년 3.1%까지 오를 것으로 전망했다. 회복세에 들어선 세계 경제와 상품 가격 상승이 경제성장을 견인 중이다. 2019년에는 4%까지 오를 것으로 내다봤다. 아프리카개발은행(AfDB)이 내놓은 전망은 보다 낙관적이다. AfDB는 아프리카 지역 국내총생산(GDP) 증가율이 2017년 3.4%에서 2018년 4.1%로 높아질 것으로 전망했다.

수치를 보면 분위기가 나쁘지 않다. 하지만 각국 경제 상황을 자세히 들여다보면 사정이 좋지만은 않다. 아프리카 경제를 이끄는 두 나라, 나이지리아와 남아프리카공화국 경제가 우울한 분위기를 이어가고 있다. 2018년 기준 나이지리아 GDP는 약 3974억달러, 남아공은 3766억달러로 아프리카 국가 중 덩치가 가장 크다.

나이지리아는 2016년 1.5% 역성장이라는 최악의 부진을 딛고 일어나는 모습이지만 회복 속도가 느리다. 아프리카 최대 산유국인 나이지리아는 유가 상승 호재에도 불구하고 2018년 0.9%, 2019년에는 1.4% 저성장을 이어갈 것으로 전망된다. 농업 등 비석유 부문 생산이 호조를 띠고 있기는 하지만 아프리카 국가

평균 예상 성장률에 비하면 낮은 수준이다.

아프리카 대표적 비자원 국가인 남아공 역시 괴로운 상황이다. 남아공은 글로벌 금융위기가 닥쳤던 2009년 이후 약 10년 만에 처음으로 경기 침체기에 접어들었다는 평가가 나올 정도다. 남아공 2018년 1분기 경제성장률(전분기 대비 기준)은 -2.6%, 2분기는 -0.7%를 기록했다. 농업 생산이 저조했고 소비자 지출 둔화 양상이 뚜렷하다. 실업률도 30%에 육박했다. 시릴 라마포사 정부가 토지 개혁과 씨름하는 사이 연료 가격이 급등해 물가 상승을 압박하고 있다. 2018년 10월 기준 달러 대비 남아공 통화가치는 연초보다 15%가량 떨어졌다.

여타 저소득 국가가 보유한 막대한 채무도 아프리카 지역 잠재 리스크다. 이미 2017년 차드, 에리트레아, 모잠비크, 콩고, 남수단, 짐바브웨 등 6개 국가는 '채무불이행' 판정을 받았다. 2017년 아프리카 국가 국채 발행액은 전년 대비 10배 늘어난 75억달러에 달했다. 2018년에는 상반기에만 110억달러 상당의 국채를 추가 발행하기도 했다. 또 저소득 국가의 공공부채는 지난 5년 사이 GDP의 13% 규모까지 증가한 것으로 추정된다.

희망적인 요소도 분명 있다. 아프리카 단일 자유무역협정(AfCFTA) 출범도 기대를 모은다. 아프리카연합(AU) 55개국 중 49개국이 참여를 결정한 자유무역협정으로 세계무역기구(WTO) 이후 가장 많은 국가가 참여하는 자유무역지대다. AfCFTA가 성공적으로 출범할 경우 인구 12억5000만명, GDP 2조5000억달러 규모의 거대 단일 시장이 열리게 된다. 무관세 역내 교역을 통해 아프리카 내수 시장이 급성장할 것으로 전망된다. 아프리카경제위원회(UNECA)는 AfCFTA 발효 시 2022년 역내 교역이 2010년 대비 52.3% 증가할 것으로 예측했다.

신흥국가 약진도 돋보인다. 에티오피아(8.5%), 르완다(7.8%), 가나(7.6%), 코트디부아르(7%) 등은 2019년 7% 이상 높은 경제성장률을 기록할 것으로 IMF는 전망했다. 특히 에티오피아는 반정부 시위 끝에 2018년 4월 취임한 아비 아메드 총리가 전면적인 정치·경제 개혁을 이끌고 있어 관심이 집중된다.

V

2019
매경 아웃룩

원자재 가격

1. 원유
2. 농산물
3. 금
4. 철강
5. 비철금속
6. 희유금속

수급 상관없이 유가 오름세 쭉~
두바이유 75~80달러 넘어설 듯

이달석 에너지경제연구원 선임연구위원

▶ 국제 원유 가격은 2018년 3분기까지 5분기 연속 상승했다. 아시아 지역 원유 가격 기준이 되는 중동산 두바이유 가격은 2018년 1분기에 64b/d, 2분기 72.1b/d, 3분기 74.2b/d를 기록했다. 2018년 1~3분기의 두바이유 평균 가격은 70.1b/d로 전년도의 연평균 가격인 53.2b/d에 비해 무려 32% 상승했다.

2018년 유가 상승에 가장 큰 영향을 준 것은 OPEC의 과도한 감산이었다. OPEC의 2018년 1~6월 감산량은 184만b/d로 감산 준수율이 156%에 달해 전년도의 평균 감산 준수율 106%를 훨씬 웃돌았다. 특히 베네수엘라는 원유 생산을 위한 투자·운영자금 부족과 석유 인프라 노후화로 원유 생산이 지속적으로 감소했다. 베네수엘라 원유 생산은 2017년 12월 170만b/d에서 2018년 8월 120만b/d로 감소했다. 그러므로 OPEC의 과도한 감산은 의도된 것이라기보다는 대부분 베네수엘라의 정치·경제위기에서 비롯된 불가피한 것이었다고 볼 수 있다.

여기에 더해 트럼프 미국 행정부는 2018년 5월 8일 이란 핵합의(JCPOA·포괄적공동행동계획) 탈퇴를 선언하고 180일의 유예 기간이 종료되는 11월 5일부터 이란 원유 수출 제재를 재개하기로 결정했다. 이란은 자국의 원유 수출이 불가하게 될 경우 주요 해상 수송로인 호르무즈 해협을 봉쇄하겠다고 여러 차례 위협했다. 이에 따라 OPEC의 원유 공급 차질에 대한 불안감은 더욱 고조됐다.

OPEC은 2018년 6월 22일 OPEC 총회에서 과도한 감산 준수율을 100%로 낮추는 감산 완화(증산) 결정을 내렸다. 하지만 감산 완화를 위한 합의 사항에 산유국별 증산 할당량 등 세부 내용에 대한 언급이 없어 예상되는 증산 규모는 불확실하다. 한편 세계 석유 수요는 세계 경기의 확장세에 힘입어 선진국과 신흥국 모두 높은 증가세를 보였다. 그중에서도 중국과 여타 아시아 신흥국의 수요가 크게 증가해 2018년 상반기 중 세계 전체 석유 수요 증가에 대한 기여율이 58%에 달했다.

물론 미국 셰일오일을 중심으로 한 비OPEC 원유 생산이 유가 상승에 힘입어 급속히 증가하기는 했다. 그러나 세계 석유 수요 증가와 OPEC의 감산 물량을 모두 상쇄할 수는 없었다. 또 2017년 하반기 들어서면서 베네수엘라 생산 감소가 지속되고 이란의 수출과 생산이 감소하기 시작하자 수요가 공급을 초과하는 상황이 발생했다. 미국 달러화 가치는 연방준비제도(Fed)가 3월과 6월, 9월에 기준금리를 인상했지만 유럽중앙은행(ECB)의 양적완화 축소 등으로 전반적인 약세를 보이며 유가 상승 요인으로 작용했다. 이 같은 수급과 금융 측면의 유가 상승 요인에 더해 2018년 유가에는 지정학적 리스크에 의한 '공포 프리미엄'이 일정 부분 더해진 것으로 보인다. 즉 미국의 이란 제재가 본격적으로 시행되면 원유 공급이 더 위축될 것이라는 시장의 불안심리가 유가 상승을 부채질했다는 것이다.

2019년 국제유가는 어떻게 움직일까. 결론부터 얘기하면 2019년 국제유가는 석유 수급 균형이 유지되더라도 2017년과 2018년의 상승세를 이어갈 가능성이 높아 보인다.

우선 석유 수요가 지속 증가하고 있다. 2019년 세계 석유 수요는 전년 대비 140만b/d 늘어날 것으로 예상된다. 이는 2018년 증가분 추정치인 150만b/d에 못 미치는 수준이다. IMF의 2019년 세계 경제성장률 전망치는 3.9%로 2018

년 추정치인 3.9%와 동일하지만 석유 수요 증가를 주도하는 중국의 경제성장률이 낮아지고 있기 때문이다. 유가 상승에 의한 소비 억제 효과도 수요 증가세 둔화의 이유다. 그럼에도 중국과 인도 등 아시아 신흥국의 수요 증가분은 세계 수요 증가분의 대부분을 차지할 것이다.

미국 원유 생산의 증가 속도는 느려도 꾸준히 증가할 것으로 전망된다. 미국의 주요 셰일오일 생산지인 퍼미안(Permean)의 송유관 부족은 그동안 추가적인 생산 확대를 제약하는 요인이었다. 하지만 2019년 하반기에 멕시코만 연안으로 연결되는 신규 송유관이 가동될 예정이어서 원유 수송의 애로는 해소될 터다. 2019년 비OPEC 전체 석유 공급은 미국의 셰일오일 생산 증가와 더불어 캐나다, 카자흐스탄, 러시아의 증산 등으로 전년보다 190만b/d 증가할 것으로 전망한다.

이처럼 비OPEC 공급 증가분은 세계 수요 증가분을 모두 상쇄하고도 남을 것으로 보인다. 이에 따라 OPEC 생산이 2018년 수준을 유지한다면 2019년 세계 석유 수급은 충분히 균형을 회복할 수 있을 것이다. 문제는 OPEC이다. OPEC이 베네수엘라의 추가 생산 감소분과 미국의 이란 제재에 의한 이란의 추가 생산 감소분을 보충하면서 전년만큼 생산할 수 있느냐가 관건이다. 특히 2018년 12월 말로 OPEC의 감산 기간이 종료되므로 OPEC 증산 규모는 큰 변수가 될 수 있다.

국제 정세도 관전 포인트다. 미국 국무부는 2018년 6월 이란산 원유 수입국에 제재 유예 기간이 종료된 이후 이란으로부터의 원유 수입을 전면 중단할 것을 요구한 바 있다. 미국이 이란의 원유 수출 제재를 처음으로 시작한 2012년에 이란 원유 수입을 '상당량' 감축한 국가에 대해 제재 예외를 인정한 것과 비교해 제재 강도가 높아질 것으로 보인다. 그러므로 이란의 생산 감소분은 과거 사례에 비춰 100만b/d를 웃돌 것으로 예상된다. 베네수엘라의 추가 생산 감소분도 약 30만b/d에 이를 것으로 전망된다.

OPEC의 여유생산능력(spare capacity) 역시 챙겨봐야 한다. 여유생산능력은 통상 '3개월 이내에 생산을 시작해 상당 기간 생산을 지속할 수 있는 설비 능력'

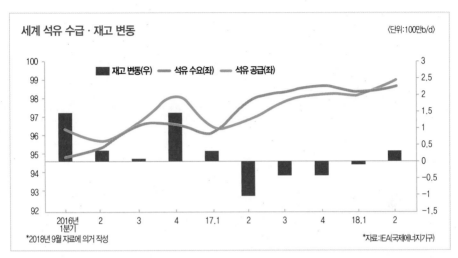

세계 석유 수급 · 재고 변동 〈단위:100만b/d〉

■ 재고 변동(우)　━ 석유 수요(좌)　━ 석유 공급(좌)

2016년 1분기, 2, 3, 4, 17.1, 2, 3, 4, 18.1, 2

*2018년 9월 자료에 의거 작성

*자료:IEA(국제에너지기구)

을 말한다. 국제에너지기구(IEA)는 2018년 8월 기준으로 OPEC이 보유한 여유 생산능력을 270만b/d로 추정했다. 사우디아라비아가 이 중 약 170만b/d를 보유하고 나머지는 쿠웨이트와 아랍에미리트, 이라크 등이 갖고 있다. 따라서 이들 국가가 여유생산능력을 활용해 이란과 베네수엘라 양국의 추가 생산 감소분을 충당할 수는 있다. 그러나 2014년의 유가 폭락에 의한 설비 투자 부진으로 이미 부족한 상태에 있는 OPEC의 여유생산능력이 증산으로 인해 더 축소될 경우 국제 석유 시장은 극도의 불안에 빠질 수 있다.

위의 논의를 종합하면, 2019년 국제유가는 석유 수급 균형이 유지되더라도 2017년과 2018년의 상승세를 이어갈 가능성이 크다. 2019년 국제유가는 두바이유 기준 평균 75~80b/d에서 형성될 전망이다. 그리고 OPEC의 여유생산능력 부족으로 가격의 변동성이 확대될 것으로 예상된다. 물론 석유 수요가 예상보다 더 증가하고 지정학적 사건에 의해 예기치 못한 공급 차질이 발생할 경우 유가는 더 상승할 수 있다. 반대로 미중 무역분쟁의 심화 등으로 세계 경제성장률이 둔화돼 석유 수요 증가 폭이 예상보다 축소되고 미국의 셰일오일 등 비OPEC 공급이 예상보다 더 증가할 경우 유가는 하락할 것이다.

미중무역분쟁 영향 가격 상승
겨울철 엘니뇨 발생이 변수

윤종열 한국농촌경제연구원 농업관측본부 부연구위원

▶ 국제 곡물 가격은 3개년(2015~2017년) 동안 전반적인 하향 안정세를 유지했다. 2014년에는 주요 곡물 생산국의 작황 부진으로 곡물 가격이 크게 뛰었고 2015년에는 옥수수와 콩 주산지인 미국의 기상 악화, 2016년 남미 지역 가뭄 피해, 2017년 미국·호주 등 주요 밀 생산국의 가뭄 등 곡물 가격이 일시적으로 급등한 시기가 있기는 했다. 그럼에도 곡물 가격이 안정세를 유지한 이유는 기상 악화에 따른 작황 부진이 세계 주요 곡물 생산국에서 동시다발적으로 발생한 것이 아니라 특정 국가에 국한됐기 때문이다.

그런데 2017년 하반기까지 안정세를 유지해오던 국제 곡물 가격은 2018년 1월 이후 상승하기 시작했다. 지난 2017년 겨울철 발생한 라니냐로 아르헨티나 콩 생산이 타격을 입고 이 때문에 콩 선물 가격은 2018년 1월 최저점(t당 346달러) 이후 상승하기 시작, 같은 해 3월 t당 392달러까지 치솟는 등 3~4월에 걸쳐 강세를 나타냈다. 또 이후에도 가뭄, 봄철 저온 현상은 2018년 상반기 밀 가격을 끌어올렸다. 특히 이때는 러시아, 우크라이나, 유럽 겨울밀 생산량까지 급감했고 2018년 5월 옥수수 선물 가격은 3월 대비 4.9%, 2017년 동기 대비 8.6% 높은 수준을 나타냈다. 이상 가뭄에 따른 밀 가격 급등은 러시아 정부가 밀 수출세를 부과할지도 모른다는 우려를 증폭시키는 등 국제 곡물 시장에서 불안 요인이었다.

이외에도 달러화 강세, 미중 무역분쟁 등 공급 외적 요인도 곡물 가격에 영향을 미쳤다. 특히 미중 무역분쟁의 영향으로 중국은 브라질산 콩 수입을 확대했고 브라질산 콩 수출 가격이 크게 올랐다.

2018~2019년 주요 곡물 수급, 전년보다 악화될 것

2018~2019년에는 콩을 제외한 밀, 옥수수, 쌀은 기말재고량이 줄어 수급 여건이 2017~2018년보다 악화될 것으로 보인다.

품목별로 살펴보면 2018~2019년 세계 밀 생산량은 전년 대비 3.1% 감소한 7억3343만t에 이를 전망이다. 전 세계에서 밀 생산량이 가장 많은 유럽은 북부 지역의 고온건조한 날씨와 남부 지역의 높은 습도 탓에 밀 작황(전년 대비 9.1% 감소, 1억3743t)이 부진할 것으로 예상된다. 러시아는 북서부 지역을 제외한 겨울밀 주산지에서 가뭄이 지속되고 있다. 이에 따라 전년 대비 밀 생산량이 15.1% 감소한 7210만t에 그칠 것으로 보인다. 반면 같은 기간 미국 밀 생산량은 7.8% 증가(5108만t)할 것으로 보인다. 전 세계 밀 소비량이 1.3% 증가할 것으로 예상되는 반면 생산량 감소 폭이 큰 탓에 세계 밀 기말재고량은 4.4% 감소한 2억7141만t에 그칠 전망이다.

2018~2019년 세계 옥수수 생산량은 남미 국가 생산량 증가에 힘입어 전년보다 1.9% 늘어난 10억5707만t에 이를 전망이다. 브라질과 아르헨티나 옥수수는 건조한 날씨와 단수 감소로 2017~2018년 생산량이 크게 감소한 바 있는데 2018~2019년에는 전년 대비 각각 12%, 27.7% 증가한 9400만t, 3960만t을 기록할 전망이다. 다만 독일, 네덜란드, 벨기에 등 EU 주요 밀 생산 국가는 가뭄이 지속되고 단수가 감소해 전년보다 5.9% 감소한 6137만t을 생산하는 데 그칠 것으로 예상된다. 세계 옥수수 소비량은 전년 대비 2.2% 증가할 것으로 보이며 이에 따

라 세계 옥수수 기말재고량은 23.2% 감소한 1억 5412만t이 될 것이다.

2018~2019년 세계 쌀 생산량 역시 전년 대비 소폭 감소(0.7% 감소, 4억9504만t)할 전망이다. 국가별로 중국 쌀 생산량은 조생종 재배 면적이 감소해 전년 대비 3% 감소, 1억4154만t을 기록할 것으로 보인다. 인도에서는 북부 지역 쌀 주산지에서 카리프(Kharif·1차 하계 경작기) 때 벼 재배 면적이 감소했다. 이

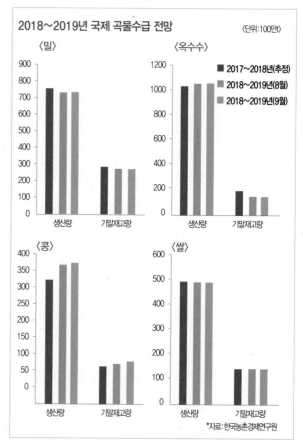

2018~2019년 국제 곡물수급 전망 〈단위: 100만t〉

*자료: 한국농촌경제연구원

에 따라 인도 쌀 생산량은 전년보다 2.6% 적은 1억1000만t에 그칠 것으로 예상된다. 미국 쌀 생산량은 전년보다 23.1% 대폭 증가할 것으로 보이는데 그럼에도 생산량은 697만t에 그칠 것이다. 2018~2019년 세계적으로 0.7% 증가한 4억 9243만t의 쌀이 소비될 것으로 보인다. 소비량 증가, 생산량 감소로 세계 쌀 기말재고량은 전년보다 0.7% 감소한 1억4694만t으로 전망된다.

반면 콩은 2018~2019년 세계 생산량(3억6908만t)이 전년 대비 10.1% 증가할 것으로 예상되는 작물이다. 아르헨티나는 기상 악화로 2017~2018년 콩 생산량이 감소한 바 있으나 2018~2019년 단수가 평년 수준을 회복할 것으로 예상돼 생산량(5514만t)이 전년 대비 57.5% 증가할 것으로 보인다. 브라질에서는

최근 설탕 가격이 약세를 보이고 옥수수 수출 경쟁력이 약화되면서 콩 재배 (의향) 면적이 넓어졌고 이에 따라 콩 생산량이 전년 대비 0.7% 증가한 1억2109만t에 이를 것으로 전망된다. 미국 역시 기후 여건이 좋고 단수가 증가할 것으로 예상돼 전년 대비 6.9% 증가한 1억2773만t의 콩을 생산할 것으로 보인다. 같은 기간 세계 콩 소비량은 전년보다 4.9% 증가할 것으로 보이나 생산량이 크게 늘어난 만큼 기말재고량이 18.1% 늘어날 것으로 보인다.

다만 미국해양대기관리처(NOAA)에 따르면 2018년 연말로 갈수록 엘니뇨 발생 확률이 높아질 것으로 예상되는 점은 변수다. 엘니뇨 발생 확률이 높아지면 북반구 겨울밀과 남미 지역 옥수수 초기 생육이 부진할 수 있다.

밀 가격 강세…옥수수 · 콩 가격 약세 추세 이어질 듯

2018년 7~10월 평균 밀 선물 가격은 t당 190달러로 2018년 상반기(1~6월)보다 8.6% 높은 수준이었다. 밀 선물 가격은 7월 하순~8월 상순에 걸쳐 가격이 급등한 이후 미국 · 러시아 봄밀 작황이 개선되며 조정 국면에 접어들었다. 하지만 10월 들어 t당 187~190달러로 비교적 높은 수준을 형성하고 있으며 러시아, 호주, 유럽의 밀 생산량 감소가 세계 밀 시장에서 가격 강세 요인으로 작용하고 있다. 따라서 2019년 상반기에도 밀 가격은 강보합세를 유지할 가능성이 높다.

반면 2018년 7~10월 평균 옥수수 선물 가격은 같은 해 상반기 대비 5.4% 하락한 t당 140달러였으며 같은 기간 콩 선물 가격은 14.9% 낮은 313달러였다. 2018~2019년 미국 옥수수와 콩 생산량 전망치가 상향 조정돼 가격 약세가 지속됐다. 특히 미중 무역분쟁이 장기화되며 미국의 대중국 콩 수출량이 감소하고 재고량이 증가했으며 콩 선물 가격은 크게 하락했다. 2018~2019년 미국 콩 생산량이 역대 최대 수준으로 전망되는 데다 미국산 콩 수출이 차질을 빚으면 콩 선물 가격은 약보합세를 이어갈 것으로 예상된다. 옥수수 선물 가격도 미국의 작황 호조로 향후 하락세가 이어질 전망이다.

상반기 온스당 1200달러
'미저리지수' 상승세 눈여겨봐야

이석진 원자재해외투자연구소장

▶ 금 투자자 시각에서 보면 2018년은 다소 혼란스러운 시간이었다. 연초 갑작스럽게 미국 증시 변동성이 커진 데 이어 아르헨티나와 브라질은 경제위기를 맞이했다. 더불어 터키와 인도네시아 통화가치가 급락했고 미국과 중국의 무역전쟁은 통상 전문가들 예상을 깨고 장기화됐다. 글로벌 시장 불확실성을 증폭시키는 사건이 줄을 잇자 안전자산인 금값이 오를 것이라는 전망이 여기저기서 쏟아져 나왔다. 그러나 예상은 빗나갔다. 2018년 10월 기준 금시세는 연초에 비해 10%가량 하락했다. 대부분 선진국 증시와 채권, 통화, 그리고 원유 등이 가파른 상승세를 기록한 것과 비교된다. 금보다 못한 성적을 낸 것은 중국을 비롯한 일부 신흥국 증시와 통화뿐이다.

2017년에 비해 글로벌 시장 불확실성이 커졌음에도 2018년 금값이 하락한 이유를 파악하고 향후 시세 흐름을 예측하기 위해서는 기본으로 돌아가야 한다. 금값에 가장 큰 영향을 미치는 3대 요소로는 물가, 안전자산 수요(글로벌 불확실성), 그리고 달러를 꼽을 수 있다. 이 세 가지가 공통적으로 측정하는 것은 결국 하나다. 바로 달러의 신뢰도 변화다. 궁극적으로 금은 기축통화의 대용화폐다. 금

가치가 높은 이유는 돈 대신 사용하기 쉬운 최고의 실물자산이라는 성격을 가진 덕분이다. '최후의 기축통화'라는 별칭이 괜히 있는 것이 아니다.

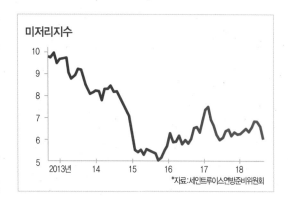

미저리지수

*자료:세인트루이스연방준비위원회

대용화폐는 기존 화폐, 즉 글로벌 기축통화인 달러를 대신하는 존재다. 전 세계 경제 주체들과 투자자의 달러에 대한 신뢰도 변화가 금 매력도를 결정짓는다는 뜻이다. 달러 신뢰도가 낮아지면 금 수요가 증가하고 값이 오른다. 반대로 달러 신뢰도가 높아지면 금 수요가 줄고 가격도 하락한다. 달러 신뢰도는 달러 발행국인 미국의 신뢰도를 의미하며 미국이 전 세계에서 차지하는 위상이 어떻게 변하는지와 밀접하게 연관된다.

금융시장에서 주요국 위상 변화를 비교하기란 쉽지 않다. 그러나 자본시장과 금융시장 주역이라 할 수 있는 기업의 위상 변화를 보면 각국 지위, 통화 신뢰도 등을 추정하는 것이 가능하다. 기업 위상은 국가별 시가총액 세계 100대 기업 수를 살펴보면 가늠할 수 있다. 글로벌 금융위기 이후 2009년부터 2018년까지의 자료를 분석하면 세계 100대 기업 중 미국 기업 수는 2009년 42개에서 2018년 54개로 증가했다. 이 밖에 중국을 제외한 주요 국가 모두 기업 수가 줄었다. 중국 기업 수는 늘었지만 미국과 대등하게 경쟁할 수 있을 만큼은 아니다. 지난 10년간 미국의 힘은 증가한 셈이며 기축통화인 달러 신뢰도 또한 견고하다고 볼 수 있는 것이다. 2018년 금시세가 약세를 보인 것도 이 때문이다.

미국 경제성장 둔화되면 서서히 시세 오를 듯

2019년 금시세는 상저하고가 예상된다. 상반기에는 온스당 1200달러 선을 유지한 뒤 하반기 완만한 상승세를 보일 것으로 판단된다.

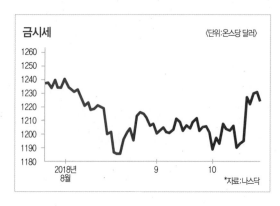

금시세　　　　　　　　　　　　　　〈단위:온스당 달러〉

1260
1250
1240
1230
1220
1210
1200
1190
1180

2018년
8월　　　　　　　　9　　　　　　10

*자료:나스닥

상반기 시세 변동 폭이 크지 않을 것이라 내다보는 이유는 미국 경제 호황 속에 달러가 탄탄한 입지를 유지하고 있기 때문이다. 물론 미국 경제가 호황을 이어간다 해도 신흥국이 가파른 성장세를 보이면 금값이 오를 가능성은 있다. 신흥국이 급성장하면 달러자산보다 신흥국 자산 투자 수익률이 높아진다. 달러는 수요가 줄어들며 약세로 돌아서고 금 투자 수요는 증가한다. 단 이 시나리오는 현재로서는 현실화 가능성이 낮다. 신흥국 대부분은 성장 둔화, 부채 증가 등의 리스크를 안고 있다. 달러 약세 요인으로 작용할 만큼 급성장하는 신흥국이 상반기 내에 등장할 확률은 낮다.

미저리지수(Misery Index)가 아직은 다소 낮다는 점도 2019년 상반기 금시세 변동 폭이 한정적일 것이라는 예측을 뒷받침한다. 미저리지수는 금시세를 전망할 때 눈여겨봐야 하는 지표다. 말 그대로 경제고통지수인데 실업률과 물가 상승률을 합산해 산출한다. 실업률과 물가 상승률이 높아질수록 경제성장에 대한 기대감은 떨어진다. 이는 안전자산 수요를 높이고 금 가격 상승 요인으로 작용한다. 미저리지수와 금값 그래프를 한데 놓고 보면 2000년대 금값 호황기와 미저리지수 상승기가 겹친다. 반면 2012년 초를 기점으로 경기가 좋아지면서 금값은 하락세를 보인다. 미저리지수가 8을 넘어가면 금값 상승에 추진력이 붙는다. 하지만 일부 국가를 제외하면 미저리지수는 여전히 낮은 수준이다. 가장 중요한 국가인 미국의 미저리지수는 6포인트대에 불과하다.

하반기 완만한 상승세를 예상하는 이유는 미국 경기 성장세가 서서히 둔화될 가능성이 높아서다. 미국 정부는 금리 인상 기조를 유지하고 있다. 2019년에도 금리를 서너 차례 올릴 것이라는 분석이 지배적이다. 가파른 금리 인상은 기업의 비용 부담을 늘려 성장동력이 약해질 수 있다. 실업률 증가로 이어져 미저리지수를 높일 가능성도 존재한다. 2019년 2분기에는 미국 미저리지수가 7~8로 오를 것으로 판단된다. 미국 금리 인상으로 인한 신흥국 통화 불안정 역시 당분간 지속될 것으로 보인다. 미국·중국 무역분쟁으로 인한 글로벌 기업 실적 하락 가능성도 위험 요소다. 이에 안전자산인 금 수요가 늘면서 가격이 오를 확률이 높다.

세계 철강 수요 안정적인 증가세
보호무역주의가 가격 유지 원동력

정은미 산업연구원 선임연구위원

▶ 2018년 8월까지 세계 철강 생산은 지난해 같은 기간 대비 2.6% 늘어난 15억1700만t을 기록했다. 인도(3.7%), 중국(2.7%), 터키(5.7%) 같은 신흥국은 물론이고 스페인(6.6%), 미국(5.1%) 등 선진국도 높은 증가세를 보였다. 2019년에도 견조한 수요 증가에 힘입어 생산이 계속 늘어날 것으로 예상된다.

국제철강협회(WSA)는 2019년 세계 철강 수요를 16억8120만t으로 전망했다. 2018년의 3.9% 증가에 이어 2019년도 1.4% 늘어날 것으로 예상했다. 선진국 투자 회복 등으로 2019년도 철강 수요는 유지할 것으로 내다봤지만 보호무역주의 심화, 환율 변동성 확대 등은 변수가 될 전망이다(표 참조).

권역별로 살펴보면 선진국 철강 수요는 2018년 1%, 2019년 1.2%로 완만한 증가세를 유지할 것으로 보인다. 미국은 건설용 철강 소비가 안정적인 증가세를 유지하는 가운데 경기 부양에 힘입은 설비 제작용 철강 수요가 2017년에 이어 2018년에도 늘어났다. 2019년에는 자동차 생산과 건설 투자가 안정세로 접어들고 기계·장비 부문 호조로 인해 수요가 다소 늘어날 전망이다.

EU 철강 수요도 증가세를 유지할 것으로 보이지만 보호무역주의로 인한 불확실성 역시 상존한 상황이다.

일본은 기업 실적 호조, 도쿄올림픽 특수 등의 영향으로 안정적으로 수요가 유지될 가능성이 높다. 반면 한국 철강 수요에 대해 WSA는 2018년 부진에 이어 2019년에도 회복이 쉽지 않을 것으로 내다봤다.

글로벌 철강 수급 안정에 힘입어 국제 가격 횡보

신흥국 철강 수요는 계속 늘어나고 있다. 중국을 제외한 신흥국 철강 수요는 2018년과 2019년에 각각 3.2%와 3.9%로 늘어날 전망이다. 무엇보다 인도가 주목받는다. 인도의 철강 수요는 각종 투자와 인프라 확충에 힘입어 빠르게 늘어나고 있다. 2019년에는 미국을 앞질러 세계 2위 철강 소비국으로 부상할 것이 예상된다.

아세안(ASEAN) 여러 국가는 2017년부터 건설 부문 투자 수요 부진과 재고 조정으로 철강 소비가 다소 주춤했다. 미국과 중국의 긴장관계, 통화의 변동성 확대 등 여러 불안 요소가 있지만 2019년부터 철강 소비량은 다소 회복할 것으로 예상된다.

문제는 중국이다. 중국의 2019년 철강 수요는 구조조정과 환경 규제 강화로 인해 정체를 계속할 것으로 보인다. 공식 통계에 잡히지 않던 구형 유도로(저효율 설비) 폐쇄에 따른 효과를 고려하면 2017년 중국 철강 수요는 명목상으로는 8.2% 늘어났지만 실질 수요는 2% 증가에 불과했다. 마찬가지로 2018년도 명목수요는 6% 늘어났지만 실질 수요는 2% 증가에 그쳤다. 2019년에도 큰 변화가 없을 것으로 보인다. 중국 정부 차원에서 별도의 경기 부양 조치가 없다면 중국에서 철강 수요가 늘어나기 어려울 것이라는 관측이 지배적이다.

철강 수요를 산업별로 살펴보면 건설 부문 수요는 선진국에서 2018년까지의 높은 증가세가 다소 둔화하겠지만 신흥국은 여전히 호조를 이어나갈 것으로 보인다. 자동차나 기계 설비를 포함한 제조업 부문 철강 수요는 선진국은 물론이고 신흥국에서도 안정적인 증가세를 유지할 것으로 예상된다.

여러 불확실성에도 불구하고 과잉설비 해소 청신호

글로벌 과잉설비는 2018년 5.4억t으로 2015년(7.1억t)과 비교하면 무려 1.7억t이나 줄었다. 과잉설비 규모 감소는 세계적으로 철강 수요가 회복되면서 생산이 증가했기 때문으로 풀이된다. 신흥국 신증설에도 불구하고 세계 철강설비는 2015년 23억3000만t으로 정점에 도달한 후 소폭 감소한 것이 더욱 주요하게 영향을 미쳤다고 보인다.

2017년부터 철강설비 감축을 위한 국가 간 협의가 진행되면서 주요국은 효율성 낮은 설비의 가동을 중단하거나 폐쇄했다. 신흥국을 제외하면 새롭게 증설하

세계 철강 수요 전망

단위:만t, %

구분	수요량			전년 대비 증감률		
	2017년	2018년(추정)	2019년(전망)	2017년	2018년(추정)	2019년(전망)
세계 전체	15억9540	16억5790	16억8120	5(2)	3.9(2.1)	1.4
세계 (중국 제외)	8억5860	8억7680	9억20	2.4	2.1	2.7
EU(28)	1억6300	1억6660	1억6940	3.4	2.2	1.7
기타 유럽	4260	4190	4250	4.6	−1.6	1.5
CIS	5400	5480	5530	6.1	1.4	0.9
NAFTA	1억4080	1억4320	1억4470	6.3	1.7	1
중남미	4180	4320	4510	4.6	3.4	4.3
아프리카	3490	3600	3730	−7.2	3.1	3.7
중동	5330	5450	5510	0.4	2.1	1.2
아시아·호주	10억6500	11억1780	11억3190	5.7	5	1.3
선진국	4억720	4억1120	4억1610	3.1	1	1.2
신흥국	11억8820	12억4670	12억6510	1.9	2.9	0.2
중국	7억3680	7억8100	7억8100	8.2(2)	6(2)	0
신흥국 (중국 제외)	4억5130	4억6570	4억8410	1.7	3.2	3.9
MENA	7100	7370	7830	−4.3	3.8	6.2
ASEAN(5)	7170	7370	7530	−1.1	2.8	2.2

주:2018월 10일 철강재 명목소비 기준

자료:국제철강협회(WSA)

　　ASEAN(5)은 인도네시아, 말레이시아, 필리핀, 태국, 베트남 5개국을 포함

　　(　)안은 중국의 유로로 폐쇄에 따른 명목상의 변화를 제외한 후의 실질 철강 수요 증가율을 의미함

는 공장도 거의 없었다. 여기에 중국도 철강산업 구조 고도화를 추진하면서 철강 설비 능력을 조정했다. 중국에서만 2016년 6500만t, 2017년 5500만t 생산설비를 폐쇄했다. 세계 철강 공급과잉의 주범이던 중국은 2년 동안 무려 1억2000만t을 폐쇄했고 2020년까지 3000만t 이상 설비를 추가적으로 폐쇄한다는 계획을 갖고 있다. 물론 국가별 철강 수요가 1억t을 웃도는 국가가 중국, 미국, 인도 정도라는 점을 고려하면 5억t이라는 과잉설비는 여전히 무시 못 할 규모다. 그렇지만 과잉설비 압력 완화는 과잉생산, 수출 증가, 그리고 국제 가격 하락으로 이어지던 악순환을 해소하는 요인으로 작용할 전망이다.

2019년 수요와 가격 모두 안정적인 성장 유지

반면 중국의 2018년 10월 열연 수출 가격은 지난해 같은 기간 대비 5~10% 상승에 머물렀다. 미국과 중국 철강 가격의 움직임이 다르게 나타난 것은 국제 철강 가격 상승을 견인했던 미국의 철강 가격 급등이 수요 측면보다는 수입 억제를 통한 공급 제약에서 비롯됐다는 점을 보여준다.

한편 원료 가격 상승에 의한 철강 가격의 상승세 지속 가능성은 상대적으로 낮을 것으로 예상된다. 2017년부터 철강 수요가 회복 기조를 보이면서 공급 가격 상승을 시도했던 국제 원료탄 가격은 2018년 등락을 거듭했다. 그렇지만 결과적으로는 2018년 10월 t당 170달러로 1년 전의 260달러에 비해 약 35%가 떨어졌다. 철광석은 변동 폭이 상대적으로 작았는데, 원료 수요가 늘어났지만 더 큰 폭으로 철광석 공급이 증가하면서 가격 변동이 t당 10달러 내외에서 박스권을 형성하고 있다. 앞으로도 가격 상승 폭이 클 가능성은 크지 않을 것으로 보인다.

결국 수급 여건, 교역 환경, 원료 가격 변동 등을 종합적으로 고려할 때 2019년 국제 철강 가격은 현재 수준을 유지하면서 소폭의 변동성을 보일 것으로 예상된다. 물론 세계 경제의 불확실성이 높은 상황에서 경기 침체 국면이 전개된다면 철강 수요 부진으로 이어지면서 가격 약세로 전환될 가능성도 상존한다.

강달러에 발목 잡힌 이머징 수요
구리 · 니켈 견조한 수급은 기회

강유진 NH투자증권 글로벌트레이딩센터 차장

▶ 2018년 비철금속 시장이 역풍을 맞았다. 2017년 런던금속거래소(LME) 비철금속 가격은 연초 대비 30% 이상 오르며 원자재 시장에서 가장 강세였으나, 2018년에는 정반대였다. 에너지 가격 상승에도 불구하고 비철금속 가격은 연초 대비 모두 하락했다. 이런 디커플링 현상은 석유 시장의 고유한 펀더멘털 요인뿐 아니라 미국과 중국의 경기 차별화를 반영한다. 비철금속은 중국을 포함한 이머징 국가 수요가 전 세계 60%를 차지해 중국 경제와 밀접한 관련이 있는 반면 에너지는 이머징 수요가 30%에 불과해 세계 최대 에너지 소비국인 미국 경제에 더 영향을 받기 때문이다.

미국이 나 홀로 승승장구하는 동안 이머징과 금속 시장은 강달러로 몸살을 앓았다. 미국 경기 호조, 미 연준의 금리 인상에 따른 차입 비용 상승, 달러화 강세가 자본이탈을 야기하며 발목을 잡았다. 게다가 미중 무역분쟁이 심화되면서 글로벌 경기 둔화 우려로 투자심리가 더욱 위축됐다. 수급 펀더멘털은 양호했으나 가격은 매크로에 더 민감하게 반응했다. 10월 중순 기준 비철금속 가격은 연초 대비 모두 하락한 가운데 아연 가격이 연초 대비 약 -20%로 가장 부진했고, 니켈 가격은 소폭 하락에 그쳐 선방했다.

비철금속의 펀더멘털은 튼튼하지만 거시환경에 대한 우려가 크다. 미국과 중국의 진흙탕 싸움이 계속되고 있고 투자자들은 경기 확장 후반부(Late-Cycle)에 대한 논란으로 하강 급류에 휩쓸릴 위험 때문에 더욱 경계하는 눈치다. 경기 불확실성이 커 살얼음판 걷듯 조심스럽다. 다만 대외 환경 개선 시 견조한 수급에 의해 반등 기회는 있다. 신규 광산 프로젝트 투자 부족, 한계생산비용 상승으로 구조적인 공급 제약에서 못 벗어나고 있다. 또 전기차 시대의 신규 금속 수요 잠재력도 점차 부각되고 있어 긍정적이다. 특히 비철금속 맏형인 구리 가격 강세가 가장 기대된다.

2019년 비철금속 기대주 '구리'

2018년 상반기까지만 해도 구리 시장 분위기는 나쁘지 않았다. 6월 초 전기동(구리) 가격은 3년래 최고로 상승했다. 하지만 6월 초 역대 최대로 늘어난 투기적 순매수가 순매도로 돌아서면서 고점 대비 20% 넘게 급락했다. 갑작스러운 매도세는 세계 최대 구리 광산인 칠레 에스콘디다(Escondida)의 임금협상 타결 소식에서 촉발됐다. 공급 차질 위험이 낮아지고 미중 무역분쟁, 글로벌 수요 둔화 우려 등으로 약세가 지속됐다.

하지만 구리에 대한 투자자의 사랑은 여전하다. 구리 가격 강세를 지지하는 가장 큰 이유는 구리 시장의 펀더멘털이 견고하기 때문이다. 세계 구리 시장은 상시적인 공급 부족을 겪고 있다. 2018년 1~6월 세계 정련구리 시장은 5만t 공급 부족을 기록했다. 2017년 같은 기간(-15만t)에 비해 수급이 완화됐지만 대부분 전년도 칠레광산 파업, 인도네시아 구리원광

구리 가격과 원유 가격의 차별화

— LINE 구리 가격
— WTI 가격

1.5
1.4
1.3
1.2
1.1
1
0.9
0.8
0.7

2017년 1월 3 5 7 9 11 18.1 3 5 7 9

*2017년 가격=1

수출금지에 의한 일시적 공급 차질의 회복일 뿐 신규 구리 광산 프로젝트의 공급은 미미했다. 신규 광산 투자의 내재수익률(IRR) 17%에 해당하는 구리 가격은 t당 7000달러고, 현재 미승인 51개 광산 프로젝트의 투자 인센티브 구리 가격은 t당 7300달러다. 구리 가격이 최소 7000달러는 회복해야 투자가 늘고 공급이 늘어날 수 있는데 그렇지 못한 상황이다.

견고한 수급은 구리 제련 수수료 하락(2018년 t당 82.25달러, 2019년 t당 80달러 미만 예상), 구리 프리미엄 상승, 세계 구리 재고 감소로도 확인된다. 세계 구리 총재고량은 올해 3월 140만t에서 10월 100만t 미만으로 30%나 줄었다. 구리 재고 감소에도 불구하고 가격이 하락해 수급과 가격 간의 괴리가 커졌다. 하지만 결국 펀더멘털로 회귀할 가능성이 크다.

문제는 수요다. 미중 무역분쟁 장기화로 세계 최대 구리 소비국인 중국의 경기 둔화 위험이 가중되고 있다. 다른 이머징 시장도 통화 약세, 자본유출로 취약성이 드러나고 있어 금속 수요가 타격을 받을 수 있다. 그러나 비관 일변도는 아니다. 경기 둔화 방어를 위한 중국 당국의 통화완화 정책, 인프라스트럭처 투자 증가로 수요 둔화 리스크를 완화시킬 수 있다. 국제구리연구그룹(ICSG)은 세계 구리 시장에서 2018년 9만2000t, 2019년 6만5000t의 공급 부족을 예상한다. 예측 불가의 위기를 배제하면 견조한 수급에 의해 전기동 가격은 강세 기회가 다시 올 것이다.

호시절 지난 '아연'

산이 높으면 골이 깊다는 말은 올해 아연 시장에 딱 들어맞는다. 아연 가격은 연초 t당 3500달러를 넘어서 10년래 최고로 올랐으나 이내 추락했다. 2년여 만에 두 배 이상 오른 아연 가격 조정은 어느 정도 예상됐던 결과다. 2015년 말부터 세계 주요 아연 광산의 노후화, 채산성 악화에 따른 폐쇄로 아연 생산량이 줄면서 공급 부족이 심화됐다. 이로 인해 아연 가격이 강세를 보이면서 비철금속 시장에서 아연은 단연 최선호 품목이었다.

가격이 오르면 투자 확대로 공급이 늘어날 기회가 생긴다. 아연 가격이 오르면서 신규 광산 투자가 자연스레 이뤄졌다. 국제아연납연구그룹(ILZSG)에 따르면 세계 아연 광물 생산은 2018년 2% 증가에서 2019년 6.4%로 대폭 확대될 전망이다. 세계 정련아연 생산도 2018년 1.4% 증가에서 2019년 3% 증가를 예상한다. 이와 함께 세계 정련아연 시장은 2018년 32만2000t 공급 부족에서 7만2000t으로 축소될 전망이다. 아직 공급 부족이 완전히 해소되지는 않았지만 수급이 개선되고 있어 강세 모멘텀이 약해질 수 있다.

반면 미련을 버리지 못한 강세론자도 있다. 여전히 낮은 재고 수준이 이유다. 2018년 가격 낙폭이 큰 만큼 비철금속 시장 강세에 동반해 단기 반등할 가능성도 있다. 하지만 수급 펀더멘털을 고려하면 가격이 오르더라도 제한적일 것이다. 단기적인 가격 강세가 오히려 매도 기회로 작용해 발목을 잡을 수 있다.

니켈, 전기차 수요 기대감

니켈 가격은 2018년 6월 초 3년래 최고인 t당 1만6000달러에 근접하며 30% 이상 뛰었으나 금세 다시 제자리로 돌아왔다. 10% 이상 하락한 다른 비철금속에 비해서는 양호한 움직임이다. 2018년 원자재 투자자들 사이에서 가장 선호 품목으로 꼽힌 니켈이 기대에 부응한 셈이다. 구리 다음으로 니켈 강세를 기대하는 이유는 첫째, 중국 정부가 전기차(EV) 생산에 적극적이기 때문이다. 둘째, 니켈 함유가 높은 NCM811 삼원계 배터리가 예상보다 약진하고 있어 배터리 수요에 대한 기대가 크다. 셋째, 전통 니켈 소비처인 스테인리스강 수요도 꾸준히 견조하다.

탄탄한 니켈 수요에 비해 니켈선철(NPI) 생산은 병목 현상을 보이고 있다. 여기에다 세계 니켈 재고가 빠르게 감소하면서 공급 부족이 심화됐다. 장기 공급 확대에 대한 우려가 있으나 아직은 충분치 않은 수준이다. 2019년은 니켈 가격 상승을 기대해볼 만하다.

전기차 배터리용 리튬 수요 증가
코발트는 콩고 사태로 공급 부족

김유정 한국지질자원연구원 자원전략연구실장

▶ 국내 희유금속 수요는 대부분 철강재의 기능 제고를 위해 들어가는 페로계 희유금속(실리콘, 망간, 크롬)이 차지한다. 전자산업과 기계산업에서 사용하는 리튬, 코발트, 티타늄 등은 국내 희유금속 수요에서 차지하는 비율은 높지 않지만 연평균 10% 이상 매년 수요가 빠르게 증가하고 있으며 수요 산업의 부가가치가 높아 지속적인 관심이 필요하다. 특히 최근에는 전기차 보급 확대로 배터리 원료와 연관된 리튬과 코발트가 희유금속 중 가장 인기 있는 광종으로 떠오르고 있다.

리튬은 2015년 말까지 탄산리튬 t당 6000달러, 수산화리튬 t당 9000달러 수준으로 가격이 유지됐으나 기술 혁신과 환경 규제로 인한 중국발 수요 확대로 2016년부터 가격이 급격히 상승했다. 2016년 상반기 t당 2만1000달러로 급등한 탄산리튬 가격은 2017년 말 하락세로 전환돼 2018년 10월 기준 t당 1만달러 수준이다. 맥킨지 자료에 따르면 세계 리튬 수요는 2030년까지 연평균 16~18% 증가해 2020년에 47만2000t, 2025년에 86만t에 이를 것으로 예상된다.

리튬은 다른 용도에 비해 전기자동차 배터리에 사용되는 양이 월등이 많다. 세계 자동차 전기화율(신차 판매대수 중 하이브리드차를 포함한 전기차 판매량의 비율)

은 2016년 3.3%에서 2017년에 4.1%로 증가했다. 최근 디젤차와 가솔린 차량에 대한 규제가 강화되고 있어 전기차 확산이 기대된다. 리튬 수요가 급증하고 가격이 상승하면서 세계적으로 리튬 탐광 활동이

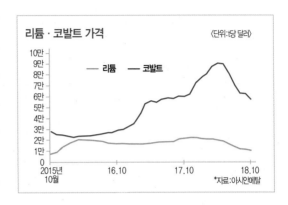

급격히 증가하고 있다. 그러나 대부분 탐사 단계로 2021년까지는 공급 부족 현상이 지속될 전망이다.

세계 코발트 수요는 그 절반이 배터리로 사용된다. 최근 전기차 부상이 코발트 수요를 견인하면서 전기차 배터리용 수요가 2016년 6100t에서 2020년에는 2만1969t까지 확대될 것으로 예상된다. 배터리 외 용도에서도 코발트 수요는 꾸준히 증가하는 추세다.

코발트 광석은 전체 매장량의 48%와 생산의 58%가 정치적 불안정성이 높은 DR콩고(콩고민주공화국)에 집중돼 있다. 로열티 인상과 정부 지분 증가, 입찰권 비용 부과, 초과이윤세 도입, 안정 조항 삭제, 지역 개발 공헌 신설 등을 포함한 DR콩고의 광업법 개정안이 2018년 6월 8일 발효됐다. 2018년 8월 t당 5만5000달러였던 코발트 가격은 DR콩고의 광업법 개정의 영향으로 2018년 10월 기준 t당 6만달러 수준으로 상승했다.

2000년대 초반 처음으로 양산된 전기차의 수명이 곧 다하면서 폐리튬이온배터리가 연간 2만5000t 발생할 전망이다. 폐리튬이온배터리 회수율은 10% 이하, 재활용률은 5% 이하에 그친다. 리튬이온배터리 재활용은 리튬, 코발트 등의 원료 가격 안정화에 도움이 될 수 있으나 대부분의 리튬이온배터리는 재활용에 용이한 구조로 제조되고 있지 않다. 따라서 당분간은 재활용으로 리튬·코발트 공급량을 확보하기는 어려워 천연자원에 의존할 수밖에 없을 전망이다.

VI

2019
매경 아웃룩

자산 시장 전망

〈주식 시장〉
1. 코스피
2. 반도체 이을 대장주
3. 바이오 부활의 날갯짓
4. 주목할 만한 펀드
5. 글로벌 자산배분
6. 대세 탄 대체투자

〈부동산 시장〉
1. 강남 재건축
2. 뉴타운 재개발 시장
3. 전셋값
4. 수익형 부동산 시장
5. 지방 부동산

주식 시장

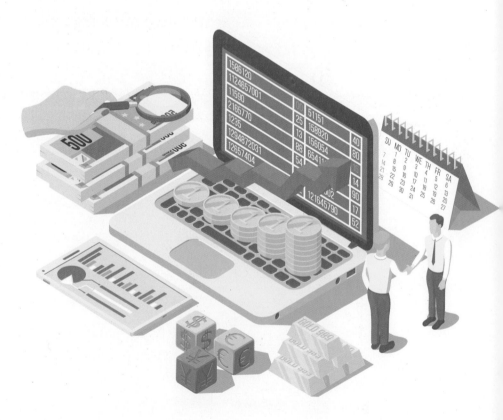

Preview

2018년 자본시장은 그 어느 해보다 다사다난했다. 2017년 주도주 반도체에 이어 바이오 업종이 순항하는 듯했지만 회계감리 이슈가 불거지며 주도주 자리를 일찍 내줬다. 이어 한반도 화해 무드가 조성되며 남북경협주가 주목받았지만 역시 '일장춘몽'에 그쳤다. 증시 주변 환경도 녹록지 않았다. 미국 경제가 너무 좋았던 탓에 기준금리가 잇따라 인상되며 증시 변동성을 키웠다. 2018년 11월 중간선거 전 어떤 식으로든 마무리될 것으로 봤던 미국과 중국 간 무역분쟁은 증시 환경에 상수가 됐다. 이에 따라 2019년 자산시장 전망도 그리 밝지만은 않다. 증권가에서는 일제히 '상저하고'를 외친다. 그만큼 2019년을 낙관적으로 예측하기 힘들다는 의미다.

그럼에도 희망의 단서는 찾을 수 있다. 특히 한국 시장의 상대적인 저평가는 거꾸로 언제든지 주가가 올라가도 부담스럽지 않다는 의미도 된다. 한국은 MSCI 신흥국지수를 기준으로 보면 시가총액 2위 국가다. 글로벌 자본시장이 안정되고 신흥국 패시브 펀드로 자금이 유입될 경우 자연스럽게 한국 증시에 대한 관심이 높아질 것이다.

남북 경제 교류 확대도 주목된다. 무엇보다 내부 수요가 증가할 수 있다는 점에서 긍정적이다. 또 하나의 긍정적인 변수는 소액주주의 주주가치 상승을 기대할 수 있는 '스튜어드십 코드' 강화 등 주주친화 정책이다.

꽉 막힌 '박스피' 탈출 첩첩산중
南北경협·주주친화정책 기대

조용준 하나금융투자 리서치센터장

▶ 2018년 글로벌 금융 환경은 예상보다 빨라진 미국 연방준비은행의 기준금리 인상과 중국과의 무역마찰로 인한 달러 강세, 그로 인한 신흥국 주식시장 부진으로 정리할 수 있다.

2019년 '박스피' 탈출을 위해 점검해야 할 대외 이슈는 크게 2가지다.

최대 화두는 세계 경제를 주도해온 미국 경기 사이클 확장 종료 여부다. 우선 1950년 이후 미국 최장 경기 사이클 확장 국면은 1991년 3월~2001년 3월까지 120개월이었으며, 평균적으로는 약 60개월 전후라고 조사된다. 최근 미국 경기 저점이 2009년 6월이라는 점을 감안하면 2018년 10월 기준 112개월의 경기 확장이라는 예외적인 상황이 이어지고 있다. 금융시장 지표들은 2019년 어느 시점에 이번 경기 확장과 강세장의 종료를 예고하기 시작했고, 그것이 현실화될 가능성을 배제하기 어렵다.

美 경기 확장 종료·무역갈등 일단락 여부가 핵심 변수

두 번째 부담스러운 변수는 역시 파장을 알 수 없는 미중 무역전쟁이다. 미국과 중국 간 관세전쟁으로 인해 생길 수 있는 문제를 고려한 2019년 시나리오는 다음과 같다.

미국은 중국산 수입 제품 2500억달러에 대한 관세(10~25%) 부과를 결정했다. 수입품에 대한 관세 부과는 향후 파장이 커질 수 있다.

미국 입장에서 미국의 물가 수준이 낮기 때문에 기준금리를 빨리 올리지 못할 것으로 보는 것이 일반적이다. 그러나 미국 소비재 기업들에 납품하는 기업은 중국 기업이 상당수 포함돼 있다. 미국의 연간 무역적자(수출-수입) 중 절반 정도가 중국으로부터 발생하는 점을 생각하면 쉽게 이해할 수 있다. 문제는 중국산 수입 제품에 관세를 부과하면 미국 내에서 유통되는 최종소비재 가격도 올라간다는 것이다. 물가 상승 속도가 생각보다 빨라지면 미국 경기 확장의 축인 소비 경기가 위축될 가능성이 있다.

결국 미국 물가 상승 속도가 빨라지면 연방준비은행의 기준금리 인상 행보도 빨라질 것이고 2019~2020년 기준금리 인상 횟수가 상향 조정될 개연성이 높다. 시중금리 상승이 생각보다 빠르게 진행될 경우 부채가 많은 국가들은 문제로 부각될 소지가 있다.

특히 한국은 일반적으로 수입 제품을 활용해 수출 제품을 만드는 국가기 때문에 글로벌 밸류체인(가치사슬, 글로벌 최종소비재를 만드는 기업에 참여하는 부품·납품 기업들) 참여도가 높은 편이다. 한국 기업의 영업이익이나 영업이익률이 더 이상 좋아지기 어렵다는 측면을 감안할 때, 한국을 비롯한 신흥국 주식시장은 고전을 면치 못할 것이다.

결국 2019년에도 주식시장은 박스피를 탈출하기는 어려울 것이며 오히려 하락 조정 국면을 면하기 어려울 수 있다. 하지만 미국은 지난 1930년대 대공황 시절에 관세 인상을 통한 보호무역을 통해 수출량이 60% 이상 줄어들고 생산이 20% 감소하는 공포를 경험한 국가다.

트럼트 미국 대통령이 협상을 위한 공세를 장기화할 수 있겠지만, 미국에도 큰

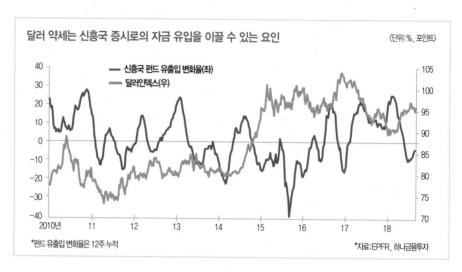

달러 약세는 신흥국 증시로의 자금 유입을 이끌 수 있는 요인 〈단위:%, 포인트〉

— 신흥국 펀드 유출입 변화율(좌)
— 달러인덱스(우)

*펀드 유출입 변화율은 12주 누적

*자료:EPFR, 하나금융투자

피해를 줄 수밖에 없는 일방적인 관세장벽과 보호무역의 강행으로 갈 가능성은 크지 않다고 판단된다.

코스피, 南北경협 기대감 고조

한국 증시에도 대세 상승을 일으킬 모멘텀이 있을까. 즉, 장기적으로 박스피를 돌파할 동력은 무엇일까. 두세 가지 측면을 생각할 수 있다.

우선 남북 경제 교류가 확대되면 내부 수요가 증가할 수 있다는 점에서 긍정적이다. 기본적으로 한 국가가 개방과 개혁정책을 취할 경우 국가 크기에 상관없이 투자와 수입을 중심으로 경제성장의 발판을 마련한다. 1970년대 한국과 1980년대 중국 경제 개방 성장 초기가 동일한 모습을 보였다는 점이 이를 증명한다. 북한의 인프라 또는 산업 성장을 위한 투자는 초기에 진행될 가능성이 높다. 한국은 지리적으로 인접한 새로운 투자 수요처를 얻는다는 점에서 다른 국가들과는 차별화된 모멘텀을 얻을 수 있다.

또 하나 긍정적인 변수는 소액주주의 주주가치 상승을 가져올 수 있는 '스튜어트십 코드' 강화 등 주주친화정책이다. 현 정부 정책이 기업의 지배구조, 체질 변화를 강조하는 만큼 일반 주주의 권한이 강화될 것이고 주주권 강화는 결국 기업의 지배구조 개선이나 배당 등과 같은 주주친화정책의 강화로 이어질 가능성이 높다. 한국 증시의 고질적인 할인 요소 중 하나인 주주친화정책 부재를 완화시킬 변화가 박스피를 벗어나는 계기가 될 수 있다. 대표적인 사례로 대만 증시의 PER은 13~14배, 한국의 PER이 8~9배인 이유 중 하나는 대만 기업의 배당성향은 40~50%인 반면 한국은 20% 수준에 머물러 있다는 것이다.

한국은 IT 강국이다. 콘텐츠 경쟁력도 어느 정도 갖추기 시작했다. 헬스케어 산업 경쟁력도 성장 단계다. 4차 산업혁명 중심 분야인 IT와 콘텐츠 그리고 헬스케어 분야에서 잠재력은 갖췄다. 2019년 정부의 혁신성장 정책과 맞물려서 4차 산업의 신성장동력이 성장해나가느냐가 한국 경제의 또 다른 장기적인 성장동력이 될 것이다.

세 번째 변수는 가장 실현 가능성 높은 조건이다. 미국 연방준비은행의 2019년 기준금리 인상 속도가 2018년(4회 인상)보다 느려지면서 달러 약세-신흥국 통화 강세 현상이 나타나는 시나리오다.

우선 달러 약세를 만들 수 있는 환경이 가능한가 하는 부분을 먼저 생각해볼 수 있다. 불투명한 글로벌 경제 상황을 감안하면 기준금리 인상 속도가 느려질 수 있다는 측면이 하나의 요인이다. 또한 트럼프 대통령 취임사 공약 중 아직 노후 설비시설 교체와 인프라 투자 관련된 부문이 이행되지 않았기 때문에 집권 후반부로 가면서 이 부문을 실행할 것이라는 기대도 남아 있다. 미국 재정적자가 확대되고 인프라 투자가 가속화한다면 달러 약세 환경이 조성될 것이다. 또 미중 간 합의에 의해 위안화 강세와 달러 약세가 일정 수준에서 진행될 가능성도 2019년에는 높아 보인다.

한국 증시가 2019년이든 2020년이든 박스피를 돌파하고 새로운 지수대로 성장한다면 역시 장기적인 매출 성장률이 높아지고 이를 통해 기업가치를 높일 수 있는 기업들이 주도주가 될 것이다. 앞에 이야기한 두세 가지 조건이 점진적으로 나타나는 시기에 한국 주식시장은 새로운 성장의 시기를 맞을 것으로 예상된다.

'믿을맨' 반도체 부활 기지개
바이오·2차 전지 성장주 부상

양기인 신한금융투자 리서치센터장

▶ 2018년 증시는 2017년에 비해 다소 아쉬웠다. 2017년의 높은 이익 증가율 기저효과 탓에 2018년 이익 증가율은 한 자릿수에 그칠 가능성이 높다. 증시를 둘러싼 환경도 녹록지 않았다. 미국 경제가 너무 좋았던 탓에 2월 시중금리가 급등하며 증시 변동성을 확대했다. 미국과 중국 간 무역분쟁은 증시 환경에 상수가 됐다.

세계에서 가장 영향력이 큰 인사 중 하나인 제롬 파월 미국 중앙은행(Fed) 의장도 기대와는 다른 양상을 보였다. 전임 앨런 의장의 통화정책 정상화 기조를 계승할 것으로 예상했지만 확실한 비둘기파는 아니었다. Fed는 올해 이미 세 차례 기준금리를 인상했고 12월 연방공개시장위원회(FOMC)에서 한 차례 추가 금리 인상 가능성을 내비친다. 트럼프 행정부 재정정책은 막대한 재정수지 적자를 유발하기 때문에 빠른 금리 인상이 불편하다.

불편한 증시 환경 속에서 코스피 수익률도 둔화 추세가 뚜렷했다. 코스피는 2017년 21.8% 상승했지만 2018년 3분기까지 상승률은 -3%에 그쳤다. 코스피는 2017년 1월 4% 상승하며 상승세를 이어가는 듯했으나 대외 변수 영향으로 이후 하락세다.

코스피 수익률 둔화 속 주도주 변화

국내 증시는 주도주 변화가 뚜렷했다. 2018년 초 증시 상승을 견인한 주체는 조선, 증권, 기계, 건설, 철강 등 경기민감주였다. 헬스케어 업종도 증시 상승에 일조했다. 반면 2017년 주도주였던 반도체 업종은 다소 부진했다. 헬스케어 업종의 선전은 셀트리온의 코스피 이전에 따른 수급 효과가 컸다. 투자자들은 셀트리온과 삼성바이오로직스가 영위하는 바이오시밀러 산업 성장성에 주목했다. 바이오시밀러는 국내 회사들이 글로벌 빅파마와 견줄 때 비교우위를 가질 수 있는 분야다. 반도체라는 주도주가 주춤한 사이 헬스케어가 지수 상승을 견인했던 것이다.

그러나 연구개발(R&D) 관련 회계감리 불확실성이 길어지면서 헬스케어 업종은 짧았던 주도주 지위에서 물러날 수밖에 없었다. 국내 바이오 기업 중 R&D를 자산으로 회계처리한 비율이 적지 않았기 때문에 소급해 비용처리할 경우 적자 기업이 증가할 우려가 있었다. R&D 투자 비용처리는 장부상 이익을 감소시켜 재무구조를 악화시킬 개연성이 높았다.

남북 화해 분위기 속 대북경협 관련 종목이 큰 폭 상승했으나 실제 경협까지 시간이 더 필요하다는 점, 시가총액 비중이 낮다는 점에서 주도주 지위에 오르기는 어려웠다. 북한 경협주는 2차 미북정상회담을 미국 중간선거 이후로 미루면서 한 차례 더 하락세를 보였다.

2019년 주도주로는 어떤 업종이 부각될까. 논란이 분분하지만 2019년 주도주에서 반도

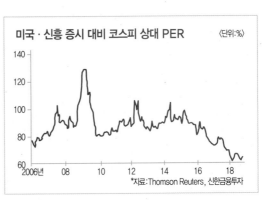

미국·신흥 증시 대비 코스피 상대 PER   〈단위:%〉

*자료: Thomson Reuters, 신한금융투자

체를 빼놓기는 힘들다.

무엇보다 국내 증시 저평가 해소를 위해서는 반도체가 살아야 가능하다. 미국 시가총액 상위군은 페이스북, 아마존, 넷플릭스, 구글 등 소위 'FANG' 종목이 성장주로서 높은 PER(주가수익비율)을 부여받았다. 국내 증시 시가총액 상위군은 반도체가 장치 산업으로 분류되면서 낮은 PER에 머물렀다. 증시 전체 PER 제고를 위해서는 반도체 PER이 상승하거나 시가총액 상위군 면모 변화가 필요하다. 현재 반도체 업종이 현저한 저평가 구간에 진입했다는 점도 투자 매력을 높인다. 2004년 이후 누적 시가총액 증가율에서 이익 증가율을 차감한 수치는 바닥권이다. 과거 저점에 근접한 상태다.

반도체가 살려면 결국은 외국인이 돌아와야 한다. 반도체가 시가총액 초상위군에 위치해 있다 보니 외국인 순매수에 직접 영향을 받는다. 즉, 반도체 부활 가능성을 점치기 위해서는 외국인들의 향방을 가늠해볼 필요가 있다.

우선 외국인 수급에 결정적인 영향을 미치는 달러화 방향을 살펴보자. 현재 강세를 보이는 달러화는 중장기적으로는 약세 가능성이 높다. 이는 곧 외국인 자금 유입을 의미한다.

중장기 달러화 약세를 점치는 이유는 크게 2가지다.

일단 달러화는 미국 장단기 금리차와 비슷한 추이를 보이다 2018년 들어 반대 움직임을 보였다. 이는 미중 무역분쟁을 둘러싼 불확실성 증대 탓이다. 달러가 가진 안전자산으로서의 지위가 높아진 결과다. 장단기 금리차는 단기적으로 확대 가능하지만 2019년부터 재차 하락 반전할 가능성이 높다. 일시적으로 장단기 금리차가 50~100bp(1bp=0.01%) 확대될 수 있으나 중장기 관점에서 축소 전환해 과도하게 상승한 달러화 가치가 일정 부분 되돌려질 전망이다. 장단기 금리차가 2019년부터 다시 축소 전환한다면 달러 약세는 지속 가능하다.

미국과 독일 금리차를 봐도 달러화 약세 전환 가능성은 높아 보인다. 미국과 독일 간 금리차는 달러화지수에 직접 영향을 미친다. 둘 간 금리차는 최대 수준까지 확대됐다. 이탈리아, 영국 등 정치불안으로 투자자금이 안전자산인 독일 국채로 쏠린 탓이다. 이탈리아와 영국 등 정치 리스크가 추가 확대되지 않을 경우 미국과 독일 금리차는 점차 축소될 가능성이 높고 이는 유로화 강세, 달러화 약세를 의미한다. 유럽중앙은행(ECB)이 2019년부터 금리를 인상할 경우 Fed와 정책 강도 차가 줄어들 수 있다는 점도 달러화 약세를 지지한다.

2019년은 한국형 성장주에 대한 논쟁 역시 가열될 것으로 보인다. 현재로서는 미국의 FANG과 같은 소프트웨어가 아닌 바이오와 2차 전지가 한국형 성장주로 등극할 가능성이 높다는 판단이다. 소프트웨어 강국이 아니라면 결국 제조업에서 답을 찾아야 한다. 바이오와 2차 전지가 시장 PER을 0.6배가량 제고시켰다. 두 업종을 제외할 경우 코스피 PER은 8배 초반에 불과하다.

바이오와 2차 전지 업종 PER은 30배 초반으로 화장품 업종과 유사한 궤적을 그릴 가능성이 높다. 일각에서는 고평가라고 지적하지만 이는 미국 대형 IT 평균 PER과 유사한 수준으로 거품이라고 보기는 어렵다. 과거 화장품 상승 사이클과 이번 바이오, 2차 전지 업종 랠리는 외국인 지분율 감소에도 상승했고 추세 전환 이후 누적 상승률 측면에서 유사한 점이 존재한다. 이를 고려할 때 과거 화장품 랠리가 재현된다면 추가 상승 여력은 50% 내외로 추정된다.

바이오, 2차 전지 업종이 과거 화장품 업종 랠리 때와 유사한 궤적을 보이는 것은 PER도 마찬가지다. 바이오와 2차 전지 업종 PER은 30~40배 범위 내에서 등락이 가능하다. 이는 주가 상승이 이익 증가율만큼 가능하다는 의미를 내포한다. 2019년과 2020년 바이오와 2차 전지 업종 이익 증가율 예상치는 18~20%다. 코스피 이익 증가율 6~7% 대비 10%포인트 이상 높다. PER 상승과 이익 증가분을 반영할 경우 바이오와 2차 전지 업종 50% 추가 상승은 충분히 달성이 가능하다는 판단이다.

회계 불확실성 해소 국면
신약 개발·기술수출 기대

이혜린 KTB투자증권 연구위원

▶ 2018년 10월 기준 거래소 의약품 업종 수익률은 14%로 코스피 대비 22%
포인트 초과 수익을 기록 중이다. 그러나 대형 바이오시밀러 기업인 삼성바이오
와 셀트리온 주가 수익률이 압도적이다. 2개사를 제외한 여타 의약품 업종 수익
률은 마이너스로 부진하다. 동일 기준 코스닥 제약 업종 수익률은 2%를 기록 중
이다. 다수 바이오 기업이 소속돼 있는 코스닥 기타서비스 업종 수익률은 8%다.

2018년 바이오 업종은 어느 해보다 부침이 심했다. 신약의 임상 수행 성과와
해외 기술수출 성사 기대감, 코스닥 벤처펀드 조성에 따른 수급 호조로 2017년
하반기 이후 2018년 초까지 순항하던 업종 주가가 4월 중순 이후 급락했다. 삼
성바이오로직스 분식회계 논란과 바이오 기업 연구개발(R&D) 비용 자산화 관련
회계감리 이슈로 투자심리가 크게 위축됐기 때문이다. 두 가지 이슈에 대한 우려
가 불식된 8월 이후 다시 회복세를 보이는 중이다.

2019년 신약 모멘텀 긍정적…기술수출 회복세

결론부터 말하면 2019년 제약·바이오 업종 주가는 회복세를 전망한다. 금리

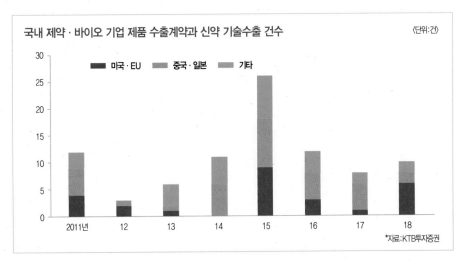

국내 제약·바이오 기업 제품 수출계약과 신약 기술수출 건수 〈단위:건〉

■ 미국·EU ■ 중국·일본 ■ 기타

*자료:KTB투자증권

인상기 위험자산 회피심리 강화로 투자심리가 위축될 수 있지만, 글로벌·국내 기업들의 신약 관련 R&D 모멘텀이 긍정적이어서 주가 상승세가 지지될 수 있을 전망이다. 2018년 2분기 이후 바이오 업종 주가를 짓눌렀던 회계감리 이슈에 대한 불확실성도 하반기 들어 점차 해소 국면에 접어들었다.

무엇보다 기술수출 관련 지표가 긍정적인 흐름을 보이는 중이다. 2015년을 정점으로 2년 연속 감소했던 국내 제약·바이오 기업의 제품 장기 수출계약·신약 기술수출 합산 건수가 그렇다. 이 수치는 2018년 10월 초 기준 총 10건으로 2017년 대비 증가했다. 특히 2017년 거의 없었던 미국·EU 기업과의 계약이 6건으로 급증하며 2015년 이후 최고치를 기록했다.

해당 기업은 동아에스티(미국 NeuroBo Pharmaceuticals로 2건), 삼천당제약(미국 Glenmark Pharmaceuticals), 유한양행(미국 Spine Biopharma), 에이비엘바이오(미국 TRIG Therapeutics), 유나이티드제약(미국 Arbormed) 등이다. 2018년 10월 기준 글로벌 임상 2상과 3상을 진행 중인 주요 기업(바이로메드, 신라젠, 코오롱티슈진, 지트리비앤티, 에이치엘비, 한올바이오파마, 제넥신, 엔지켐생명과학, 오스코텍 등)은 아직 포함돼 있지 않다. 공개된 임상 스케줄에 따르면 이들 기업의 후기 임상 수행은 2019년에도 지

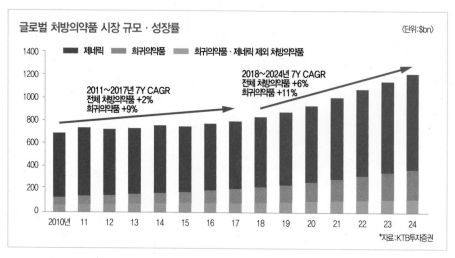

글로벌 처방의약품 시장 규모 · 성장률 (단위:$bn)

■ 제네릭   ■ 희귀의약품   ■ 희귀의약품 · 제네릭 제외 처방의약품

2011~2017년 7Y CAGR
전체 처방의약품 +2%
희귀의약품 +9%

2018~2024년 7Y CAGR
전체 처방의약품 +6%
희귀의약품 +11%

*자료:KTB투자증권

속될 전망이며 기술수출 가능성도 열려 있어 기대를 모은다.

다수 바이오 기업이 신약 개발 때 마주하는 현금흐름에서의 '죽음의 능선'을 통과한 점도 좋은 징조다. 이미 2018년 한 해 동안 제넥신, 크리스탈지노믹스, 바이로메드 등의 기업이 자본시장에서 대규모 자금 조달에 성공했다. 조달된 자본 수혈에 따라 다음 단계로의 임상 진행 가능성이 높아짐에 따라 당분간은 이들 기업의 신약 과제 가치가 상승하는 선순환을 예상하며 주가 전망도 긍정적이다. 적시에 필요 자금 조달이 순조롭게 진행되지 못할 경우 해당 신약 과제의 임상 지연에 따른 신약 평가가치 하락이 주가뿐 아니라 후속 연구활동에도 악영향을 초래할 수 있다. 이 때문에 2018년 성공적으로 자금 조달을 완료한 바이오 기업의 투자 리스크는 크게 축소됐다고 판단한다.

해외 지표도 긍정적…희귀의약품 시장 성장세 돋보여

해외 지표도 나쁘지 않다. 글로벌 의약품 시장 성장률 전망, 미국 식품의약국(FDA) 신약 허가 추이, 제약 · 바이오 기업으로 투자되는 자금 동향 등의 지표가 2017년부터 회복세를 보이는 중이다.

의약품 시장 전망기관인 이밸류에이트파마(Evaluate Pharma) 자료에 따르면 2018년부터 2024년까지 글로벌 처방의약품 시장 연평균 성장률은 6.2%로 이전 7년간(2011~2017년)의 연평균 성장률(2%) 대비 호조가 예상된다. 특히 미충족 수요가 높은 희귀의약품(Orphan Drug) 시장의 2018~2024년 연평균 성장률이 11.2%로 전체 처방의약품 시장 성장률을 크게 웃돈다. CAR-T 치료제(면역항암제) 킴리아(Kymriah)와 유전자 치료제 럭스터나(Luxturna)가 각각 2017년 말, 2018년 초 글로벌 최초로 FDA 허가를 획득한 것을 시작으로 2019년 이후에도 다수 희귀의약품이 FDA 승인 후 출시돼 시장 성장을 견인할 전망이다.

2016년 주춤했던 미국 FDA 허가 건수 역시 2017년부터 2년째 회복세다. 2018년 10월 초 기준 43건으로 2017년 연간 허가 건수 46건에 육박한다. 미국 제약·바이오 기업의 R&D 투자 연속성과 희귀의약품에 대한 FDA의 우호적인 허가 환경을 고려할 때 2019년에도 회복세는 이어질 전망이다.

글로벌 제약·바이오 기업들로 유입되는 자금 동향을 볼 때 R&D 투자 환경 또한 우호적이다. 2015년 최고치를 기록한 후 2년 연속 감소세를 보이던 인수합병(M&A)과 기술·신약 과제 도입(Licensing-In·LI) 거래금액은 2018년 들어 회복세가 뚜렷하다. 2018년 9월까지 누적 M&A 거래금액은 1250억달러로 2017년 연간 거래금액 79억달러를 크게 웃돈다. 9월 누적 LI 거래금액은 470억달러로 2017년 연간 거래금액의 80%를 기록 중이다. 매년 꾸준히 증가하는 벤처캐피털(VC) 투자금액은 9월 누적 기준으로 130억달러로 2017년 연간 투자금액(120억달러)을 초과하며 2010년 이후 최고치를 또다시 경신했다. 이런 자금 흐름은 기본적으로 R&D 투자 흐름과 맥을 같이하는 만큼 신약 개발에 대한 긍정적 시장 전망을 대변하는 대표적인 지표다.

주식형 펀드 부진 · 채권형 선방
배당주 · 타깃데이트펀드 주목

민주영 키움투자산운용 퇴직연금컨설팅팀장

▶ 2018년 공모펀드 시장은 '설상가상(雪上加霜)'으로 요약할 수 있다. 미국을 제외한 국내외 대부분 주식형 펀드가 연초 대비 손실을 기록하면서 자금이 대거 이탈했다. 연초만 해도 주가 상승에 따라 주식형 펀드로 자금이 유입됐으나 미국의 금리 인상, 미중 무역분쟁 영향 등으로 주가가 급락하면서 적지 않은 투자자가 손실을 겪어야 했다. 선진국 긴축에 따른 이머징 경기 약화와 불확실성 확대로 인해 투자심리는 하반기에 갈수록 더욱 악화되는 중이다.

반면 채권형 펀드는 부진한 고용지표 등으로 인한 경기 우려가 확산되고 금리가 동결되면서 비교적 양호한 성과를 기록했다. 전반적으로 경기와 자산시장의 변동성이 높아지면서 마땅히 갈 곳을 찾지 못한 부동자금이 대거 초단기 채권형 펀드(MMF)로 몰렸다.

펀드평가사 제로인에 따르면 국내 주식형 펀드는 주가 급락 영향으로 10월 말 기준 연초 대비 −15.78%를 기록했다. 주식혼합형(−9.27%), 채권혼합형(−3.52%)도 손실에서 벗어나지 못했다. 반면 채권형 펀드는 일반 채권형 펀드는 2%, 중기 채권형 펀드는 2.68%의 양호한 성과를 기록했다. 이 밖에 부동산 대출 펀드(10.81%)와 공모주 하이일드 펀드(3.46%)가 높은 수익률을 달성했다.

해외 펀드를 보면 중국 주식형 펀드가 연초 대비 −21.02%로 가장 낮은 성과를 보였고 인도 주식형 펀드(−18.76%)와 아시아 신흥국 주식형 펀드(−17.88%) 순으로 그 뒤를 이었다. 이에 비해 글로벌 실물자산 펀드는 연초 대비 7.42%, 커머더티 펀드 5.26%로 실물·원자재 펀드가 양호한 성과를 올렸다. 해외 주식형 펀드 중에는 헬스케어 펀드가 6.47%로 높은 수익을 올렸으며 유일하게 높은 경제성장을 지속한 북미 주식형 펀드가

국내 공모펀드 수익률 현황		단위:억원,%	
대유형명	소유형명	설정액	연초 후
주식형	일반주식	14조2813	−15.12
	중소형 주식	3조4578	−14.6
	배당주식	5조3893	−15.3
	K200인덱스	10조7780	−14.63
	Total	50조8241	−15.78
주식혼합형	일반주식혼합	4조7070	−9.06
	공격적 자산배분	1조574	−10.4
	Total	5조7643	−9.27
채권혼합형	일반채권혼합	8조4046	−3.6
	보수적 자산배분	5579	−2.28
	Total	8조9625	−3.52
채권형	일반채권	7조312	2
	초단기 채권	9조5096	1.41
	중기채권	3조1764	2.68
	우량채권	1조4275	2.21
	Total	21조1445	1.81
MMF	MMF	91조5491	1.23
부동산형	부동산 임대	4126	5.72
	부동산 대출채권	7563	10.81
	Total	1조1689	0.44

주:2018년 10월 12일 기준　자료:펀드닥터프로

4.49%의 우수한 성과를 기록했다. 해외 채권형 펀드는 미국 금리 인상 등의 영향으로 마이너스 성과에 머물렀다.

공모펀드 시장의 자금 흐름은 유형별 수익률과 비슷한 흐름을 보였다. 손실을 기록한 주식형 펀드는 연초 이후 7139억원이 감소한 반면 양호한 성과를 기록한 채권형 펀드에는 3조5247억원이 몰렸다. 특히 마땅한 투자처를 찾지 못한 자금이 무려 20조2239억원이나 단기금융에 몰렸다. 금리 상승기 방어적으로 초단기 채권형 펀드에 돈이 몰린 셈이다.

2019년 공모펀드 시장의 키워드는 '와신상담(臥薪嘗膽)'으로 정의할 수 있다. 결실을 맺기까지는 적잖은 고난과 역경을 견뎌야 할 것으로 예상된다. 2019년 공

모펀드 시장 역시 2018년 말 시장 흐름과 크게 다르지 않을 전망이다. 주식시장의 변동성이 더욱 커지면서 주식형 펀드의 어려움은 더욱 심화될 가능성이 높다. 미국의 긴축정책이 강화될 것으로 보이며 유럽과 일본 역시 이런 흐름에 본격 동참할 것으로 예상된다.

2019년 증시 변동성 확대 가능성 높아…포트폴리오 다각화 필요

글로벌 유동성 약화로 이머징 증시 조정은 불가피하다. 미국은 인프라 투자 확대로 경기 확장 국면을 이어갈 것으로 예상되지만 국내 경기는 본격적인 후퇴 국면으로 진입할 가능성이 높다. 이에 2019년에는 특정 섹터나 국가 펀드에 집중 투자하기보다는 충분한 분산과 포트폴리오 투자가 그 어느 때보다 필요하다. 다양한 스타일과 여러 지역으로 장기 분산 투자한다는 전제하에 염두에 둘 몇 가지 투자 전략을 제시한다.

첫째, 보수적인 투자자라면 중단기 채권형 펀드를 중심으로 포트폴리오를 구성해야 한다. 국내 경기의 어려움이 심화될 전망이라는 점에서 금리가 더 이상 크게 오르기는 힘들 것으로 예상된다. 물론 미국의 계속된 금리 인상이 부담 요인이나 국내 가계부채 등 우리 경제 상황도 여의치 않다. 주식시장 변동성이 더욱 높아짐에 따라 중단기 채권형 펀드로의 자금 유입이 계속될 전망이다.

둘째, 적극적인 투자자라면 장기적으로 배당주 펀드를 중심으로 역발상 투자 기회를 노려볼 수 있다. 국내 경기가 어렵겠지만 국내 주식시장이 저평가돼 있다는 점은 분명하다. 배당주 펀드는 저성장·저금리의 경제구조하에서 주식의 매매차익뿐 아니라 안정적인 배당수익을 동시에 추구한다는 점에서 장기적으로 유망한 투자 유형이다. 웬만한 은행 금리 이상의 높은 배당을 하는 종목도 적지 않다. 최근 많은 기업이 주주친화적 정책을 강화하면서 배당을 늘리고 있다는 점도 긍정적이다. 미국 월가의 대표적인 펀드매니저인 피터 린치는 배당주를 '과부와 고아 주식'이라고 불렀다. 과부와 고아는 꼬박꼬박 월급을 가져다줄 남편이나 부모가 없

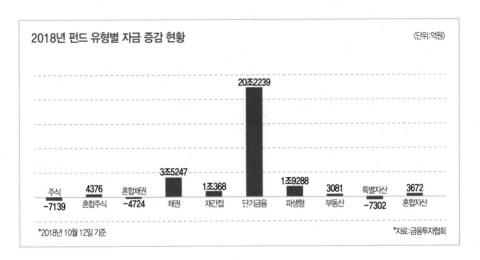

2018년 펀드 유형별 자금 증감 현황 〈단위:억원〉

- 주식 -7139
- 혼합주식 4376
- 혼합채권 -4724
- 채권 3조5247
- 재간접 1조368
- 단기금융 20조2239
- 파생형 1조9288
- 부동산 3081
- 특별자산 -7302
- 혼합자산 3672

*2018년 10월 12일 기준

*자료:금융투자협회

는 탓에 별도의 정기적인 수입이 필요하다. 배당주는 남편이나 부모처럼 매년 일정한 배당을 가져다줄 수 있다는 의미다. 이미 퇴직을 했거나 퇴직을 앞둔 투자자에게도 배당주는 유용한 투자 수단이다. 배당주 펀드는 특정 시기나 특정 시장 상황에만 투자하기보다는 투자 포트폴리오에 있어 반드시 집어넣어야 할 필수 펀드라고 할 수 있다.

셋째, 개인연금과 퇴직연금 운용 시 타깃데이트펀드(TDF)를 적극 활용할 필요가 있다. 타깃데이트펀드는 은퇴 시점(Target Date)에 가까워질수록 주식과 같은 위험자산에 대한 투자 비중을 낮추고 채권과 같은 안정자산에 대한 투자 비중을 자동적으로 높여주는 펀드를 말한다. 전 세계 거의 모든 자산에 분산 투자하고 있는 데다 은퇴에 가까울수록 자동 조정해준다는 측면에서 유용한 투자상품이라고 할 수 있다. 이런 특성 덕에 지난 2018년 9월 퇴직연금 적립금의 100%까지 투자할 수 있도록 규제가 완화됐다. 향후 연금 투자자가 특정 펀드 등을 선택하지 않았을 때 은행이나 증권사 등이 미리 정한 펀드로 자동 투자하도록 하는 디폴트 옵션 제도가 도입될 예정이다. 이에 따라 TDF가 연금 투자의 중심으로 부상할 가능성이 높다. 처음 연금상품 가입 후 사후관리가 잘 이뤄지지 않는 현실을 감안할 때 TDF는 좋은 투자 대안으로서 향후 자금 유입이 지속될 전망이다.

잘나갔던 美·日 증시 신중모드로
'3중고' 신흥국은 위험관리 필수

류지민 매경이코노미 기자

▶ 2018년 국내 증시는 극심한 부진을 겪었다. 연초 2600선을 돌파하며 사상 최고치를 경신했던 코스피지수는 10월 말 기준 2100선까지 밀리면서 투자자를 등돌리게 만들었다. 2019년 전망도 밝지 않다. 코스피의 12개월 주가수익비율(PER)이 8배까지 떨어질 정도로 국내 증시가 저평가 상태라는 점에 별다른 이견은 없지만, 미국 금리 인상과 미중 무역전쟁 상황에서 낙관론은 찾아보기 어렵다.

해외 증시와 국내 증시의 디커플링(탈동조화)이 심화되면서 해외 투자의 중요성은 더욱 부각되고 있다. 한국예탁결제원에 따르면 2018년 3분기까지 외화주식 예탁 결제 규모는 252억달러(약 28조4500억원)로 역대 최대 규모였던 2017년 227억달러(약 25조6300억원)를 벌써 넘어섰다. 안갯속 증시 상황 속에서 해외 투자에 대한 수요는 더욱 늘어날 전망이다.

효과적인 자산 배분 전략은 어떻게 세워야 할까. 최근 고점 논란이 불거지기는 했지만 2019년에도 미국 증시의 선전은 계속될 전망이다. 미중 무역분쟁에도 불구하고 미국의 주요 거시경제지표는 확대 양상을 유지하고 있다. 2018년 7월 58.1포인트를 기록하며 고점 논란을 일으켰던 ISM(공급관리협회) 제조업

PMI(구매관리자지수)는 8월 61.3포인트를 기록하며 우려를 불식했다. 산업생산 증가 폭이 확대되는 추세에 대표적 내수지표인 소매판매도 꾸준히 상승세를 보이고 있다. 미국 경기 호황을 견인하고 있는 내수 확대는 임금 인상 움직임과 연계해 당분간 지속될 전망이다. 트럼프 정부의 친기업 정책도 미국 기업들의 활력을 키운다. 트럼프 미국 대통령은 취임 이후 법인세 인하, 인프라 투자 확대, 규제 개혁 등을 적극적으로 추진해왔다.

2019년 경제성장률 전망		단위:%
구분	2018년 예상치	2019년 예상치
선진국	2.4	2.1
미국	2.9	2.5
유로존	2	1.9
영국	1.4	1.5
일본	1.1	0.9
한국	2.4	2.2
신흥국	4.7	4.7
중국	6.6	6.2
브라질	1.4	2.4
러시아	1.7	1.8
인도	7.3	7.4
전 세계 평균	3.7	3.7

자료:IMF 세계경제전망보고서(2018년 10월) 발간

일본 증시도 상승세를 이어갈 전망이다. 경기, 수익성, 밸류에이션 등 긍정적 요인이 많다. 일본 경기의 바로미터인 공작기계 주문이 꾸준히 늘고 있다. 부진했던 은행 대출도 2018년 5월을 저점으로 전년 대비 증가로 돌아섰다. 내수 개선에 따라 자금 수요가 늘어나고 있다는 것으로 해석된다. 무엇보다 일본 기업의 탄탄한 실적이 증시를 끌어올리는 동력이다. 최근 일본 기업의 EPS(주당순이익) 모멘텀은 미국에 뒤떨어지지 않는다. 미중 무역분쟁 이슈가 사그라들면 저평가 매력이 돋보이는 일본 증시로 글로벌 자금이 몰릴 가능성이 높다.

신흥국 증시는 미국 금리 인상, 미중 무역전쟁, 국제유가 상승이라는 '3중 악재'에 짓눌려 있다. 중국(편입 비중 32.72%), 인도(8.61%), 브라질(5.83%) 등의 비중이 높은 MSCI 신흥국지수는 2018년 하반기에만 10% 가까이 하락(10월 15일 기준)했다. 신흥국 증시가 반등하기 위해서는 불확실성 해소가 선행돼야 한다. 신흥국 증시에서 빠르게 빠져나가고 있는 글로벌 자금의 움직임을 눈여겨볼 필요가 있다. 확실한 반등 움직임을 확인한 후에 들어가도 늦지 않다는 얘기다. 2019년 신흥국 투자는 '돌다리도 두들겨 보고 건너라'라는 격언이 유효하다.

부동산 · 특별자산펀드 뭉칫돈 유입
유럽 부동산 · 미국 인프라펀드 주목

류지민 매경이코노미 기자

▶ 전통적인 투자처인 주식과 채권의 매력이 점점 떨어지고 있다. 국내 증시는 2018년 초 고점 대비 20% 가까이 빠지면서 투자자들에게 실망감만 안겼고, 이미 많이 오른 선진국 증시에서는 먹을 것이 별로 없어졌다. 미국의 금리 인상은 연쇄적인 채권금리 인상(채권 가격 하락)으로 이어져 채권 수익률에 '직격탄'을 날린다.

갈 곳 잃은 뭉칫돈이 대체투자에 몰리고 있다. 대체투자는 부동산이나 인프라, 헤지펀드, 원자재, 벤처기업, 항공기, 영화 등에 투자하는 것을 말한다. 그동안은 기관이나 외국인 투자자의 전유물로 여겨졌지만 최근 자산가를 중심으로 많은 개인투자자가 뛰어들고 있다.

개인이 쉽게 접근할 수 있는 것은 대체투자 펀드다. 펀드 시장 침체에도 불구하고 대체투자 펀드는 무서운 속도로 몸집을 불리는 중이다. 금융투자협회에 따르면 2018년 9월 말 기준 부동산 펀드의 순자산은 72조7000억원으로 한 달 새 1조3000억원이 늘었다. 항공기, 예술품, 지하철, 광산 등 대체자산에 펀드 자금의 50%를 넘게 투자하는 특별자산 펀드에도 9월 한 달 동안에만 1조4000억원이 순유입되면서 순자산이 66조9000억원으로 집계됐다. 2016년 말 부동산·특별자산 펀드의 순자산 규모가 94조7600억원이었던 것을 감안하면 2년이 채 되지 않아 45조원이 불어났다. 저금리 기조 아래 초과 수익을

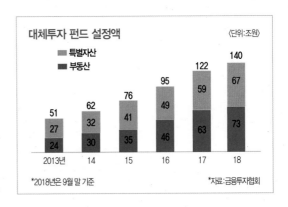

대체투자 펀드 설정액 〈단위:조원〉

■ 특별자산
■ 부동산

	2013년	14	15	16	17	18
합계	51	62	76	95	122	140
특별자산	27	32	41	49	59	67
부동산	24	30	35	46	63	73

*2018년은 9월 말 기준   *자료:금융투자협회

기대할 수 있는 대체투자의 성장세는 당분간 계속될 전망이다.

대체투자의 '주류'라 할 수 있는 부동산 펀드는 자산의 50~70%를 부동산 관련 자산에 투자한다. 2019년에는 국내보다는 해외 부동산에 관심을 가질 필요가 있다. 가장 유망한 지역은 유럽 부동산이다. 유럽 도심권역(CBD)의 프라임 오피스는 최근 5년 연속 평균 임대료가 상승했다. 평균 공실률도 핵심 지역 5.6%, 북유럽 8%로 2010년 이래 가장 낮은 수준을 유지하고 있다. 유럽 프라임 오피스의 임대료 상승은 긍정적인 유럽 경제 상황과 기업 성장에 기반한다. 유럽 경제는 2014년 이후 꾸준한 성장세를 이어가고 있다. 유럽중앙은행은 2019년 유로존 경제가 더 이상 회복이 아닌 확장으로 갈 것이라고 전망했다.

미국 인프라 시장도 급성장할 것으로 예상된다. 1조달러 규모의 민간 인프라 투자는 트럼프 미국 대통령의 대선 공약이다. 2019년 인프라 재건을 위한 1조5000억달러 투자 법안이 통과되면 미국에서는 본격적인 인프라 투자붐이 불 전망이다. 발전소·도로·항만·철도 등 사회기반시설 사업을 운영하는 법인에 투자하는 인프라 펀드는 통행료 등으로 꾸준한 수익이 보장된다. 특히 적자 발생 시에도 정부가 일정 부분을 보전해주는 경우가 많아 최소 원금 이상의 수익을 챙길 수 있다는 점에서 안정성이 높다. 미래형 신재생에너지 인프라도 각광받는 분야다. 향후 10년간 미국 에너지 시장의 전체 투자 규모 2000억달러(약 226조6000억원) 가운데 70% 이상이 신재생에너지 관련 사업에 해당한다.

부동산 시장

```
Preview
```

    2018년 부동산 시장은 그야말로 이상 과열 양상을 보였다. 박원순 서울시장의 여의도, 용산 통합 개발 발언 이후 강남 재건축 아파트를 비롯해 서울 전역 집값이 수억원씩 폭등했다. 집값 상승에 놀란 정부는 고강도 규제를 쏟아냈다. 종합부동산세 최고세율을 3.2%로 올리는가 하면 주택담보대출 규제를 강화해 다주택자 돈줄을 틀어막았다.

    2019년에는 집값 상승세가 한풀 꺾일 가능성이 높다. 2018년 내내 집값 상승폭이 워낙 컸던 만큼 추가 상승 기대심리가 잠잠해진 데다 정부가 "반드시 집값을 안정시키겠다"며 세금, 대출 규제와 함께 대규모 주택 공급 방안을 발표했기 때문이다. 국토교통부는 서울과 인접한 수도권에 미니 신도시를 조성해 20만가구를 공급하기로 했다. 한동안 수요 억제에 치중한 정부가 공급 확대로 방향을 전환하면서 당분간 집값이 안정세를 보일 것이란 관측이다. 아파트 입주 물량이 증가하면서 전셋값도 크게 오르지는 않을 전망이다. 서울, 수도권뿐 아니라 지방 역시 자동차, 조선 등 주요 산업 침체, 인구 감소 등 악재로 집값이 주춤할 것으로 보인다. 다만 재건축보다 규제가 덜한 서울 도심 뉴타운 재개발 지분, 입주 5년 미만 역세권 새 아파트는 실수요가 여전해 꾸준히 인기를 끌 전망이다.

세금 인상 · 규제 악재 많지만
'강남불패' 수요 몰려 강보합세

박합수 KB국민은행 수석부동산전문위원

▶ 2018년 서울 강남 재건축은 부동산 시장의 '뜨거운 감자'였다. 조합원 지위 양도 금지와 다주택자 양도세 중과 등으로 매물이 귀해진 상태에서 알짜 물량을 확보하려는 수요가 몰려 가격이 급등했다. 특히 물건 1~2건이 거래되면 연쇄적으로 가격이 뛰는 사례가 급증했다. 2018년 7월 박원순 서울시장의 여의도 재건축 통합 개발 발표 효과로 재건축이 뒷심을 발휘했다.

특히 서울 반포에서 촉발된 새 아파트 효과가 한몫했다. 반포는 재건축 속도가 다른 지역보다 앞서며 재건축 시장을 선도했다. 새 아파트로 변신한 가격이 3.3㎡당 8000만원을 넘어서며 재건축 추진 단지들의 기대치를 높였다. 재건축 후 가격이 어느 수준에 형성될 것이라는 바로미터가 됐기 때문이다.

반면 전반적인 강남 재건축 사업 속도는 빠르지 못했다. 재건축 초과이익환수제가 면제되는 2017년 말까지 관리처분계획인가를 신청한 단지의 인가 발표가 계속 지체됐다. 서울 송파구 잠실주공5단지처럼 조합 설립 후 사업시행인가 전 단계인 단지들의 사업 추진도 빠른 편은 아니었다. 2018년 3월 강화된 안전진단 제도에 따라 재건축 초기 단지의 안전진단 신청이 눈에 띄게 줄었다. 전반적으로 재건축 사업이 탄력을 받지 못한 한 해였다.

집값이 오르기는 했지만 단기간 내 가격이 급등하다 보니 시장은 피로감이 쌓인 상태다. 재건축 추진 속도가 느려 매입을 해도 사업 기간이 10년 이상 걸린다는 막연함으로 서서히 관망 분위기가 나타났다. 재건축도 다주택자 양도세 중과, 종합부동산세 강화 등 정부 규제 영향을 그대로 받을 수밖에 없다. 또 높아진 가격에 대한 불안감과 더불어 대출 규제, 금리 인상 여파로 관망세가 이어졌다.

1년간 서울 집값 상승률 높았던 지역	
	단위:%
지역	상승률
강남	13.59
송파	13.41
성동	12.66
광진	11.81
영등포	11.56
강동	11.41
마포	10.94
용산	10.9
동작	10.54

주:2017년 7월 말~2018년 7월 말 기준
자료:KB국민은행

주택 시장 가격은 수요와 공급에 의해 결정된다. 가장 기본적인 경제 원칙이다. 재건축도 마찬가지로 이런 수급의 한 부분으로 해석해야 한다. 정부는 집값을 잡기 위해 수도권 주택 공급 확대에 나섰지만 정작 서울 도심 공급 물량은 많지 않다. 도심 공급의 핵심은 뛰어난 입지로 주거 선호도가 높은 재건축, 재개발 등 양질의 주택 공급량을 조기에 늘리는 것이다.

안전진단 강화로 재건축 사업 주춤

일반 매매 시장 공급량을 늘리고 부동산 시장 안정을 위해서는 다주택자 매물이 필요하다. 문제는 재건축 아파트 주인들이 양도세 중과 상태에서 무거운 세금을 감수하고 매각하기는 쉽지 않다는 점이다. 지금은 가격이 오를 만큼 오른 데다 종합부동산세 등 보유세 급등이 예고된 상태므로 매도하고 싶은 보유자도 적잖다. 다주택자 양도세 중과 세율을 낮추지는 못하더라도 장기보유특별공제를 부활해 퇴로를 확보해준다면 매도를 유도하면서 시장 흐름을 개선할 수 있다.

재건축 조합원 지위 양도 금지도 매물 경색에 일조하고 있다. 상대적으로 매매가 자유로운 조합 설립 이전 단지 거래가 집중되고 예외에 해당되는 몇 개 단지의 물량으로는 시장에서 요구하는 물량을 감당할 수 없다. 당연히 가격이 오른다. 수요를 억제하는 것만이 능사가 아니라는 뜻이다.

재건축 신규 분양 효과로 투자 수요는 여전

재건축 안전진단 강화로 공급 시기가 지연되는 점은 중장기적으로 부담스러운 부분이다. 궁극적으로 부동산 시장 안정에도 도움이 되지 않는다. 물론 안전진단 실시는 재건축 사업 시작 단계로 집값 상승을 부추길 수 있지만 서울에 지은 지 30년 이상 된 단지가 10만3000가구(2018년 3월 기준)에 이르는 현실을 고려해야 한다. 일제히 재건축을 시작하면 물량이 충분해질 뿐 아니라 수요자에게도 공급 부족 우려가 없다는 인식을 줘 집값 안정 효과를 낸다. 공급 확대 차원에서 안전진단에 대한 인식을 바꿔야 할 때다.

종합부동산세 등 보유세 인상은 재건축 시장에도 하향 요인으로 작용할 것으로 예상된다. 특히 세율 인상과 더불어 공시가격 현실화, 공정시장가액비율 인상에 따라 그 파급력은 더욱 커질 것이다. 다주택자의 경우 2018년보다 대략 2배 정도 부담이 커진다. 부동산 조세정책의 큰 방향이 '보유세 강화, 거래세 완화'라는 측면에서 보면 보유세가 강화되는 만큼 거래세(취득세, 양도소득세) 개선을 통해 퇴로를 확보하면서 매도 물량을 늘리는 고민이 필요하다. 게다가 대출 규제, 금리 인상은 부동산 시장뿐 아니라 경제 전반에 미치는 영향력이 크다. 정부가 1주택 고가 주택자와 다주택자의 대출 차단에 나선 데 이어 미국발 금리 인상으로 주택담보대출 부담이 커졌다. 여러 악재가 많지만 2019년 재건축 시장에는 여전히 투자자 관심이 쏠릴 전망이다. 크게 두 가지 관점에서다. 우선 신규 분양 시장

서울 재건축 초과이익환수금 예상액 통지 대상 사업지

지역	단지
강남구(1곳)	대치쌍용2차
서초구(4곳)	반포주공1단지(3주구), 방배동 중앙하이츠1·2구역, 신성빌라, 반포현대(통지 완료)
송파구(1곳)	문정동 136(통지 완료)
성북구(1곳)	정릉7구역 성호빌라
은평구(1곳)	신사1구역
강서구(2곳)	화곡1구역, 마곡동 신안빌라
구로구(1곳)	개봉5구역

에서 시세차익을 기대한 청약 수요가 몰릴 것으로 보인다. 미래를 대비해 알짜 재건축 단지를 소유하려는 움직임도 여전할 것이다.

실제로 강남 재건축 분양 시장은 '로또 청약'이라는 기치 아래 한판을 크게 벌일 태세다. '재건축 블루칩'인 서초구 반포주공1단지(1·2·4주구)와 신반포3차 경남, 한신4지구 등 이른바 '반포 3총사'가 등장한다. 개포에서는 주공1단지와 4단지가 분양하고 송파에서는 미성 크로바, 진주아파트도 분양을 준비한다. 우리나라 단일 단지 최대 규모로 변신할 강동구 둔촌주공아파트(1만2120가구)도 신규 분양 시장에 합류한다. 이처럼 강남권 핵심 재건축 단지가 쏟아져 나오면서 분양 시장은 더욱 달궈질 것으로 보인다. 정부가 무주택자 청약 당첨 확률을 높이는 식으로 청약제도를 개선하면서 1주택자 갈아타기가 어려워졌지만 그럼에도 관심은 높을 수밖에 없다.

청약 시 주의해야 할 것은 재건축, 재개발 등 정비사업의 분양분(조합원+일반분양)의 재당첨 제한이다. 투기과열지구 내에서 5년간 정비사업 물량에 대한 재당첨이 금지되므로 유의해야 한다. 기존 재건축과 재개발 보유자는 관리처분계획인가 시점이 5년 내 도래하는지 여부와 1주택자로서 청약 시 종전 주택 매도 조건 등에 대한 주의가 필요하다. 각종 규제로 재건축 사업 자체가 지연될 우려가 큰 만큼 멀리 보고 투자하는 전략이 필요하다. 결국 10년 후 어느 재건축 단지를 보유해야 미래 가치가 높을 것인가에 대한 선택의 문제다. 압구정과 반포, 용산 등은 서울 핵심 지역 위상이 더 강화될 것이다.

2019년 재건축 아파트 가격은 어느 때보다 높은 상태에서 출발한다. 재건축 사업이 본격화되며 한 단계씩 속도가 붙을수록 기대심리로 가격이 떨어지기보다는 상승하는 게 일반적이다. 또한 재건축 분양 시장에는 청약 수요가 계속 쏠릴 것으로 보인다. 단기 급등에 따른 우려가 크고 보유세 인상, 대출 규제, 금리 인상 등 악재도 많지만 여전히 수요가 몰릴 가능성이 높다. 강남 선호 현상이 계속되는 한 재건축 가격은 강보합세를 유지할 것으로 보인다.

규제 덜해 투자자 관심 집중
한남 · 흑석 · 거여마천 눈길

고종완 한국자산관리연구원장

▶ 서울 새 아파트와 강남 재건축이 2018년 부동산 시장을 주도했다면 2019년 은 강북 뉴타운, 재개발이 집값 상승세를 견인할 가능성이 높다.

이미 2018년 하반기부터 재개발 시장이 요동치는 모습이다. 정부가 다주택자, 갭투자자를 겨냥한 8·2 대책, 9·13 대책 등 종합 규제책을 연달아 쏟아냄에 따라 재건축은 말 그대로 직격탄을 맞았다. 보유세 등 각종 세금과 초과이익환수 제, 분양권 전매제한 등 규제가 상대적으로 덜한 재개발 시장으로 수요자 발길이 이어지고 있다. 재개발 신규 분양 시장도 풍년을 맞으면서 재건축 못지않게 후끈 달아오른다. 2018년 10~12월 서울을 비롯한 수도권에서 재개발 사업을 통해 1 만가구 넘는 분양 물량이 쏟아진다. 수도권 대부분이 투기지역, 투기과열지구, 조정대상지역 등 규제 지역으로 묶여 전매금지, 대출 규제가 적용되는데도 불구 하고 '로또 청약'을 기대하는 청약자들로 치열한 경쟁이 예상된다.

과거 부동산 호황기에도 재건축 시장이 과열된 뒤에는 시중 부동자금이 재개발 시장으로 이동하는 사례가 많았다. '풍선효과'로 2019년은 뉴타운, 재개발 시장 이 꽃피는 한 해가 될 것으로 보인다.

재건축과 재개발은 차이점이 크다.

재개발은 기반시설이 열악하고 노후, 불량 건축물이 밀집한 지역에서 주거환경을 개선하는 사업을 말한다. 상업지역에서 도시 기능 회복, 상권 활

재개발 해제구역 많은 서울 자치구 〈단위:곳〉

성화를 위해 도시환경을 개선하는 사업도 포함된다. 낙후된 지역을 모두 철거한 뒤 기반시설과 함께 공동주택단지로 개발하는 것이다. 이에 비해 재건축은 기반시설은 양호하나 노후, 불량한 공공주택을 헐고 새 주택을 건설, 주거환경을 개선하는 사업이다.

서울 재개발 신규 분양 투자 눈길

뉴타운은 서울시가 새로 만든 재개발 방식이다. 민간 주도 재개발이 주택 중심으로 추진돼 난개발로 이어지는 문제점을 개선하기 위해 등장한 개념이다. 적정 규모의 생활권역 대상 도시계획사업으로 도로, 학교 등 기반시설을 갖춘 대규모 재개발 사업에 해당한다. 대표적으로 은평, 길음, 왕십리뉴타운이 성공 사례로 꼽힌다. 재건축은 수익성이 강하며 주택의 경제적 가치 증가, 즉 자산가치에 비중을 두는 반면 뉴타운·재개발은 공익성을 우선한다. 상가, 주택 등 다양한 소유자와 이해관계자 대립, 갈등으로 인허가 등 걸림돌이 많다.

서울시는 2018년 9월, 20곳 이상의 재개발 사업지를 정비구역에서 추가로 해제하는 방안을 검토하고 있다고 발표했다. 재개발 추진 속도가 더딘 탓에 사업유보관리지역으로 분류된 구역 10곳과 사업장기정체구역 10곳을 대상으로 2018년 말까지 구역 해제를 추진할 방침이라고 밝혔다. 서울시 재개발 구역 86곳 중 25%에 해당하는 곳이 추가 해제될 경우 해제 구역은 총 400곳으로 늘어난다. 서울 주택

공급 계획이 차질을 빚고 재개발 사업 기반 자체가 쪼그라들 수밖에 없다. 도시재생, 소규모 주택 정비사업으로의 전환 등 정책 변화도 예상된다. 향후 재개발 사업의 불확실성 요인이 늘어나 투자 리스크도 높아질 수밖에 없다.

악재가 있기는 하지만 향후 뉴타운, 재개발이 재건축에 이어 금맥을 캐는 유망 투자처로 자리매김할 가능성이 높다. 크게 3가지 측면에서 인기를 끌 전망이다.

첫째, 서울은 재건축·재개발을 제외하고는 신규 택지나 빈터가 마땅치 않다. 재건축 규제로 도심 재개발 외에는 새로운 아파트 공급원이 거의 없다는 의미다. 둘째, 재건축보다는 재개발이 기반시설 지원과 세금, 전매제한, 안전진단 절차, 초과이익환수제 등 까다로운 규제가 상대적으로 덜하다. 셋째, 지분가격이 재건축보다 낮아 새 아파트로 탈바꿈할 때 일반분양받는 것보다는 수익성이 높다. 재개발 조합원 분양가가 대체로 저렴해 초기 투자금이 적게 들기 때문이다.

그럼에도 불구하고 뉴타운, 재개발 사업은 막상 투자하기가 쉽지 않다. 사업 기간이 워낙 길어 분양 시기, 분양가 예측이 어렵고 감정가액, 추가 부담금 규모를 분양 임박한 시점에야 비로소 알 수 있기 때문이다.

한남뉴타운 지분가격 평당 1억원

뉴타운, 재개발에 어떻게 투자해야 성공할까.

비록 재건축보다 규제가 적지만 재개발도 세금 중과, 대출 규제가 더 강화되는 분위기다. 인허가 절차를 비롯해 분양가 산정, 주민 반대, 조합 갈등, 시공사 선정 등 변수가 만만치 않다는 점을 염두에 둬야 한다. 서울시에서는 주민이 반대하거나 장기간 사업이 부진한 곳은 구역 지정 자체가 해제되거나 무산되기도 한다. 이 때문에 재개발 구역 내에서 매매계약을 할 때는 입지 환경, 사업 규모와 진행 속도, 거래 시세를 사전에 꼼꼼히 파악해야 한다. 정당한 입주권인지, 인허가 절차와 법적인 문제점은 없는지 관할구청 담당자에게 직접 확인해봐야 한다. 아울러 사업성이 떨어지는 곳은 시공사 선정이나 청산 조합원 증가, 프로젝트파이낸

싱(PF) 등 외부 금융 조달도 쉽지 않은 것이 현실이다.

뉴타운, 재개발에 투자할 때 주의할 점도 많다.

지난 2002년 서울 성북구 길음뉴타운이 재개발 사업으로 성공하자 크고 작은 뉴타운이 우후죽순처럼 생겨났다. 용산구 한남뉴타운, 송파구 거여마천뉴타운의 경우 3.3㎡당 500만~700만원 수준이었던 지분값이 4000만~5000만원까지 치솟기도 했다. 심지어 뉴타운 후보지에 이름을 올리기만 하면 다세대주택 집값도 2배까지 폭등했다. 하지만 2008년 글로벌 금융위기를 겪으면서 부동산 시장이 2013년까지 장기 하락 국면에 진입해 대부분 뉴타운, 재개발 현장도 쑥대밭으로 변했다. 2014년 이후 재건축 가격이 급등하면서 뉴타운, 재개발 시장도 다시 호황기를 누리게 됐다. 2018년 10월 기준 한남뉴타운 지분값은 3.3㎡당 1억원, 흑석뉴타운은 8000만원, 노량진뉴타운은 6000만원을 넘어서는 등 재건축 못지않게 펄펄 끓고 있다고 해도 과언이 아니다. 이들 뉴타운 외에도 거여 마천, 천호, 수색 증산, 장위뉴타운도 시공사 선정이나 관리처분인가를 목전에 두고 속도를 내고 있어 비교적 미래 가치가 높다.

재개발 지분은 고수익, 고위험 상품이라는 점도 유의해야 한다.

첫째, 개발구역 내 토지나 주택을 구입한다고 해서 무조건 조합원이 될 수는 없다. 공동 소유인 경우 1명만 조합원이 될 수 있기 때문이다. 또한 매도인이 여러 채를 소유한 경우 조합설립인가 후에 아파트 분양권은 하나만 배정된다는 점도 주의해야 한다. 둘째, 8·2 부동산 대책으로 재개발에도 재당첨 금지 기간이 적용된다. 최근 5년 이내에 재개발을 비롯해 재건축, 일반분양 아파트에 당첨된 사실이 있으면 재개발 조합원 분양을 받을 수 없다. 셋째, LTV·신DTI·DSR 등 새롭게 강화된 정부 대출 규제로 담보대출과 이주비 대출이 까다로워져 재개발 사업도 차질을 빚을 것으로 보인다. 금리 인상, 자금 조달 등 금융 리스크에 철저히 대비해야 하는 이유다. 뉴타운, 재개발 투자도 과도한 욕심을 버리고 실수요나 장기 투자 관점에서 접근하는 전략이 바람직하다.

주택 공급 확대에 전셋값 안정 임대수요 많은 서울 3% 상승

김광석 리얼투데이 이사

▶ 2018년 전국 전세가격은 14년 만에 처음으로 하락세를 기록할 전망이다. KB국민은행에 따르면 2018년 전국 아파트 전세가격은 9월까지 0.48% 하락했다. 2004년 전국 아파트 전세가격이 2.74% 떨어진 이후 14년 만에 첫 하락세다. 9월 가을 전세 시즌을 맞아 일부 지역 전세가격이 상승세로 전환하기는 했지만 상승 폭이 미미해 추세 전환으로 보기는 어렵다. 이런 흐름이 이어진다면 2018년 전셋값은 하락세로 마감될 전망이다.

2017년 연말 시작됐던 아파트 전세가격 하락세는 2018년 들어서도 이어졌다. KB국민은행 자료에 따르면 전국 아파트 전세가격은 2018년 1월에서 9월까지 0.48% 하락한 것으로 집계됐다. 지역별로 보면 아파트 입주 물량이 많았던 지역은 어김없이 하락세를 기록했다.

2018년 전국 아파트 입주 예정 물량만 44만2621가구에 달해 전세 시장 안정에 기여했다. 2017년(37만9212가구)에 비해 17%가량 증가한 것으로 1997년(43만가구) 이래 20년 만에 가장 많은 물량이다.

아파트 수요가 많은 서울은 소폭 상승세를 기록했다. 직주근접 수요가 많고 전

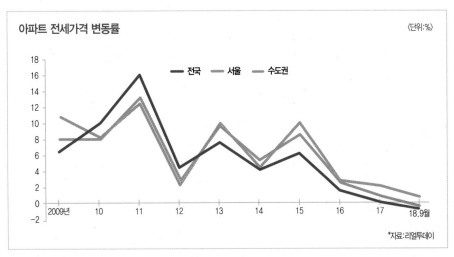

아파트 전세가격 변동률　〈단위:%〉

전국　서울　수도권

*자료:리얼투데이

세가격이 상대적으로 저렴한 곳 중심으로 전셋값이 상승세를 보였다. 서울 자치구별 변동률을 살펴보면 직주근접 수요가 꾸준한 마포구(2.68%)가 서울에서 가장 높은 상승률을 기록했다. 전세가격이 상대적으로 저렴한 성북구(2.46%), 중랑구(2.25%), 관악구(2.04%) 등도 상승세를 보였다. 입주 물량이 많았던 강동구(-0.12%)를 제외하고는 나머지 서울 지역 전세가격이 1% 내외 소폭 상승하는데 그쳤다.

2018년 전셋값 14년 만에 하락세로 전환

최근 전세 시장이 안정세를 보이는 이유는 뭘까.

일단 전세 수요가 매매로 전환됐기 때문이라는 시각이 설득력을 얻는다. 집값이 오를 것이라는 예상이 많아지면 전세에 눌러앉기보다는 무리해서라도 매매를 선택하는 경우가 늘어난다. 이런 현상은 서울, 수도권에서 두드러지게 나타났다. 실제로 2018년 9월 들어서는 서울을 중심으로 전세 매물이 줄어든 반면 월세 임대 시장 매물은 여유가 있었다. 매매 선호 현상이 두드러지면서 전세를 끼고 아파트를 매입하는 '갭투자'가 늘어나 수도권 임대 시장 안정에 기여했다. 갭투자로 매입한 주택은 다시 전세 시장에 나와 전세 매물이 늘어나는 효과가 있다.

전반적인 내수 경기 침체 속에 아파트 입주 물량이 증가한 것도 전세 시장 안정에 한몫했다. 경기가 침체되면 이사를 가려는 가구가 줄어들고 전세가격도 안정세를 보이는 경향이 있다. 이런 상황에서 아파트 입주 물량이 대거 쏟아진 경기(16만6810가구), 울산(8590가구), 경남(3만7377가구) 등에서는 어김없이 전세가격이 큰 폭으로 하락했다. 하지만 단독, 연립주택 전세가격은 조금 다른 흐름이다. 2018년 초부터 9월까지 단독주택 전세가격은 평균 0.71%, 연립주택도 1.01% 상승하는 등 국지적인 전세난이 발생했다.

전세대출 규제에 고가 전세 수요 줄어들 듯

2019년 전세 시장에서는 하락보다 상승 요인이 좀 더 많다. 상승에 힘을 싣는 변수로는 금리와 정책, 아파트 입주 물량 등을 꼽을 수 있다. 미국 금리 인상에 따라 우리나라 금리도 인상 수순을 밟을 가능성이 높아졌다. 금리 인상은 전세가격 상승 요인으로 작용한다. 금리가 오르면 집값 상승 기대감은 줄어들고 전세 수요는 늘어난다. 가계부채가 1500조원을 넘어서고 집값의 60%가 넘는 고위험 담보대출 규모가 153조원에 달하는 등 가계대출이 사상 최고치를 기록해 급격한 금리 인상 가능성은 희박하다. 하지만 미국 금리 인상 등 외부 요인으로 시장 컨센서스를 깨고 금리가 급격히 올라갈 경우 전세 시장도 급변할 수밖에 없다.

정부 정책 변수도 힘을 발휘할지 관심거리다. 정부는 대출 규제와 함께 수도권 택지지구 지정을 통해 주택 공급을 늘리겠다고 밝혔다. 공급 물량이 집값 상승 기대심리를 누를 만한 강도를 갖느냐가 문제겠지만 우리나라 인구 절반이 거주하는 수도권에 우량 주택이 대거 공급되면 내집마련을 미루고 전세를 유지하려는 경향이 나타날 것이다. 아파트 입주 물량도 줄어드는 분위기다. 2019년 전국 아파트 입주 물량은 38만여가구 수준이다. 2018년에 비해 7만여가구 정도 감소한 수치로 아파트 입주가 대거 몰리면서 전세가격이 하락하는 장세는 진정될 것으로 보인다.

물론 전세가격 하락 요인도 무시할 수 없다.

전셋값 상승세를 억누르는 가장 큰 변수는 역시 경기 침체다. 자영업자 대출은 갈수록 늘어나고 경제성장도 기대하기 어려운 분위기다. 시장에서 느끼는 실물 경기가 상당히 좋지 않다. 경기가 나빠지면 가계는 씀씀이를 줄이고 이사를 가는 임대 수요도 감소한다. 정부 대책에 따라 소득 1억원 넘는 전세자금대출 요건이 까다로워진 점도 변수다. 금융권에서 전세대출을 받으려면 주택금융공사에서 지급보증을 받아야 하는데 부부 합산 연소득이 1억원을 넘는 가구나 다주택자에게는 전세대출을 해주지 않기로 했다. 전세대출을 받아 집을 구입하는 데 사용하거나 다주택자, 고소득자가 전세대출 받는 것을 차단해 서민 실수요층에게 도움을 주자는 취지로 해석된다.

고소득자에 대한 전세자금대출 제한인 만큼 고가 전세 수요는 줄어들 가능성이 높다. 다시 말해 고가, 대형 아파트 전세 수요는 줄고 대출이 가능한 중소형 주택 수요는 증가하는 요인이 될 것이다. 다주택자는 대출을 받아 전세로 살기 어려워진 만큼 기존 집에 거주하거나 저렴한 전셋집에 들어갈 가능성이 높다.

경기가 활황기라면 앞서 살펴본 전세가격 상승 요인이 크게 작용해 전세 시장이 요동칠 수 있다. 하지만 실물경기 침체와 입주 물량까지 감안한다면 전국 아파트 전세가격은 1~2% 내외 상승이 점쳐진다. 임대수요가 많은 서울은 3% 안팎 상승이 예상된다. 실물경기를 감안할 때 상대적으로 싼 서울 강북, 노원, 도봉구 등의 전세가격이 오를 것으로 보인다. 고가 아파트보다는 단독, 연립주택 등 저가 임대 시장부터 전세가격 상승세가 나타날 터다.

경기도는 지역에 따라 수급 상황이 달라질 것으로 보인다. 입주 물량이 쏟아지는 평택(1만6708가구), 화성(2만1459가구), 시흥(1만4329가구) 등의 전세가격은 떨어질 것으로 예상된다. 다만 서울 접근성이 좋은 하남, 성남 등 주요 도시는 수요가 몰려 전세가격이 상승할 수 있다. 지방의 경우 수도권보다 경기가 좋지 않다는 점을 감안하면 전세가격 상승률은 수도권보다 낮은 수준을 보일 것으로 예측해볼 수 있다.

공급과잉에 수익률 하락세
꼬마빌딩 · 물류창고 '다크호스'

윤재호 메트로컨설팅 대표

▶ 2018년은 수익형 부동산 거래량이 크게 늘어난 한 해였다. 주택 시장 규제로 다주택자 양도세, 보유세 부담이 커지면서 상대적으로 세금 부담이 덜한 상가, 오피스텔 보유심리가 강했다. 주택 불확실성이 커지면서 규제가 덜하고 안정적인 수익형 부동산이 특히 관심을 끈 해기도 하다. 저금리 기조가 장기화되는 가운데 풍부한 유동자금이 몰리면서 활황세를 보였다. 국토교통부 통계에 따르면 2018년 상반기 전국 상업 · 업무용 부동산의 거래 건수는 총 19만2468건으로 집계됐다. 2017년 같은 기간(17만1220건)에 비해 12.4% 증가했다. 잇따른 주택 시장 규제 방안이 나오면서 이른바 '풍선효과'가 나타났다. 아파트 단지 내 상가 공개입찰의 경우 평균 10 대 1 넘는 청약경쟁률로 인기를 끌기도 했다.

2019년 수익형 부동산 시장은 어떻게 움직일까. 투자 환경이 점점 악화되면서 약보합세로 돌아설 것으로 예상된다. 대출금리와 분양가 인상, 공급 물량 증가, 소비 위축 등 다양한 악재가 겹친 때문이다. 일단 정부 규제 리스크가 크다. 2018년 하반기부터 모든 대출을 심사하는 총체적상환능력비율(DSR) 제도가 시행된다. 금융권이 대출자의 종합적인 빚 상환 능력을 보고 대출을 해주는 만큼 대출발기가 만만치 않게 됐다. 더불어 상가건물 임대차보호법 시행령 개정안이 입법예고되면서 2019년 초 상가 임대료 인상률 상한이 연 9%에서 5%로 낮아진다. 환산보증금 기준액도 상향 조정해 서울의 경우

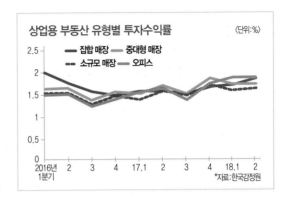

기존 환산보증금 4억원에서 6억1000만원까지 보호받을 수 있게 된다. 법개정으로 임차인의 안정적인 영업 여건이 보장되지만 상가 투자자에게는 부담으로 다가올 수밖에 없다. 수익형 부동산 투자 과열 현상이 나타나기 어려운 이유다.

대출 규제·금리 인상으로 상가 거래 위축

공급과잉에 공실률이 높아질 우려도 높아졌다. 2018년 2분기 중대형, 소규모 상가의 공실률이 각각 10.7%, 5.2%로 2017년 대비 1% 이상 높아졌다. 상업용 건물 인허가 물량이 4814만㎡로 2010~2014년 연평균 인허가 물량(3282만㎡) 대비 46.7% 높아 공실률 상승 압박이 크다.

결국 2019년 상가 시장은 공급과잉·고분양가·금리 인상에 대출 규제까지 더해 약세 분위기가 이어질 전망이다. 미분양, 공실 상가가 누적된 데다 신규 공급량이 늘면서 거래 적체 양상을 띨 것으로 보인다. 부동산114에 따르면 2017년 전국 분양 상가 점포 수는 1만5982개로 2007년(1만8322개) 이후 가장 많았다. 이 중 수도권에서만 1만663개가 분양됐다. 상가 공급이 늘고 미분양이 적체되면 세입자를 구하기도 어렵고 상가 가치가 떨어질 수밖에 없다.

공급 물량이 늘어나는 데다 분양가 수준은 역대 최고 수준이어서 상가 수익률도 점차 하락할 전망이다. 부동산114에 따르면 전국 상가의 3.3㎡당 1층 평균 분양가는 3280만원으로 조사됐다. 2015년 2935만원, 2017년 2692만원 등 한동

안 2000만원대를 유지하다 2018년 3000만원대를 넘어섰다. 서울, 수도권 상가 평균 분양가는 5년 새 41%나 올랐다. 인기 상권 내 신규 분양 상가 거래는 늘겠지만 화성 동탄2, 수원 광교, 남양주 다산 등 수도권 2기 신도시의 경우 공급과잉에 따른 공실 여파로 매매·임대 투자 수요는 당분간 감소할 가능성이 크다. 오피스텔도 분위기가 좋지 않은 것은 마찬가지다.

부유층 수요 몰려 꼬마빌딩 몸값 올라갈 듯

공급 물량 급증과 금리 인상, 공실 위험 영향으로 2019년 내내 하락세를 보일 전망이다. 금리가 올라 평균 기대수익이 떨어진 데다 공급이 급증해 입지가 아주 좋거나 배후수요가 넉넉한 서울·수도권 핵심 지역에만 수요가 몰릴 듯싶다.

오피스텔 시장 전망을 어둡게 하는 가장 큰 요인은 2019년 이후 예정된 입주 물량 급증이다. 부동산114가 집계한 2018년 전국 오피스텔 입주 예정 물량은 7만 8542실이다. 서울·수도권에만 5만6055실이 쏟아진다. 반면 투자 수요는 꾸준히 줄어 오피스텔 실제 거래량은 2016년부터 계속 감소하는 중이다.

그나마 서울 역세권 중소형 오피스텔은 업무시설뿐 아니라 주거시설로도 활용할 수 있어 대체투자 상품 가치가 있다. 소액으로 안정적 수익 창출이 가능해 위험

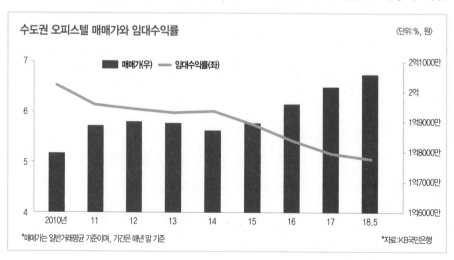

수도권 오피스텔 매매가와 임대수익률

〈단위:%, 원〉

*매매가는 일반거래평균 기준이며, 기간은 매년 말 기준
*자료:KB국민은행

부담이 적어서다. 임대수익률도 아직까지는 높은 편이다. 전국 오피스텔 평균 매매가격은 1억7820만원인데 임대수익률은 5.3%로 은행 예금금리를 웃돈다.

사무실 임대사업용 섹션오피스 역시 틈새상품으로 노려볼 만한 투자 대상이다. 분양 물량이 넘치고 3.3㎡당 가격이 비싼 오피스텔에 비해 비교적 소액 투자금으로 장기 임대수익을 얻는 상품이다. 입지가 양호한 지역은 임차인 관리와 시설관리, 임대계약 유지가 손쉬워 안정적인 수익을 거둘 수 있다. 산업단지와 오피스 신규 공급이 많은 지역은 임대 수요가 꾸준할 것으로 예상된다.

지식산업센터도 눈길을 끈다. 개인이 입주하는 오피스텔, 상가와 달리 기업이 장기 계약 후 입주하기 때문에 임대료가 밀리거나 공실이 발생할 위험이 적다. 장기적으로 안정적인 임대수익을 거둘 수 있다는 의미다. 서울·수도권과 가까운 생산시설 밀집지나 역세권 접근성이 좋은 산업단지의 경우 기업 선호도가 높고 세금 감면 혜택도 주어져 투자하기 괜찮다. 물류창고, 렌털하우스 등 틈새 수익형 부동산도 임대사업에 눈을 뜬 수요자로부터 관심을 끌 것 같다. 특히 기업들이 빠른 배송에 주력하면서 수도권 물류창고 투자가 인기다.

부유층 사이에서 인기를 끌던 꼬마빌딩 몸값도 더 올라갈 전망이다. 다주택자 세금이 강화되면 자산가들이 주택 대신 규제가 덜한 중소형 임대용 건물 투자에 관심을 기울인다. 아파트처럼 '똘똘한 한 채'에 관심이 쏠리는 만큼 오피스가 몰려 있는 역세권 중소형 빌딩 투자가치가 높다. 다만 앞으로 빌딩 공실률은 더 높아질 수 있어 임대수익률보다 지속적으로 매매가가 오를 만한 지역의 저가 매물을 중심으로 빌딩 거래가 늘어날 것으로 예측된다.

결국 2019년 수익형 부동산 시장은 대체로 '약보합세'를 띨 전망이다. 매달 꼬박꼬박 임대수익을 올리더라도 경기 침체, 금리 인상과 맞물려 대출 규제까지 겹치면 투자심리가 위축될 우려가 크다. 꼬마빌딩, 물류창고는 인기를 끌겠지만 전체적으로 수익형 부동산 시장이 하향 안정세를 보일 것으로 예상되는 만큼 대출 부담을 줄이고 보수적으로 접근하는 것이 유리해 보인다.

기업 떠나고 인구 줄어 침체
대규모 공급에 눈물만 '뚝뚝'

양지영 R&C연구소장

▶ 지방 부동산은 2018년 내내 부진한 흐름을 보였다. 한국감정원이 발표한 2018년 9월 아파트 매매가 변동률을 보면 수도권은 0.9% 올랐다. 그중 서울은 무려 1.84% 상승하는 등 높은 상승률을 보였다. 서울은 1월부터 9월까지 7.54% 오르면서 지난 2008년 이후 가장 높은 상승률을 기록했다.

반면 지방 아파트값은 바닥 깊은 줄 모르고 하락했다. 지방 아파트 매매가는 2018년 8월 0.42% 떨어진 데 이어 9월에는 0.26% 하락했다. 올 한 해 하락 폭만 무려 2.39%에 달한다. 한국감정원이 지방 집값을 조사한 2004년 이후 최대 하락 폭이다. 수도권 집값이 천정부지로 오를 때 지방 집값은 한없이 떨어지고 미분양 적체의 늪에서 빠져나오지 못하는 모습이다. 건설사들은 2018년 계획했던 지방 분양 물량을 하나둘씩 미뤘지만 여전히 적절한 분양 시점을 잡지 못하고 있다.

지방 부동산 시장이 침체 늪에서 헤어나오지 못한 이유는 뭘까. 집값 향방을 결정하는 변수는 공급 물량, 인구 유입, 금리, 정부 정책 등 여러 가지가 있다. 그중 가장 큰 변수는 공급이다. 집값에 직접적으로 영향을 미친다. 공급 물량 데이터만 보고 집값 향방을 알 수 있다 해도 과언이 아니다.

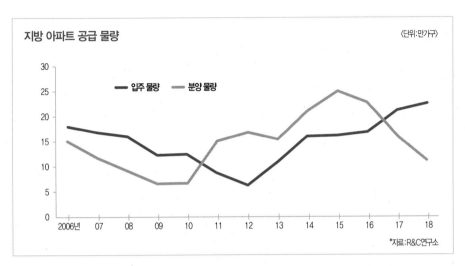

수도권을 제외한 지방 아파트 분양 물량을 살펴보면 연평균 16만가구 공급됐던 물량은 2007년부터 감소하기 시작했다. 2009년과 2010년에는 각각 7만가구로 절반 이상 줄어든다. 입주 물량도 마찬가지다. 매년 16만~17만가구 입주하던 물량은 2009년과 2010년에는 각각 12만가구로 2011·2012년에는 9만·7만가구로 급감한다.

2008년 글로벌 금융위기가 불어닥쳐 수도권 부동산 시장은 장기 침체를 겪었다. 하지만 지방 집값은 금융위기에도 불구하고 고공행진했다. 지방 아파트값 평균 상승률은 2008년 3%, 2009년 0.89%로 줄었다가 2010년 4.85%, 2011년에는 무려 15%까지 오른다. 지방을 대표하는 부산광역시 집값 상승 폭은 더 컸다. 2008년 4.92%, 2009년 3%, 2010년 10.27% 오르더니 2011년에는 19.35% 급등했다.

수요 줄어 '악성 미분양' 물량 급증

집값 상승세가 두드러지다 보니 이후 지방 공급 물량은 급증했다. 수도권 부동산 시장은 2008년 금융위기 이후 장기 침체를 겪은 반면 지방은 활황세를 보이면서 건설사들은 지방 아파트 분양에 집중했다. 2010년 7만가구로 뚝 떨어진 분양 물량은 2011년 15만여가구, 2012년에는 17만여가구로 늘기 시작하면서 2014년부터 2016년까지 3년간 각각 21만가구, 24만7000여가구, 22만7000여가구로 늘어났다. 덩달아 미분양도 지속적으로 증가세다. 2018년 8월 기준 지방 '악성 미분양(준공 후 미분양)' 물량은 전달보다 12.7% 증가해 1만2699가구를 기록했다.

최근 몇 년간 지방 아파트 공급 물량은 크게 증가했지만 주택 수요는 줄어들 전망이다. 지방 혁신도시 입주가 대부분 마무리된 때문이다.

혁신도시는 2005년 참여정부에서 국가균형발전을 목표로 공공기관의 지방 이전을 목표로 조성하는 도시를 말한다. 부산, 대구, 광주 전남, 울산, 강원, 충남, 전북, 경북, 경남, 제주에 하나씩 있다. 2016년 기준 전국 혁신도시 내 154개 공공기관 중 136개가 이전을 완료했다. 혁신도시 이전이 어느새 마무리 단계지만 주말이면 통근버스를 타고 서울 등지로 줄줄이 빠져나가 혁신도시는 '유령도시'로 탈바꿈하는 경우가 많다.

이뿐 아니다. 지방 기업 일자리도 계속 줄어드는 모습이다. 2017년 6월 현대중공업 군산조선소에 이어 2018년 5월에는 한국GM 군산공장이 폐쇄 후 멈춰섰다. 당장 한국GM 공장 철수로 일자리를 잃은 인원은 계약직을 포함해 2000여 명, 협력업체까지 포함하면 1만명 이상에 달한다. 이로 인해 지역경제가 급속히 쇠락하고 있다. 일터를 잃은 사람들은 순식간에 군산을 빠져나가면서 인구도 크게 줄었다. 2018년 7월 말 기준 군산시 인구는 27만3498명으로 현대중공업 군산조선소 가동 중단 시기인 2017년 7월 말 대비 2515명이나 순감소했다.

지방 부동산 살리는 '핀셋 대책' 필요

상황이 이렇다 보니 지방 인구는 급감하는 모습이다. 통계청이 발표한 지방 인구 이동을 보면 순이동 인구는 2012년 6900명 줄었지만 2014년 2만1111명, 2015년에는 3만2950명으로 순유입됐다. 하지만 2016년에는 순유입이 863명으로 줄었다가 2017년에는 오히려 1만6006명이 순유출됐다.

인구가 빠져나간 지역 집값 하락 폭은 더 크다. 군산은 2018년 1~9월에만 집 값이 무려 6.07% 하락했다. 다른 지방 집값이 오를 때도 군산 집값은 계속 떨어 지는 모습이다. 혁신도시가 위치한 경북 김천 역시 2013년부터 줄곧 하락세를 이 어가면서 2018년에만 2.27% 떨어졌다. 강원 원주시는 2018년 한 해 4.46% 떨어졌고, 2017년까지 상승세를 이어가던 전북 전주 집값 역시 2018년에는 1.16% 하락했다. 조선, 자동차 산업 침체로 경남 거제, 울산 등 산업도시 집값 도 주춤한 모습이다. 앞으로도 지방에 대규모 아파트 분양 물량이 대기 중이다. 정부도 뾰족한 지원 대책을 마련하지 못해 지방 부동산 침체는 2018년 하반기는 물론 2019년에도 계속 이어질 전망이다.

지방 기업, 거주자들이 떠나면서 매매가격뿐 아니라 전세가격 하락세도 눈에 띈 다. 2017년 한 해 동안 지방 아파트 전세가격은 0.18%가 하락했고 2018년에 는 2.59% 떨어졌다. 영남 지역 하락 폭은 더 크다. 경상북도는 2018년 한 해 전 세가격이 3.95%, 경상남도는 무려 5.17% 하락했다.

지방 분양 시장은 당분간 뚜렷한 양극화가 나타날 것으로 보인다.

숱한 악재에도 인기 지역 내 입지가 좋은 단지는 꾸준히 청약자들이 몰릴 것이 다. 주거 트렌드가 변화하면서 새 아파트 선호도가 높아졌고, 분양가 규제로 주변 시세보다 저렴하게 책정되는 분양가 메리트도 분양 시장 인기를 더 높일 것이다. 하지만 신규 분양 시장만 괜찮을 뿐 기존 지방 주택 시장은 계속 침체를 보일 우려 가 크다. 지방 부동산을 살리려면 수도권과 같은 기준으로 지방을 규제할 것이 아 니라 맞춤형 '핀셋 대책'이 필요하다. 우선 주택 구입을 유도하는 당근책이 절실하 다. 지방 미분양 아파트를 구입할 경우 취득세와 양도세를 완화해주고 지방 주택 에 대해서는 금융 규제를 완화해 주택 소비를 유도해야 한다. 법인세 감면 등 구 체적인 당근책을 통해 지방 기업 유치에 힘쓰는 한편 혁신도시 경쟁력을 높이는 방안도 나와야 할 때다.

VII

2019
매경 아웃룩

어디에
투자할까

〈주식〉

1. IT · 전자통신 · 스마트폰

2. 금융

3. 정유 · 화학 · 에너지

4. 자동차 · 운송

5. 건설 · 중공업

6. 교육 · 엔터테인먼트

7. 소비재

8. 제약 · 바이오

9. 중소형주

〈부동산〉

1. 아파트

2. 상가

3. 업무용 부동산

4. 토지

5. 경매

주식

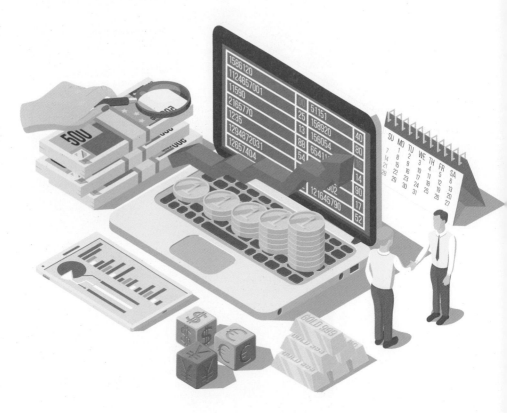

어디에
투자할까

〈주식〉

1. IT · 전자통신 · 스마트폰

2. 금융

3. 정유 · 화학 · 에너지

4. 자동차 · 운송

5. 건설 · 중공업

6. 교육 · 엔터테인먼트

7. 소비재

8. 제약 · 바이오

9. 중소형주

5G · 폴더블폰으로 재도약
고점 논란? 반도체 이상없다

반도체

D램가격 하락 우려 과장

최도연 신한금융투자 연구위원

2018년 7월 말에서 8월 중순까지 반도체 업종 주가 하락 폭이 매우 컸다. 2018년 4분기부터 D램 가격 하락이 현실화될 것이라는 불안감이 주가에 선반영된 결과다. 2016년 3분기부터 지속된 D램 호황 사이클이 종료될 것을 시장은 우려하는 것으로 보인다. 낸드 가격 하락이 지속되고 있다는 점도 시장을 불안하게 했다.

주식시장에서는 D램 가격 하락 우려를 삼성전자의 설비 투자 전략 변화로까지 확대 해석하기도 한다. 이미 주식 시장은 D램 가격 급락에 따른 이익 급감을 우려하고 있는 것으로 보인다. 2018년 예상 실적 기준 PER(주가수익비율)이 삼성전자 6.8배, SK하이닉스 3.6배인 현 주가는 D램 가격 급락을 선반영한 상태다.

삼성전자 · SK하이닉스, 증설 시기와 규모 분산 전략

결론적으로 2018년 4분기 D램 가격은 소폭(전분기 대비 3~4%) 하락할 전망이다. 그러나 향후 D램 가격이 하락하더라도 그 속도는 과거 대비 크게 둔화될 전망이다. 분기당 D램 가격 하락 폭은 생산업체들의 D램 원가개선율 2~5%와 유사한 수준에 그칠 전망이다. 그 이유는 크게 2가지로 이번 빅사이클에서 호황이 과거보다 훨씬 컸던 논리와 동일하다. 공급 제약과 서버 수요 때문이다.

공급 측면에서 살펴보면 D램 가격이 하락하더라도 과거와는 다른 양상으로 전개될 가능성이 높다. 무엇보다 삼성전자, SK하이닉스, 마이크론 등 D램 3강 업체들이 수요에 맞는 탄력적인 설비 투자 전략을 추구하고 있다는 점을 주목해야 한다.

삼성전자 등 생산업체는 공급 초과를 최소화할 수 있는 두 가지 수단을 활용할 수 있다. 첫째, 증설 시기과 규모를 분산하는 방법이며 둘째는 실제 수급 확인 후 생산 시기를 지연시키는 방법이다.

예를 들면 이렇다. 만약 수요 대비 공급 부족으로 삼성전자가 월 4만장의 신규 증설을 대응한다고 가정하자. 그럼 삼성전자는 이에 대한 장비 발주를 일시에 하지 않고 월 2만장씩 두 번에 걸쳐 발주를 하는 식으로 수급 불균형을 최소화할 수 있다. 또 장비 발주 후 수요가 생각보다 부진해 공급 초과가 발생할 것으로 예상된다면 그 증설분의 생산을 1~2분기 지연시켜 수급을 조절할 수 있다.

게다가 기본적으로 수요, 공급 저성장 구조에서는 공급 초과가 발생하더라도 그 폭이 크기 어렵다. 과거 공정 미세화 등으로 수요·공급 고성장 구조에서는 일시에 늘려야 하는 설비 투자 증설분이 컸기 때문에 수급 불일치 폭이 크게 발생했다. 현재의 저성장 구조에서는 일시에 증설해야 하는 요구량이 작아졌기 때문에 공급 초과가 발생하더라도 그 폭은 과거보다 작을 수밖에 없다.

이에 따라 D램 가격은 2018년 4분기 3~4% 하락, 2019년 1분기 5~7% 하락을 예상한다. 그러나 공급 제약 심화가 시장에 부각되면서 2019년

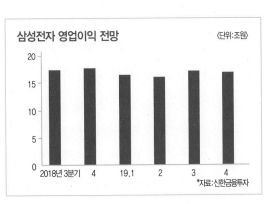

삼성전자 영업이익 전망 〈단위:조원〉

*자료:신한금융투자

2분기부터 D램 가격은 낙폭을 축소시킬 것으로 예상한다. 이에 D램 업체들의 이익은 2019년 1분기를 저점으로 2분기부터 개선될 전망이다.

스마트폰

카메라 · 디스플레이 변화 주목

박강호 대신증권 연구위원

2018년 스마트폰 산업은 실적과 주가 측면에서 부진했다. 글로벌 스마트폰 시장이 2년 연속 역성장이 예상된 가운데 삼성전자의 스마트폰 판매량이 전년 대비 감소했다. 중국 업체 점유율이 증가하고 애플이 프리미엄 영역에서 선전했기 때문이다. 애플은 유기발광다이오드(OLED) 디스플레이 채택과 베젤리스(대화면, Bezelless · 스마트폰 테두리가 없는 구조) 추구 등 외형적인 변화로 초가격대(프리미엄) 시장에서 독보적인 위치를 점해 경쟁 관계인 삼성전자의 스마트폰 판매량에 영향을 줬다.

2019년 스마트폰 산업 부진은 지속될 전망이다. 중국 스마트폰 업체의 프리미엄 시장 진출과 스마트폰 차별화 부재로 교체 주기 지연이 지속되기 때문이다. 다만 5G 서비스 시작과 폴더블폰(접는 휴대폰)이 나오면서 스마트폰의 외형적인 변화가 시작되고 프리미엄 영역 중심으로 스마트폰 교체 수요가 생길 것으로 예상된다.

2018년 스마트폰 산업 부진…2019년 외형 변화 본격화

첫째, 2019년 스마트폰의 외형 변화가 시작될 전망이다.

삼성전자와 화웨이는 폴더블폰을 공개한다. 스마트폰 성장 정체, 교체 수요 지연으로 글로벌 스마트폰 시장의 역성장을 벗어나려는 노력으로 평가된다. 고속 데이터를 주고받을 수 있는 5G 서비스가 시작돼 동영상 중심 환경이 구축되면서 소비자는 스마트폰 대화면을 추구할 수밖에 없다. 본격적인 폴더블폰 성장은 외

형적인 변화(휘어지는 정도·
굴곡 반경) 정도, 폴더블폰
에 최적화된 환경 구축에 좌우
되지만 스마트폰의 차별화 부
재 속 새로운 변화로 해석된
다. 프리미엄과 중저가 영역으
로 양분되는 현 구조에서 폴더

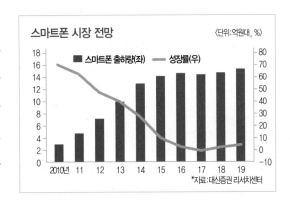

스마트폰 시장 전망   〈단위:억원대, %〉

블폰 시장 개화는 프리미엄 영역에서 새로운 교체 수요를 자극하며 재도약 기회로
판단된다. 삼성전자가 주도권을 확보할 전망이다.

둘째, 스마트폰 차별화는 카메라와 디스플레이 변화다. 스마트폰용 카메라는
2018년 본격적으로 듀얼 카메라가 채택됐으나 2019년 프리미엄 스마트폰에는
트리플(후면 3개), 5개(전면 2개·후면 3개) 카메라가 적용될 예정이다. 다양한
3개 렌즈(후면 표준·광각·망원)를 사용해 종전 프리미엄 카메라(DSLR) 시장
을 대체할 전망이다.

디스플레이는 2019년 디스플레이 내장형 지문인식(FOD·Fingerprint On
Display)을 채택할 예정이다. 지난 2년간 스마트폰은 화면을 확대하기 위해 베
젤리스를 구현하는 동시에 물리적인 지문인식 영역을 제거했다.

애플, 삼성전자, LG전자, 화웨이, 샤오미 등의 프리미엄 스마트폰은 풀스크린
베젤리스를 적용했다. 애플의 3D 센싱(페이스 ID), 삼성전자의 홍채 센서 등 다
양한 방법으로 지문인식 방법을 대체했다.

2019년 디스플레이 내장형 지문인식이 채택되면 풀스크린에서 영역 구분 없이
지문인식이 적용되는 등 편리성이 강조될 전망이다.

셋째, 국내외 5G 서비스 시작으로 스마트폰과 IT 시장은 빠르게 변화할 수밖에
없다. 5G는 종전 4G 대비 데이터 속도가 10배 빠르기 때문에 다양한 기기에 적
용, 새로운 서비스가 제공된다. 자율주행 개발·적용의 가속화, 가상현실(VR)과

증강현실(AR) 관련된 콘텐츠 수요 증가, 인공지능(AI) 혁신 등으로 가정, 산업 · 공공장소에서 AI 사용이 본격적으로 이뤄질 것으로 보인다.

OLED 강화만이 살길

소현철 신한금융투자 이사

2018년 2분기 중국 BOE가 10.5세대 LCD 라인을 가동하면서 2017년 7월부터 시작됐던 LCD TV 패널 가격의 낙폭은 더욱 커졌다. 특히 32인치 LCD TV 패널 가격은 월별로 거의 10%씩 하락하는 등 중국발 공급과잉에 대한 공포감이 확산됐다. 이에 따라 2018년 1분기 LG디스플레이 영업이익은 2012년 1분기 영업적자 2110억원을 기록한 후 23개 분기 만에 적자전환했고 2018년 연간 영업적자가 불가피할 전망이다.

LCD 패널 가격 급락…中 물량 폭탄 주의보

이런 흐름은 2019년에도 크게 달라질 것 같지 않다.

당장 2019년 중국에서 CSOT와 샤프(폭스콘)의 10.5세대 LCD 라인이 가동되면 8세대 이상 LCD 패널 공급면적은 2018년 대비 16.6% 증가할 가능성이 높다. 2019년에도 LCD TV 패널 가격 하락 흐름은 피할 수 없어 보인다. 중국 정부의 강력한 지원을 받고 있는 중국 디스플레이 업체와의 LCD 치킨게임 경쟁에서 한국 업체들이 살아남기 어려운 상황이다. 한국 디스플레이 업체들은 LCD 사업을 축소하고 OLED 사업을 강화하는 것만이 살길이다. 2018년 OLED TV 수요는 300만대로 2017년보다 87.5% 증가할 전망이며 2019년에는 450만대로 2018년 대비 50% 고성장세가 지속될 전망이다.

이에 따라 2018년 들어 LG전자뿐 아니라 대부분 글로벌 TV 업체들은 OLED TV 사업 강화를 통해 프리미엄 TV 시장을 공략하고 있다. 2019년 하반기 LG

디스플레이의 광저우 OLED TV 라인이 가동될 예정이며 파주 LCD TV 라인을 OLED TV로의 전환을 검토하고 있다. 2018년 3분기 LG디스플레이 OLED TV 사업은 사상 처음으로 흑자전환할 전망이다. 2019년 매출액 3조8690억원(전년 동기 대비 +51%), 영업이익 4560억원(전년 동기 대비 +663%)으로 실적 개선이 본격화될 것이다.

2019년 삼성전자는 75인치 8K LCD TV를 통해서 프리미엄 TV 시장에 대응할 예정이며 중장기적 관점에서 퀀텀닷 OLED TV 사업 타당성을 검토하고 있다. 여기서 K는 1000을 의미하는 킬로(Kilo)다. 4K TV가 본격화한 것이 최근 1·2년인데 벌써 8K TV가 출시되는 것이다. 8K는 가로 7680화소에 세로 4320화소다.

프리미엄 OLED 트렌드는 스마트폰 디스플레이도 다르지 않다. 2018년 9월 애플은 OLED를 탑재한 아이폰XS·아이폰XS Max와 LCD를 탑재한 아이폰XR을 선보였다. 애플은 아이폰XR을 통해 삼성전자와 화웨이를 견제하면서 동시에 아이폰XS Max를 통해서 프리미엄 스마트폰 시장에서 지배력을 공고히 할 전망이다.

결론적으로 2019년 디스플레이 업종 주가 흐름은 상저하고 패턴이 예상된다.

상반기는 중국발 LCD 공급과잉 우려로 보수적 접근이 필요하다. 다만 LG디스플레이뿐 아니라 OLED 장비업체 주가는 최악의 상황을 반영해 역사적 최저점이다. 따라서 삼성전자의 OLED TV 사업 진출 여부·LG디스플레이의 중소형 OLED 패널 사업 개선 여부가 주가의 변곡점이 될 전망이다. 위기가 기회기도 하기 때문에 한국 디스플레이 산업의 OLED로의 환골탈태를 기대해본다.

가계부채 · 저성장 부담
핀테크 혁신 창출 시급

은행

금리 인상 후유증 진퇴양난

한정태 하나금융투자 기업분석실장

2018년 은행 업종 주가는 좋지 않았으나 실적은 더없이 좋은 한 해가 될 것으로 예상된다. 그동안 레버리지를 통해 자산을 최대로 늘려놨던 덕분에 금리가 상승하면서 순이자마진(NIM)이 올라 톡톡히 재미를 봤다. 추가 금리 인상 기대감도 커지고 있는데, 이는 은행 수익성을 좀 더 높일 계기가 될 것이다.

미국은 2019년에도 여전히 금리 인상 사이클을 예고한다. 통화정책 정상화가 상당 부분 이뤄지고 있는 셈이다. 하지만 대부분 다른 국가는 통화정책 정상화라기보다는 미국과의 금리차에 의한 자금 이탈 우려로 금리를 올리고 있다. 한국도 한미 금리차 확대에 따른 자금 이탈 우려가 있다.

인터넷전문은행 혁신 '찻잔 속 태풍' 그칠 듯

2018년 9월 인터넷전문은행에 대한 소유 제한 완화 특례법이 국회를 통과했다. 산업자본이어도 정보통신기술(ICT) 기업들은 34%까지 지분을 소유할 수 있게 됐다. 이에 따라 2019년 상반기에는 추가적으로 3번째나 4번째 인터넷전문은

행이 탄생할 수도 있을 것으로
예상된다.

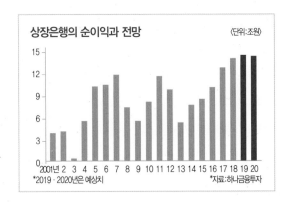

상장은행의 순이익과 전망 〈단위:조원〉

*2019 · 2020년은 예상치

*자료:하나금융투자

하지만 기존 인터넷전문은행
수익 모델이 수수료가 아닌 대
출이자에 집중하고 있어 은행
업계 흔들기는 제한적일 수밖
에 없을 것으로 판단된다. 대
출은 자본의 규제를 받을 수밖에 없어 자본 확충이 뒷받침돼야 대출자산을 늘릴
수 있기 때문이다.

결국 은행 산업에서 2019년 화두는 금리로 압축된다. 미국이 2015년 12월부
터 금리를 올리기 시작하면서 금리 인상 사이클이 시작됐다. 금리 인상이 4년째
지속되고 있으며 2020년에는 한 번 정도의 추가 인상이 예상된다. 따라서 2019
년은 금리 인상 사이클의 막바지고 분수령인 셈이다. 서서히 후유증을 걱정해야
할 시기이기도 하다.

이렇게 되면 걱정해야 할 부분은 은행 내부 이슈보다는 거시 이슈다. 신흥국 통
화정책과 국내의 과잉 레버리지의 후유증으로 압축된다. 글로벌 자금은 안전자산
선호로 미국 중심으로 더욱 몰릴 공산이 크다.

가계 금융부채는 2018년 말이면 1800조원에 육박하고 가계대출은 1550조원
에 이를 것이다. 가계부채는 GDP 대비 99% 전후로 올라간다. 한국에만 존재하
는 전세자금 성격을 고려하면 이미 가계대출에 포함된 전세대출 등을 제외하고도
약 400조원 넘는 금액이 가계부채에 포함돼야 한다. 이렇게 되면 가계부채는 세
계에서 가장 높은 수준이 될 가능성이 높다. 공교롭게도 가계부채가 문제 된 나라
의 GDP 대비 개인부채비율을 보면 금융위기가 오기 전인 2007년 말 기준으로
미국이 99.7%, 아일랜드 100.7%, 스페인이 86.6%였다. GDP 대비 100%
근처에서 버블이 터진 것이다.

더욱이 국내는 장기간 저금리로 인해 레버리지에 의한 주택 가격 버블이 심화됐다. 국내 아파트 가격은 1986년 가격 산정 시점부터 소비자물가 대비 142%가 더 상승했으며, 서울 아파트 가격은 238%나 더 올랐다. 고령화가 급속히 진행되고 있어 은퇴에 따른 부동산 유동화와 맞물리면 가격 하락 충격도 배제할 수 없다.

과거 사례로 볼 때 각국 금리 인상 사이클에서 기준금리가 어느 정도 올라가면 주택 가격은 반대로 가는 경우가 많았다. 미국, 일본과 유럽 등에서 관찰되고 있으며 한국에서도 추가적인 금리 인상이 이뤄지면 이런 개연성이 현실화될 가능성을 배제할 수 없다. 이런 우려 때문에 정부가 초저금리 정책을 구사한다면 은행 산업은 다시 한 번 침체의 길로 갈 수밖에 없다. 우려가 현실화될 가능성이 점점 더 높아지는 시점이다.

보험

'문재인케어' 불확실성 해소

윤태호 한국투자증권 연구위원

2018년 보험업계는 저성장 여파를 여실히 확인했다. 생명보험업계 수입보험료는 2년 연속 역성장했고 손해보험업계 성장률도 3% 안팎으로 전년 대비 성장률이 둔화됐다. 포화 국면에 진입한 보험업계는 언더라이팅(계약 인수 심사) 기준을 완화해 중저가 보험 판매로 전략을 선회했고 신계약 유치를 위해 대규모 사업비를 GA(독립보험대리점) 채널에 투입했다. 과거 손해율 관리가 어려워 별로 내놓지 않았던 치아보험 등이 2018년 생보사 히트상품으로 부각됐는데, 저성장에 직면한 보험업계의 현재 주소를 확인해준 사례다. 손보사 전유물이던 중저가 질병, 상해보험 시장에 생보사가 적극적으로 진출함에 따라 경쟁 격화가 보험사 주가에 여실히 반영됐다. 이미 여러 나라 보험산업 성숙기를 지켜본 외국인 투자자는 보험사 전략에 우려를 나타내고 매도세로 대응했다. 저수익성 상품 출시, 사업비 집행을 통한 판매 채널 강화를 보험산업 쇠퇴기 초입에 나타나는 현상으로 이해했기 때문이다. 현 정부의 소비자 보호 강화 기조가 보험사에 피해가 될 것이라는 우려 또한 보험사 주가에 악재로 작용했다.

2019년에도 저성장 부담…시중금리 인상은 호재

2019년에도 저성장 여파는 피할 수 없다. 이는 중장기적으로 보험사에 부담이다. 다만 최근 우호적인 시장금리 상황과 '문재인케어'의 정책 불확실성 해소가 2019년 실적과 주가에는 도움이 될 것으로 판단한다.

논란이 분분하지만 시중금리가 지난 2년간 바닥을 높여왔고 그 결과 보험사 신규 투자이익률이 상승세로 돌아선 점 역시 고무적이다. 생보사의 이자 역마진 부담이 완화되고 있는 것이 분명하기 때문이다. 금융위기 이후 보험사 저금리 기조가 짙어지며 보험사 투자이익률은 지속 하락했지만, 2017년 하반기부터 보험사 신규 투자이익률은 회복되기 시작했다. 기존 자산 재투자가 진행되면서 2019년 하반기부터 투자이익률이 상승세로 돌아설 가능성이 높다. 따라서 과거 역마진 구조 상흔이 짙었던 생보사 재무구조와 투자 포트폴리오의 개선을 전망한다.

신지급여력제도는 생보업계에 부담 요인이다. 그러나 저금리가 배경이라는 점에서 부채적정성평가에 적용되는 할인율 상향으로 생보사의 필요 자본 규모가 상당 규모 줄어들 것이다.

손보업계는 2018년 자동차보험 요율 인상, 2019년 실손보험 요율 조정, 대규모 실손보험 갱신 등으로 이익 성장이 예상된다. 특히 최저임금 인상, 정비수가 상향 조정, 자동차보험 손해율 상승 등을 근거로 2018년 연말 자동차보험 요율 3~7% 인상이 예상돼 2019년 실적 개선을 견인할

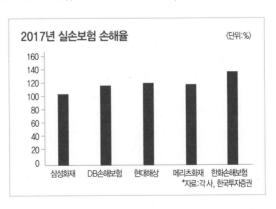

것이다. 각 사별 차이가 있지만 2~4% 요율 인상을 가정하면 세전이익 10% 내외의 이익 성장 가능성이 높다.

2019년 실손보험 요율 인상으로 중기적으로 손보업계의 실손보험 손해율은 100%로 수렴할 가능성이 크다. 손보사는 금리, 요율 인상, 정책 불확실성 해소에 힘입어 견조한 실적 방향이 예상된다.

증권

대중소형사 양극화 뚜렷

배준희 매경이코노미 기자

국내 증권업계는 2018년 '상고하저' 흐름이 뚜렷했다. 2018년 상반기 국내 증권사들은 사상 최대 실적을 거뒀다. 금융감독원에 따르면 2018년 상반기 55개 증권사가 거둔 당기순이익은 2조6974억원으로 집계됐다. 2017년 상반기(1조9177억원)보다 40.7% 급증한 수치다. 이에 따라 증권사의 2018년 상반기 기준 자기자본순이익률(ROE)은 5%로 지난해 같은 기간보다 1.1%포인트 증가했다.

그러나 증권사들이 영업을 잘해 호실적을 거둔 것은 아니다. 공교롭게도 증시가 특정 지수 범위에서만 등락하는 박스권에 갇힌 덕을 본 것으로 풀이된다. 박스권 장세에서는 투자자들이 사고팔기를 반복하기 때문에 증권사 수수료 수입은 늘어난다.

2018년 연말로 갈수록 수수료 수입은 쪼그라들 수밖에 없어 보인다. 당장 미국발 금리 인상으로 신흥국 위기 우려가 재차 부각됐던 2018년 10월 이후 거래대금은 대폭 쪼그라들었다.

시황이 불안정한 국면에 접어들면서 2019년 증권업계는 대중소형사 간 실적 차별화 양상이 뚜렷할 전망이다. 특히 지난해 종합금융투자사업자(초대형 IB) 제도 시행 이후 자본력에 있어 상대적 열위에 놓여 있는 중소형사는 마땅한 돌파구를 찾지 못하는 실정이다. 자본시장연구원 분석에 따르면 증권업 경쟁 강도에 있어 대형사 쏠림 현상은 점차 심화되고 있다. 시장 집중도를 표현하는 HHI(허핀달-허쉬만지수)는 위탁매매, 투자은행, 자기매매 등 3개 수익 부문에서 글로벌 금융위기 직전부터 꾸준히 감소하다 2013년 이후 빠르게 증가하는 추세다. 이런 흐름 속에서 대형사들은 IB(투자은행)와 대체투자 등 신(新)시장에서 먹거리를 발굴하려는 노력이 이어질 것으로 관측된다.

무엇보다 증권업계에서는 발행어음 시장 주도권 경쟁이 갈수록 치열할 전망이다. 발행어음에서 얻는 이익은 조달과 운용에 따른 마진과 IB의 금융주간수수료 등 크게 2가지다. 아직 발행어음에서 직접 창출되는 수익은 미미하지만 잔고가 증가하면서 규모의 경제에서 비롯된 이익은 더욱 커질 전망이다.

결국 2019년에도 시황과 무관하게 안정적인 수익을 낼 수 있는 IB 부문 사업 확대가 지속될 것으로 보인다. 2018년 9월 말부터 자기자본 3조원 이상 증권사의 신용공여한도가 100%에서 200%로 늘어나 투자 여력도 더 생겼다. 늘어난 한도는 인수합병과 인수금융, 프로젝트금융투자회사를 활용한 PF, 사모펀드(PEF) 운용, 중소기업 운용 등으로 사용이 제한돼 있다.

문제는 생존 위기에 내몰린 중소형사다. 대형 증권사들이 신용등급이 낮은 기업의 회사채 발행이나 소규모 유상증자까지 싹 쓸어가고 있어 중소형 증권사 먹거리는 갈수록 줄고 있다. 이 때문에 2019년 중소형사 사이에서는 비상장 중소기업에 초점을 맞춘 특화 사업 추진이나 합병을 통한 몸집 불리기 등의 움직임이 본격화될 것으로 관측된다.

대규모 설비투자 공급과잉 우려
중장기 다운턴 '불안의 그림자'

정유 · 화학

석유화학 주가 부진…불안감 여전

손지우 SK증권 연구위원

2018년 화학, 특히 롯데케미칼 · 한화케미칼 · 대한유화로 대변되는 순수 석유화학 업종 주가는 사실상 폭락세를 경험했다. 특히 하반기에 진입하면서 그런 양상은 더욱 짙어졌다. 중장기 다운턴(downturn)의 불안감을 고스란히 반영한 결과물로 보는 것이 옳을 것 같다.

불황기 진입의 원인은 역시 과도한 신규 설비 투자에 있다. 2013년부터 2016년까지 3년 단위로 살펴본 연평균 성장률(CAGR) 기준으로 봤을 때 1% 남짓한 수준에 불과했던 설비 투자가 2017년부터 증대되기 시작해 2020년 기준 4% 수준까지 급증했다. 우리에게 아픈 기억으로 남아 있는 2010년을 전후로 한 대규모 중동 신증설 랠리 당시가 지금과 유사한 4% 수준이었다. 과도한 설비 투자는 필연적으로 불황을 부를 수밖에 없다.

美, 2019년 세계 신규 설비 중 50~70% 차지

이번 공급과잉 국면을 주도하는 국가는 단연 미국이다. 2018년과 2019년 전

세계 신규 설비 중 50~70%가량이 바로 미국일 것으로 추정된다.

셰일가스(shale gas) 개발 이후 낮은 에탄 가격이 원재료로 투입되면서 에탄크래커(ECC · 에탄분해시설) 기반으로 막대한 이익을 향유했던 그들이다. 결국 전 세계에서 이와 같은 높은 수익을 누려보기 위해 미국 내 대규모 설비를 투자한 것이 공급과잉의 원인이라 할 수 있다.

일각에서는 ECC가 큰 폭 증가하면서 원재료 에탄 가격 상승으로 다시 한 번 아시아 납사크래커(NCC · 나프타분해설비) 업체들이 유리해지는 국면을 예상한다. 그러나 지속적인 생산 증대를 추진하는 미국 가스 업계와 이에 동반해 증대할 수밖에 없는 NGL(Natural Gas Liquids)과 에탄의 수급을 감안할 때 그런 상황이 전개될 가능성은 희박하다.

오히려 더 걱정을 해야 하는 것은 여전히 화학 호황 국면에 대한 기대감을 놓지 않고 2020년 이후까지 대규모 설비 투자가 연이어 발표되고 있다는 사실이다. 멀리 찾을 것도 없이 국내 정유업체도 이런 분위기에 동참하고 있다. GS칼텍스와 현대오일뱅크는 이미 2조원 넘는 대규모 석유화학 크래커 투자를 발표했다.

화학의 위기 속에서 상대적으로 정유는 안정적인 주가와 시황을 보였다. 연말에 높은 배당 기대감 그리고 지난 연말 이후 지속된 유가 반등의 수혜로 높은 이익을

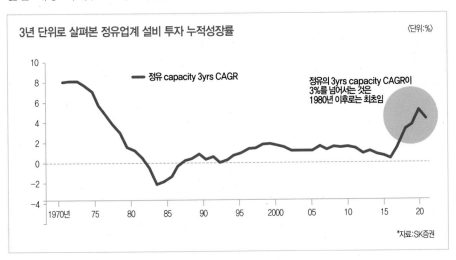

3년 단위로 살펴본 정유업계 설비 투자 누적성장률 〈단위:%〉

정유의 3yrs capacity CAGR이 3%를 넘어서는 것은 1980년 이후로는 최초임

*자료:SK증권

창출한 것이 배경이 됐다.

하지만 2019년 정유도 다른 상황은 아니다. 글로벌데이터(GlobalData) 분석에 따르면 2022년까지 차후 4년간 16~20%가량의 설비가 증가할 것으로 추정된다. 연간 4% 수준이라고 할 수 있는데, 석유 수요가 연간 1% 남짓 성장하는 것을 감안하면 대단한 공급과잉이 될 수 있는 수치다. 실제 상기 데이터에 의거한다면 정유 설비의 3년간 연평균 성장률이 2019~2021년 구간 동안 4~5% 수준으로 나타나는데 이는 1980년대 이후 최대에 해당한다.

종합해보자면 공급부족(shortage) 구간에서 누렸던 정유의 수혜 역시 2018년 석유화학과 마찬가지로 2019년부터는 소멸될 가능성이 있다. 역사적으로 보더라도 정유와 화학은 비슷한 공급 증대 추이를 보여왔다는 것도 간과해서는 안 될 부분이다. 수직계열화된 거대 장치 산업이기 때문에 논리적으로도 타당하다고 할 수 있다. 유가의 추가 상승 가능성이 높지 않다는 것도 실적에는 부담이 될 수밖에 없다.

에너지 | 전기요금 인상 난망…韓電 실적은 회복세

유재선 하나금융투자 애널리스트

2018년 에너지 업종에서는 전력 부문과 관련된 이슈가 가장 많았다. 탈원전과 탈석탄으로 대표되는 현 정부의 에너지 전환 정책, 겨울철 한파와 여름철 폭염으로 전망치를 넘어선 최대 전력 수요, 7~8월 주택용 누진제 일시적 완화와 요금제별 형평성 논란, 한국전력 실적 부진과 전기요금 인상까지 전력 시장의 핵심을 관통하는 여러 주제들이 공론화됐다. 언론과 정당의 정치 공세와 정부의 방어 논리가 난무하는 가운데 과연 2019년에는 전기요금 인상으로 대표되는 전력 시장 정상화가 가능한지 전망해볼 필요가 있다. 결론부터 이야기하자면 정부가 그려놓은 그림에서 전기요금 인상은 없으며 그럼에도 불구하고 한국전력 실적은 회복되고 발전원 간 불평등은 당분간 심화될 것이다.

탈원전 둘러싼 정치 공방에 전력 시장 왜곡

2019년 전력 시장 정상화를 살펴보기에 앞서 한국전력 주가 부진의 원인부터 짚고 넘어갈 필요가 있다.

2018년 한국전력 실적 부진 원인으로는 무엇보다 에너지 전환과 탈원전이 지적된다. 그러나 에너지 전환은 아직 본격적으로 시작하지도 않았기 때문에 원인으로 적합하지 않다. 오히려 LNG(액화천연가스)의 2019년 발전량은 감소할 전망이다. 또 다른 원인으로 지목되는 탈원전 역시 설득력이 낮다. 탈원전의 실질적인 내용은 즉각 해체가 아니라 신규 설비 도입 제한이기 때문이다.

본질은 에너지 전환과 탈원전을 둘러싼 정치 공방이다. '탈원전으로 인한 전기요금 인상은 없다'는 발언에서 정치권이 주목하는 방점은 '인상은 없다'는 뒷부분에 있다. 에너지 전환에 반대하는 입장에서는 전기요금 인상이 에너지 전환 정책 실패로 규정할 수 있는 이벤트다. 이 탓에 전기요금 인상이 힘들 것이라는 우려가 확산됐고 투자심리는 극도로 악화됐다.

따라서 여러 차례 공격받아온 '허상의 실체'를 정부가 인정하고 요금 인상을 단행할 가능성은 낮다고 판단된다. 게다가 공공요금 인상 정책은 정치적으로 표를 잃는 선택이기 때문에 더욱 쉽지 않다. 2017년 말부터 소비자물가 상승률은 1% 수준이 유지되고 있다. 규제상으로는 요금 인상 여력이 존재하지만 이는 규제상 조건일 뿐이다. 기대되는 산업용 경부하 요금 인상은 2019년 연내 이뤄질 가능성이 매우 높지만, 최대부하와 중간부하도 동시에 하향 조정되며 전체적인 요금 수준은 중립적으로 구성될 전망이다.

어찌 됐든 전력 시장 정상화의 출발점은 규제의 정상화다. 규제를 잘 지킬 경우 2019년

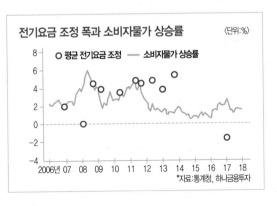

전기요금 조정 폭과 소비자물가 상승률 〈단위:%〉

○ 평균 전기요금 조정 ── 소비자물가 상승률

*자료:통계청, 하나금융투자

에는 전기요금이 인상돼야 한다. 2018년 별도 기준 한국전력 순이익 적자전환이 예상되기 때문이다. 원칙대로라면 한국전력 원가는 전기요금에 전가되며 적정 이익을 보장받아야 한다. 하지만 2018년 적자에도 2019년 전기요금 인상 가능성은 낮다. 전기요금 인상 여부에 관계없이 2019년에는 한국전력이 흑자로 전환될 것이기 때문이다.

2018년 한국전력 적자전환의 실질적인 원인 두 가지는 연료비 상승과 원자력발전소 이용률 하락이다. 연료비 상승은 여전히 지속되고 있지만 기저효과로 2019년에는 부담이 다소 완화될 전망이다. 원전 이용률은 안전점검을 마친 원전이 순차적으로 가동하고 있어 80% 초반까지 회복이 예상된다. 정리하자면 연료비 상승은 지속되지만 부담이 제한적이고 원전 이용률 회복만으로도 한국전력 실적은 적자에서 흑자로 전환이 가능하다.

따라서 요금 인상으로 대표되는 '규제의 정상화'는 당분간 요원하다. 자체 비용 절감으로 흑자전환이 가능하고 요금 인상 요인 해소가 가능한데 굳이 규제를 잘 지켜 논란을 키우는 대신 그냥 방치하는 쪽을 선택할 가능성이 높다.

문제는 시장의 다른 영역에서 희생을 요구하는 부분이다. 친환경에너지 육성을 골자로 한 최근 에너지 세제 개편의 영향은 전력 시장 전체로 봤을 때는 비용 중립적이다. 기존 8차 전력수급기본계획에서 세제 개편안 목적은 친환경 발전 비중 확대를 위한 급전 순위(전력 공급 순위) 조정을 목표로 삼았다. 하지만 결국 급전 순위 변동은 미미할 전망이며 전기요금 인상 요인을 억제하기 위한 수단으로 변질됐다. 개편안을 놓고 발전 업계에서 에너지 전환 이후 원전과 석탄화력 등 기저발전량이 줄어 전력 시장 가격이 오르자 LNG 발전에서는 추가 원가 요인을 반영하지 않고 있다며 불만을 표시한 것이 단적인 예다. 석탄이나 LNG 등의 단가가 오르면 이는 곧 전기요금 인상 요인이 된다. 즉, 일부 민간 석탄발전사와 LNG발전사의 수익성이 악화되는 가운데 이는 한국전력에 원가 절감 요인으로 작용한다. 결국 전기요금 인상의 빌미를 주지 않기 위해 엉뚱한 희생을 곳곳에서 강요하고 있는 셈이다.

장기적으로 LNG 발전량은 2023년 신고리 6호기 준공 이후 자연적으로 증가할 것이며 재생에너지 투자 증가와 함께 에너지 전환 달성이 가능하다. 하지만 향후 몇 년간 지속될 LNG발전사의 영업적자를 해결하는 방안이 더 시급한 문제다. 시장 참여자가 시장을 신뢰할 수 있게 해줄 방안이 필요한데 정책보다 정치의 논리가 앞서 있는 것이 걸림돌이다. 하지만 이마저도 한국전력 주머니가 두둑해져야 해결이 가능하다.

2011년 '블랙아웃' 사태 이후 적극적인 기저발전기 도입으로 이제야 에너지 전환 정책을 추진할 토대가 만들어졌다. 이번 정부는 향후 에너지 정책을 불가역적으로 확립할 가능성이 높다. 하지만 시장 논리가 통용되지 않는 시장에서 친환경에너지의 자생적인 성장을 기대하기란 어렵다. 어찌 됐든 전력 시장에서 가장 큰 역할을 하는 주체는 한국전력이다. 유가, 환율 등 외부 환경 악화로 투자비마저 확보하기 어려워질 경우를 대비해 연료비 연동제 도입이 시급해 보인다. 최근 주택용 누진제 개편 당시 공론화를 통해 전기요금제도 개편을 추진하겠다는 산업부 언급은 긍정적으로 판단되며 궁극적으로 연료비 연동제 도입을 통한 전기요금 규제 준수를 기대한다. 비록 연료비 연동제 도입이 당장 전기요금 인상을 확언하는 제도는 아니지만 완충 역할은 충분히 수행할 수 있기 때문이다.

대승적 차원에서 전기요금 인상의 당위성을 인정하고 존중하는 방향이 가장 올바른 길이지만 단시일에 결론을 내리기는 쉽지 않을 것으로 판단된다.

미래차 투자 · 가격경쟁…車산업 암울
늘어나는 LCC 빈좌석…항공업 과잉
〈저가항공〉

| 자동차 |

커지는 인건비 부담…부품업체 '울상'

송선재 하나금융투자 애널리스트

2019년 자동차 시장은 녹록지 않은 한 해를 보낼 전망이다. 글로벌 자동차 수요 증가율은 2% 수준 저성장이 지속될 것으로 보인다. 여기에 고질적 문제인 공급과잉과 부품업체 수익 하락까지 악재가 산적한 모습이다.

수요 측면에서 주요 선진국 시장은 이미 성장에 제동이 걸린 지 오래다. 자동차 보급이 포화 상태인 반면 인구 증가율은 낮기 때문이다. 반면 새롭게 성장하는 신흥국 비중은 아직 미미하다.

시장별로 살펴보자.

한국은 2018년 하반기 개별소비세 인하 영향으로 자동차 시장 성장률이 일시적으로 높아졌다. 하지만 그에 따른 기저효과 탓에 2019년에는 성장이 정체될 가능성이 크다.

미국은 3년 넘게 지속되는 저성장 기조가 2019년에도 이어질 확률이 높다. 높은 자동차 보급률에 더해 금리 인상과 중고차 가격 하락 등 악재가 많다. 상대적으로 양호하다고 평가되는 유럽 역시 성장률은 둔화되는 양상이다. 제일 큰 시장인 중국도 최근 경기 부진으로 글로벌 시장점유율이 떨어졌다. 러시아·브라질·인도 등 신흥국은 회복·성장세에 들어서겠지만 시장에서 차지하는 비중이 적고

글로벌 자동차 시장 규모 전망   단위:만대, %

구분	2014년	2015년	2016년	2017년	2018년	2019년	성장률
세계	8665	8870	9352	9509	9692	9905	2.2
한국	166	183	183	183	187	187	−0.2
미국	1644	1739	1747	1710	1692	1709	1
중국	1923	2082	2404	2450	2499	2570	2.8
유럽	1301	1420	1513	1550	1581	1613	2
기타	3632	3446	3506	3616	3733	3826	2.5

주:2018·2019년은 전망치   자료:하나금융투자

글로벌 경기 충격에 취약한 구조인 만큼 마음을 놓을 수 없다.

수요 저성장과 공급과잉 상황에 놓인 자동차 업체에 남은 선택지는 많지 않다. 공장 가동률을 유지하기 위해서라도 가격 경쟁을 지속할 수밖에 없는 형국이다. 실제 미국 내 자동차 업체가 소비자에게 제공하는 평균 인센티브는 2013년 2500달러에서 2018년 3500달러 이상으로 늘었다. 신차 가격 대비 인센티브 비율은 8%에서 11%까지 높아진 상태다. 가격 경쟁 심화는 매출에 즉각 타격을 줬다. 주요 완성차 업체 매출 증가율은 한 자릿수를 벗어나지 못하고 있다.

수익 악화 요인은 또 있다. 친환경, 자율주행, 공유경제 등 미래 자동차 연구개발(R&D) 비용이 날로 늘어나고 있다. 멀리 보면 긍정적인 신호지만 R&D 투자는 매출로 전환되는 속도가 더디기 때문에 단기로 보면 악재다.

가격 경쟁 심화로 R&D 비용을 신차 가격에 전가시키기도 어려운 상황이라 자동차 밸류체인 내에 구조적인 저마진이 발생할 것이다. 인터넷·통신·기술 기업까지 자동차 산업에 계속 뛰어들기 시작하면서 업계는 추가적인 경쟁 심화에 직면해 있다.

어두운 산업 환경 속에서 한국 자동차 업체의 어려움도 계속될 것으로 보인다. 완성차 시장 부진은 자동차 부품업체에 특히 더 압박이다. 일차적으로는 물량 감소에 따른 가동률 하락이 발생할 것이고 이어 단가 인하 압력이 거세질 것이다. 중국 시장 비중이 큰 업체들은 체감하는 압박감이 더 클 수밖에 없다. 대다수 국

내 부품업체 연결이익에서 중국 법인이 차지하는 비중은 최소 20%에서부터 최대 70%까지 매우 높은 수준이다.

공장 상황도 그리 좋지 않다. 국내 공장은 경직된 고용구조와 최저임금 인상에 따른 인건비 증가가 부담이다. 미국 공장은 수요 감소와 높은 인건비 구조에 발목을 잡혔다. 금리가 인상되는 시기라 더욱 그렇다. 신흥국 비중을 높이고 있지만, 중국·한국·미국 공장의 수익성 정체·하락은 글로벌 전체로 봤을 때 부담이 매우 크다.

결국 자동차 부품업체 수익성은 저조할 것이라는 평가를 내놓을 수밖에 없다. 1차 부품업체뿐 아니라 2~3차 부품업체에까지 연쇄적인 부진이 나타날 수 있어 주의가 필요하다.

부품업체들은 악화된 재무구조를 타개하기 위해 선제적인 증자를 펼치고 있지만 이 또한 부작용이 우려된다. 기술 노하우가 부족한 단순 하청업체 중에서 다수의 한계기업이 발생할 수 있다. 부품업체 경쟁력 약화는 결국 글로벌 완성차 시장에 품질 하락이라는 부메랑으로 돌아올 수 있다.

수익성 하락과는 별개로 미래 자동차 기술 개발에 대한 부담도 크다. 국내 부품업체는 현재 수익성과 기술 수준 등을 고려할 때 자체 기술 개발 여력이 크지 않은 편이다. 이런 상황에서 이익 감소는 미래 연구개발·시설 투자를 더욱 위축시키고, 투자 여력 축소는 미래 기술에 대한 대응력 상실로 이어진다. 결국 중장기 경쟁력 약화라는 결과를 불러 올 테다. 이 과정에서 일부 업체들은 회복하기 어려운 타격을 입을 수 있다. 살아남는 업체도 과거에 비해 성장 여력이 약화될 것으로 보인다.

결과적으로 자동차 산업이 부진의 터널을 지나기 위해서는 시간이 더 필요할 것으로 예상한다. 2019년에는 2018년의 낮은 기저를 기반으로 이익 증가가 예상되기는 하지만 최근 5년간의 부진에 비해서는 회복 강도가 크지 않다. 가만히 앉아 시장 환경이 개선되기만을 기다려서는 안 된다. 고객 다변화와 함께 미래 자동차 기술에 대한 투자가 필요하다. 이는 선택의 문제가 아니다. 기술을 확보하지 못하면 결국 시장에서 영원히 도태될 수밖에 없는 '생존의 문제'다.

운송 ┃ 해운업, 황산화물 규제로 수급 개선 '기회'

강성진 KB증권 애널리스트

2019년 운송산업은 업종별로 적잖은 온도차가 나타날 것으로 본다. 항공산업은 한국인 해외여행 증가율 둔화와 공급과잉에 따른 수익성 악화를 예상한다. 반면 해운 업종은 벌크해운을 중심으로 호조가 이어질 것으로 보인다.

2019년은 국내 항공업체에 어려운 한 해가 될 전망이다. 최근 1년간 유가 상승으로 비용이 꾸준히 누적돼왔지만 항공사들은 비용 증가분을 고객에게 수월하게 전가해왔다. 한국인 해외여행은 전년 대비 두 자릿수 증가율을 유지하고 있었고 선진국 경기회복에 따라 화물 수요도 양호했기 때문이다. 그러나 2019년부터 수요 성장 속도가 둔화되면서 항공사 업황이 부진에 빠질 것으로 예상한다.

2011년 이후 저비용항공사(LCC · Low Cost Carriers)들이 본격적으로 국제선에 취항하면서 국내 해외여행 수요도 빠르게 늘었다. 기존에 없던 저가 항공권이 등장하면서 해외여행 비용이 크게 줄어든 덕분이다. 때마침 확산된 해외여행 관련 TV 예능 프로그램들도 이런 트렌드를 이끌었다.

하지만 최근 두드러지게 나타나는 특징은 해외여행 증가 속도의 둔화다. 이유는 여러 가지다. 일본에서의 지진, 태풍 피해 등 일시적 요인뿐 아니라 경기 침체와 소비심리 악화 등 악재가 겹쳤다.

해외여행 증가율 둔화는 1차적으로 LCC에 위협이 될 것이다. 이미 2018년 7월부터 국

주요국 방한 외국인 관광객		단위:명
국가	2017년	2018년
중국	215만8066	231만9814
일본	144만3753	179만3733
대만	60만4863	73만9005
미국	43만7652	49만4083
홍콩	43만6519	45만76
태국	25만8280	31만2961
베트남	13만7839	20만4042

자료:한국관광공사

내 LCC의 편당 승객 수는 전년 대비 감소세로 돌아섰다. 항공편의 빈 좌석이 늘어난다는 의미다. 국내 LCC들은 2019년에도 10% 이상 항공기를 늘릴 계획을 갖고 있다. 지금처럼 둔화된 해외여행 증가 속도 아래에서는 항공사들이 좌석을 확보하기 위해 더욱 공격적인 가격 인하 경쟁을 벌여야 할 것이다.

LCC들이 공급을 적극 조절한다면 안정적인 업황을 유지할 수 있겠지만 이미 LCC의 수가 너무 많다. 제주항공, 진에어, 티웨이항공, 이스타항공, 에어부산, 에어서울 등이 성업 중이고 신규 LCC도 영업을 신청한 상황이다. 따라서 LCC 간 공조보다는 치킨게임이 벌어질 가능성이 높다는 판단이다. LCC 간 극한 경쟁은 결국 대형 항공사 실적에도 부정적인 영향을 줄 수 있다.

해운, 환경 규제 힘입어 벌크선 성장 기대

벌크선운임지수(BDI)로 대표되는 벌크해운업 시황은 2016년을 저점으로 계속 개선되고 있다. 상승세는 2020년까지 이어질 전망이다.

미·중 간 무역분쟁 여파가 벌크 시황에 미칠 영향은 아직 불확실하다. 무역분쟁이 경기 둔화로 이어질 경우 벌크선 수요도 물론 줄어들 수 있다. KB증권 분석에 따르면 세계 경제성장률이 1%포인트 둔화될 때마다 벌크선 물동량 증가율도 0.7%포인트 둔화돼왔다. 그럼에도 불구하고 벌크선 시황에 대해 낙관론을 유지하는 것은 다른 긍정적인 요소가 많기 때문이다.

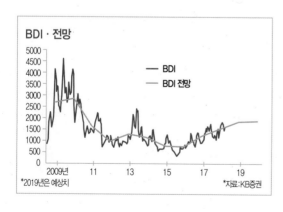

BDI · 전망
*2019년은 예상치
*자료:KB증권

2019년 전 세계에서 건조될 수 있는 선박 규모는 최대 2500만DWT 수준으로 제한적이다. 조선소 건조 능력은 충분하지만 수주가 충분하지 않기 때문이다. 2500만DWT는 2018년 말 예상 세계 벌크선 선복량의 3%에 불과하다. 선복량이 매우 천천히 늘어나고 있다는 점은 긍정적이다. 물동량 증가율이 아주 빠르지 않아도 선박 수급은 개선되고 운임은 상승할 수 있다.

국제해사기구(IMO)와 중국의 환경 규제가 선박 수급 양면에서 호재로 작용할 가능성도 높다. 2020년부터 IMO의 강화된 황산화물 규제가 적용되면 선박은 저유황유를 사용하거나 스크러버(저감장치)를 장착해야 한다. 저유황유는 일반 벙커유보다 t당 300달러 더 비싸기 때문에 스크러버를 장착하는 것이 경제적이다. 그러나 퇴역을 앞둔 선박에 장비를 투자하는 것은 부담스러운 일이다. 특히 소형 선박은 스크러버를 장착할 경우 자체 안전성에 문제가 발생할 수 있다. 스크러버 장착이 부적합한 벌크선은 전체 벌크선의 17%에 달한다. 일부 선박은 해체되겠지만 이는 선박 수급을 개선시키고 운임의 상승 요인이 될 것이다.

마지막으로 중국 환경 규제로 지지부진한 중국 철광석 생산량도 벌크선 호조에 한몫할 것이다. 중국 철광석은 전년 대비 40% 안팎의 감소세를 보이고 있다. 중국 철광석 소비가 감소하지 않는다면 중국은 철광석 수입을 20% 늘려야 하는 상황이다. 중국의 철광석 수입 규모를 감안하면 이는 전 세계 벌크선 수요를 3%포인트 늘릴 수 있는 수준이다.

건설, 중동 플랜트 수주 증가에 '미소'
조선은 주력 선종 회복 기대감 '솔솔'

이광수 미래에셋대우 애널리스트

| 건설 | 분양 감소 · 해외 수주 증가…변곡점 도래 |

2019년은 건설업계에 큰 변곡점을 만드는 한 해가 될 전망이다. 건설산업에 직접 영향을 미치는 요소에 저마다 변화가 감지되기 때문이다. 건설업에 큰 영향을 끼치는 변수인 아파트 분양 물량과 분양가격, 또 해외 사업 업황에 중요한 수주 물량과 수주 수익성 모두 이전과는 다른 양상으로 전개될 가능성이 높다.

아파트 분양 물량은 2015년 이후 지속적으로 감소하고 있다. 2016년 전국 아파트 분양 물량은 약 45만가구로 2015년 대비 13% 줄어들었다. 2017년

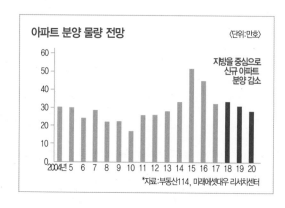

아파트 분양 물량 전망 〈단위:만호〉

지방을 중심으로 신규 아파트 분양 감소

*자료:부동산114, 미래에셋대우 리서치센터

은 전년 대비 28% 감소했다. 2018년 3분기 전국 아파트 분양 물량(23만6000여가구) 역시 전년 동기와 비교하면 72% 수준에 그친다. 서울 내 분양 증가에도 불구하고 전국 물량이 감소하는 이유는 경기와 지

방 아파트 분양이 감소하고 있기 때문이다. 분양률이 하락하고 지방 주택 경기가 위축되면서 신규 아파트 분양이 감소하고 있다는 판단이다.

2018년 연간 전국 분양 물량은 33만6000가구 수준으로 전망된다. 수도권 분양이 회복되면서 물량 증가가 예상된다. 그러나 2019년부터 다시 감소세가 불가피할 것이다. 지방을 중심으로 신규 분양 물량이 대폭 줄어들 것으로 점쳐진다. 2019년 신규 아파트 분양 물량은 31만1000가구, 2020년은 28만4000가구 수준으로 추정한다.

반면 2019년 해외 수주는 회복세가 기대된다. 예상되는 해외 수주 규모는 440억달러로 2018년(300억달러) 대비 47%가량 증가할 것으로 보인다. 중동과 아시아 지역 건설 투자가 활발히 진행되고 있기 때문이다. 특히 최근 유가 상승으로 경제 개발 유인이 커진 산유국의 투자 계획이 눈에 띈다. 중동의 경우 2019년 석유화학 플랜트 투자 예산이 700억달러로 산정됐다. 2018년 대비 두 배 이상 확대된 규모다.

반면 플랜트 사업을 중심으로 구조조정이 지속되면서 대형 건설회사 고용 인력 대비 수주금액은 지속 증가할 것으로 예상된다. 1인당 수주액 증가는 국내 회사 상호 간 수주 경쟁이 약화될 가능성이 크다는 것을 뜻한다. 수주 수익성 개선이 전망되는 이유다.

아파트 분양 감소와 해외 부문 수주 회복은 건설산업에 변화를 일으키는 요인이 될 것으로 예상된다. 최근까지 주력했던 주택 사업 비중을 줄이면서 해외 사업을 적극 추진한다면 성장 기회가 다시 열릴 수 있다는 판단에서다. 반면 최근 경험을 토대로 주택 사업에만 몰두한다면 과거와 같이

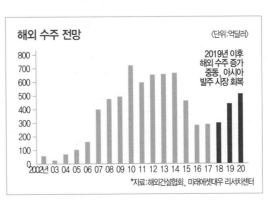

해외 수주 전망 〈단위:억달러〉

2019년 이후 해외 수주 증가 중동, 아시아 발주 시장 회복

*자료:해외건설협회, 미래에셋대우 리서치센터

사업 리스크가 커지는 우를 범할 수 있다.

건설업은 무엇보다 변화에 빠르게 반응해야 살아남는 산업이다. 분위기 좋은 사업이 언제든 나빠질 수 있는가 하면 손실이 나는 분야가 이익을 낼 수도 있다. 현재 이익 기여도가 높은 주택 사업만 봐도 쉽게 알 수 있다. 불과 10년 전 영업이익률이 대형 건설회사 기준 0.3%에 불과했다. 적자가 난다고 주택 사업을 등한시했다면 건설업계는 주택 호황을 누릴 수 없었을 것이다. 변화를 기회로 삼아 또 한 단계 도약하는 국내 건설사들의 2019년을 기대해본다.

| 중공업 |

환경 규제에 친환경船 투자 구체화

김현 메리츠종금증권 기업분석팀장

'실적 악화, 구조조정, 불황'.

유가 급락이 본격화되던 2014년 이후 조선산업 내에서 반복적으로 언급됐던 단어들이다.

2016~2017년 연평균 발주량은 호황기였던 2004~2008년 연평균의 31%, 미국발 금융위기 이후인 2011~2015년의 46%에 불과했다. 최근에는 확연히 달라진 모습이다. 2018년 전 세계 선박과 해양플랜트 발주 규모는 1990년 이후 최저치였던 2016년 대비 2배 수준으로 회복 중이다. 국내 조선업계 수주 잔량은 2017년까지 지속적으로 감소한 이후 2018년 기준 5649만t으로 2017년 말 대비 19% 증가했다.

물론 웃을 수만은 없는 상황이다. 수주잔고는 여전히 2011~2015년 평균의 66% 규모에 불과해 조선업체들의 생산 능력 축소와 구조조정은 지속되고 있다. 다만 국내 조선업계 매출액은 2018년을 저점으로 2019년 상반기에 증가세로 전환될 전망이다. 고정비 부담에 따른 수익성 악화가 마무리되는 시기는 2019년 하반기로 예상한다. 발주가 회복세로 전환되고 있음에도 향후 6~9개월의 고통스러운 시기를 극복해야 하는 이유다.

조선산업은 경기 순환형 산업이다. 영국 해운 통계기관인 클락슨은 전 세계 조선업계 가동률이 2019년 75%를 기록한 이후 상승한다고 예상한다. 2008년 상반기 사상 최대의 호황을 기록한 이후 10년여간 지속된 불황이 종료됨을 의미한다. 국제유가 상승과 환경 규제 강화가 해운 시황의 불황기와 맞물리면서 선박의 운항 효율성이 점점 강조되고 있다. 과거와 달리 선령이 15년을 초과하는 노후선은 중고선 매력이 급감하면서 폐선 시장에 나오고 있다. 적정 교체 수명이 15년 가량으로 짧아진다면 조선업 사이클은 2016년을 저점으로 2023년까지 완만한 회복이 예상된다. 2019년은 조선산업에 불황의 끝자락과 회복 초기의 기대감이 교차하는 시기다. 2019년 전 세계 신규 발주액은 2016년의 2.2배 수준인 830억달러 이상을 예상한다.

2019년 조선산업 화두는 '환경 규제'다. 2020년부터 시행될 선박의 황산화물 배출 규제에 대한 해운선사, 선주사 대응 방안이 최대 이슈가 될 전망이다. 국제해사기구(IMO)가 2020년 1월 1일부터 적용하는 황산화물 규제 방안은 선박 연료의 황 함유량을 현행 3.5% 이하에서 0.5% 이하로 제한하는 내용이다. 해운선사나 선주사들이 이 규제를 충족시키려면 연료를 기존 벙커유에서 저유황유로 바

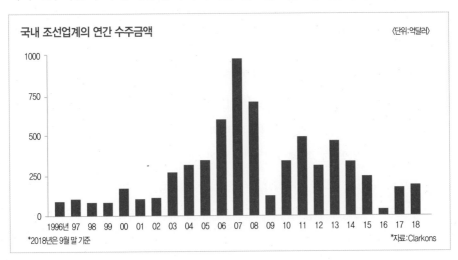

국내 조선업계의 연간 수주금액 〈단위:억달러〉

*2018년은 9월 말 기준
*자료:Clarkons

꾸거나 탈황설비(Scrubber)를 장착해야 한다. 그렇게 하지 못하면 LNG나 LPG로 연료를 바꾸는 방법 외에는 대안이 없다. 따라서 연비가 낮은 노후선의 상당수가 해체 과정을 겪을 개연성이 크다. 2020

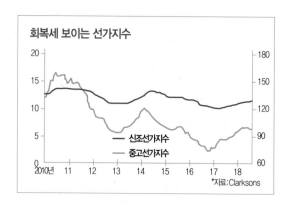

회복세 보이는 선가지수

신조선가지수
중고선가지수

*자료:Clarksons

년 기준 선령이 15년을 초과하는 선박 비중은 탱커 34%, 컨테이너선 25%, 벌크선 21% 수준으로 예상한다. 모든 노후선이 환경 규제로 인해 해체되지는 않더라도 환경 규제 충족을 위해 추가 비용이 투입돼야 함을 감안하면 친환경 선박에 대한 투자는 점진적으로 증가한다.

문제는 황산화물 규제 방안을 충족하기 위한 여러 대안이 현재로서는 완벽하지 못하다는 점이다. 저유황유는 벙커유 대비 50% 이상 높은 가격대를 유지하고 있어 운항 원가 상승이 불가피하다. 선주 입장에서는 당장 신규 투자가 필요치 않다는 측면에서 단기적으로 저유황유를 채택할 개연성이 높다. 단 2020년부터 연료가 전량 저유황유로 대체될 경우 최대 8배 이상 수요가 급증하기 때문에 가격 상승 압력이 커질 수 있다. 탈황설비를 장착하는 대안을 채택한다면 기존 노후선은 대규모 설비 투자가 불가피하다. 향후 선박에 대해 질소산화물과 이산화탄소 규제를 확대한다면 가스 연료로 대체하는 안이 가장 이상적일 수 있다. 그러나 LNG 추진선의 경우는 운영에 필수적인 LNG 벙커링 인프라 구축이 동시에 진행돼야 한다. LNG 공급 확대를 통한 LNG 가격 하락도 전제돼야 한다. 상위 발주처 대응 방안이 엇갈리고 구체화되지 않고 있지만 2019년에는 어느 정도 윤곽이 잡힐 것으로 보인다. 탈황설비와 LNG 연료를 사용하는 친환경 선박 발주와 15년 이상 노후선 폐선량이 증가하면서 교체 발주에 대한 기대감이 확대될 것이다.

현재의 조선 시황은 2004년과 여러모로 유사하다. 2002년까지 발주 시장이 위축되면서 2004년부터 국내 조선업체는 영업적자를 기록한 반면 중국발 철강 가격 상승이라는 이중고를 겪었다. 그러나 LNG선과 컨테이너선을 중심으로 발주가 회복됐고 철강 가격 상승이 신조선가 상승을 견인하면서 2008년 상반기까지 조선 시황은 사상 최고 호황기로 이어졌다. 2018년 주요 조선업체의 영업적자가 불가피한 상황에서 후판 가격은 상승세가 지속되고 있다. 2018년 국내 대형 3사 수주 목표액은 전년 대비 61% 증가한 239억달러다. 8월까지 목표 대비 60% 수준의 수주에 성공해 연간 목표 달성 가능성이 높다.

신규 수주와 수주잔고는 증가세로 전환됐고 재무구조 우려는 해소됐다. 2018년의 수주 회복은 LNG선과 컨테이너선의 발주 증가와 탱커의 폐선 규모 확대에 따른 교체 발주가 원동력이다. 2004년 이후 호황의 동력이 중국 경제의 가파른 성장이었기에 현재 시황과 비교는 어렵지만 환경 규제라는 새로운 변수가 국내 업계의 주력 선종 발주 회복으로 이어지는 양상은 유사하다. 구조조정의 고통스러운 과정이 아직도 남아 있지만 신조선가 상승세가 확인되고 환경 규제에 대응하는 발주처의 투자 방향성이 확인되는 2019년을 기대해본다.

2022 대입 정시 확대 교육株 대호재
'한류 열풍' CJ ENM · JYP '활짝'

수능 중요해져…온라인 교육 수요 급증

노승욱 매경이코노미 기자

2018년 3월 교육부와 통계청이 발표한 '2017년 초 · 중 · 고등학교 사교육비 조사 결과'에 따르면, 2017년 사교육 시장 규모는 18조6000억원으로 전년(18조1000억원) 대비 5000억원(3.1%) 증가했다. 분야별로는 예체능과 취미 · 교양 부문 사교육비(5조원)가 전년 대비 9.9% 상승했다. 교과 사교육비는 13조6000억원으로 전년 대비 0.6% 증가하는 데 그쳤다.

20년 만에 정시 확대…물 만난 메가스터디

최근 교육업계의 공통된 위험 요인은 '학령인구 감소'다. 학습지 업계는 물론, 대학 입시 교육을 전문으로 하는 인터넷 교육업체도 '고객 수' 감소 전망에 어려움을 겪고 있다. 2009년 9월 4만6400원에 달했던 메가스터디 주가는 2018년 10월 19일 종가 기준 1만1300원으로 4분의 1토막 났다. 2010년 196만명이던 고등학생 수가 2017년 167만명으로 연평균 2.3%씩 줄어든 탓이다. 여기에 대학 입시 전형에서 수시 비중이 2008년 52.9%에서 2018년 74%로 증가한 것도 악재였다.

다만 메가스터디의 2019년 전망은 밝다는 평가다. 2018년 8월 교육부가 확정 발표한 2022학년도 대입제도 개편안에서 2002년 이후 20년 만에 정시 비중을 확대한 때문이다. 교육부는 개편안에서 2022학년도 수능위주전형(정시) 비율을 30% 이상으로 확대하도록 대학에 권고하고, 수능 평가 방식은 현행 방식을 유지하되 기존에 상대평가로 채점하던 제2외국어, 한자영역을 절대평가로 전환하기로 결정했다. 또한 학교 수업을 파행시킨다는 비판이 있었던 수능과 EBS 연계율은 기존 70%에서 50%로 축소하기로 했다. 정시 비중이 2018년 23.8%에서 2021년 30%까지 상승할 경우, 전체 정시모집 인원은 25% 이상 증가한다. 서울 소재 상위권 대학은 당장 2019년부터 정시 비중을 높일 계획으로 알려진다.

메가스터디는 2018년 들어 이미 호실적을 기록 중이다. 2018년 2분기 영업이익이 66억원을 기록, 전년 동기 대비 934% 급증했다. 3분기에도 수능을 앞둔 성수기 효과와 정시 비중 확대 정책 효과로 최대 실적이 점쳐진다. 특히 2017년에 재정비한 '메가패스'가 성장을 이끌고 있다. 메가패스는 전 과목을 일정 기간 수강할 수 있는 일종의 패키지 상품이다. 인기 강의들을 보다 저렴하게 수강할 수 있어 고등학생들에게 반응이 좋다.

"2022학년도 대입제도 개편안이 적용될 2021년까지 3년간 고등부 사업의 성장이 기대된다. 고등부 온라인 시장은 1인당 사교육비 증가와 온라인 강의 프로그램 개선으로 연 7~8% 수준 성장률을 기록했다. 여기에 Q(양)의 성장이 더해

학령기 인구 현황

단위:명, %

구분	2010년	2011년	2012년	2013년	2014년	2015년	2016년	2017년	CAGR
유치원생	54만	56만	61만	66만	65만	68만	70만	69만	3.56
초등학생	330만	313만	295만	278만	273만	271만	267만	267만	-2.98
중학생	197만	191만	185만	180만	172만	159만	146만	138만	-4.96
고등학생	196만	194만	192만	189만	184만	179만	175만	167만	-2.26
합계	777만	755만	733만	714만	694만	677만	659만	642만	-2.69
출생아 수	47만	47만	48만	44만	44만	44만	41만	36만	-3.74
합계출산율	1만2300	1만2400	1만3000	1만1900	1만2100	1만2400	1만1700	1만500	-2.23

자료:한국교육개발원

진다. 2019학년도 기준 전체 대학모집 인원은 34만8834명이며, 이 중 정시모집 인원은 23.8%인 8만2972명이다. 정시 비중이 권고안의 최하단인 30%까지 늘어난다고 가정하면 정시모집 정원은 2021년 10만4650명으로 26.1% 증가하게 된다. P(가격)의 성장까지 감안하면 연 10% 이상의 시장 성장이 기대된다. 그 중에서도 메가스터디교육의 최대 수혜가 예상된다. 메가패스에 포함된 현우진 수학 강사의 '뉴런' 강의 등이 이미 고 1~2학년 학생 사이에서도 '제2의 교과서'라는 별명이 붙을 만큼 인지도를 확보하고 있고, 주요 강사진이 2016~2018년 영입 또는 재계약이 이뤄지면서 향후 점유율은 유지 또는 추가 상승할 것으로 보인다."

홍종모 유화증권 애널리스트의 분석이다.

에듀테크+해외 진출로 살길 찾는 학습지 업계

학습지 업계는 전집 사업을 동시에 운영하므로 정확한 시장 규모를 파악하는 것이 쉽지 않다. 다만 '학습지 빅4'로 불리는 교원그룹(구몬학습, 빨간펜), 대교, 웅진, 재능의 매출 합계 2조5000억원에 기타 학습지를 포함해 약 3조원에 이를 것으로 추정된다.

학습지 업계도 학령인구 감소로 어려움을 겪고 있다. 학습지 주요 대상인 초등학생 수가 2010년 이후 지속 감소하고 있어서다. 교육부의 교육기본통계 자료에 따르면 2010년 약 330만명이던 초등학생 수는 2013년 278만명, 2015년 272만명, 2017년에는 267만명으로 줄어들었다. 상황이 이렇자 학습지 업계는 크게 두 가지 해법을 모색하고 있다.

첫째는 '스마트 교육'이다. 4차 산업혁명 시대에 발맞춰 교육업계는 '에듀테크(Education+Technology)' 등 다양한 상품 개발에 나섰다. 정보통신기술(ICT) 발달에 따라 기존 교육 방식에 인공지능과 가상현실(VR) 기술을 접목시킨 것. 화상수업, 인공지능(AI) 오답 정리 등이 대표적인 에듀테크 서비스 사례다.

일례로 교원은 2017년 7월 기존 학습지에 ICT 기술을 접목한 '스마트 구몬'을 출시했다. 스마트 구몬은 특수 제작된 학습지와 스마트펜을 통해 실시간 학습 과정이 기록된다. 종이 학습지와 스마트펜 그리고 태블릿PC가 결합된 '스마트 빨간펜'도 있다. 2019년에는 QR코드·증강현실(AR) 기술은 물론, 인공지능과 로봇 등을 활용한 다양한 교육상품이 개발될 것으로 보인다. 웅진씽크빅은 2018년 2월 'AI 학습코칭 서비스'를 선보였다. 지난 3년간 북클럽 회원으로부터 매일 1100만 건 이상 수집한 빅데이터를 기반으로 개인 맞춤형 관리 서비스를 제공하고 있다.

둘째는 교육기업의 해외 진출이다. 학령인구 감소로 성장에 한계를 느낀 국내 기업들이 새로운 활로를 모색하고 있는 것이다. 진출 대상국은 베트남이 1순위로 꼽힌다. 베트남은 한국 못잖은 높은 교육열을 자랑하며 학령인구도 많아 매력적인 시장으로 평가된다. 교원그룹은 2017년 8월 업계 최초로 베트남 정부가 100% 지분을 소유한 국영기업과 아동용 교육 콘텐츠 플랫폼 구축을 위한 전략적 제휴를 맺었다. 교원그룹의 베트남 시장 공략 무기는 스마트 영어 학습 프로그램 '도요새잉글리시'다. 대교는 2018년 8월 아예 글로벌 인공지능 수학교육 플랫폼 회사 '노리(KnowRe)'를 인수했다. 노리는 2012년 설립된 수학 스마트러닝 솔루션 개발·교육 서비스를 제공하는 글로벌 교육회사다. 미국 200여개 학교의 공교육 현장에서 노리의 교육 기술을 활용하고 있다.

엔터테인먼트 | 한류 열풍에 CJ ENM · JYP엔터 수혜 기대

노승욱 매경이코노미 기자

카지노는 중국 정부의 반(反)부패 캠페인, 방한 중국 관광객 감소, 내국인 카지노 규제 강화 등으로 2017년에 이어 2018년 상반기까지도 극심한 침체를 겪었다. 그러나 2018년 하반기 들어 업황이 눈에 띄게 회복되는 분위기다. 중국 마카오 카지노의 2018년 8월 매출이 전년 동월 대비 17.1% 늘어 25개월 연속 증가했다. 2018년 8월 한국을 찾은 중국인 관광객도 2017년 2월 이후 처음으로 50만명을 넘었다. 파라다이스와 GKL의 8월 드롭액(카지노 이용객이 칩으로 바꾼 금액)은 각각 5001억원, 3391억원을 기록했다. 이는 전년 동월 대비 6%, 9% 증가한 수치다. 특히 파라다이스는 2018년 8월 영종도 파라다이스시티가 2차 시설을 개장, 이용객 증가가 기대된다. 반면 내국인 전용 카지노인 강원랜드는 성장 정체가 불가피해 보인다. 매출총량제로 카지노 매출 성장이 제한되고, 영업시간도 종전보다 두 시간 줄었기 때문이다. 채용비리 사건에 따른 인력 교체도 악재다.

2019년 아시아 카지노 산업의 관전 포인트는 일본 카지노 사업권을 누가 가져가느냐다. 일본은 지난 70년간 카지노 대신 파친코 시장을 크게 키웠다. 그러나 아베 정부는 중국인 관광객 유치를 위해 카지노를 합법화하고 바카라, 블랙잭, 룰렛, 포커, 슬롯머신 등이 포함된 카지노 시설을 탑재한 관광형 복합리조트 설립을 추진 중이다. 2018년 7월 카지노 세율·도박 중독을 최소화시키기 위한 내국인 이용 제한 등 카지노 운영 방안 규정이 중의원을 통과, 2019년 사업자 선정을 시작할 예정이다.

여행은 그 어느 때보다 부진한 모양새다. 2018년 10월 18일 기준 하나투어 주가는 6만5000원 안팎으로 최근 5년래 가장 낮은 수준이다. 모두투어 주가 역시 2018년 10월 12일 1만9800원까지 떨어지며 연중 최저점을 기록했다. 해외여행 관련 악재가 연이어 터진 때문이다. 오사카 지진을 시작으로 홋카이도 지진, 오사카 태풍, 인도네시아 지진 등 주요 관광지의 자연재해가 이어졌다. 2018년 6월 이후 급락했던 원화가치 역시 회복하지 못하며 해외여행 수요를 위축시켰다. 여기에 국제유가도 가파르게 상승하며 여행 수요 회복에 걸림돌이 되고 있다.

다만 인바운드 부문은 중국인 관광객 증가 추세에 힘입어 실적이 개선되고 있다는 점이 위안이 된다. 이효진 메리츠종금증권 애널리스트는 "하나투어의 2018년 3분기 인바운드 사업 부문 적자(SM면세점+마크호텔+ITC) 규모는 전년 동기 67억원에서 올해 33억원까지 축소할 수 있을 것으로 보인다. 이는 SM면세점 적자 축소 영향이 가장 크다. 하반기 SM면세점의 적자는 분기당 30억원을 전망한다.

단, 잇따른 자연재해 등으로 위축된 여행 수요가 2019년에도 반등하기는 쉽지 않아 보인다. 여행주에 대해 보수적인 접근이 필요하다"고 강조했다.

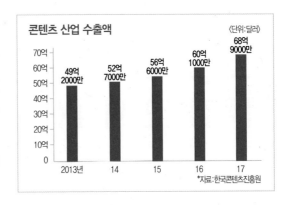

콘텐츠 산업 수출액
〈단위:달러〉

- 2013년: 49억2000만
- 14: 52억7000만
- 15: 56억6000만
- 16: 60억1000만
- 17: 68억9000만

*자료:한국콘텐츠진흥원

미디어·엔터테인먼트는 3차 한류 수혜가 기대된다. 2018년 빌보드 1위에 오른 BTS는 한류 열풍에 새로운 전기를 마련했다는 평가다. 아시아 중심으로 성장해온 한류 열풍이 유튜브, 페이스북 등 SNS와 IT 기술 개발에 따른 간접 진출 확대로 한국을 넘어 전 세계로 활동 영역을 확대하고 있다. 한국콘텐츠진흥원은 2017년 대비 2018년 콘텐츠 산업 수출액 증가율이 8.7%에 달할 것으로 분석했다. 2%대 후반에 불과한 GDP 성장률 전망치의 3배가 넘는다.

이 같은 미디어 환경 변화와 신한류 열풍은 국내 미디어·엔터테인먼트 업체에 호재로 작용할 전망이다. 미디어(CJ E&M)와 커머스(CJ오쇼핑) 사업을 합병한 CJ ENM은 2018년에는 이렇다 할 시너지를 보여주지 못했지만 향후 전망은 밝다는 게 전문가들의 중론이다. 한상웅 유진투자증권 애널리스트는 "CJ ENM은 콘텐츠 기획 단계부터 커머스 부문과의 협업이 가능해 하나의 콘텐츠에서 파생시킬 수 있는 유형의 상품을 극대화할 수 있다. 또한 콘텐츠가 방영되는 동시간대 관련 상품을 판매할 수 있는 채널을 확보하고 있다는 점에서 미디어 커머스가 신규 수익 창출원으로 빠르게 안착할 것이다"라고 밝혔다. 엔터테인먼트 업종에서는 JYP를 대표주로 평가했다. 한상웅 애널리스트는 "트와이스를 중심으로 일본 콘서트 매출이 큰 폭으로 증가했다. 2018년 예상 매출액과 영업이익은 각각 1326억원, 294억원으로 전년 대비 29.7%, 50.8% 성장이 예상된다. 2019년에는 돔 투어에 따라 영업이익 증가도 지속될 것으로 본다"고 전망했다.

자산가격 하락에 소비심리 '싸늘'
백화점 · 면세점 둔화, 편의점 회복

박종대 하나금융투자 수석연구위원

▶ 고용지표가 크게 흔들리면서 내수 위축 우려가 나오고 있지만 2018년 10월 기준 소비 수준은 그리 나쁘지 않다.

소매판매는 2017년 중순 이후 회복세를 지속하고 있다. 2018년 3분기에도 전년 동기 대비 6% 이상 기록할 것으로 예상된다. 소매판매는 여행 같은 무형 상품과 해외 소비가 잡히지 않고 외국인 소비 비중이 높은 면세점이 들어가 있다는 점에서 국내 가계소비 동향을 정확히 파악하는 데는 한계가 있다. 반면 신용카드 사용액은 국내와 해외를 다 포함하고 있으며 유형과 무형 상품을 포괄한다. 이 때문에 신용카드와 현금 사용 비율이 크게 변하지 않는다면 보조지표로 유용하다. 2018년 2분기 신용카드 사용액은 전년 동기 대비 7% 증가했다. 2017년보다 다소 둔화됐지만 2015~2016년 대비로는 높은 증가 폭이다. 이를 감안할 때 소비 현황은 그리 나쁘지 않다.

2019년 소비 수요 전망에 있어 가장 중요한 거시지표는 고용과 부동산 가격이다. 다행스러운 점은 수출이 2017년 높은 베이스에도 꾸준히 증가세를 지속하고 있다는 점이다. 수출 증가가 기업의 이익 개선, 설비 투자 회복으로 이어질 경우 제조업 중심으로 고용 회복을 기대할 수 있다. 가계 구매력 제고로 가계소비 또한 무난한 개선세를 지속할 수 있을 것이다. 다만, 수출이 감소하고 설비 투자가 역신장을 지속하는 가운데 부동산 가격이 경착륙

할 경우, 2019년 소비 수요는 상당히 위축될 수 있다.

2019년 유통업종에서 가장 주목되는 업종은 편의점이다. 임대차보호법 개정안이 국회를 통과했고 카드 수수료 인하 조정도 곧 가시화될 듯하다. 이렇게 되면 2019년 이후 가맹점주 수익은 상당히 높아질 수 있다. 편의점 시장 성장률은 여전히 전년 대비 8% 안팎 높은 수준을 기록하고 있다. 2019년 편의점 시장이 7% 성장하고 점포 수 증가율은 3%에 머무른다고 가정할 때, 점포당 매출은 연간 4% 성장이 가능하다. 최저임금 상승분을 매출 증가율로 상쇄하면 가맹점주는 연간 10% 이상 수익 개선이 가능하다는 계산이 나온다.

편의점 업종은 유통산업 내에서 온라인과 면세점 다음으로 성장률이 높다. 1~2인 가구 증가와 소량·간편 구매 성향 확대, PB 상품과 패스트푸드 등 상품 믹스 개선, 우편과 금융 등 서비스 확대에 따라 지속적인 이용객 수 증가와 산업 성장을 기대할 수 있는 채널이다. 하지만 가맹본부의 '영업조직 관성' 때문에 주기적으로 공급과잉과 구조조정 사이클을 겪었다. 2014~2016년 업사이클 기간에는 가맹본부가 점포 수 증가를 통해 대부분 성장의 과실을 챙겼다. 2017~2018년 초까지는 하강 국면이었다. 최근 업황은 회복세에 있다. 신규 점포가 크게 축소되면서 점포당 매출이 성장세로 전환하고 있는 것이다. 근접 출점 제한 등으로 높은 진입장벽을 형성하면서 2019년 이후 업사이클 국면에서는 가맹점주가 상당한 파이를 가져갈 가능성이 크다. 점포 수 증가가 제한적인 수준에 머물면서 BGF리테

일과 GS리테일 등 가맹본부의 성장률은 다소 둔화될 수밖에 없다. 하지만 점포당 매출 회복으로 수익성 개선을 도모할 수 있다. 2015~2017년이 외형 확대기였다면, 2019~2020년은 수익성 개선기로 평가할 수 있다.

편의점 구조조정 거친 후 업황 회복 기대

아울러 2020년 이후 편의점 산업 재편 가능성이 크다. 최저임금 상승으로 고정비 부담이 커진 상태에서 업체별 가맹점주의 수익구조 차이가 커졌다. CU와 GS25 가맹점주들은 월평균 30만원의 지원금을 가맹본부로부터 받고 있다. 물론 세븐일레븐이나 미니스톱의 가맹 수수료율이 낮은 것도 사실이지만, 이들의 지원 규모를 따라가기 어렵다. 톱 2위 업체와 3~4위 업체 간 사업 규모와 점포 수 차이는 이미 벌어지고 있다. 편의점 통상 계약 기간은 5년이고, 편의점 수가 최근 급격하게 증가하기 시작한 때가 담뱃값 인상 효과가 컸던 2015년부터다. 2020년에는 계약 기간 만료의 큰 사이클이 돌아온다. 전체적인 편의점 시장 성장률도 5~6%로 떨어질 것이다. 일본과 같이 상위 1~2위 업체로 집중화되는 산업구조 재편이 크게 발생할 가능성이 크다.

대형마트 업종은 구조적으로 어렵지만 일부 반등도 기대된다. 대형마트는 매출의 40%를 차지하는 의류, 생활용품, 가전 등 공산품 판매가 온라인 채널로 대거 이전되면서 공간 효율화 문제가 커졌다. 최근에는 매출의 60%를 차지하는 식료품 역시 온라인 채널 침투가 거세다. 따라서 대형마트 업종의 반등은 업체별 차별화를 전제로 한다.

이마트는 2018년 실적 부진 가운데서도 시장점유율은 가파르게 상승했다. 이마트몰은 처음으로 연간 흑자를 기대할 수 있게 됐으며, 트레이더스의 영업이익률은 연결 기준 13%에 이를 전망이다. 2019년 연결 영업이익은 6740억원(전년 대비 18%)까지 크게 증가할 것으로 추정한다.

유통 시장 온라인화가 전 세계적인 추세로 전개되고 있다. 온라인화는 유통 시장을 '완전경쟁 시장'으로 탈바꿈시키면서 오프라인 대형 유통업체를 위기로 내몰고 있다. 이런 가운데 '식품 온라인 시장'은 오히려 블루오션으로 떠오르고 있다. '대량의 식품'을 '신선도를 유지'하면서 '당일배

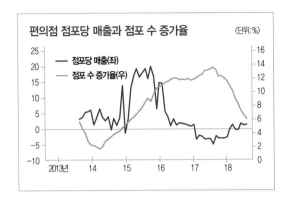

편의점 점포당 매출과 점포 수 증가율 〈단위:%〉

송'을 전개할 수 있는 회사는 드물기 때문이다. 대형마트는 막대한 인프라 투자가 필요하기 때문에 중소기업이 진입하기 어렵고, 전국 산지 공급 네트워크를 갖추고 있어야 하기 때문에 해외 업체가 진입하기도 어렵다. 일반적인 온라인 유통 시장 성격과 정반대로 진입장벽이 대단히 높다. 글로벌 유통업체 주가에서 식품+온라인+대형마트 세 단어의 교집합이 PER 20배 이상의 높은 밸류에이션 프리미엄 요인으로 작용하는 이유도 여기에 있다. 한국에서는 이마트가 독보적이다. 이마트몰 매출 규모는 2018년 1조2000억원 규모를 넘어설 전망이다. 롯데마트나 홈플러스는 물론, 마켓컬리 같은 온라인 식품 전문업체의 이 부문 매출 규모는 1000억원 내외로 차이가 크다.

백화점 전망은 두 가지 이유로 밝지 않다.

첫째, 백화점 경기 하락 국면 진입 가능성이다. 백화점은 구조적으로 열위에 있는 채널이다. 여행 같은 무형 상품과 온라인 채널 비중이 커지고 있는 상황에서 의류 매출 비중이 50%에 달하고 오프라인 비중이 90%를 넘는 백화점 채널을 중장기적으로 좋게 보기 어렵다. 2018년의 높은 실적 개선은 경기적인 측면이 강했다. 특히 부동산 시장 활황 영향이 크다. 그런데 최근 9·13 대책 이후 2019년 부동산 시장에 대한 우려가 커지고 있어 부정적이다.

둘째, 신규 면세점 사업 불확실성이다. 최근 현대백화점은 면세점 사업에 대해 2019년 매출 7000억원의 BEP(손익분기점) 목표를 수정했다. 매출 7000억원

목표는 유지하지만 목표 매출 달성을 위한 마케팅비 확대로 손실이 발생할 수 있음을 밝혔다. 핵심은 회사 목표가 손익이 아니라 매출이라는 점이다. 강남권 면세점 사업 전망을 긍정적으로 보기 어렵다. 따이공의 수요(3~4개 면세점 셔틀 이동)를 맞춰주기에는 동선이 좋지 않다. 최근 대형 브랜드 업체가 공급을 주도하는 시장 상황 탓에 재고를 여유 있게 확보하기도 어렵다.

면세점은 최근 두 가지 우려, 즉 따이공에 대한 중국 정부의 규제와 경쟁 심화로 인한 알선 수수료 상승 가능성이 재부각됐다. 푸둥공항 한국발 여객기에 대한 따이공 전수조사가 이뤄졌다는 보도가 있었다. 800달러 이상의 면세 구매 제품에 대해 상당한 가산세를 부과했다고 한다. 문제는 이런 단속이 중국 정부의 정책적 결정에 의한 상시 규제인가라는 것이다. 만일 그렇다면 심각한 실적 훼손 요인이다. 현재 따이공의 ARPU(객단가)는 1500달러 이상이다. 순식간에 ARPU가 절반 이하로 떨어지는 것이다. 아직 인바운드 패키지 관광이 회복되지 않은 상태에서 면세점 업체의 실적은 상당 기간 부진할 우려가 있다.

상시 규제로 가기는 어렵다는 판단이다.

첫째, 중국 관세당국 현안인 '짝퉁' 밀수 근절도 아직 제대로 안 돼 있는 상태다. 중국 소비자 피해 사례와 불만이 가장 많은 것도 온오프라인을 막론하고 짝퉁 사기다. 짝퉁은 홍콩-선전 루트는 물론, 라오스, 미얀마 등지에서도 아직 횡행한다. 사실 면세점 제품은 소비자에게는 아무런 불만이 없는 진품이다. 둘째, 행정력의 한계다. 전수조사를 지속하기 위해서는 상당한 행정력 증강이 필요하다. 그렇지 않으면 입국 절차 지연과 고객 불편 등 부차적인 문제가 커질 수 있다. 그렇다고 중국 당국의 행정력 증대를 기대하기는 무리가 있다. 전술한 바와 같이 짝퉁 근절을 위한 행정 인력도 아직 턱없이 부족해 국경선 상시 단속을 못 하고 있는 상태다. 결국 이런 단속은 정책적·상시적이라기보다는 주기적·단발성으로 보는 것이 바람직하다.

경쟁 심화 우려가 제한적일 경우 2019년 전망의 핵심은 중국 인바운드 패키지 관광 규제 소멸 여부다. 2018년 8월 중국 인바운드는 전년 동기 대비 40.9% 증가한 47만8000명을 기록했다. 여전히 사드 보복 조치 전에 비하면 55% 수준이다. 당분간 의미 있는 성장을 기대하기는 무리다. 현재 개별 여행객에 대한 규제는 소멸됐으나 여전히 온라인 한국 관광상품은 판매가 안 되고 있다. 전세기나 크루즈 관광도 재개되지 않았다. 패키지 관광 규제는 중국 정부가 사드 철수에 대한 반대 급부로 남겨둔 마지막 카드로 볼 수 있다. 따라서 미북정상회담이 성공적으로 끝나 종전선언과 북핵 폐기가 가시화될 경우 사드 철수(또는 실질적 불용)를 전제로 한 중국 정부의 보복 조치 소멸과 패키지 관광 재개를 기대할 만하다. 인바운드 패키지 관광 수요 회복은 면세점 업체에는 매출 측면에서도 긍정적이지만, 실적 가시성 확보 측면에서 더 의미가 있다. 현재 따이공 중심 매출은 '밀수' 성격이 강한 만큼 실적 연속성을 장담하기 어렵다. 언제든지 중국 또는 한국 정부의 규제에 의해 위축·금지될 수 있는 수요다. 면세점 주 고객이 중국 따이공에서 중국 인바운드 패키지 관광객으로 전환돼야 비로소 면세점 산업과 업체에 대한 중장기적인 실적 전망이 가능해지고 밸류에이션도 상향 안정화될 것이다.

美FDA 승인 여부가 주가 방향 결정
셀트리온 · 대웅 · 녹십자 성과 눈앞

신재훈 이베스트투자증권 애널리스트

▶ 2014년 코스피 내 시가총액 비중 2% 수준에 불과했던 제약 · 바이오 업종은 국내 증시에서 IT 다음으로 큰 섹터로 성장했다. 지난 4년간 제약 · 바이오 업종은 참으로 대단한 성장을 보여줬다. 하지만 성장에는 통증이 있기 마련이다. 국내 헬스케어 업체들은 더욱 성숙해지기 위해 올해도 크고 작은 시행착오를 겪었다. 특히 미국 시장 진출을 위한 FDA 승인 문턱에서 발목을 잡힌 업체가 다수 있었다. 향후 이 업체들 승인 여부가 2019년 국내 헬스케어 섹터 주가 방향을 결정할 것으로 예상된다. 2019년 제약 · 바이오 업종 수익성은 여기에 달려 있다고 해도 과언이 아니다.

FDA의 Warning Letter와 CRL

올 들어 국내 제약 · 바이오 기업이 미국 FDA로부터 몇 건의 개선사항 요구 문서를 받은 사실이 공개됐다. 해당 기업의 주가는 크게 요동쳤다.

대웅제약은 2018년 1월 24일 'Form 483'이라는 문서가 공개됐는데 회사 측은 "제조처 실사 관찰 사항에 대해 통상적으로 발행되는 문서"라고 설명했으나 당일 주가는 11.2% 하락했다. 셀트리온은 2018년 1월 30일 FDA로부터 Warning Letter(경고서한)를 받았다고 홈페이지에 게시했다. "Warning Letter는 2공장 완제공정에 대한 내용이며 FDA는 제3기관을 통한 객관적 자료를 추가 제출할 것을 요청했다"는 회사 측 해명에도 불구하고 셀트리온 주가는 이후 6거래일 동안 23.5% 하락했다. 4월 5일에는 트룩시마, 허쥬마의 CRL(Complete Response Letter·보완요구공문) 수령 사실을 홈페이지에 게재했다. CRL에는 'Warning Letter의 후속 조치와 관련해 현재 심사 중인 두 제품의 허가 일정에 영향이 있을 수 있다'는 내용이 담겼다. 이에 회사 측은 "심사 재개 시점으로 6개월 이내에 두 제품의 승인을 예상한다"고 언급했다.

FDA의 Warning Letter가 나오는 이유는 크게 5가지다. 그중 압도적으로 빈도가 높은 것은 생산설비 관련 문제다. 생산설비 문제는 실사를 기반으로 하는데, 지적 사항이 생기면 조사관은 실사 종료일에 해당 지적 내용을 요약한 'Form 483'을 발급한다. 해당 업체는 15영업일 안에 후속 조치와 관련한 문서를 FDA에 보내야 한다. 조사관은 실사 종료 후 30일 이내에 자세한 실사 내용과 실사등

국내 업체 중 FDA 승인을 받은 제품의 조치 현황

승인 날짜	업체명	적응증	제품명	Type	조치
2003년 4월	LG생명과학	항생제	팩티브	신약	CRL
2007년 4월	LG생명과학	인간성장호르몬	밸트로핀	신약	CRL
2013년 8월	한미약품	역류성식도염치료제	에소메졸	개량신약	CRL
2014년 6월	동아에스티	항생제	시벡스트로	신약	–
2015년 12월	대웅제약	항생제	메로페넴	제네릭	Amendments
2016년 4월	셀트리온	자가면역질환치료제	램시마	바이오시밀러	CRL
2016년 5월	SK케미칼	혈우병치료제	앱스틸라	바이오신약	–
2017년 7월	휴온스	생리식염주사제	생리식염주사제	제네릭	n.a
2017년 4월	삼성바이오에피스	자가면역질환치료제	렌플렉시스	바이오시밀러	Major Amendments
2017년 7월	삼성바이오에피스	당뇨병치료제	루수두나	제네릭	CRL
2018년 5월	휴온스	국소마취제	리도카인주사제	제네릭	n.a
2018년 5월	한미약품	관절염치료제	히알루마	제네릭	n.a

자료:FDA, 이베스트투자증권 리서치센터

급이 기재돼 있는 EIR(Establish Inspection Report)를 작성해야 한다.

실사등급은 NAI(No Action Indicated), VAI(Voluntary Action Indicate), OAI(부적격 · Official Action Indicated)로 구분되며 OAI를 받으면 Warning Letter가 발부될 확률이 매우 높다. Warning Letter를 수취한 업체는 15일 안에 시정 내용 문서를 FDA에 보내야 한다. Form 483은 실사에 지적 사항이 있을 시 업체에 보완 요구 내용을 전달하는 문서며 지적 사항이 없으면 Form 483은 발부되지 않는다.

CRL은 BLA(바이오의약품 허가), NDA(신약승인신청), ANDA(약식 신약승인신청)를 신청한 제품의 사전실사에서 임상적인 문제점이 발견됐을 때 업체에 전달되는 문서다. CRL을 받은 업체는 12개월 안에 허가 재신청(Resubmission), 승인 포기(Withdrawal), 공청회 요청(Request an Opportunity for a Hearing)의 절차를 밟아야 하며 만약 기한 내에 아무런 조치가 없으면 FDA는 해당 제품의 승인을 자동적으로 취소하게 된다.

셀트리온, 보험등재 · 교차 처방 이슈 해결 기대감

셀트리온은 2017년 5월 22일부터 6월 2일까지 FDA의 정기 실사를 받았으며 OAI 등급을 받아 2018년 1월 26일 Warning Letter를 수취했다. 이어 2018년 4월 5일에는 2017년 6월, 7월에 BLA를 신청한 트룩시마와 허쥬마가 동시에 CRL을 받았다.

트룩시마는 2018년 5월 30일에 허가 재신청을 했고, 10월 10일 미국 FDA의 항암제 자문위원회에서 안전성과 효능 측면에서 오리지널 리툭산과의 동등성을 입증해 16명 심사위원의 만장일치 찬성으로 승인권고 의견을 획득했다. 연내 최종 승인을 획득할 것으로 예상된다. 2018년 6월 18일 허가 재신청을 한 허쥬마 역시 2018년 12월 중순 최종 승인을 획득할 전망이다.

미국에서 바이오시밀러의 시장 침투가 유럽과 비교해 빠르지 못한 것을 걱정하는 투자자가 많다.
바이오시밀러가 아
직 주요 기관 보험등
재 리스트에 포함되
지 못해 공보험과 사
보험 모두 커버율이

최근 국내 업체 FDA 승인 이슈 정리

업체명	제품명	조치	시기	상황	승인 예상 시점
셀트리온	트룩시마	CRL(Class #2)	2017년 6월	허가 재신청	2018년 11월
	허쥬마	CRL(Class #2)	2017년 7월	허가 재신청	2018년 12월
대웅제약	나보타	CRL(Class #2)	2018년 5월	허가 재신청	2019년 2월
녹십자	IVIG-SN	CRL (2nd, Class #2)	2018년 9월	허가 재신청 준비 중	2019년 하반기

자료:각 사, 이베스트투자증권 리서치센터

낮은 상황이기 때문이다. 이는 존슨앤드존슨의 반독점법 위반행위로 인한 보험등
재와 Preferred Drug(가장 선호되는 약물) 선정 어려움, 부당한 리베이트를 통
한 보험등재 약품 목록 진입 방해(Closed Formulary) 행위 등에 기인한 것으
로 추정된다. 이런 부당한 처사는 실제 소송으로 이어져 조만간 해결책이 제시될
전망이다. 더불어 약가 인하 청사진에도 보험등재 방해행위에 대해 시정하겠다고
밝히면서 결국 보험에 등재되는 것은 시간이 해결해줄 가능성이 높다.

다만 교차 처방에 대한 이슈는 여전히 남아 있다. 교차 처방은 국내 바이오시밀
러 업체가 넘어야 할 마지막 고비다. 현재 미국에서 교차 처방은 가능하지만 실제
로는 헬스케어 시스템 영향으로 교차 처방이 제대로 이뤄지지 않고 있다. 2017년
5월에 발표된 교차 처방 가이드라인 초안은 '오리지널-바이오시밀러-오리지널-
바이오시밀러'로 교체하는 총 3번의 약물 노출을 요구한다. 2019년 5월 최종 가
이드라인이 확정된다.

FDA의 CDER(약물평가연구센터) 책임자인 레아 크리스틀(Leah Christl)은
이를 신속하게 처리할 것이라고 언급했으며 지난 7월 18일에는 BAP(바이오시밀
러 액션 플랜)를 통해 교차 처방에 대한 가이드라인을 명확히 하겠다고 발표했다.
결국 보험등재와 교차 처방 이슈가 해결되면 미국 내 바이오시밀러 침투율은 자연
스럽게 높아질 것으로 기대된다. FDA에 따르면 최근 바이오시밀러 제품이 CRL
을 받는 경우가 많은데 이는 향후 교차 처방에서 안전성 이슈를 사전에 방지하기
위한 것으로 밝혀졌다. 셀트리온을 둘러싼 CRL 논란 역시 차차 해소될 전망이다.

대웅제약, 나보타 승인 여부에 기업가치 재평가

대웅제약은 2018년 5월 15일 보툴리늄 제품인 나보타 생산을 위한 화성공장에 대해 cGMP(의약품 제조·품질관리기준)를 획득했다. 화성공장은 2017년 11월 17일 공장실사에서 Form 483을 받았으나 지적 사항을 해결하고 최종적으로 나보타 제조시설로 허가받았다. 하지만 사전승인 심사에서는 또다시 CRL을 수취했다. 나보타 판매파트업체인 에볼루스에 따르면 나보타의 CRL은 CMC(제조공정과 품질관리) 이슈로 발부됐다. 이 문제로 FDA와 지속적으로 논의했으나 PDUFA(처방의약품신청자수수료법)의 마감 기한인 2018년 5월 15일까지 해결하지 못했다.

결국 나보타는 8월 3일 허가 재신청을 청구했으며 2019년 2월 초 최종 승인 이후 4월부터 판매를 시작할 것으로 예상한다. 나보타가 미국 시장에서 본격적으로 판매되는 2019년부터 대웅제약 기업가치의 재평가가 이뤄질 것으로 기대한다.

녹십자, IVIG-SN 미국 내 공급 부족 매력적

녹십자는 면역글로불린 주사용제 IVIG-SN(아이비글로불린-에스엔)의 미국 시장 진출에 도전 중이다. 2016년 1월 25일 FDA에 BLA를 신청했으며 11월 23일에 CRL을 수취했다. 지적 사항에 대해 수정을 마치고 2018년 3월 29일 허가 재신청을 청구했으나 9월 20일 두 번째 CRL을 받았다.

CRL은 지적 사항에 따라 Class 1과 2로 나뉘는데 Class 1은 허가 재신청 2개월 내에, Class 2는 6개월 내에 승인을 받게 된다. 녹십자는 이번 CRL을 Class 2로 예상하고 있으

2019년 기대되는 파이프라인·내용

업체명	내용
셀트리온	트룩시마·허쥬마 FDA 승인·판매 개시
대웅제약	나보타 FDA 승인·판매 개시
녹십자	IVIG-SN FDA 허가 재신청·승인
동아에스티	면역항암제(DA-4501), 당뇨병성신경병증(DA-9801), 퇴행성뇌질환(DA-9803) 임상 진행
유한양행	EGFR 계열 항암제(YH25448) 임상 진행
한미약품	롤론티스 미국 FDA 승인 신청
메지온	폰탄수술 치료제 임상 종료·FDA 승인 신청
메디포스트	줄기세포 치료제 카티스템 일본 임상 개시

자료:각 사, 이베스트투자증권 리서치센터

며 2019년 상반기에 허가 재신청을 진행할 계획이다. 그렇다면 2019년 하반기에는 최종 허가를 획득할 자격이 주어진다. IVIG-SN은 미국 내에서 공급이 원활하지 않기 때문에 승인을 획득해 본격적인 판매를 시작하게 되면 녹십자 향후 실적 개선에 상당히 긍정적인 영향을 미칠 전망이다.

항암제 등 다양한 신약 파이프라인 성과 가시화

셀트리온, 대웅제약, 녹십자는 2019년 미국 진출이 어느 정도 가시화된 기업이다. 이 밖에도 많은 국내 제약·바이오 업체가 해외 진출을 위해 노력하고 있다. 지속적으로 CMO 계약을 체결하고 있는 삼성바이오로직스와 꾸준히 기술이전 계약을 성공하는 동아에스티, 다양한 파이프라인 개발이 두드러지는 한미약품, 바이오텍과의 오픈이노베이션으로 성과를 내는 유한양행 등도 2019년에 주목할 제약·바이오 업체로 꼽힌다.

신약 분야에서는 항암제 파이프라인 가치가 점점 높아지고 있다. 항암제 파이프라인 개발 분야에서 성과를 내고 있는 제넥신과 신라젠, 오스코텍, 에이치엘비에 관심을 가질 필요가 있다. 희귀질환 치료제인 폰탄수술 치료제를 개발 중인 메지온, 줄기세포 치료제 선두 기업 메디포스트, 중국 시장 진출에 속도를 내고 있는 분자진단 강자 씨젠 등 각 분야를 대표하는 업체도 관심을 갖고 지켜볼 만하다.

新정부 2년 차 징크스에 '지지부진'
낮은 밸류에이션으로 반등 '파란불'

이정기 하나금융투자 스몰캡팀장

▶ 2017년 말부터 이어져온 바이오주의 강세로 2018년 코스닥 시장은 연초부터 급등세를 보이며 호기롭게 상승세를 이어갔다. 바이오주 강세에 더해 새 정부 집권 1년 차라는 시기적 호재 역시 코스닥과 중소형주 시장의 긍정적 흐름을 뒷받침했다.

강세장은 오래 지속되지 못했다. 2분기 이후 중소형주 시장은 박스권 장세를 형성하며 지리한 움직임을 보이고 있다. 셀트리온의 코스피 이전 상장으로부터 야기된 바이오주의 약세가 결정적이었다. 신정부 모멘텀 역시 집권 2년 차에 접어들며 힘을 잃었다. 중소형주 시장의 대장 역할을 하던 바이오를 비롯해 IT와 중국 관련주 등 '중소형주 트로이카'의 동반 부진은 2018년 코스닥 시장 조정의 또 다른 빌미가 됐다. 한미약품, 셀트리온, 삼성바이오로직스로 이어지던 바이오 시장은 뚜렷한 대장주 부재로 바이오주 조정의 빌미가 됐다. 설상가상 IT는 2017년 과도한 상승 폭에 따른 차익 실현 움직임과 삼성전자의 실적 피크 논란 등으로 인해 추가적인 상승을 이어가지 못했다. 중국 관련주의 부진은 이루 말할 수 없는 최악의 형국이었다. 2018년 연초 사드 이슈 해소로 해빙 국면에 접어드는가 싶었지만 미중 무역전쟁 영향 탓에 찬바람이 불면서 시장의 외면이 지속됐다.

2018년 상반기 이후 등장한 '남북경협' 테마주는 단비 역할을 하며 중소형주 시장 내 갈증을 일부 해소해주기는 했다.

2018년 부진했던 KRX헬스케어지수

*자료:한국거래소

하지만 단기 이슈는 동전처럼 늘 양면을 갖는다. 펀더멘털이 뒷받침되지 않은 기업들의 무분별한 상승은 시장 변동성을 확대하며 리스크를 키우기도 했다.

2018년 중소형주 시장은 '시작은 창대했지만 끝은 미약했다'는 문장으로 요약 가능하다. 계속되는 시장 모멘텀 상실로 투자자 손실을 확대시키며 마무리될 가능성이 적잖다. 약세장 전형적인 특징은 '악재에 예민하게 반응한다'는 점이다. 미국 금리 인상 등의 해외 이슈에 지수가 급락했고 집권 2년 차 징크스가 더해져 중소형주의 약세 흐름이 이어지고 있다.

하방 경직성은 확보…대외 리스크로 박스권 전망

2019년 중소형 · 코스닥 시장은 전년 하락장에 따른 기저효과에 더해 여러 긍정적 요인들로 최소한의 하방 경직성은 확보할 전망이다. 하지만 마냥 웃을 수만은 없는 상황이다. 해결되지 않은 대외 환경 탓에 큰 폭 상승보다는 박스권 내에서 제한적인 상승을 지속할 것으로 예상된다.

2019년 코스닥 시장 긍정 요인 첫 번째는 새 정부 집권 2년 차 말 이후 코스닥 시장의 비교적 양호한 흐름이다.

문재인정부 집권 1년 차 초기, 코스닥 시장은 정부의 다양한 부양책에 힘입어 상승을 거듭했다. 그러나 그간 신정부 출범 패턴을 보면 집권 2년 차에 들어서며 신정부 기대감이 저문 이후부터는 약 1년간의 주가 조정기를 거치는 것이 주식시

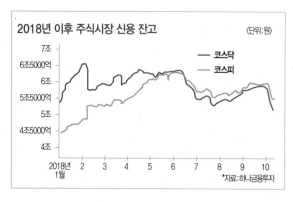

2018년 이후 주식시장 신용 잔고 (단위:원)

코스닥
코스피

7조
6조5000억
6조
5조5000억
5조
4조5000억
4조

2018년 1월 2 3 4 5 6 7 8 9 10

*자료:하나금융투자

장 패턴이었다. 공교롭게도 문재인정부 출범 후 주식시장 역시 취임 만 1년이 지난 2018년 5월 이후 고전을 면치 못했다. 단 그간 정권과는 다른 점도 눈에 띈다. 문재인정부는 대통령 인수위원회 부재, 내각 구성 없이 당선 후 바로 취임하는 등 기형적인 태생 덕에 이전보다 코스닥 시장 상승의 시작 시기가 늦춰졌다. 대북 모멘텀으로 인해 상승 기간이 좀 더 오랫동안 지속되기도 했다. 그러나 제아무리 대북 효과라 하더라도 역시 2년 차 징크스는 쉽지 않았다. 2018년 2분기 이후 중소형주 시장의 약세 흐름은 집권 2년 차 시기와 맥을 같이했다.

그러나 주식시장은 정부 출범 2년 차 후반기부터는 상승 기조로 돌아섰다. 신정부의 구체적인 공약 실천, 대형 정책 발표는 약 1~2년간의 준비를 거쳐 2년 차 말부터 구체화되기 때문인 것으로 판단된다.

코스닥 시장을 긍정적으로 보는 두 번째 근거는 낮아진 밸류에이션이다. 2018년 10월 기준 톰슨로이터IBES가 추정한 코스닥 12개월 선행 주가수익비율(PER)은 13배다. 2018년 1월경(20.7배) 고점 형성 이후 지수 하락과 더불어 30% 이상 낮아졌다. 이는 2010년 이후 평균 밸류에이션(12.7배)에 준하는 수준이다. 2010~2014년 지수 450~500포인트 선 박스권 답보 상태 당시 수준까지 회귀한 상황이다. 근래 이어졌던 바이오주의 지수 견인 등 변수까지 고려하면 현재 밸류에이션 수준은 굉장한 매력을 주고 있다는 판단이다.

신용 잔고 추이나 외국인·기관의 코스닥 수급 상황 역시 2019년 중소형주 시장의 또 다른 호재로 작용할 전망이다. 2018년 미국 금리 인상과 더불어 시장은 폭락했으며 신용 잔고 또한 대폭 줄었다. 금리 인상, 환율 상승 등으로 외국인 투자자 역시 한국 시장 비중을 크게 축소해놓은 상황이다. 신용 잔고 감소, 외국인 투자자 비중 축소는 수급 측면에서 볼 때 바닥 국면에서 나오는 시그널들이다. 더불어 2018년 10월 하락기에 기관은 오히려 매수세

를 확대했다. 그동안의 행태와는 다른 수급 패턴이었다. 즉 2019년 기관의 매수 여력은 충분한 것으로 판단된다.

긍정 요인 이면에는 리스크도 상존한다. G2 무역전쟁의 지속, 미국 금리 인상 등으로 상승세를 지속하기는 어려워 보인다. 따라서 2019년 코스닥 시장은 700 포인트 부근에서의 강한 하방 경직성을 확보하는 데 만족할 것으로 보인다. 제한적인 상승, 강한 박스권 장세 등의 키워드로 표현 가능하다. 박스권 장세의 특징은 개별주의 강한 상승이다. 따라서 그동안 대장주 역할을 하던 바이오, IT, 중국 관련주 등보다는 펀더멘털이 점차 견고해지는 개별 기업을 잘 분석해 투자해야 할 것이다.

2차 전지 · 콘텐츠 · 의류 · 폐기물에 주목하라

그럼 개별주 장세가 예상되는 2019년 중소형주 시장에서 주목할 만한 키워드는 무엇일까. 4가지 이슈가 시장을 견인할 것으로 예상한다.

첫째, '2차 전지' 섹터다. 몇 년 전부터 부각돼온 분야기도 하다. 2차 전지는 2015~2017년 매출 성장기를 지나 2018년부터 이익 증가기에 들어섰다. 이익 분기점을 지난 산업에 매출 성장이 더해지면 이익 증가는 가속화된다. 2019년 2차 전지 시장은 이익 가속 국면에 들어설 것으로 예상된다.

둘째, '콘텐츠'다. 특히 드라마 제작사, 웹툰 · 웹소설 콘텐츠 보유 기업들은

2019년 중소형주 핵심 키워드

유망 업종	이유	관심 기업
2차 전지	매출 성장 구간 지나 이익 증가 국면으로 진입	상신이디피, 피엔티
콘텐츠	OTT 업체의 콘텐츠 확보 경쟁 심화	초록뱀, 스튜디오드래곤
OEM	환율 상승, 동남아 공장 이전 등으로 실적 호전	한세실업, 제이에스코퍼레이션
폐기물 처리	폐기물 증가, 중국 환경 이슈로 폐기물 처리 단가 상승	코엔텍, 와이엔텍, 인선이엔티

인터넷 동영상 서비스(OTT) 업체 콘텐츠 전쟁에 힘입어 큰 수혜가 예상된다. 2018년은 방탄소년단(BTS)으로부터 시작된 글로벌 K팝 열풍과 양질의 콘텐츠 IP를 보유하기 위한 콘텐츠 전쟁으로 뜨거웠던 한 해였다. 2019년에도 이런 기조는 계속될 것으로 보인다. 글로벌 미디어 플랫폼 '유튜브'에서는 BTS를 필두로 K팝 영상 조회 수가 기록적으로 증가했다. 넷플릭스 등 OTT 업체들이 지역 저변을 넓혀가는 과정에서 현지 오리지널 콘텐츠를 확보하기 위한 경쟁 역시 더욱 심화되고 있다. 음반 기획사와 매니지먼트사, 드라마 등 콘텐츠 제작사, 웹툰·웹소설 등 오리지널 콘텐츠 IP를 보유 중인 업체가 수혜를 받을 것이라는 분석이 가능하다.

셋째, 의류 OEM·ODM 기업이다. 환율 상승에 따라 원화 매출이 증가 중인 데다 중국에서 동남아로의 공장 이전에 따른 원가 절감 등의 수혜를 보고 있기 때문이다. 이에 힘입어 실적 성장세가 두드러질 것으로 보인다. 주문자상표부착생산(OEM) 업종은 주요 바이어인 미국 바이어를 통한 수주 증가로 매출 개선이 기대된다. 최근 2년간은 미국 패션업체들의 재고 조정 가속화와 실적 부진 탓에 수주량이 감소했지만 미국 경기 호황에 힘입어 의류 소비도 회복이 가시화되는 상황이다. 이에 더해 우호적인 환율 흐름으로 원화 매출은 더욱 증가할 전망이다. 또 OEM 업체들이 생산기지를 중국에서 베트남·인도네시아 등 동남아로 이전함에 따라 원가 절감을 통한 수익성 개선 효과가 기대된다. 특히 해당 지역은 일반관세 혜택(GSP)이 적용돼 미국, 일본 등 선진국향 수출에 긍정적인 효과로 작용할 전망이다.

마지막 네 번째, 2019년에는 폐기물 처리 업체들도 눈여겨볼 만하다. 중국의 고체 폐기물 수입제한 조치로 국내 잔류하는 폐기물 양이 증가함에 따라 생활폐기물 처리 업체 실적이 상승할 것으로 판단된다. 산업폐기물 업체의 경우 처리 수요 대비 매립지와 소각로 등 시설 부족이 오히려 호재다. 처리 단가가 상승하면서 업체의 실적 확대를 이끌 것으로 보인다. 폐기물 산업은 정부 인허가 업종이며 시설 건립 시 지역 주민들과의 협상도 필요하기 때문에 신규 업체의 진입이 쉽지 않다. 이에 더해 정부의 환경 규제 수준이 점점 강화되고 있어 기술력과 자본력을 가진 대형 업체를 중심으로 산업구조가 개편될 것으로 판단된다. 여러모로 기존 업체들의 매출과 수익성 개선 폭은 더욱 확대될 것으로 전망한다.

부동산

어디에
투자할까

〈부동산〉

1. 아파트

2. 상가

3. 업무용 부동산

4. 토지

5. 경매

무주택자 청약 '0순위' 위례판교
갈아타기는 성남 · 과천 · 하남

함영진 직방 빅데이터랩장

▶ 강력한 수요 억제책이 담긴 2018년 9 · 13 부동산 대책과 수도권 3기 신도시 공급 계획이 담긴 9 · 21 대책 발표 이후 서울 아파트 시장의 숨 고르기가 이어지고 있다. 다주택자에 대한 주택담보대출 봉쇄와 종합부동산세 세율 인상 등 정부의 집값 안정 의지가 강력한 상황이다. 이에 따라 가수요가 억제되면서 급등하던 호가도 점차 진정되는 모습이다.

투기자금으로 지적된 다주택자 전세자금대출이 주택 구입에 유용되는 것까지 차단하는 강력한 여신정책 외에도 양도소득세 규제가 고가 주택이나 주택임대사업자 모두에게 적용되면서 자본이득 기대심리까지 제한하는 분위기다. 2019년 아파트 시장은 양도소득세와 보유세 모두 동반 상승하는 이중고에 노출될 전망이다. 한편 신규 택지지구의 아파트 공급은 거주 의무 기간을 5년으로 강화(전매제한 기간은 최대 8년 강화)하면서 분양 시장에 대한 실수요 요건을 조이면서 투자 수요의 단기 유입을 제한하고 있다. 60일에서 30일로 주택 실거래 신고 기간을 단축하면서 가격 담합과 허위 거래(자전 거래 등)도 걸러내게 됐다.

즉 정부는 투기 수요를 차단하기 위해 동원할 수 있는 정책 카드를 대부분 꺼낸 셈이다. 따라서 2019년 부동산 시장은 정부의 고강도 수요 억제책의 영향으로 한동안 매도·매수자 모두 '눈치 보기' 장세가 이어질 전망이다. 호가 상승이 주춤하고 거래량도 2018년에 비해 감소할 전망이다. 다만 무주택자에게는 분양 시장에서 내집마련 문이 넓어졌다. 또한 이미 1주택자라도 본인 집에 전입하기 위한 주택 구입은 정부가 용인하고 있어 '똘똘한 집 한 채'를 마련하려는 실수요자 움직임은 지속될 것으로 판단된다.

무주택자의 내집마련, 수도권 분양 시장이 답이다

무주택 실수요자라면 기존 주택보다 분양 시장을 통한 내집마련이 현명하다. 주택도시보증공사(HUG)의 고분양가 견제 외에도 청약가점제와 신혼부부 특별공급 확대, 신혼희망타운 공급, 30만가구가량의 수도권 신규 택지 발표 등 실수요자를 위한 분양 시장 진입 문턱이 낮아지고 있어서다.

2019년에는 전국적으로 아파트 약 30만~35만가구가 공급될 예정이다. 지방 등 일부 지역은 주택 공급과잉·미분양 우려와 전세가격 조정으로 당분간 임차(전세) 시장에 머무는 것이 좋겠으나 서울 등 수도권 인기 지역은 집값이 물가 상승률 정도는 오를 것으로 전망된다.

특히 2019년 공급되는 신혼부부 희망타운은 총 1만522가구로 이 중 6468가구가 수도권에 들어선다. 2분기 서울 중랑 양원지구에서 405가구, 3분기 화성 동탄2(1171가구), 고양 지축(750가구), 남양주 별내(383가구), 시흥 장현(964가구), 하남 감일지구(510가구) 등 경기권 공급이 줄을 잇는다. 4분기에는 서울 강남 수서역세권(635가구)과 경기도 파주 운정3(799가구), 파주 와동(370가구), 화성 봉담2지구(481가구)에서 연이어 공급된다.

청약 자격은 평균 소득 120%(맞벌이 130%)에 순자산 2억5000만원 이하의 요건을 갖춘 신혼부부(한부모가족 포함)여야 하지만 분양형은 1%대 초저리 수익 공유형 모기지를 이용할 수 있고 임대형은 분할상환형 전세자금대출과 결합해 입주할 수 있는 만큼 주거비 부담을 낮출 방안도 존재한다.

이 밖에 청약가점이 50~60점대로 비교적 높은 예비 청약자라면 수도권에서는 성남시 위례신도시와 고등지

연도별 아파트 분양 실적

단위:가구

구분	2012~2016년 5년 평균	2016년	2017년	2018년
전국	38만7245	46만9058	31만1913	19만3604
수도권	17만2387	23만2942	16만436	10만410
(서울)	3만8252	4만3237	4만678	1만5984
(인천)	1만5959	1만5891	1만5905	6728
(경기)	11만8175	17만3814	10만3853	7만7698
지방	21만4859	23만6116	15만1477	9만3194

*주택법상 입주자 모집 승인 대상인 공동주택 분양 승인 실적
*2018년은 8월 누적 기준

자료: 국토교통부

구, 대장지구를 노려봐도 좋겠다. 경기도 과천지식정보타운과 하남시 감일지구, 고양시 덕은지구 등 대기 수요가 상당한 공공택지 분양이 매력적이다. 서울에서는 강남·서초·동작구 등 강남권 재건축 일반분양과 한강변 일대 수요자의 선호가 높은 역세권 재개발 분양 물량이 속속 공급될 예정이다.

다만 주의할 점이 있다. 수도권 일부는 투기과열지구 또는 조정대상지역으로 묶인 청약규제지역이다. 일부 택지지구는 전매 규제와 실거주 의무가 주어지는가 하면 청약통장 가입 후 24개월을 채워야 1순위 청약 자격이 부여된다. 세대주가 아니거나 2주택 이상 소유한 세대에 속한 경우 과거 5년 이내 다른 주택에 당첨된 경우는 1순위로 청약할 수 없다. 입주자 모집 공고의 청약 자격을 정확히 살피는 것이 중요하며 분양가 9억원 이상 물량은 중도금 집단대출이 어려우니 계약금 등 분양대금 마련에 유의해야 한다.

1주택 교체 수요는 서울, 경기 성남·과천·하남 입주 5년 차 신축을 노려라

청약가점이 낮거나 이미 1주택을 보유한 교체 수요라면 분양 시장을 통한 내집 마련이 쉽지 않다. 이런 경우라면 서울과 경기도 성남·과천·하남시 일대 입주 5년 차 안팎의 역세권 신축 아파트 위주로 기존 재고 주택에 접근하는 방법이 있다. 이때 무리한 대출보다는 집값의 60~70% 정도, 즉 전세자금을 보유한 상태

에서 내집마련에 도전하는 것이 좋겠다. 당분간 임차 시장이 안정될 것으로 전망되기 때문에 무리할 필요는 없다.

부동산은 유독 개별성과 지역성이 강한 상품이다. 해당 지역에 오직 하나뿐이고 가격이 폭등한다고 해서 다른 재화처럼 수입해 가격을 조절할 수도, 집 지을 땅이 부족하다고 다른 지역 토지를 옮겨올 수도 없다. 이 때문에 선호도 높은 주거 지역이 집값 시세도 높다. 이런 지역은 교통, 교육, 편의시설은 물론 업무단지를 갖춰 자족 기능을 갖춘 곳들이다. 서울과 경기 남부권인 성남·과천·하남시 등지가 요즘 수도권에서 집값 흐름을 주도하는 대표 지역들이다.

서울 강남권 재건축과 한강변 일대 기대감 여전할 듯

서울 강남권 재건축 아파트는 주택 시장에서 여전히 '워너비(wanna-be)' 상품으로 꼽힌다. 재건축 사업은 착공에서 준공까지 7~8년 이상 장기적인 시간이 소요되는 사업인 데다 안전진단 강화, 재건축 초과이익환수 본격화 등 정부 규제 수위가 높아지면서 조합원 간, 시행사·시공사 간 갈등이 첨예해졌다. 과거보다 사업 추진이 차질을 빚을 가능성이 높아졌다는 얘기다. 다만 정비사업이 속도를 내지 못하면 향후 선호 지역인 강남권에 새 아파트가 더욱 희소해질 터다. 수급 불균형에 따라 가격 상승을 기대할 수도 있는 만큼 사업성 높은 단지에서는 장기 투자 목적 매입이 지속될 전망이다.

강남구에서는 사업시행인가를 받아 재건축 8부 능선을 넘은 단지를 주목할 만하다. 이주·철거 단계인 '개포지구1단지' '개포지구4단지'는 인근 대치동과 역삼동, 삼성동 등에 백화점, 종합병원, 대규모 복합시설이 위치해 정주 여건이 좋은 곳으로 꼽힌다. 개포지구 뒤쪽으로는 구룡산과 대모산이 위치해 조망권도 원만하다.

한강변이라는 이점이 부각된 서초구 반포·잠원동 일대에서는 중대형 아파트에 직접 거주하면서 재건축 프리미엄을 기대하는 실수요가 많다. 특히 이 지역은 한강변이라는 장점과 함께 3.3㎡당 1억원에 육박하는 매매가로 회자된 '아크로리버파크' 때문에 주변 재건축 단지마다 기대감이 높다. 사업시행인가 단계의 '반포주공1단지'나 일반분양을 앞둔 '삼호가든3차' 등을 주목할 만하다.

송파구 '잠실주공5단지'에는 잠실운동장 마이스(MICE, 회의 · 관광 · 컨벤션 · 전시) 사업과 영동대로 지하화, 글로벌비즈니스센터 등 주변 개발 호재가 풍부하다. 한강 조망, 민족공원 조성, 한남뉴타운 개발 등 호재가 있는 용산구 이촌동 '한강맨션'도 눈여겨볼 만하다.

서울에는 고급 유효 수요가 집중돼 있는 강남권과 한강변을 대체할 만한 곳이 생각보다 많지 않다. 교육과 업무, 생활편의시설 등 인프라가 한데 모인 이들 주거지가 여전히 인기를 누리는 이유다. 이들 지역 내 새 아파트 공급은 정비사업을 통해 이뤄질 수밖에 없다. 다만 최근 몇 년간 급등한 매매가격과 단지별 투자금액 대비 사업성 등 고려해야 할 점이 한두 가지가 아니다. 장기적인 안목에서 미래 수익성을 꼼꼼히 따져보고 접근해야 한다.

다주택자는 주택임대사업자 등록이 현명

2017년 12월 '임대주택 등록 활성화 방안'이 발표된 이후 주택임대사업 등록을 고민하는 다주택자가 많다. 2018년 4월부터 조정지역 내 다주택자 양도소득세율 중과(최대 62%) 시행과 함께 다주택자의 종부세 부담이 점차 커질 예정이기 때문이다. 주택임대소득이 연 2000만원 이하라 임대소득세 비과세를 적용받던 집주인에게도 2019년 1월 1일부터 과세가 시작되는 만큼 각종 세금 부담을 고려해 임대사업자 등록을 저울질해야 한다.

하지만 조정대상지역 내에서는 주택을 추가 구입해도 실질적인 임대사업 세제 혜택을 받지 못하니 주의해야 한다. 2018년 9 · 13 대책 이후 1주택 이상자가 조정대상지역에서 새로 취득한 주택(수도권 공시가격 6억원, 비수도권 3억원 이하)은 8년 임대등록 시에도 양도소득세가 중과(2주택은 일반세율+10%포인트, 3주택 이상은 일반세율+20%포인트)되고 종합부동산세도 합산 과세된다. 또한 투기

지역·투기과열지구 내 주택을 담보로 하는 임대사업자대출은 주택담보인정비율(LTV)이 40%로 낮아진다는 점도 유의해야 한다.

임대사업 목적으로 2019년 아파트를 추가 구입해 절세 혜택을 보려면 조정대상지역을 피하고 여유자금이 다소 부족한 상황에서 임대사업을 하려면 투기지역이나 투기과열지구를 피하는 것이 좋다.

2000만원 이하 주택임대소득세 과세, 총부채원리금상환비율(DSR), 임대업이자상환비율(RTI) 규제 등 주택담보대출 여신심사 강화, 기준금리 인상 예고 등 부동산 구매 환경이 악화되며 주택 시장은 가격 견인 호재보다 수요 억제 요인이 늘어난 상황이다. 현 정부는 역대 어느 정부보다도 가수요를 몰아내는 데 적극적이다. 이런 요인이 2019년 주택 가격 급등 가능성을 점차 낮추고 시장 움직임을 제한하고 있는 만큼 수요자는 더욱 철저하고 보수적으로 자산관리에 임해야 한다.

전국 조정대상지역

서울시	경기도	부산시	세종시
전역	남양주시, 성남시, 하남시, 고양시, 과천시, 광명시, 구리시, 안양시 동안구, 화성시*, 광교택지개발지구**	해운대구, 연제구, 수영구, 동래구, 부산진구, 남구, 기장군 일광면	행정중심복합도시 건설 예정 지역

*화성시는 반송동·석우동, 동탄면 금곡리·목리·방교리·산척리·송리·신리·영천리·오산리·장지리·중리·청계리 일원에 지정된 택지개발지구에 한함
**광교택지개발지구는 수원시 영통구 이의동·원천동·하동·매탄동, 팔달구 우만동, 장안구 연무동, 용인시 수지구 상현동, 기흥구 영덕동 일원

자료: 국토교통부

작지만 강한 대학가 '골목상권' 주목
단지 내 상가 입찰가는 150% 이내로

박대원 상가정보연구소장

▶ 2018년 상가 시장에 영향을 끼친 이슈는 임대업이자상환비율(RTI) 도입을 통한 대출 제한, 상가임대차보호법 개정안 처리, 자영업 줄폐업, 금리 인상 압박, 골목상권 활기, 경매 상가 인기 등으로 정리해볼 수 있다.

문재인정부의 고강도 '집값 잡기' 행보에서 상가는 상대적인 수혜처로 주목받았지만 상가 역시 지역별, 상품별 양극화는 피할 수 없었다. 특히 지역 산업 기반이 무너지면서 거제, 군산 등에서는 상권 붕괴 현상이 일어났다. 고분양가 후유증과 베드타운 한계를 경험한 세종·위례 등 신도시 곳곳에서는 공실 상가가 속속 등장했다.

큰 틀에서 2019년 상가 시장은 저성장 기조 속에서 지역별, 상품별 양극화가 더욱 심화될 전망이다.

상가 투자, '게임의 규칙'이 바뀌고 있다

사실 상가에는 꼭 맞아떨어지는 투자 공식이라는 게 없다. 경기, 수요, 정책, 업종 등 상가 가치가 등락할 만한 변수가 주택보다 다양해서다. 가령 실패할 일이 없어 보이는 대로변 1층 코너 상가도 장기간 공실로 남은 사례가 적지 않다.

앞으로는 업종과 연관이 적은 상권이나 가시성, 접근성에 후한 점수를 주는 전략만으로 상가를 고른다면 낭패 보기 십상이다. 일례로 국내 편의점 점포는 4만여개지만 2016년 1685개, 2017년 1754개의 점포가 폐업했다. 원인이야 다양하지만 다분히 '입지' 문제보다 경쟁 업체가 급증한 데 따른 후유증으로 볼 수 있다. 출혈경쟁 시장에서는 단순히 '좋은 목=투자 성공'이라는 등식이 성립하기 어렵다는 의미다.

이와 관련해 최근 달라진 환경을 몇 가지 짚어보면 소비자는 이용 거리를 크게 중요시 여기지 않으며 '소확행(소소하지만 확실한 행복)'을 좇는다. 과거 신문을 통해서만 정보를 얻던 시절에서 벗어나 소셜네트워크서비스(SNS)를 통해 관심사를 공유하며 직접 정보를 생산하는 데 익숙하다. 이들 다수가 '강남 맛집' '부산 맛집' 등을 검색한 뒤 상가를 이용하는 만큼 상가 투자 시 '목'에만 목숨 걸 이유도 상당 부분 희석됐다. 여기에 입소문 난 곳이라면 20~30㎞ 떨어진 외곽 지역까지 차량으로 이동하는 수요가 존재한다는 점도 상기할 필요가 있다.

또 한 가지는 1인 가구 500만명 시대에 외식과 배달음식에 지갑을 여는 '혼밥족'이 많아졌다는 점이다. 배달앱을 통해 배달업 시장은 크게 확대됐다. 배달앱은 유동인구 없는 소외된 점포에도 가치 상승 기회를 가져다줬다. 물론 달리 보면 손안의 시장인 스마트폰(모바일) 탓에 전체적인 점포 이용률이 떨어지는 추세기는 하다. 모바일·온라인 시장을 통한 구매 행태는 기존 상권을 위협하기도 하며 철옹성 같던 오프라인 백화점마저 위협하는 요소로 꼽힌다.

정리하자면 이처럼 시시각각 변하는 상가 시장에 대응하려면 투자자들은 '입지' 트렌드보다 '소비' 트렌드에 맞춰 전략을 수립해야 한다. 부동산 관점에서 상가 가치를 판단하기보다 소비 관점으로 판단해야 세입자의 매출과 그에 따른 적정 임대료를 예측할 수 있다. 이를 토대로 적정 분양가를 판단할 수 있고 장기 공실을 해소할 탈출구도 마련할 수 있다.

상가 유형별 '맞춤형' 투자 전략

수많은 변수가 부담스럽다면 아파트 단지 거주민을 대상으로 운영되는 단지 내 상가가 초보 투자자에게는 가장 쉽게 접근할 만한 투자상품이다.

단지 내 상가는 공인중개사사무소, 소형 슈퍼마켓이나 편의점, 세탁소, 미용실 등 생활밀착형 업종 입점을 염두에 두되 민간분양, 공공분양, 임대주택 등 아파트 공급 유형에 따라 소비력에 차이가 난다는 점을 알아두자. 소비력은 곧 세입자 매출에 영향을 미치고 이는 곧 임대료 등락에 영향을 미치기 때문이다. 그동안 상가 투자 시장에서는 단지 내 상가 배후수요를 파악할 때 총 가구 수×가구당 3.1명으로 셈을 하고는 했다. 하지만 2000년 3.1명이던 가구당 인구는 2012년 말 2.52명으로, 2017년 말에는 2.39명으로 줄었다. 아파트 분양률이 100% 완료되지 않은 단지라면 혹은 가구당 인구가 적은 지방이라면 배후수요는 더욱 줄어든다. 그래서 기왕이면 단지 주민뿐 아니라 외부 소비층 유입이 가능한 단지 내 상가라면 더욱 좋다.

신도시·택지지구 내 상가에 투자할 생각이라면 상가를 새로 분양받을지, 조정기 상권 내에서 급매물을 선택할지 정해야 한다. 이미 분당·동탄·판교·광교·위례 등 1·2기 신도시를 통해 학습해왔듯 다산·고덕·동탄2·하남 미사 등지에서 공급 중인 신규 분양 상가는 개통 예정인 역세권 입지라도 상권이 무르익을 때까지 시간이 오래 걸린다. 새로 조성된 신도시는 상권이 자리 잡기까지 최소 3~5년 이상 상가를 보유할 각오로 투자에 임해야 한다.

게다가 입찰 방식으로 공급되는 신축 단지 내 상가는 여전히 인기가 높지만 자칫 매입 적정선을 지나치게 넘기면 기대하는 수익률을 달성하기 어렵다. 단지 내 상가 특성상 아주 높은 월세를 감당하지 못하는 업종이 많기 때문이

상가 종류별 주요 투자 전략

- ✔ 단지 내 상가 : 외부 소비층 유입되는 입지 골라야
- ✔ 근린상가 : 조정기 신도시 상권 급매물 노려볼 만
- ✔ 지식산업센터 상가 : 구내식당·편의점 선점 유리
- ✔ 주상복합상가 : 후면부나 지하상가는 피할 것

다. 낙찰받으려는 욕심에 무턱대고 높은 가격을 써내기보다는 내정가 대비 150% 선 이내에서 탄력적으로 입찰에 응하는 것이 좋다.

반대로 이미 상권이 형성된 신도시·택지지구 중에서는 상가 급매물을 노려볼 만하다. 현금흐름이 악화된 상가 주인이 매물을 내놓기도 한다. 신도시·택지지구 단지 내 상가 매물은 아파트 출입구와 가까운 근린상가일수록, 단지 규모가 클수록, 준공 시점이 빠를수록 세입사를 들여 공실 기간을 줄이기 유리하다. 아예 임차인이 구해져 있는 선임대 상가를 공략하는 것도 안정적인 투자 방법이다. 단 임대차 계약서 확인은 필수다.

주상복합아파트 단지 내 상가의 경우 역시 대단지일수록 유리하지만 상가 공급이 지나치게 많다면 주의해야 한다. 위치에 따라 장기 공실 위험이 있고 임대료는커녕 매매가격도 내려갈 위험이 있기 때문이다. 단지 내 상가 공급이 많은 단지에서는 소비층 유입이 가능한 업종을 중심으로 세입자를 받아야 한다. 이 외에 소비층 동선이 단절된 후면부나 지하상가는 피하는 것이 좋다.

최근에는 주택이 아닌 지식산업센터(옛 아파트형 공장) 내 상가도 인기 투자상품으로 주목받고 있다. 지식산업센터 내 상가에 투자할 때에는 상층부 지식산업센터 계약률, 구내식당 여부, 편의점, 문구센터 등 독점 업종을 노리는 것이 좋다. 단 주 5일 근무로 주말 운영이 어려운 상가가 많다. 가능한 한 주 7일 운영이 가능한 상가를 물색해야 한다.

신흥 '골목상권' 주목하라

경기 불황 여파로 서울 여느 상권에서나 공실로 남은 1층 점포를 심심찮게 볼 수 있다. 강남·강북권의 내로라하던 대형 상권도 예외는 아니다. 가로수길에서 세로수길, 또 여기서 이름을 딴 샤로수길, 경리단길에서 이름을 딴 망리단길, 송리단길 등 다양한 골목상권이 등장하면서 수요층이 분산됐기 때문이다. SNS 덕분에 비주류 취급을 받던 골목상권 위상이 한 단계 높아졌다.

골목상권 인기는 당분간 계속될 것으로 보인다. 골목상권이 처음에는 인기 셰프, 이색 거리, 가성비 먹거리 등을 찾는 젊은 층 기호에 맞아떨어져 생겨났다면 이제는 소상공인 지원, 지역경제 활성화에 힘쓰는 전국 각 지자체별 노력까지 더해져 골목상권이 향후 상가 시장 단골 키워드로 자리할 것으로 보인다.

투자로는 홍대 상권이나 건대 상권이 팽창돼 골목 구석구석 상권이 활성화된 사례를 따라 한양대나 경희대 등 기존 우량 대학상권에서 소비층 동선으로 이어지는 골목상권 내 매물을 찾아보는 것도 좋은 방법이다. 꼭 서울이 아니더라도 수도권 내 저평가된 대학가, 관공서 등 거주 지역이나 기업이 가까워 수요가 탄탄한 지역을 찾아보는 것도 권한다. 지하철 9호선이나 신설 역세권 주변 골목상권 매물도 눈여겨보는 것이 좋다. 이때는 특색 있는 업종 구성이 갖춰졌는지, 낮·저녁 시간대에 모이는 소비층 연령대 등을 통해 상권 입지를 파악하면 된다. '서울시 우리마을가게 상권 분석 서비스' 등으로 상권 기초 정보를 부지런히 파악해두면 도움이 된다.

상가를 '성형'하라

최근 상가 트렌드를 보고 있노라면 창고나 목욕탕이 유명 커피전문점으로 바뀌고 낡은 독서실이 카페형 고급 독서실로 바뀌는 추세다. 이제는 그저 상가를 매입해놓고 원하는 월세 수준에 임차인이 나타나기만을 기대하면 투자를 그르칠 수 있다. 상가 업종을 변경하는 등 '성형'을 통해 점포를 이색 명소로 만들고 수요층을 끌어모으려는 노력도 필요하다. 이를 감안해 상가 매입 시에는 공간을 다양하게 활용할 수 있는 층과 면적을 선택할 필요가 있다. 가령 음식업으로 점포를 채울 때 주방과 고객 테이블 외에 별도의 후식(커피, 아이스크림 등) 공간, 조망이 있는 테라스 등 음식 외 고객을 유입

> **상가 투자 시 주의사항**
> ✔ 금리 인상기 차입금 30% 이내 조절
> ✔ 단지 내 상가 내정가 대비 2~3배 낙찰은 피해야
> ✔ 신규 상가 임대 케어 시스템 여부 확인

시킬 만한 공간이 있으면 좋다.

　상가 건물을 짓기 위해 이미 땅을 사놨는데 경기가 어려워져 개발 여건이 좋지 않다면? 단층 건물을 지어 유명 브랜드 매장을 입점시켜놓고 대출이자 등 경비를 충당하는 것도 좋은 전략이다.

　투자자를 모집하는 상가 중에는 '연 ○○% 수익 보장' '○○상권 확장 기대' 등 각종 마케팅 용어를 내거는 곳이 있는데 이런 문구에 의지하면 안 된다. 단순히 유명 상권 이름값에 기대는 상가보다는 소비층이 유입될 만한 콘셉트나 임대관리 시스템 여부를 갖췄는지 따져봐야 한다. 특히 개발업체나 시행업체가 상가를 직접 활성화시킬 의지가 있는지도 확인해야 한다. 다시 한 번 강조하지만 상가는 부동산 중에서도 투자 결과를 예측하기 특히 어려운 상품 중 하나다.

개발 호재 풍부한 강남 삼성 · 양재
'전매제한 해제' 매물 나오는 판교

장진택 리맥스코리아 이사

▶ 업무용 부동산(오피스 빌딩, 이하 빌딩) 시장 상승세가 그칠 줄 모른다. 2008년 하반기 글로벌 금융위기의 직격탄을 맞으면서 2~3년가량 침체 국면을 겪은 후 2011년부터 반등세를 타기 시작한 이래 2018년까지 고공행진을 이어오고 있다. 말 그대로 대세 상승기다. 이 같은 현상은 빌딩 매매가격 변동 추이에서도 드러난다. 서울 빌딩 3.3㎡당 평균 매매가는 2011년 3분기 1525만원을 기록한 이래 2018년 3분기(1595만원)까지 매년 꾸준한 오름세를 보이고 있다.

빌딩 시장 활황세의 가장 큰 동력은 초저금리 구조가 고착화되면서 자금 유동성이 커졌기 때문이다. 2015년 3월 1.75%로 최초 1%대 기준금리 시대가 열린 이래 1%대의 초저금리 시대가 2018년까지 이어졌다. 흘러넘치는 시중 부동자금이 빌딩 투자 수요를 떠받치는 역할을 하는 것이다. 여기에 투자자들이 빌딩을 '안전자산'으로 인식하는 것도 주요 요인으로 꼽힌다.

다만 빌딩 시장이 전반적으로 상승 흐름을 타는 속에서도 지역별, 규모별 극심한 양극화 현상은 2019년까지 계속될 것으로 보인다.

중소형 빌딩과 대형 빌딩은 수년 전부터 비동조화 현상을 보였고 이제 거의 구조

화된 단계다. 과거에는 중
소형 빌딩 시장이 대형 빌
딩에 연동해 움직여왔으나

서울 오피스 빌딩 3.3㎡당 평균 매매가					단위:만원
구분	2014년	2015년	2016년	2017년	2018년
평균 매매가	1571	1575	1581	1588	1595

주:3분기 기준   자료:리맥스코리아

이제는 완연히 다른 모습을 보이고 있다. 특히 이면도로의 노후화된 중소형 빌딩
은 고전을 면치 못하고 있다. 지역별 차별화도 점점 심화되고 있다. 서울 빌딩 시
장의 3대 권역인 강남, 도심, 여의도 지역은 공실률, 임대료 측면에서 전혀 다른
움직임을 보인다. 과거 이들 세 지역 변동이 어느 정도 동조화 현상을 보였던 것
과 대조된다.

특히 서울에서 최고 오피스 타운으로 꼽히던 도심권 시장은 공실률이 15%를 넘
어섰으며 임대료 또한 정체돼 있다. 공실이 증가하면서 전반적인 임대 시장이 어
려움을 겪고 있다. 여의도 권역도 사정은 비슷하다. 이들 두 지역은 그만큼 투자
매력이 감소했다. 이에 따라 2019년부터 도심권, 여의도권역 빌딩 투자는 아주
보수적으로 접근하는 것이 좋다. 이에 비해 강남권역 사정은 다르다. 강남 테헤
란로 대로변에는 공실이 거의 없는 상태다. 이런 추세에 힘입어 임대료 상승 압박
요인이 강하게 작용하고 있다.

영동대로에 글로벌비즈니스센터 · GTX 등 개발 호재 대기 중

강남에서도 가장 핫(hot)한 지역은 삼성역 주변이다. 삼성역 일대는 향후 강남
역 일대 오피스 시장과 맞먹는 테헤란로를 중심축으로 떠오를 것으로 전망된다. 현
대차그룹의 글로벌비즈니스센터(GBC) 개발 계획과 더불어 영동대로 복합 개발 계
획, 수도권광역급행철도(GTX) 삼성역 등 매머드급 호재들이 줄줄이 대기 중이다.

다만 이 지역은 최근 3~4년 새 빌딩 가격이 급등해 단기 차익을 노리기에는 적
합하지 않다. 장기적 안목으로 투자처를 찾는 투자자에게만 1순위 후보지라 할
수 있다. 특히 삼성역에서 대치동 방향으로 이어지는 영동대로변이 삼성역~봉은
사역 구간보다 상대적으로 저평가된 곳이어서 눈여겨볼 만하다.

양재동 일대에도 투자자 발길이 꾸준히 이어지고 있다. 테헤란로에 비해 매매가가 낮은 편인 데다 2017년 말 개관한 서울시의 'R&CD 혁신허브' 육성 방침이 시장에 기대감을 모으고 있는 것으로 분석된다.

최근에는 성남시 판교테크노밸리에서 강남으로 U턴을 모색하는 IT 회사들이 사옥으로 쓸 빌딩을 물색한다는 소식이 심심찮게 들려온다. 판교에 둥지를 틀고 있으면서 강남에 자회사를 설립하거나 일부 부서를 옮길 경우 IT 회사들이 가장 선호할 만한 지역은 양재동이다. 이 지역이 판교와 테헤란로 중간 지점으로 양쪽 접근성이 모두 좋아서다.

2019년 강남 못지않게 유망한 빌딩 시장은 판교신도시다. 서울 주요 오피스 권역이 공실 증가로 몸살을 앓고 있는 데 반해 판교는 실질 공실률이 거의 0%를 기록하고 있다. 판교테크노밸리 중심상업지구의 3.3㎡당 평균 월 임대료는 6만원 수준으로 여의도권과 비슷하다. 판교창조경제밸리·판교 제2테크노밸리 조성으로 업무지역이 확장되고 상주인구도 늘어나면 판교테크노밸리의 위상은 더욱 높아질 것으로 예상된다.

판교 빌딩이 인기를 끌다 보니 매매가 시세도 꽤 높다. 판교에서 프라임급 오피스 빌딩의 매입가격은 3.3㎡당 2000만원을 호가한다. 서울 강남·광화문과 어깨를 나란히 할 만한 수준까지 올랐다. 단 판교테크노밸리 내 빌딩은 10년 전 매제한에 묶여 있는 곳이 많다 보니 그간 거래가 자유로운 빌딩이 별로 없었다. 2019년부터는 순차적으로 전매제한 조치가 풀려서 거래 가능한 빌딩들이 시장에 나올 전망이다. 앞으로 판교는 서울·수도권에서 빌딩 투자처 1순위로 자리매김할 가능성이 높다.

이 외에 지하철 9호선 선정릉역, 언주역 주변과 지하철 2호선 성수역, 뚝섬역 일대가 상대적 저평가 지역이면서 사옥용·수익용 빌딩 수요가 꾸준한 곳이다.

강북권에서는 중국인이 다수 거주하는 영등포구 대림동이 틈새상품으로, 숨은 보석 같은 투자처다. 리테일 기반 수익형 빌딩의 경우 공실이 거의 없고 수익률도 높은 편이다. 경기도 부천의 외국인 밀집지 또한 비슷한 패턴의 투자처로 추천할 만하다.

서울·수도권 이외 지역 빌딩 시장은 2019년에도 여전히 고전할 것으로 보인다. 그동안 지방 시장을 이끌어왔던 울산·창원·포항 등은 깊은 침체 늪에 빠져 있다. 이들 제조업 기반의 도시들이 산업구조조정으로 몸살을 앓으면서 빌딩 시장도 덩달아 성장동력을 상실하고 하향 곡선을 그리고 있다. 세종·원주·평택 등 지방 시장 블루칩으로 각광받던 도시들도 냉각기를 맞고 있다. 이에 따라 지방 빌딩 투자는 당분간 유보하는 게 투자위험을 최소화하는 길이다.

명목수익률에 속지 말고 실질수익률 계산해야

앞에 언급했지만 2019년 빌딩 시장의 최대 화두는 양극화와 차별화다. 이에 따라 빌딩 시장에 참가하려는 투자자는 예전에 비해 더욱 신중하고 세심한 투자 전략을 짜야 한다.

물건에 대한 현미경적 분석은 물론 수익이 난다는 확신이 들 때까지는 방어적인 매수 전략이 바람직하다. 특히 입지 선정에 만전을 기해야 한다. 투자 지역을 선정할 때 가장 중요하게 고려해야 할 기준은 해당 지역의 발전 가능성이다. 분산효과, 빨대효과, 교통 결절점 등 성장 잠재력을 좌우하는 핵심 요소를 복합적으로 고려해 투자 선택지를 결정하기를 권한다.

빨대효과는 새로운 교통수단 개통으로 큰 도시로의 집중 현상이 심화되고 비교 열위인 중소 도시 지역은 더욱 낙후되는 현상을 말한다. 신분당선으로 큰 기대를 모았던 정자역 상권이 강남역의 빨대효과로 도리어 위축된 것이 대표적이다. 분산효과는 반대로 새 교통수단 개통으로 두 도시가 서로의 장점을 살려 균형 있게 발전하는 것을 뜻한다. KTX와 경춘고속도로 개통 후 천안과 춘천의 인구가 늘어나고 상권이 발달한 게 대표 사례다. 교통 호재 지역 투자 시 분산효과의 수혜를 누릴지 빨대효과의 희생양이 될지 세밀하게 따져보는 것이 매우 중요하다.

주택 규제로 땅값 오른 세종 · 부산
새만금에서 뜨는 '부안' 지는 '군산'

강승태 매경이코노미 기자 · **전은규** 대박땅꾼 부동산연구소장

▶ 2018년 상반기 전국 땅값은 2008년 이후 10년 만에 최대 폭으로 올랐다. 부동산 시장 분위기가 전반적으로 좋지 않았던 지방도 토지 가격이 크게 올랐다는 점이 눈에 띈다. 거래량 또한 꾸준히 증가했다. 남북관계 개선으로 인한 접경지 개발 기대감, 스마트시티 · 광역급행철도(GTX) 등 정부가 주도하는 각종 개발 사업 때문으로 풀이된다. 2017년 최고 히트상품이 평창올림픽을 앞둔 강원도였다면 2018년 히트상품은 북한과의 접경지역이었다. 파주나 고성 등은 전국에서 가장 땅값이 많이 오른 지역이었다. 부산이나 세종 등은 서울보다 높은 상승률을 기록하며 전국 땅값 상승을 이끌고 있다.

토지 거래량 · 상승률 10년 만 최고치 기록

국토교통부에 따르면 2018년 상반기 전국 땅값은 평균 2.05% 상승했다. 2017년 같은 기간(1.84%) 대비 약 0.2%포인트 높았다. 상반기 기준으로 2008년(2.72%) 이후 10년 만에 최고치다. 2008년은 이명박정부가 추진한 4대강 공사가 시작되며 관련 지역 땅값이 들썩인 바 있다. 거래량도 2017년 대비

6.9% 증가한 166만필지로 12년 만에 가장 높은 수준을 기록했다.

지역별로 살펴보면 서울(2.38%), 부산(3.05%), 대구(2.34%), 세종(3.49%) 등 지역적으로 고르게 상승했다. 우선 가장 주목할 만한 지역은 바로 부산광역시다. 2018년 부산은 각종 규제와 공급과잉 여파로 주택 가격이 하락세였다.

한국감정원에 따르면 2018년 9월까지 부산 주택 매매가격은 1.1% 하락했다. 아파트는 −2.62%로 하락 폭이 더 컸다. 집값이 가장 많이 떨어진 곳은 해운대구로 2.2% 내렸다. 해운대구와 함께 조정대상지역으로 묶여 있는 연제 · 동래 · 수영 · 남 · 부산진구도 모두 2018년 집값이 하락했다. 그럼에도 부산 토지 가격 상승률은 4.05%(2018년 8월 기준)에 이른다. 전국 평균(2.89%)보다 크게 높다. 일반적으로 집값과 땅값은 정비례한다는 점을 감안하면 이례적인 상황이다.

전문가들은 부산 주택 시장은 각종 규제로 수요가 묶여 있는 반면, 토지는 주택에 비해 규제가 덜하기 때문으로 분석한다. 윤재호 메트로컨설팅 대표는 "부산 주요 지역이 조정대상지역으로 묶이다 보니 대출 규제 등이 강한데 토지는 주택에 비해 상대적으로 규제가 덜해 서로 다른 움직임을 보이고 있다"며 "재개발이 활발하게 진행되고 있다는 점도 부산 땅값 상승 원인 중 하나"라고 분석했다.

세종특별시도 부산과 비슷한 모습이다. 세종시는 2017년 주택 가격 상승률이

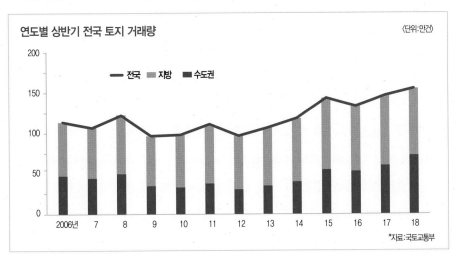

연도별 상반기 전국 토지 거래량 〈단위:만건〉

*자료:국토교통부

가장 높은 지역 중 하나였지만 2018년에 접어들면서 공급과잉 영향으로 주택 가격 상승이 다소 주춤했다(2018년 상반기 1.29%). 하지만 같은 기간 땅값 상승률은 3.49%로 전국 광역자치단체 중 가장 상승률이 높았다. 전동면 세종벤처밸리 등과 같은 산업단지 조성 계획, 세종시 6생활권 개발에 따른 토지 수요가 늘면서 땅값에 반영됐다는 분석이다. 스마트시티 국가 시범도시로 선정됐다는 점도 세종시 토지 가격이 오른 이유 중 하나로 보인다.

세종시는 행정 기능과 편의·기반시설이 안정화 단계에 접어들면서 인구 유입이 계속 늘고 있다. 세종시는 2030년까지 인구 50만명을 수용할 예정이다. 일부 지역은 공공기관 입주와 아파트 단지 조성이 어느 정도 진행되고 기반시설이나 편의시설도 하나둘씩 들어오면서 완성된 도시의 모습을 갖췄다. 문재인정부가 들어서면서 지방분권을 본격화할 것이라는 기대감도 세종시 토지가 인기를 얻은 이유다.

기초자치단체에서는 군사분계선 접경지역과 새만금 개발 주변 토지가 인기를 모았다. 남북관계 개선에 따른 개발 기대로 경기 파주시(5.6%)와 강원 고성군(4.21%)이 전국 기초자치단체 1, 2위를 차지했다. 경기 연천군(3.44%), 강원 철원군(3.35%) 등 다른 남북 접경지역도 높은 땅값 상승률을 기록했다.

서울·개성과 가까운 파주 땅값은 '묻지마'

2017년 상반기만 해도 파주와 고성 땅값 상승률은 각 1.32%, 2.34%였다. 하지만 2018년 남북 화해모드와 함께 분위기가 완전히 달라졌다. 파주는 GTX-A노선 개통 확정이라는 교통 호재까지 가세하고 있다. 남북관계가 개선되면 수혜를 입는다는 전망에 '접경지 투자'가 급증했다. 고성은 금강산 관광 등이 재개되면 제진역(동해북부선 철도역) 등을 중심으로 개발 수요가 높아진다는 기대감이 반영된 것으로 보인다.

접경지역을 제외하고 2019년 기대되는 지역은 새만금 일대가 꼽힌다. 정부는 새만금개발청장을 임명하는 등 새만금 개발 사업에 속도를 내기 시작했다. 새만금지

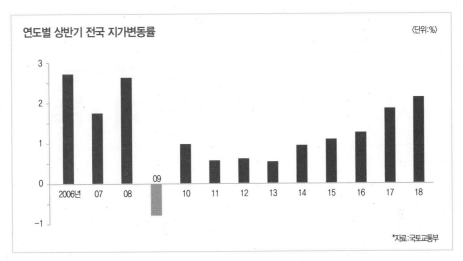

연도별 상반기 전국 지가변동률 〈단위:%〉

*자료:국토교통부

구 중심부에 국내 최대 규모의 리조트·테마파크 등을 갖춘 복합레저휴양도시도 조성된다. 2018년 상반기 전북 부안군 땅값은 1.98% 상승했다.

　인근 지역인 군산시는 한국GM 충격으로 인해 0.58% 하락한 반면 부안군은 새만금 개발에 대한 기대감으로 투자 수요가 몰렸다. 부안군 하서면이나 변산면, 계화면 일대는 최소 3.3㎡당 10만원부터 시작해 40만~50만원에 형성된 토지가 많다. 소액 투자에도 적합해 토지 투자를 원하는 사람들이 많은 관심을 보일 것으로 예상된다.

　사람들이 선호하는 수도권 지역 또한 매력적인 토지 투자처로 꼽는다. 수도권에서는 무엇보다 지하철 개통 예정지를 주목할 필요가 있다. 2018년 개통한 서해선 (소사~원시)과 연결되는 대곡~소사선, 신안산선 등을 지나가는 지역이 대표적이다. GTX-A노선, 4호선을 연장하는 진접선, 5호선을 연장하는 하남선, 8호선을 연장하는 별내선, 월곶~판교선(2019년 착공 예정) 등 지하철 개통 예정 역세권 토지는 2019년에도 큰 인기를 얻을 전망이다.

'묻지마 경매' 광풍 사라져도
서울 중소형 아파트 인기 지속

강은현 EH경매연구소장

▶ 2018년 9월 10일 서울동부지방법원에서는 성동구 성수동에 있는 단독주택 1층이 2억5613만원에 경매로 나왔다. 신건임에도 무려 162명이 치열한 경합을 벌여 감정가의 347%인 8억8888만원을 적어낸 박 모 씨에게 팔렸다. 평당 2063만원에서 7400만원대 땅으로 바뀌는 것은 80분이면 족했다. 대지면적 40㎡의 자그마한 단독주택에 투자자들이 환호한 이유는 따로 있다. 이 단독주택은 성수전략정비구역 내 물건으로 향후 재개발이 기대될 뿐 아니라 감정가격도 저평가됐기 때문이다. 입찰자 162명은 경매 통계를 집계한 이래 서울 지역 최고 경쟁률일 뿐 아니라 전국 기준으로도 역대 2위에 해당한다.

9·13 대책 이전과 이후 사뭇 다른 분위기 전환

2018년 법원경매 시장은 9·13 대책 전과 후로 나뉜다. 9·13 대책 전에는 관심 지역 내 주거형 부동산의 경우 법원 감정가가 천정부지로 치솟는 시장 가격을 따라가지 못했다. 지난 몇 개월간 서울 내 아파트 가격이 급등했기 때문이다. 투자자 역시 저평가된 물건에만 족집게 투자를 하면서 매각가가 최초 감정가를 넘

기는 일이 다반사로 일어났다. 매각가율
만 놓고 보면 역대 최고치를 기록했다.

2018년 경매 시장이 폭발적으로 성장
한 이유 중 하나는 정부의 다주택자 옥죄
기에 대한 반작용으로 풀이할 수 있다.

전국 경매지표		단위:건, %
구분	2018년(1~9월)	2017년(1~9월)
경매 건수	9만4495	8만8200
매각 건수	3만1335	3만1660
매각률	33.2	35.9
매각가율	73	75

자료:대법원 법원경매정보

'똑똑한 한 채'에 대한 구매 욕망과 '오른 곳은 계속 오른다'는 학습효과가 맞물려
나타난 결과다. 정부 정책을 비웃듯 우상향 가격 곡선은 멈출 줄 몰랐다. '강남 4
구(강남·서초·송파·강동구)'와 '마용성(마포·용산·성동구)'처럼 각종 호재와
투자자 선호가 중첩된 지역 내 주거시설은 거침없이 올랐다. 여기에 내수 경기 진
작을 위한 저금리 기조 유지는 기름을 부은 격이었다. 갈 곳 잃은 시중의 넘쳐나
는 유동성은 부동산 시장으로 과도하게 쏠렸고 부동산 가격은 급등했다.

2018년 법원경매 시장의 가장 큰 특징은 2014년 이래 경매 물건의 감소세가
멈추고 4년 만에 증가세로 돌아섰다는 점이다. 대법원 법원경매정보에 따르면
2018년 1월부터 9월까지 전국 경매 진행 건수는 9만4495건으로 2017년 같은
기간(8만8200건) 대비 6295건이 늘었다. 그중 3만1335건이 낙찰됐다. 매각률
은 33.2%로 2017년(35.9%) 대비 2.7%포인트 떨어졌다. 매각가율 또한 73%
로 2017년(75%)에 비해 2%포인트 하락했다. 경매지표가 주춤한 요인은 경매
물건의 증가와 대출 규제 등 정부의 강력한 시장 개입을 들 수 있다.

경매 시장 주도권 매도자에서 매수자로 바뀌어

2019년 부동산 경매 시장은 2018년 9·13 대책 전 뜨거운 장세와 대책 후의
조정 장세 중 어느 국면이 유효할 것이냐가 관전 포인트다. 9·13 부동산 대책
효과는 2018년 10월부터 나타나고 있다. 경매 물건은 갈수록 증가하는 반면 정
부의 전방위적 부동산 규제로 인해 투자자는 몸을 사리기 시작했다.

금리 인상도 변수다. 미국 연방준비제도(Fed)의 잇단 금리 인상에도 한국 경제

불확실성으로 인해 마이웨이를 가던 한국도 더 이상 금리 동결을 고수하기 어려워졌다. 한국은행이 금리 인상을 강력히 시사함에 따라 1400조원을 훌쩍 넘긴 가계부채는 부동산 시장 활황의 아이콘에서 나락의

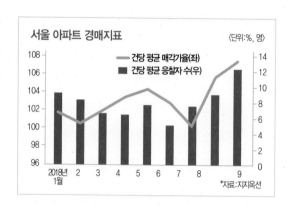

서울 아파트 경매지표 (단위:%, 명)

주범으로 전락할지 모른다. 한국은행에 따르면 대출금리가 1%포인트 상승하면 가계부채 '고위험가구'는 2만5000가구 늘어난다. 고위험가구 중 약 5%가 상환 능력을 잃으면 경매 물건 총량은 약 1만2500건 늘어날 수 있다. 1만여건의 순증이 시장에 미치는 효과 내지 충격은 상상 그 이상이 될 수 있다. 경매 시장 진입장벽이 갈수록 낮아져 경매 참여자 기대수익은 더욱 높아질 수 있다.

종목별로는 희비가 엇갈린다. 경매 시장 3대 상품은 주거용 부동산과 근린시설, 그리고 토지다. 이 중 주거용 부동산 보합세와 근린시설의 강세 현상은 2019년에도 유효할 가능성이 높다.

주거용 부동산은 지역이나 금액별로 쏠림 현상이 더욱 도드라질 것으로 예상된다. 단기 급등에 대한 피로감과 정부의 강력한 시장 개입으로 전반적인 하강 국면 속에서 개발 호재 지역이나 저평가 물건 위주 가치투자가 자리 잡을 전망이다.

경매 시장 최고 인기 물건인 중소형 아파트는 투자자와 전세난민 등 실수요자의 두터운 구애에 힘입어 2019년에도 강세를 유지할 가능성이 높다. 다만 경매 투자자의 아킬레스건이었던 공급 적체가 조금씩 풀리면서 소위 '묻지마 경매'는 사라질 것이다. 어쩌면 경매 참여자는 다양한 선택지 앞에서 고민을 하는 상황이 연출될 수 있다. 실수요자는 경매 물건 적체 현상이 풀리고 금리 인상 여파를 틈타 2019년 초에 문을 두드리면 좋은 결과를 얻을 수 있다.

토지 시장은 귀농·귀촌 등의 실수요층과 남북정상회담 수혜지역 등 개발 호재

가 담긴 지역에 출구를 찾지 못한 시중 뭉칫돈이 유입될 것으로 예상된다.

2018년 최고 경쟁률을 기록한 토지 물건은 경남 남해군 미조면에 있는 임야로 4월 16일 진주지원에서 98명이 참여해 감정가(1584만원)의 21배가 넘는 3억 3500만원에 팔렸다.

접경지역은 그동안 남북 간 정치적 긴장 상태 희생양으로 각종 재산권 행사에 제한을 받았다. 그러나 남북·미북관계가 급속히 개선되면서 경기 고양과 파주, 연천 지역, 강원 고성 등 접경지역이 수혜지역으로 각광받을 전망이다. 반면 주의할 점도 있다. 그동안 적잖은 사례에서 경험했듯이 남북관계는 어느 한순간 작은 불씨로 인해 삐걱거릴 수 있다는 점을 항상 조심해야 한다.

법원경매 물건이 감소세에서 증가세로 돌아섰다는 점은 투자자 입장에서 매우 고무적인 현상이다. 시장 주도권 역시 매도자에서 수요자로 넘어갔다는 점도 주목할 필요가 있다.

대세 상승기에 시장 참여자는 조바심으로 몸이 달아오를 수밖에 없지만 2019년은 그렇지 않다. 환경 변화에 대한 소신이 필요한 시점이다. 2019년은 그 어느 해보다 경매에 대한 초심이 요구될지도 모른다. 법원경매에서 가장 중요한 점은 '낙찰받기'가 아니라 '시세보다 싸게 구입하기'라는 점을 명심해야 할 때다.

〖 일러두기 〗

1. 이 책에 담겨 있는 전망치는 필자가 속해 있는 기관이나 필자 개인의 전망에 근거한 것입니다. 따라서 같은 분야에 대한 전망치가 서로 엇갈릴 수도 있습니다.

2. 그 같은 전망치 역시 이 책을 만든 매일경제신문사의 공식 견해가 아님을 밝혀둡니다.

3. 본 책의 내용은 개별 필자들의 견해로 투자의 최종 판단은 독자의 몫이라는 점을 밝혀둡니다.

2019 매경 아웃룩

2018년 11월 5일 초판 1쇄

엮은이:매경이코노미

펴낸이:장대환

펴낸곳:매일경제신문사

인쇄·제본:(주)M-PRINT

주소:서울 중구 퇴계로 190 매경미디어센터(04627)

편집문의:2000-2521~35

판매문의:2000-2606

등록:2003년 4월 24일(NO.2-3759)

ISBN 979-11-5542-913-6(03320)

값:20,000원

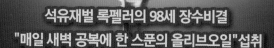

한국금융투자협회 심사필 제 18-00068호 (2018.01.04 ~ 2019.01.03)

저금리의 어려움이
노후의 어려움이 되지 않도록,
미래에셋이 있습니다

수백만 고객께 투자를 통해 수익을 드리는 투자전문그룹

투자를 통해 고객과 사회, 국가에 기여하겠다는 신념은

미래에셋 창업 이래 한번도 변한 적이 없습니다

평생 열심히 일해온 분들께 의지가 되는 퇴직연금과 개인연금,

부를 키울 수 있는 좋은 상품을 위해

저희는 다양한 우량자산을 찾고 해외에 진출합니다

저금리를 넘어, 투자를 통해 수익을 돌려드리는 것-

그것이 은행과 다른 투자전문그룹의 방식입니다

좋은 수익과 안정성으로 기여하겠습니다

원칙을 지키는 투자 -

LG가 만드는 더 청정한 세상

배기가스 없이 달릴 수 있는 전기차 배터리

저장한 전기 에너지를 필요할 때 꺼내쓰는 에너지 저장 시스템

태양에너지를 전기에너지로 바꾸는 태양전지

LG의 친환경 에너지 기술로

내일의 공기가 더 맑아집니다

지금 우리의 삶을 넘어

다음 세대의 더 나은 삶을 위해

옳은미래.

| 전기차 배터리 |

| 에너지 저장시스템 |

| 태양전지 |

더 나은 삶을 위한 혁신
Innovation for a Better Life